"十二五"国家重点图书出版规划项目

当代财经管理名著译库
工商管理经典译丛

PEARSON

Contemporary
Human Resource Management
Text and Cases
Fourth Edition

Tom Redman　Adrian Wilkinson

当代人力资源管理

第4版

汤姆·雷德曼　阿德里安·威尔金森　主编

聂婷　景婧　付妍　于涵静　译

东北财经大学出版社
Dongbei University of Finance & Economics Press

大连

辽宁省版权局著作权合同登记号：图字06-2015-144号

图书在版编目（CIP）数据

当代人力资源管理：第4版 / 汤姆·雷德曼（Tom Redman），阿德里安·威尔金森（Adrian Wilkinson）主编；聂婷等译.—大连：东北财经大学出版社，2018.1

（工商管理经典译丛）

ISBN 978－7－5654－2983－5

Ⅰ.当… Ⅱ.①汤… ②阿… ③聂… Ⅲ.人力资源管理 Ⅳ.F243

中国版本图书馆CIP数据核字（2017）第274288号

东北财经大学出版社出版发行

　　大连市黑石礁尖山街217号　邮政编码　116025
　　网　　址：http：//www．dufep．cn
　　读者信箱：dufep＠dufe．edu．cn
大连住友彩色印刷有限公司印刷

幅面尺寸：185mm×260mm　字数：506千字　印张：21.75
2018年1月第1版　　2018年1月第1次印刷
责任编辑：刘东威　　　　责任校对：含　笑
封面设计：冀贵收　　　　版式设计：钟福建
定价：56.00元

教学支持　售后服务　　联系电话：（0411）84710309
版权所有　侵权必究　　举报电话：（0411）84710523
如有印装质量问题，请联系营销部：（0411）84710711

译者前言

21世纪对企业来说最大的竞争是人才的竞争，谁赢得了优秀的人才，谁将在市场上保持竞争优势地位，因此，人力资源管理这个历久弥新的话题也成为学者和企业家开展企业发展研究的热点。这部云集了当今人力资源管理学方面造诣颇深的专家们的经典著作历时两年的翻译，终于要与读者见面了。我们想说的是，读者将从这部书中看到当代人力资源管理问题的前沿理论与实践，它呈现了人力资源管理的热点问题，剖析了全球化环境下人力资源管理的难点和困惑，展现了当今互联网的发展和技术。本书的最大亮点是每章后激动人心又引人思考的近40个案例。这些案例既讲述了全球著名的大企业人力资源管理的转型，也涉及了名不见经传的小企业的人力资源管理的创新。案例涉及的行业五花八门，暴露的问题错综复杂，它不仅让我们思考企业在发展过程中怎样留住和吸引人才，也为我们如何进行人才开发提供了思路和借鉴。

全书共分两个部分、16章。第一部分是全书的基本理论部分，也是人力资源管理专业及相关管理专业需要了解的主要内容。这一部分共有6章，以人才招聘、甄选、培训、发展、薪酬管理、绩效评估为主题，为企业选拔和管理人才提供了清晰的思路。第二部分是本书独具特色的内容，这一部分共有10章，作者以全球化的视角研究了跨国企业人力资源管理问题，并从以人为本的管理理念出发，讨论了诸如多元化环境下的人才管理、企业和员工对工作－生活平衡所持的观点和做法、企业面临危机时如何裁员、知识型员工管理、员工伦理道德、情绪管理、弹性工作，以及职场霸凌等人力资源管理的热点问题。

本书不仅是工商管理本科生、MBA 和 EMBA 教学理想的教科书，也是各级管理人员在职培训的优秀教材。本书的翻译团队在人力资源管理领域和双语教学方面有着丰富的研究成果和教学经验。她们是澳门科技大学商学院聂婷，上海外国语大学博士研究生景婧，东北财经大学萨里国际学院付妍，上海外国语大学博士研究生于涵静。具体翻译分工如下：聂婷翻译第1至3章（不含案例研究）、第7章（不含案例研究）、第8章、第9章（不含案例研究和专栏）、第10章、第11章（不含案例研究）；景婧翻译第5章、第6章、第13章、第14章、第16章；付妍翻译第4章、第12章和第15章（均不含案例研究和图表）；于涵静翻译第1章、第2章、第3章、第4章、第7章、第9章、第11章、第12章、第15章、第16章的案例研究，第4章、第12章和第15章的图表，以及第9章的专栏。全书由于涵静统纂。特别鸣谢以下老师和同学，他们为本书提供了部分初稿并进行了校对：王志文、王天晓、孙琳、陈海东、王沛、王玉营、孙海涛、原林、余婷、张正、李鸿翠、陈永恒、仲绍玲、栗宏业、马潇潇、田与明、崔倩楠、王悦、王涛慧、李安、余翔飞、丁喜悦、李文、熊朗羽、程旭、张微微、张惠、邢进、李闯、邓晶晶、易为、陈静宜和曾祥浩。

另外，如需了解本书各章作者引用的参考文献，请登录东北财经大学出版社的网站：www.dufep.cn。

译　者

2017年秋

目 录

第一部分

人力资源管理基础

第 1 章

人力资源管理:当代视角

Tom Redman and Adrian Wilkinson

引 言

这本书是有关人力资源管理的,它主要关注当代组织如何管理它们的员工。在第 1 章,我们将探讨学习人力资源管理的方式,介绍本书相关内容以及资料的顺序。我们的目标是让读者更全面地了解这个快速发展的学科,以及更快地明晰随后的各个章节的主要内容。特别是,我们将审视人力资源管理的兴起、工作内容的改变对人力资源的影响、人力资源管理实践如何展现出其战略职能、人力资源管理对组织绩效的影响以及人力资源职能的角色转换。在这一章中,我们还将与读者探讨这本书的目标以及如何更好地应用其中的思想。

1.1 人力资源管理的发展

人力资源管理的发展可以追溯到 18 世纪 90 年代工业福利的兴起,组织出于人道主义、宗教和商业动机开始为员工提供相应的福利,如医疗、住宿以及图书馆等。另外,组织内开始建立雇佣部门,负责处理雇佣、薪酬以及档案保存。当科学管理思想兴起后,一些准则除了应用于生产管理,也被应用于对组织内人员的管理,从直接管理系统(亲自监督、传统的家长作风和简单的计件系统)到更为偏重管理技术系统以及官僚式的雇佣模式(Gospel,2005,2009)。从此之后,人力资源管理职能日趋成熟,开始建立现代人事管理方法(Kaufman,2007,2010),并且日趋职业化。但是长久以来,其一直充当着行政管理职能,处理着一些"劳动力管理"的相关问题而不是对组织的战略目标实现有所贡献。这就是现代人力资源管理兴起的背景。

过去的 20 年见证了人力资源管理逐渐走向正统(Bacon,2003;Boxall et al.,2007;Guest,1998;Marchington & Eilkindon,2012;Torrington et al.,2001;Wilkinson et al.,2009)。从 20 世纪 80 年代中期的英国,以及更早一些时候的美国,"人力资源管理"开始变得流行起来,逐渐地取代了传统的"人事管理"、"工业关系"以及"劳动关系"。人员管理的实践者也不再是人事管理者以及培训者,而演变成人力资源经理以及人力资源开发者(更重要的是直线经理们),从 90 年代开始人力资源管理的相关杂志大量涌现,并且很多高校开始出现一些人力资源的相关课程。然后出现人力资源管理的专业机构,这是人力资源管理者的主要职业组织,并开始发行主要针对人力资源管理专业人员的"人员管理"期刊。21 世纪已经见证了这个专业机构发展为英国特许人事和发展协会(Chartered Institute of Personnel and Development,CIPD)。现代人力资源管理开始蓬勃发展起来。

人力资源管理兴起的早期贡献还包括如何界定以及确认其与传统的人事管理的区别（Guest，1987）。特别是伴随着集体谈判的减少和工会影响力的削弱（Nolan & Wood，2003；Wilkinson，2008），有人认为人力资源管理预示着"以人为本的雇佣管理新纪元"的到来（Keenoy，1990：375），也有人讽刺它是"欺负工人的钝器"（Monks，1998）。由于对人力资源管理这个新名词理解上的歧义，有些人仅仅把它作为传统人事管理的新名词，是对人事角色的重新定义与重新组织，当然也有人认为人力资源管理是一个全新的举措，是为实现组织战略目标而对现有人力资源潜能的开发和利用，这一观点得到了大多数实践者的支持，并引起了学术界的广泛重视（Marchington & Wilkinson，2012；Storey，2007）。

对于人力资源管理是不是就人事管理重新做的标签，还是仅仅"新瓶装旧酒"或是更为基础的东西（Genar & Kelly，1997；Legge，1995），这个争论由来已久。正如我们指出的，传统的人事管理更为关注专业人才的活动、工会以及一些操作技术，而不是将之与更广泛的业务发展联系起来。这种人事管理仅仅是对员工档案的记录和履行维持员工的稳定性。而人力资源管理会更加侧重于将人力资源管理战略与组织战略结合起来，把人的资源看作是组织最重要的资源。因此人力资源管理是有关人的管理上的一次根本性的革命。

1.2　新的人力资源管理？

Storey 将人力资源解析为：信念与假设、战略素养、管理者重要角色以及核心杠杆（表1-1）。Storey 对人力资源的定义强调"高承诺管理"与"高绩效工作系统"的一系列政策与措施：

人力资源管理是通过对组织内的高承诺、精干的员工的战略部署，采用一系列文化、结构、人事技术的整合，帮助组织获取竞争优势的雇佣管理的新举措。

相反，Boxall 和 Purcell 给出了一个更为宽泛的定义：

人力资源管理包括组织内与雇佣关系有关的所有管理活动，而不能仅仅将之与劳动力管理中的高承诺模型或者任何一种管理理念或模式单纯联系在一起。（Boxall & Purcell，2000：184）

Bacon（2003）也指出：如果将人力资源管理仅仅定义为高承诺管理，将会使之边缘化，仅仅适用于少量组织，毕竟在市场上还有大量组织遵循"低薪"政策。因此，Storey 的定义将人力资源管理同其他劳动力管理（工业关系或者传统人事管理）区别开，而 Boxall 和 Purcell 的定义则涵盖了劳动力管理的各种形式。

按照 Storey 的观点，新的人力资源管理作为通用的术语却在这两种不同的定义之间游移，造成了一定的混乱，也引发了对于人力资源管理及其内涵的更为激烈的争论。虽然"进化"不如"革命"更令人兴奋，但是 Torrington 等人（2002）认为，人力资源管理仅仅是人事管理发展的一个新阶段。Torrington（1993）指出，我们现在标榜的人力资源管理活动仅仅是长期的好的人事管理实践，而一些低效能的措施依旧存在，而不能不公平地把它们当作是人事管理所特有的。

表 1-1	新的人力资源管理模型

1. 信念和假设

- 它是提供竞争优势的人力资源
- 目标不应仅仅是遵守规则，还有员工的承诺
- 因此，例如，对员工应该非常仔细地甄选和开发

2. 战略品质

- 由于上述因素，人力资源决策具有战略重要性
- 高层管理人员的参与是必要的
- 人力资源政策应该融入到业务战略中——源自它甚至有助于它

3. 管理者的关键作用

- 由于人力资源实践对企业的核心活动至关重要，它太重要了，以至于无法只由人事专家处理
- 一线管理人员作为传递者（或需要）密切参与并成为人力资源政策的驱动力量
- 更多地注意管理者本身的管理

4. 杠杆作用

- 管理文化比管理程序和系统更重要
- 整合关于甄选、沟通、培训、奖励和开发的行动
- 重构并且重新设计职位，允许责任下放和赋权

类似地，Lewin（2008）将人力资源管理定义为："组织内部对员工的吸引、保留、任用、激励、奖励与管教，简单来说，就是对工作场所中员工的管理。"这个看起来是个更为恰当的定义，更为宽泛且受时尚因素影响较少。当然，他也指出，人力资源管理对于员工是个全新的认识，强调其是对组织成功起到积极作用的重要资源。在这个意义上，人力资源管理有着令人鼓舞的本质。

1.3　工作内容的改变

工作场所内的一些变化正影响着人力资源管理，包括由于技术进步与社会分层（一些人无所事事甘愿贫穷，而另外一些人过度工作）导致的劳动强度改变和工作地点选择。（Guest，1998：51）

还有一些更为乐观的观点，正如 Storey（1992）指出的，人力资源管理领域中的变化并不是来自于它本身，而是受到更广泛的组织措施的驱使，因而，人力资源管理也没有被认为是变革的驱动者。同样，Wood（1999）对于高承诺实践的研究也指出，人力资源管理领域内的创新是伴随着生产系统的创新，借人文之名创新是不现实的。因此人力资源可以被看作是在"未知领域"用新的规则管理雇佣关系的结果（Beardwell，1998；Wilkinson & Townsend，2011a，b）。

更为主要的，正如我们上面讨论的，既然雇主们面临着更为严峻的全球竞争环境，人力资源管理的发展也会受到大规模组织变革的驱动（Sisson，2010）。为了应对激烈的竞争，组织正经历着裁员、层级减少、分权（Nolan，2011；Wilkinson，2005）。组织内的官僚等级在减少；采用更为灵活的形式；应用一些组织变革项目，如全面质量管理、流程再造、绩效管理、精益生产以及一系列看似冷酷的文化变革措施。

但是我们需要注意：当现实迥然不同时，总是将大量的组织变革描绘成主流范式转变的事件是很危险的，而且这种组织变革经常过分依赖于缺乏代表性的案例获取的结论

（Beynon et al.，2002；Thompson & O'Connel Davidson，1995）。管理者经常自认为自己处在变革的中心。Eccles 和 Nohira（1992）在有关二战后的管理论著中追溯了管理者和学者们如何接受以变革性的变化为典型特点的动荡组织环境是一种常态。正如 Sorge 和 van Witteloostuijn（2004）指出的，这种变革就好像流感病毒随时发生变异。

虽然，现在组织雇用员工以及管理员工的方式都发生了改变。工作场所内有更多的女性雇员、兼职雇员，技术进步（共用办公桌、远程办公）带来了工作场所变更（例如在家工作、移动办公）、分包商、咨询人员以及临时性雇员和实习生。工作和家庭的界限越来越模糊（Walsh，2009）。雇佣关系已经打破了组织界限。公共、私人、合作、特许经营、代理以及其他组织内部契约关系对工作和雇佣都起到了很大的影响作用。（Grimshaw et al.，2010；Marchington 2011a，b）

并不仅仅是私营部门感知到压力，新公共管理的兴起同样强调经济与效率（Bach，2008；Exworthy & Halford，2002；Pollit & Bouchert，2011）。公共部门也经历着变革，在市场化浪潮下出现新的组织形式、强制性竞标、"最佳价值"以及在成本紧缩时代如何维持人力资源管理实践（Bach & Givan，2010；Grimshaw，2010）。例如，市政部门正经历着层级精简、市场化、市民监督以及创建下级机构，目前主要侧重于裁员与重组。英国国民健康保险制度（HNS）也在内部市场化，引进业绩排名表以及病患章程。

这些变革让员工有更多的自主权同时需要保持绩效水平。人力资源管理的相关内容脱颖而出，新的工作形式以及组织都要求新的人力资源管理战略与实践。新的工作内容也让人力资源管理面临新的挑战，如在新的工作条件下压力对于员工的影响。越来越多的有关职场压力研究展现了工作场所中令人担忧的局面，英国劳工联合会议（TUC，2007）的一些安全报告就是很好的证明，越来越多的员工受到工作压力的困扰，这些压力主要来源于工作任务、工作变化、组织裁员、较长工作时间、职场霸凌以及不安全因素。很有意思的现象是，公共部门的压力水平最高。TUC 的报告显示大约 2/3（64%）的公共部门员工抱怨职场压力，而私营部分只有不到一半（48%）的人会有这种抱怨。英国安全与健康执行局（The Health and Safety Executive，简称 HSE）2012 年的劳动力调查报告也显示，压力是职场中非常令人头痛的一个问题，2010—2011 年度，1 152 000 种职业病中 400 000 种与压力有关。行业报告指出，在过去的三年里，伴随着组织变革，压力水平最高的是卫生、社会工作、教育以及公共管理部门。

这也许不奇怪，许多研究报告指出，工作中的组织承诺下降。尽管人力资源管理中并没有任何广泛的信念要求雇员对雇用他们的公司有强制的义务，但 Taylor（2003）注意到，工人个人对他们公司的承诺发生了显著的恶化。Green 的研究（2005）也显示，自 20 世纪 90 年代初以来，即使工资水平上升和劳动力市场竞争普遍激烈，工作满意度仍旧显著下降。Green 注意到，员工可控性和自主性在降低，并且必须应付更多的目标、规则和更大的压力。因此，高工作量以及对工作的可控性小，容易引起压力。

为了提供更有利的工作环境，某些人力资源管理实践（如员工援助计划、工作场所咨询方案等）在一些组织中被使用，有证据表明这些措施只能放松而不是从根本上解决工作场所压力的影响。因此，总体情况可能相当暗淡。事实上，越来越多地使用了如绩效管理制度、或有支付和弹性制等做法，这些人力资源管理实践可能会大大增加现代工作生活的压力。例如，关于弹性制，公民咨询局的报告发现，雇员们因此遭遇更多的剥削：单方面改变合同和强制减少工时、工资。

最近，"零时合同"也重新回归，特别是在零售业，雇主不保证将提供任何工作，只有在雇主需要的时候，员工才能获得雇佣机会。组织变革已经极大地影响着雇员，现已有评论员指出，需要彻底重构雇主和雇员之间"心理契约"的本质（Brotherton，2003；Guest，2007）。因为雇主与雇员之间的信任已经崩塌（Dietz et al.，2011），现在正在寻找新时代的新契约形式（Herriot and Pemberton，1995）。

这些因素导致人力资源管理领域中扎根理论的最新关注点是员工的敬业度（Alfes et al.，2010；MacLeod and Clarke，2009；Saks，2006；Wilkinsonand Fay，2011；Wilkinson et al.，2012）。CIPD 将其定义为"对组织及其价值观的承诺，以及帮助同事的意愿。不是简单的工作动机，它超越了工作满意度。敬业是员工必须具备的：它不能作为雇佣合同的一部分"（CIPD，2012：1）。Watson Wyatt 的研究（2009）指出，一个具有高度敬业度的公司实现的财务绩效是那些敬业度不良的 4 倍。其他报告也指出，关于员工的潜在收益，Gallup 发现具有更高敬业度的工作人员每年平均需要 2.5 天病假，而离职人员平均需要 6.2 天（Harteret al.，2006）。当然这个概念并非没有遭受质疑。Welbourne（2011）观察指出，员工敬业的美好之处在于它可以是每个人的一切（积极）方面。正如她指出的，员工敬业度是大多数管理者认为的那样，也就是说，当员工超越职责时，组织就会更好。

在英国，Macleod 的题为"追求成功"（Macleod and Clarke，2009）报告旨在就这一主题开展全国性讨论，但是背后的假设不是辩论这个想法的优点，而是要弄清楚如何在一个不甚合适的情境下更好地应用它。对管理层信任的工作满意度和参与决策制定被视为员工敬业度的基本组成部分（Purcell，2010）。英国 WERS 数据显示，不是所有的员工看起来都是敬业的，"完全敬业"，即在每个维度上得分最高的员工，通常少于 1/5。事实上，在 1~5 级的范围内，其中 1 是"完全不敬业"，5 是"完全敬业"，其余三个是介乎"完全敬业"与"完全不敬业"之间，一个运作良好的公司期望其大量雇员处于"较高敬业"水平（得分是 4）和至少中位数得分将超过 3。当有薪酬不公平现象的时候，工作场所中有欺凌和骚扰，工作中存在困扰，或者感到孤立无法充分沟通，则员工更有可能出现较低的敬业度（Purcell，2010：4）。这个问题涉及敬业的互惠，这显然对直线经理有影响。因为雇员的敬业，雇主会惊喜地发现员工更努力或更聪明地工作，然而这些对雇员又有什么回报？或者雇主可以提供什么来更好地支持员工？另一个忽视的问题是雇员的敬业真的都是有益的吗？对其个人而言，员工是不是太敬业了呢？（Marchington and Wilkinson，2012：352-5）

显然，在这方面需要更多的研究。人力资源管理的一个主要议题是将企业的人力资源管理实践与经营战略联系起来，而我们将在本章的下一部分具体探讨。

1.4　战略与人力资源

人力资源学者一直呼吁更加注重企业内部的人力资源以及如何管理他们（Boselie and Paauwe，2009），但正如 Morris 和 Snell 指出的（2009：85），主流战略学家也开始承认他们需要关注"微观层面"的因素；企业的价值组成被视为更多依赖知识和服务活动，而战略管理严重依赖于什么？答案是员工的认知和他们的行为。正如 Morris 和 Snell 所说，因为在企业里没有其他资源像人一样具有自由意志或异质性的想法，产品和服务往往起源于个人。这使得公司内的人力资源及其如何管理在组织内起到了战略杠杆的潜在独特作用。差异化劳动力的构成增加了组织内文化、地理和能力差距（Becker and Huselid，2009；Marchington and Wilkinson，2012：5）。尽管存在一些呼吁，但在有关战略管理的书籍中很少注意到人力资源管理问题。例如，Johnson等人（2011）的书籍在管理人力资源方面仅占据了少量篇幅，而Grant（2010）关于人力资源管理部门只写了一页，侧重于对资源和能力的讨论。

同时，人力资源管理研究采用了跨职能的方法，超越了甄选、培训、奖励等传统职能，扩大了它的分析广度（Paauwe，2004）。特别是战略性人力资源管理（SHRM）已经显示出越来越强的影响力。SHRM理论假设本质上组织的人力资源可能是可持续发展的唯一竞争优势的来源。在这一领域的许多工作都来自资源基础理论（resource-based theory，RBT）（Allen and Wright，2007；Barney，1991，1995；Boxall and Purcell，2003，2008，2011）。这里RBT暗示竞争优势最终取决于组织所拥有的优越的、有价值的、稀有的、不可替代的而且不容易被别人模仿的资源。资源的不可模仿性是关键，否则竞争对手将能够复制资源，优势将迅速消失。

然而，人力资源价值创造过程的微妙之处在于竞争对手模仿是极其困难的。与甚至是"最强"的组织文化相关的模糊性和复杂性，人力资源管理实践如何与文化相关联，都是相当强大的且不容易被模仿。同样，基于人力资源管理政策与组织的"社会结构"的复杂互动而形成的竞争优势，相对于基于明文规定的人力资源管理实践形成的竞争优势，更不容易被模仿（Mueller，1996）。所谓社会结构，Mueller指的是技能形成活动、合作行为和组织具有的默认知识。因此，通过人力资源管理能力产生的价值创造过程满足RBT制定的标准，在SHRM上已经出现了越来越多的相关实证和理论研究（参见Boxall and Purcell，2003；Guest，2011；Paauwe，2009，这篇文献的综述）。因此RBT可能帮助我们解释一些人力资源管理中的矛盾，并提供了诸如Guestand King（2001：11）提出的问题的答案——"如果良好的人员管理对组织不言而喻是有益的，为什么不让更多的人采用它？"在将RBT应用于人力资源管理过程中，需要特别关注的是它缺乏合适的雇佣关系理论，因为它假设内部资源可能没有利益冲突或而不需要通过谈判达成一致（Bacon，2003：80）。

SHRM文献中经常出现的主题是组织需要将它们的人力资源战略与其业务战略相"匹配"，前者的成功对后者至关重要（Becker and Huselid，2009；Boxall，1992；Lengnick-Hall and Lengnick-Hall，1988；Martin-Alcazar et al.，2005；Miller，1987；Schuler and ackson，1989）。许多部门和公司层面的研究表明，组织面临的问题是它们新的业务战略应该响应竞争环境的变化，其反过来又需要改变组织中管理人员的方法（参见Boxall and Steenveld，1999；Snape et al.，1993）。

这种方法，Boxall（1992）称之为"匹配模型"，提出了促进经营战略和人力资源战略之间的匹配，这也促进了所期望的员工态度和行为的发生。在这个意义上，人力资源战略服从于最初的经营策略的选择（Purcell，1989）。此外，一定程度上的企业环境变化唤起了特定的经营战略反应，人力资源战略也受环境变化的强烈影响（Hendry et al.，1988）。正如Sparrow和Hilltrop（1994：628）所说，"人力资源管理战略都是关于做生意的战略工作"。一个利益相关群体最近呼吁寻求战略人力资源管理的建构方法。人们认为，支持组织目标实现的人力资源管理模式且辅以根据战略需要调整的权变措施对于解释人力资源-绩效的关系至关重要。配置方法使最佳拟合更进一步，在一些特定的理想类型中，人力资源（HR）实践之间的水平拟合，以及HR实践和经营战略之间的垂直拟合共同存在（Ferris et al.，1999）。达成最优拟合的配置方法也被视为特定的理想策略。虽然这项工作仍然处于其相对的初期，但已经总结出一些理论上的"理想类型"的客户、操作系统或以产品为导向的组织等的配置特点（Martin-Alcazar et al.，2005；Sheppeck and Militello，2000）。

然而，还有一个问题是人力资源战略还有多远才能"契合"不断变化的经营战略的要求（Bacon，2008）。正如Boxall（1992：68）指出的，大多数"契合"的文献都默认雇员态度和行为在追求战略配合中可以通过管理战略塑造而成。然而，人力资源成果不能被认为是理所当然的，无论人事经理具备多少优点，都必须把自己视为"业务经理"，重要的是认识到人事管理和劳资关系的影响而不是简单地选择适合于给定的业务战略。因此这个契合的模式因为忽略社会规范的重要性和法律规则而受到批判（Paauwe and Boselie，2007）。事实上，契合的概念在一个快速变化的企业世界是某种静态和不适当的隐喻。

此外，正如Boxall和Purcell指出的（2003：197），设计良好的人力资源政策的不一致应用往往破坏了它们的预期影响。这在Gratton等对七个英国前沿组织的研究中是非常明显的（1999）。因此，根据Boxall和Purcell的观点，没有哪个组织具有单一的人力资源实践。更准确地说，将组织的人力资源实践界定为由于直线管理者的特殊行为而存在的变化的规范（2003：198）。Truss（2001）指出了"代理"的重要性，因此我们不应该假设一个特定的人力资源政策将必然导致期望的结果。随着人们有时不可预料的反应和行动，会出现执行和解释问题。

1.5　工作绩效与人力资源管理

多年来，人力资源专业人士渴望有证据表明人是组织拥有的最重要的资产，良好的人力资源实践可以提高组织绩效。到20世纪90年代中期，他们的祈祷似乎已经得到回答，因为越来越多的研究似乎证明了这一点。例如，由当时的英国人事和发展研究所授权的谢菲尔德效率计划（Sheffield Effectiveness Programme）（以100个中小型制造企业为基础）的研究认为，人员管理不仅对业务至关重要，而且在影响力方面也比重视质量、技术、竞争战略或研发更重要。因此根据Patterson等人的研究（1998），这个发现在一定意义上验证了CEO经常强调的人是最重要的资产，但很矛盾的是这也是企业中最被忽视的一个方面：

总的来说，这项研究的结果清楚地表明了人员管理对公司绩效的重要性。比较不同类型的管理实践的影响力，由于没有做过类似研究，因此结果只有一个。研究表明，如果管理者希望影响他们公司的业绩，最重要的是强调人员管理。但很讽刺的是，我们的研究也表明人力资源管理是管理实践中最易被组织忽视的领域之一。（Patterson et al.，1998：21）

这些发现已经在公共部门得到重现。在英国的一个NHS研究中，West等人（2002）报告了与高绩效工作系统（HPWS）相关的实践，特别是评估系统的质量与复杂性、团队合作和培训的质量与复杂性，均与较低的病人死亡率相关。然而，由特许人事研究所（CIPD）赞助的研究也强调了这些实践的执行问题，在237个英国公司中对18种"高承诺"实践进行调查。只有1%使用超过3/4的实践，25%使用一半以上，20%使用较少（Guest，2000）。

这些发现和其他成果已经引起越来越多的人力资源从业者和学者的关注（Caldwell，2004）。这些研究使用了各种术语，例如高绩效管理、高承诺管理、人力资源管理最佳实践、高参与管理，但每个人都有一个共同的信息：采用人力资源管理实践强调管理的侧重点在哪里，这是底线问题（Applebaum et al.，2000；Bamber et al.，2009；Huselid，1995；Kinnieand Swart，本书的第2章）。Ichniowski等人的详尽综述（1996：299）得出结论：

有证据表明，创新的工作实践可以提高绩效，主要是通过增加员工参与的相关实践，使工作设计不那么僵化，并分散管理任务。

他们还注意到：个人工作实践对经济绩效没有影响，但是：

通过连贯一体的创新体系，包括广泛的招聘和精心甄选、灵活的工作安排和解决团队问题、收益型薪酬计划、就业保障和广泛劳动管理沟通，可以大大提高生产力和质量。

一般的论点认为采用人力资源实践意味着错过了许多管理整合方法可以获得的优势（Marchington and Wilkinson，2012）。因此，这种加强人力资源实践的措施已经开始被"捆绑"起来，人力资源经理的任务是确定和实施此类人力资源系统。

然而，似乎是说起来容易做起来难（Guthrie et al.，2011；Lewin，2011；Pfeffer and Veiga，1999）。许多作者列出了整合系统中应该包含的人力资源实践。不幸的是，还没有达成一致，我们仍然在等待最好的"捆绑"方式。Boselie等人（2005），Wall和Wood（2005）以及Storey（1992）确定了一些方面，如综合甄选系统、绩效薪酬、协调、个人合同、团队合作和学习型组织。Pfeffer（1994：30—59）提出了16项，包括就业保障、招聘甄选、奖励工资、员工所有权、参与和赋权、团队合作、培训和技能发展、工资挤压和内部晋升。这些都是在一个长期的总体理念下整合在一起的，对是否达到标准进行标准一致的考量。Dyer和Reeves（1995）在4个国家统计了28项与绩效有关的人力资源实践研究，结果发现，其中只有一种实践——正规培训——是所有研究共同提到的。类似地，Becker和Gerhart（1996）考察了27种人力资源实践，没有一种在有关人力资源管理-绩效的五项研究中是共有的。Delaney等人（1989）确定有10种实践，Huselid（1995）确定有13种，Wood（1999）确定有17种，Delery和Doty（1996）仅仅确定有7种实践，是相对较少的。所有这一切似乎都使管理人员感到困惑，但更大的问题是在各种实践列表中似乎有一些相当矛盾的概念（Wall and Wood，2005）。例如，一方面，正式的申诉系统被认为是最佳实践的指标，但在其他方面，与工会联系在一起则被视为官僚的"人事管理"方法的一部分。除了人力资源管理包中的不一致之处，最佳实践和普遍性方法受到了相当多的批评。例如，Purcell对普遍性方法持谨慎态度：

人力资源管理的最佳实践整合是普遍适用的说法导致我们进入一个乌托邦式的死路，忽视了工作、雇佣关系、社会组织和更广泛的社区内可见的强大而显著的变化。虽然确认高承诺工作实践是重要的，但有些问题也是需要进一步探讨的。例如，在何时何地应用这些实践，为什么某些组织不采用高承诺工作实践，以及一些公司似乎有什么更适当的人力资源系统来满足它们当前和未来的需求。高承诺工作实践只是员工管理的诸多方式之一，所有这些都必须在人力资源管理系统范围内。（Purcell，1999：36）

对人力资源管理绩效关系的评价（Boselie et al.，2005；Combs et al.，2006；Guest，2011；Lewin，2011 Macky and Boxall，2007；Paauwe，2009；Sengupta and Whitfield，2011；Whitfield and Poole，1997：757）指出，还有未解决的因果关系问题——主要是因

为很少研究使用纵向数据，所承担的工作范围狭窄，以及担心大多数数据是来自单一管理层自我报告，忽视实践的实际执行状况，以及绩效的实际测量方式。即使数据确实证实了这种关联性，我们也缺乏对相关过程的理解和结果形成的内在实践机制的解读。同样存在问题的是隐含的假设是整合捆绑的做法对所有组织都是可行的。一些组织结构和文化将在实施某些人力资源管理实践方面遇到重大困难，例如在高度官僚和正式组织中，高度参与实践特别成问题。在给定上述的变化下，加强整合捆绑的做法也不能完全令人信服。不能否认，不同的人力资源做法对企业绩效有不同的影响。最好的实践方法看起来有点像一个黑盒子，许多问题仍然存在，没有答案。为什么有这种关联？关于实施这些实践是什么绩效？这些结果发生的过程是什么？不太可能说，引入X、Y和Z实践的行为将直接带来好处。许多将取决于其实施的背景、实施方式和支持提供等。

正如Pass指出的：

在"因果链"中涉及的机制很少被列明，并且一般来说，是基于对"员工成果"如承诺、动机和增强的能力的假设或信念。结果，一个组织创建了"黑盒子"，让人想知道"它是如何工作的"——相反，如同神话故事一样，他们遵循一个自己相信的规则，在从《绿野仙踪》借用Dorothy的红宝石鞋（适当人力资源实践捆绑）后，点击三次，然后到达他们的目的地（以及快乐工人的高组织绩效）。（Pass，2004：1）

现在一些人力资源管理倡导者采取更温和的方式。例如，Storey（2007：17）指出，应承认"人力资源管理不是灵丹妙药"，没有一套现成的雇佣实践。然而，说明某些组织选择并将之作为理想途径的内在逻辑，是一个值得探讨的议题。Guest（2011）得出结论，经过20年的广泛研究，我们仍然无法回答关于人力资源管理与绩效之间关系的核心问题。

这主要是由于有限的纵向研究强调通过人力资源管理措施的应用将人力资源管理和绩效联系起来。正如他观察到的，"许多基本问题保持不变，经过数百次的研究，我们仍然没有任何立场来肯定地说，良好的人力资源管理对组织绩效有影响"（Guest，2011：11）。

一些学者认为（例如Godard，2004：371），雇佣关系结构中的冲突可能制约了雇主的高绩效范例的有效性，并使其非常脆弱，这也许可以解释为它的适用取决于工作场所的环境。这些相同的冲突也可以解释为什么高绩效实践往往对工人和工会产生负面的影响。换句话说，采用高绩效管理可能只符合少数雇主的利益，即使采用，也可能没有对工人或其工会产生积极影响。有必要认识到，在这里可能不存在普遍的利益一致性，其中对雇主有利的并不一定总是对工人及其工会有好处（Blyton et al.，2011；Dundon and Rollinson，2011）。同样，其他人如Lewin（2008，2011）也提出了HRM的双重理论，一些员工团体最好通过所谓的高参与度来管理，而其他人可能不被视为一种产生积极的经济回报的资产，可以通过低参与模式进行管理。前者适用于核心员工。这里的关键问题是关注核心和外围员工的最佳平衡（答案可能会因行业而不同），虽然他指出在美国和其他发达国家，在过去的25年里外围员工对核心员工的比率显著增加。

1.6 人力资源管理角色的转变

如上所述，尽管人们越来越认识到有效的人员管理对组织成功的重要性，仍然有一些对未来人力资源管理的担忧（Farndale and Brewster，2005；Farnham，2010；Guest and

Conway，2011；Sparrow et al.，2010）。从表面上看，人力资源管理功能似乎处于良好的状态。CIPD 现在有超过 135 000 名会员（CIPD，2012）。工作场所就业关系调查（WERS）数据显示，拥有人事专家的工作场所的比例一直在上升，这些专业人员被定义为其工作职责涉及人员管理的人力资源者或工业关系专员或雇员关系专员以及至少花费 1/4 时间用于这类人员事务的管理人员。2004 年，雇用人事专家的工作场所的百分比相比 1984 年的 14% 和 1998 年的 20% 有所上升（Cully et al.，1999；Kersley et al.，2006）。但是，对人力资源职能的有效性的担心依然存在。

根据 Peter Drucker 的说法，过去人力资源部门有一种被看作具有"垃圾桶"功能的倾向，专门处理那些没有合适部门处理的活动：

人事管理……在很大程度上是没有多少内部凝聚力的偶然的技术的集合。因为人事管理人员的工作，部分是文员的工作，部分是家务工作，部分是社工的工作和消防的工作，处理工会的麻烦或解决它……人事管理专员通常负责……必要的家务。我怀疑它们是否应该被放在一个部门，因为它们是一个大杂烩……

它们在执行过程中既不需要统一的技能，也不是通过工作过程联系在一起，而是通过在管理者的工作中或在业务的过程中形成一个独特的阶段而发挥作用。（Drucker，1961：269—270；引述自 Legge，1995：6）

表 1—2 列出了人力资源部门现在拥有的一些关键职能。在某种程度上，Drucker 对人力资源职能缺乏连贯性的批评，最近伴随着一些组织变革有所改善（Sparrow et al.，2010）。特别是外包的做法履行了更边缘性的人力资源职责，如餐饮安排和安全，分包给专业公司。同样，从公司主要部门到业务部门的人力资源责任权力下放、共享服务，乃至直线管理的做法已经体现出很多"精简"的人力资源职责。然而，也许更令人担心的是，这些趋势也出现在一些传统的核心人力资源职能领域，如招聘、培训和员工福利管理，也被外包给人力资源顾问们。在某些情况下，这些趋势被认为是"危机"的一部分，因为人

表 1—2	人力资源部门执行的职能
工作分析	
人力资源规划	
招聘与甄选	
培训与开发	
薪酬和雇佣条件	
申诉和纪律程序	
员工关系和沟通	
管理雇佣合同	
员工福利和咨询	
平等机会政策和监控	
健康和安全	
置换	
文化管理	
知识管理	
人才管理	

力资源曾在成本意识的时代为争取合法性和地位而奋斗（Clark and Clark，1990；Parry，2011；Sparrow et al.，2011）。

其他人解释说，越来越多地使用外包顾问实际上是人力资源如今被认为更重要的标志，因此值得额外的投资。管理顾问被认为是新的和更复杂的人力资源实践进入组织的重要渠道。然而，最近的一些趋势表明"危机"的解释可能更符合事实。特别是，减少人力资源职能似乎已经走得更远，现在有了大量关于整个人力资源职能外包的益处的争论。在一定程度上，这种变化受组织精简时期进一步压缩成本的驱动，但更令人担忧的是，对于人力资源职能而言，外包也可能是由高级管理人员对内部人力资源职能的质量和响应性的担忧所推动（Greer et al.，1999）。

例如，根据CIPD自己对高级管理人员调查的研究发现，人力资源经理对其所在的人力资源行业评价不高，认为它是"官僚的"并"孤立"于外部世界的（Guest & King，2001）。也许更令人担心的是，这个"新闻"似乎不是人力资源行业的新观点。调查收集了超过3 000人的观点。英国的经理们发现：

- 只有1/4的人认为人力资源经理被其他经理人尊重，被视为高级管理者的关键职能，或在董事会层面有强大的影响力。
- 85％的人认为人力资源部门正在组织高层寻求话语权，类似的数字表明它"经常被高级管理人员忽视"。

然而，当被问及自我评价和他们做出的贡献时，受访者更直接地表示肯定：

- 85％以上的人力资源经理认为人力资源对于组织持续成功至关重要；
- 75％以上的受访者认为人力资源部门作为内部顾问和推动者，具有战略核心地位。

总之，人力资源专业人士认为他们的角色和组织中的其他管理者对他们的认知有很大的差距（Haggerty and Wright，2009；Hird et al.，2010；Kulik and Perry，2008）。因此，对于人力资源部门来说，人们将之当成"灰姑娘"，越来越认识到人力资源问题在组织中至关重要，这并不总是好消息。许多高级管理人员可能认为人员管理太重要了，不能留给人力资源部。因此《财富》杂志的一篇评论员文章指出，CEO们在"为吸血鬼鼓吹"（Stewart，1996）。而其他人则直言不讳，人力资源部门似乎处于危险的十字路口，有人认为它会成为一个很好的"商业伙伴"，而其他人预测它将面临一个痛苦的死亡（Keegan and Francis，2010）。一方面，在学校看来，随着SHRM的成功和组织的竞争优势的创造，人力资源的兴起是必然的。相比之下，灭亡的论调通常涉及人力资源没有了解更广泛的日常业务。文献通常认为需要沿着这样的方向对人力资源进行"重塑"，人力资源必须演化或死亡。然而，Ulrich（1997）也警告说文献满是对人力资源职能过早死亡的通告。

那么，人力资源成功的"范式"是什么呢？首先，在解决这个问题上，这是一个真实的不切实际而又危险的一厢情愿的想法——其中规范性人力资源文献已经有充分的体现。其次，文献在人力资源的未来是什么而不是应该基于什么的问题上有更多的一致性。因此Rucci（1997）认为，人力资源生存的最坏情况是一个部门不促进变革、无法识别领导者、不懂业务、不了解客户、不会核算成本，也不强调价值观。正如Pfeffer（1998：195）所说："如果人力资源要在组织内部有未来，它不能是扮演执行规则和政策的警察和强制执行者，也不能是扮演提供资金的女仆。"

相比之下，对于未来人力资源部门应该做什么有多种多样的建议。根据Brockbank

（1997）的未来议程，一个成功的人力资源部门不仅要参与人力资源战略框架的构建，而且应该参与整个企业战略的制定，促进增长而不是缩减规模，与主要股东和董事会成员建立更可靠的关系。Beer 和 Eisenstat（1996）强调要建立全面的人力资源愿景，并且人力资源管理者应具有跨越各职能部门、业务部门和边界的协调技能，以应付日益全球化的业务，并具备一般管理、领导沟通、创造力和创业精神能力。Eichinger 和 Ulrich（1995）关于人力资源专业人士首要任务的研究指出，在未来需要强调组织重新设计、吸引新的领导者、关注客户、控制成本、拒绝潮流、解决多样性并与其管理的客户成为更有效的业务合作伙伴。Ulrich（1998；Ulrich et al.，2007）的研究也报告了调查研究管理人员的关键能力的结果——未来人力资源角色成功必要的胜任能力（见表1-3）。管理文化和变化以及个人信誉的能力被认为是至关重要的。

根据 Hamel（2005）的研究，人力资源部门必须引导企业更像社区，在寻求业务复原能力方面少一些官僚习气。在创建"人们每天全身心地投入"的组织方面，人力资源被视为有一个历史性的机会。"这将涉及打破传统的等级制度和创造新的模式，每个人都可以分析哪里出了问题，并提供'1 000种古怪的想法'。"只要存在官僚主义，人类努力就会有上限，"他说，"弹性取决于主动性、创造性和激情。"然而，人力资源部门首先会让管理者"逃避这个否定的陷阱"，"看看世界真实的存在方式，而不是我们希望的方式"（Millar，2004）。

表1-3 　　　　　　　　　　　　　人力资源专业人员的主要能力

有效性的相对重要性	%
了解业务	14
人力资源实践知识	17
管理文化的能力	19
管理变革的能力	22
个人信誉	27

Source：Ulrich，1998：20 - 1. Reprinted by permission of Harvard Business School Press. copyright © 1998 by the Harvard Business School Publishing Corporation；all rights reserved.

因此，大部分工作的一个关键主题是人力资源需要在高级管理层争取地位（Pritchard，2010）。这存在一个非常危险的倾向——过分关注战略和业务方面的人力资源角色，特别是，"面包和黄油"的问题。有效地管理招聘、甄选、评估、发展、工作人员的奖励和参与一直被推向边缘。关于表1-3有趣的是人力资源实践知识相对较低的认可与关注度。因此存在一个问题，人力资源经理可能忽略了寻求合法性和高级管理者的认可的"基础"（Wright and Snell，2005）。总之，人力资源或许被指责忽略员工。事实上，Giles 和 Williams（1991）需要提醒人力资源"未来学家"，重申人力资源的角色是需要他们为客户服务而不是他们的自尊。总之，存在高级管理层和股东客户将比未来人力资源部门中的"员工客户"获得更好的服务的危险。这种观点由 Francis 和 Keegan（2006）分享出来，他们注意到员工服务者的作用正在萎缩，因为人力资源专业人士已经被鼓励去追求战略或业务合作伙伴的角色。

　　Lewin（2008：1）认为，人力资源职能和领导这些职能的人不仅仅是成为一个业务合作伙伴：

　　还有可以服务现代商业企业的许多其他角色和功能，包括遵守人力资源/劳动法规（较新的和较旧的法规），实施组织的就业政策和措施，评估员工绩效，提供员工服务和援助，维护员工人事档案，监控工作场所安全，处理员工安置问题。有了这个潜在的职责和责任的菜单，我们可以理解，现代商业企业中需要考虑的许多人力资源职能主要是业务职能而不是战略职能。但是，如果商业企业是建立在智力资本的基础上，越来越多的竞争是有效的，那么21世纪的人力资源管理面临的主要挑战是人力资源职能以及作为在履行必要的业务职能时也需要保持其战略职能角色的领导者。

　　从人力资源从业者的角度来看，在实施人力资源管理中"发展"是一个未完成的过程。从业人员认为在大多数政策发展的领域中有六个是他们认为不太重要的领域（表1-4）。Caldwell（2004：211）对这一点的解释指出，"最大发展"的想法倾向于与人力资源管理更容易提供、更有弹性和更低端的战略方面相关。例如，员工沟通中的改进，可以通过"传统"人事管理相对低水平的干预实现。相比之下，似乎在实施方面取得最小进展的领域都是与人力资源管理更具战略性的方面相关。例如，视人才为资产的转变、对人才管理的兴趣兴起等（Scullion and Collings，2010）。生产力的提高和竞争力要求人力资源管理在高层战略决策方面形成一个整体。

表1-4	政策重要性和实施人力资源管理的进展
最重要的，进展甚微	
人才作为竞争优势成为至关重要的资产	
组织使人事政策、程序和系统彼此密切配合	
创建一个更快、更灵活的组织，能够更快地做出变革反应	
鼓励团队工作和跨越内部组织边界的合作	
在整个组织中创建强大的客户至上哲学	
增加人事管理和人力资源政策的管理职责	
最不重要的，进展最大	
通过更好的内部沟通来提高员工参与度	
将人力资源管理政策与业务规划和公司战略相统一	
授权员工管理自我发展和学习	
制定旨在支持绩效驱动型文化的奖励策略	
开发管理者作为促进者的作用	
建立员工对组织的更高的承诺	

Source：Caldwell，2004：200（www.blackwell-synergy.com）.

　　因此，我们在本书中介绍资料的目的之一是讨论平衡员工对人力资源职能的期望和对管理者的期望。例如，考察人力资源在诸如缩减规模、参与和授权、绩效管理、奖励、灵活性等过程中的战略作用，还要审查这些措施对员工的影响。本章的最后一部分将更详细地讨论本书的布局和一些关于其使用的建议。

1.7   本书介绍

这本书主要是作为商科和管理专业学生学习和研究人力资源管理的参考书目。本书的目的在于通过"最佳实践"的要点分析对现实进行批判性解读。本书的作者都是该领域很突出的学者，希望能借鉴他们在相关领域的深入研究成果。每章提供了对主题的批判性回顾，汇集了理论和实践材料，重点是分析和考察，每一章还包括了对日益重要的领域的深入解读。同时，我们希望以可读和可见的方式了解人力资源管理研究理论发展对实践的影响。这本书不是侧重提供给读者的先导知识，而是寻求更广泛地定位理论框架问题。它适合 MBA，以及可能做商业研究或修读工程、人文、社会科学等学位的本科生阅读，也适用于模块学位课程。

每章都附有案例研究和/或学生练习。目的是让学生积极参与到人力资源管理研究之中。我们相信在这个意义上这本书在英国是独一无二的，以往一直是出版单独的课本和案例书。我们的目标是将这些元素结合在一起：主题资料、案例研究以及学生练习的整合。在所有章节中，作者都提供了教程和案例，虽然在一些章节中我们还包括其他作者的其他材料。案例和练习具有不同的长度、水平和类型，以便服务于不同的教学和学习目的。例如，一个较长的案例研究，可以让学生在研讨会/课程之前阅读和预习，而更短的案例可以在教学过程中练习。本书的目的是根据实际的人力资源管理实践提供一系列最新的相关材料。

本书分为两部分：第一部分，"人力资源管理基础"，审查人力资源实践的核心要素（见表 1-2）。这一部分包括以绩效为基础的人力资源管理实践：甄选和招聘、绩效评估、员工发展、薪酬管理等。第二部分，"当代主题与议题"，描述了在一些关键领域日益重要的人力资源管理实践。这里包含关于国际人力资源管理的章节、裁员、员工参与、职业道德、工作与生活平衡、工作情绪、柔性管理、职场霸凌、知识管理等。

案例研究 1.1   公共领域的人力资源管理与私人股本：金钱至上！

ALINE BOS AND PAUL BOSELIE

引 言

本案例关注的是在医院人力资源管理方面私人股本介入的影响。最简单的形式是，私人股本公司购买一个营利性公司，然后在三年或七年以后以高于当初的价格把它出售了。收益是转售和与此同时所实现的经营利润的资本收益总和（Folkman et al.，2009；Robbins et al.，2008）。这种干预是一个重要的组织事件，通常预示着重大的组织变革（Boselie and Koene，2010），诸如重组、日益增加的工作不安全感、组织对失业员工以及有成就的员工的重大影响、员工对高层的信任和工作压力等。私人股本介入与投资者收购密切相关，投资者通常是有大量个人投资的单个投资人（Boselie and Koene，2010）。关于私人部门有私人股本介入有大量的文献（Wright and Bruining，2008）。然而，很少有人知道在西方国家的公共部门或者半公共部门私人股本介入所产生的影响（Kickert，2001）。作为执行公共职能的私人组织，它们的定位是纯政府代理机构和商业企业（Rainey，1991）。众所周知，首先，由于私人股本企业的进取性、商业化运作，质疑公共服务人员的影响趋势有所上升，因为公共组织在某些方面不同于私人部门。公共部门组织在很多情形中要通过公共基金融资。其次，由这些组织提供的服务是一些必要的服务，它们必须具有高度贴近性和透明性。最后，公共服务的员工通常被视为有助于社会，而不是有财务方面的动机（Vandenabeele，2007）。

因此，这个案例研究的核心问题是：在公共组织中私人股本介入人力资源管理的影响是什么。私人股本介入瞄准提升组织绩效。但它并不总是十分清楚如何取得绩效，谁来介入这个过程，私人股本如何影响人力资源管理（如退休和遴选人才，员工开发和薪酬）以及提供绩效是否也包括增加员工福利和社会福利。最后一个目标（增加社会福利）尤其与公共领域的组织运营有关。本案例的目标是通过在公共组织中私人股权投资对人力资源管理影响的案例分析，提供这两方面的洞见以及方法。下列问题与研究的核心问题有关：

- 什么是实际参与不同利益相关者（如工作委员会）制定决策？
- 私人股本对人力资源管理实践的潜在影响有哪些？
- 私人股本对人力资源管理绩效的潜在影响有哪些？

案例的开始交待背景，然后进一步定义私人股本以及人力资源管理。接下来，核心问题是详尽描述案例：荷兰医院私人股本介入以及它对人力资源管理的影响。最后是结论和从本案例汲取的经验教训。

成立阶段

在荷兰，私人股本参与儿童日间护理和医疗机构是一个相对较新的发展和一个受到重要媒体关注的话题。TNS NipO 以及伊拉斯姆斯大学 iBMG 最近发现——对 1 100 位荷兰市民的调查，包括医疗机构的员工——私人投资更倾向于削减医疗保健服务。这项研究也发现，经济学家对私人投资医疗机构满怀期待。2013 年荷兰法律允许公共机构分配利润，如医院。几乎每家荷兰医院最近都在与私人股本企业商讨投资（Castelijns et al.，2011）。私人股本企业投资医疗机构日益增加（Boer and Croon，2011；Stevenson and Grabowski，2008）。这一现象对公共部门及其组织提出了战略挑战。私人资本的流入将改变公共服务的控制权和所有权（如 van der Steen et al.，2010）。更普遍地，关于私人股本企业的影响方面，现有的研究主要是由英国和美国做的，而荷兰却很少，尽管这些企业的影响已经很大：荷兰投资企业联合会（NVP）宣称在荷兰私人股本部门吸纳了私人部门6%的人就业。荷兰企业接受了来自私人股本企业8.16亿欧元的投资。处于荷兰私人股本企业管理下的总资产达到233亿欧元，分别投入到1 300家企业，占荷兰公司数量的80%（Nvp，2010）。

私人股本

私人股本企业市场正在茁壮成长。一家私人股本企业将钱投入组织而非股票市场，因为股票市场要收取管理费用并分享利润。典型的是，在三年或七年中，会卖出它们的投资（Robbins et al.，2008）。私人股本企业可以采取积极的行动，并被认为非常有商业理念。私人股本企业经常背负高额债务（通常是70%~75%）购买业绩差的组织。交易结束后，这一债务被转移到被接管的组织。例如，荷兰私人零售企业 KBB（仓库连锁企业 Bijenkorf，Vroom & Dreesman，and HEMA）就是由一个私人股本财团收购的。接管 KBB 这个产权（商店和地面建筑）之后又卖给一家租赁企业。个体商店则不得不从这家租赁公司租回店铺位置和房产。通过这种交易，私人股本企业拿回了初始投资的50%多。为了提高绩效水平，出租的建筑物对个体商店附加激励措施。私人股本企业的财务优势是店铺的高成本削蚀了利润因而减少了税收。

当私人股本企业资产的增长快于它们的投资时，私人股本企业会寻求扩大规模。首先，它们增加了对起初只有英国和美国市场以外的经营。其次，企业把注意力从蓝领服务转移到白领服务（Guo et al.，2009）。最后，私人股本企业正在进行从私人部门到公共组织的多元化（Wright and Bruining，2008）。同时，越来越多的公共组织正在为它们的财务绩效苦苦挣扎。它们不得不权衡组织的经济性与它们的公共职责（Boselie，2010）。

自从私人股本企业被视作私人部门价值的极端表达以来，私人股本企业投资于公共组织在公共价值——如贴近性、透明性和公民权——与私人部门价值——如消费主义、利润性和竞争（Benington and Moore，2011；Bozeman，1993；pollitt，1988）方面产生的问题便成为争论的焦点。这场争论自20世纪80年代出现新公共管理理念以来尤其激烈（Hood，1991）。一些作者指出，由于私人部门价值被接纳，公共部门的价值正在下降（Kernaghan，2003；Maesschalck，2004），这对于公共服务的身份、合法性和动机有重要的意义（Haque，2001）。公共性和私人性相结合的价值会促进机会主义行为，刺激忽视责任（Karré，2011）。

私人股本企业尤其对儿童日间护理和医疗部门感兴趣（Robbins et al.，2008），把它们作为成长的市场，并且有潜在的效率改进，来源于政府预算的新财务资源被削减。在荷兰，私人股本企业已投资于半公共组织，如Catalpa（儿童日间护理，2 300名员工）。

在私人部门，私人股本企业倾向购买股票市场上绩效差的公司。转型后的公司不再受制于透明度，为选择控制机制以实现组织目标创造新的机会（主要是财务方面的定义）。尽管接管的第一年CEO很少有变化，但他们通常会被更换。这可能是战略性地分散注意力，以免引起媒体的负面报道。一两年之后，新的企业主经常会开始采取措施，以增加绩效，并开始重组，通常会卖出企业的一部分业务。六年或八年之后，私人股本企业通常会出售企业的所有业务。

有一个纯理论性的观点，私人股权介入通常会出现两个可能的战略：上行力量战略或下行力量战略（Wright and Bruining，2008）。上行力量策略代表额外投资该组织，因为有未开发的资源，可以有助于组织的成功。过去，这些上行力量战略经常出现于母公司出售具有市场潜力的业务单位（没有被视为母公司核心业务的一部分）。私人股权介入后，出售业务单位可以创造新的市场开发机会（如Bruining and Wright，2002）。上行力量战略对人力资源管理的影响可能是招聘和选拔新员工以及实质性的培训和发展。下行力量战略则意味着被私人股本企业接管后即刻进行成本削减战略。在组织绩效很差的情形下经常会实施这种战略。对人力资源管理的影响可能是，当显示与绩效差有直接联系时停招空缺职位，培训并开发人才，削减员工福利和与财务绩效挂钩的绩效工资。实证研究表明，这两种战略出现于私人股权介入的情形（Wright and Bruining，2008）。然而，也可以说，很难预测私人股本企业会采取哪种战略。

人力资源管理

人力资源管理涉及管理决策，其相关的政策和实践共同塑造就业关系，旨在实现个人、组织和社会目标（Boselie，2010）。这个定义建立在典型的欧洲大陆式人力资源管理视角上。持有这种观点应考虑多个利益相关者（包括贸易联盟、工作委员会、政府、管理者、员工、融资者和股东），组织背景发挥了重要作用（所谓的情境因素），绩效按照多维度结构可被定义为：（1）组织绩效（例如生产率和质量）；（2）个人福利（如工作满意度和工作－生活平衡）；（3）社会福利（如就业）。荷兰社会以诸如贸易联盟和工作委员会的多个利益相关者达成共识的产业关系为特征（Paauwe，2004）。荷兰社会背景的另一个主要特征是机构机制的相关性和影响力（尤其是人力资源管理立法（Paauwe and Boselie，2003））。因此在研究人力资源管理时明确地把多个利益相关者和背景（机构的）因素考虑进去是有意义的。占主导地位的盎格鲁－萨克逊式人力资源管理的观点主要来自美国，往往更多关注股东价值和数量有限的利益相关者。私人股本企业代表投资公司，在它们的业务和活动中倾向于接受盎格鲁－萨克逊原则。换句话说，当私人股本企业有目标企业时才有兴趣投资。私人股本企业因此有时被称为"野蛮人"（Boselie and Koene，2010）。

荷兰医院 Rembrandt van Rijn

ALINE BOS AND PAUL BOSELIE

本案例研究我们聚焦于荷兰医院。荷兰自20世纪90年代开始出现兼并与收购风潮，到2011年剩下不到100家综合医院。这些医院平均每家有5 000名员工。《2006年新健康保险法案》给医疗机构施加了巨大压力——提高服务质量，降低成本。随着许多西方国家（比如荷兰）人口老龄化，荷兰医院面临诸多挑战：

- 人口老龄化，医疗保健费用需要增加，因为更多的老年公民需要更多的照料和治疗服务；

- 婴儿潮一代即将退休，而且只有极少数的年轻人愿意且有能力在医疗保健机构工作；

- 由于针对医疗保健机构、员工及其活动的有限财务资源，荷兰政府被迫削减医疗保健成本。

所增加的改善组织绩效的压力导致荷兰医院之间的竞争加剧。例如，在发行量大的报纸上公布的年度排名。

综合医院Rembrandt van Rijn有1 600名员工，包括300名医疗专家，还有1 300名护士及医疗支持人员。这些医疗专家中有一半是自雇人士，这是荷兰医疗部门的典型特征。这些自雇专家在组织中有强势地位，代表着医院的最高水平，没有正式受雇于组织。

自1998年Rembrandt van Rijn市立医院私有化以后，到2002年它的财政赤字已达到700万欧元。荷兰健康部长宣布关闭医院，这些投资者在荷兰议会的第二议院阻止了部长这样做。到2007年医院几近破产。Rembrandt van Rijn医院的两级董事会面临着重大的财务损失。即使没有严格的条件，正规的融资者如银行和保险公司也不再愿意为医院融资。

2007年，董事会成员与外部投资者接触，这些投资者在私人股本企业工作，并有兴趣投资医院。投资者表达了充分投资Rembrandt van Rijn医院的意愿，但条件是成为医院的所有者。荷兰立法最近有所修改，国家鼓励公共部门的创业、商业化和私有化。来自外部的所有者入主两级董事会，希望能为组织的重大变革创造动力，并趁机通过新的管理方法改进绩效（如新绩效管理系统）。私人股本企业和Rembrandt van Rijn医院的情况经历三个阶段：

第一阶段：预投标阶段，宣布可能介入的私人股权。

第二阶段：实际的私人股权介入和直接后果。

第三阶段：私人股权介入后的两年至六年期。

1.预投标阶段，家门口的野蛮人或者萨尔瓦多

初次会面在医院的两级董事会和私人股本企业高层代表之间秘密进行，以免产生负面宣传与内部动荡。在这一阶段，两级董事会成员需要决定谁来参与这个项目。它取决于积极介入的高级法律人员。经过几次秘密会面之后，董事会成员决定公开宣布，医院正在认真寻找可选择的投资者，调查私人股权参与的可能性。对于大多数员工来说这个新闻并没有立刻引起轰动和密切关注。鉴于过去的两年中一系列低绩效的负面公告以及在荷兰医院中多年的低排名（如广告中的百强医院），大多数员工意识到这一重大的组织变化带来的危机。对他们来说，私人股权介入还很抽象，难以接受。自此，管理团队的所有成员（两级董事会以下）也开始参与到与私人股本企业的谈判过程。现在，研究和治疗部的经理、临床经理、行政部经理及综合和技术服务部的经理都参与进来了，也征询过医疗专家、医务人员的意见，监事会也被通知了。

作为管理团队的一部分——人力资源主管能够说服董事会从此刻开始定期通知医院的工作委员会。主管也建议通知医院的客户委员会。尽管没有法律要求须进行信息共享，但人力资源主管对工作委员会和客户委员会这类部门的参与——在动荡时期保持有效的就业关系——进行了强烈的呼吁。当媒体在公共领域炒热了私人股本可能介入的故事后，引发了有关私人股本企业介入以及这种介入对医疗质量的负面影响的热议——员工的定位以及通常意义上的荷兰医院公共价值观，即贴近性。从这一刻起，员工信任水平大幅下降，特别是有关的员工信任管理。管理层对这些骚动的反应是强调紧迫感以及私人股本介入创造的组织重生的机会。

2.实际的私权股本介入

经过将近一年的谈判，似乎没有什么变化。医院的财务绩效甚至更为窘迫。私人股权企业的代表提议给予高级管理层（两级董事会）奖金包，这是在私人股权介入过程中留住高层经理所必要的。一旦媒体发现这个薪酬建议，私人股权企业就会被指控贿赂高层以使所有权发生变革。当这一类的奖金介入高层在私人股权介入企业成为普遍现象时，鉴于医疗背景和它的公共价值，这种建议就让人怀疑私人股权企业参股医院的意图。员工对高层的信任度进一步下降。

两级董事会坚持这一计划并追求一个实际的干预过程。现在他们决定组织医院内所有员工的小组会面。走这条路的主要目标有两个：一是这个会面为员工提供发泄他们情绪、挫折感和不安全感的平台。二是董事会成员能够利用这个机会表明领导层的意图并强调这一根本变化的紧迫感。没有新投资注入，医院极有可能在一两年内走向破产。

人力资源主管的主要焦点放在私人股权介入这一阶段，留住有积极性的、素质高的员工。医疗专家和护士代表了 Rembrandt van Rijn 医院的人力资本。主要员工离职率可能会干扰和损害医疗保健活动的连续性。

3.私人股权介入后的时期

私人股权介入完成了。在这个过程中，早期阶段工作委员会的参与是有价值的。在所有权转让过程期间，工作委员会受高层托付与私人股权企业达成了新的交易。令每个人更惊讶的是，接管后的头12个月没有任何变化。一年之后，董事会中的一位成员退休，空缺由高层经理与私人股权企业沟通后填补。这位经理之前有过在美国私人公司工作的经

验。一旦这个人被指派，事情就开始迅速发生变化。一个新的绩效系统——基于通用电气六西格玛系统——被引入，以提高效率，改善服务质量，激发创新。人力资源实践与新绩效系统的联系包括：

- 旨在改进效率（每小时更高的接诊量）的护士培训和开发以及提高患者满意度分数。
- 每周和每月的个人计分卡和小组计分卡结果评估，如患者满意度、员工缺席率、工作绩效的生产率结果和同事评价。
- 优秀小组的奖金是小组每个成员额外一个月工资。

同时，一些大的以大幅度削减为目标的重组也在计划中。

- 医院所有的志愿者都被解雇了，因为实际上他们年龄大了，需要更多地照顾自己，分散了医务人员的精力。
- 中层管理人员被解雇。董事会现在直接与医务人员对话。
- 引入了新的、具有财务吸引力的医疗服务形式，如感冒门诊和戒烟门诊。
- 所有与临时经理和外部顾问的合同均终止。
- 所有的临时合同都已终止，这些工人可以继续在一个关节专科门诊工作，这家公司偶尔需要雇用医疗人员。
- 医院内的多个学科被标记为非核心业务活动（例如心理学），这些职能和部门都外包。

对于这些医疗部门，医院利用非传统方法——自上而下的管理风险和私人部门竞争战略。这引起了与工作委员会、其他医院以及当地政府的冲突。

结　论

私人股权介入之后4年来，组织绩效得以改善，尤其是在效率和服务质量方面。当私人股权企业进入组织时，有43亿欧元赤字。6年后，年利润大约在500万欧元。Rembrandt van Rijn医院不再是报纸上荷兰医院排行垫底的了，而是处在中间位置。在报纸广告版排名前100的医院中，这家医院已从2007年的99名跃升到2011年的49名。

1.关于本案例开头的三个核心问题，我们可以得出结论，荷兰医院对有关的利益相关者实施了一个相当国际性的战略。自医院董事会与私人股权企业秘密会面伊始，越来越多的利益相关者参与其中。法务人员、人力资源主管、中层管理者、医疗人员、工作委员会以及客户委员会都是第一阶段中其他所要征询意见的人员。在第二阶段，当交易实际进行时，所有的员工都要参与进来。我们可以得出结论，不同的利益相关者在早期阶段参与进来，这与欧洲利益相关者视角相吻合，并被证明当交易真正实施时是一个非常好的战略。

2.关注人力资源管理实践，借助绩效管理制定目标已成为中心议题。通过新的绩效管理系统，将组织目标、小组目标以及员工个人目标连接起来，使所有参与行动者更加明确。例如，护士和医疗专家对特定培训项目的价值和目标已有更好的了解。人力资源职能及它的人力资源专业人员在与新的绩效管理系统执行和沟通中发挥了重要作用。

3.人力资源管理介入的成果和人力资源管理实践还不是很明晰。来自员工年度调查的员工满意度仍是中等分数。员工们对他们的工作表示了合理的满意度，但对组织不太满意。虽然员工的信任度上升了，但一般员工对管理的信任水平还是比较低的。

私人股权介入促进对实质性的核心业务的关注。私人股权介入的不利影响是，不少优秀的医疗工作者离开了这个组织。一些医疗专家和护士自愿离开医院。在阿姆斯特丹地区，不难在其他医院找到新工作。因为私人股权企业的财务和绩效导向，Rembrandt van Rijn 医院现在在综合提供优良诊治和护理服务方面已建立了声誉。但是从员工的角度看，医院未被视为是高质量和高度专业化的。

经验教训

这个案例研究表明了与私人股权介入有关的组织变革过程不同阶段的相关性。它也揭示了措施力度的重要性和时间的概念。我们因此也必须意识到，组织在处于挑战不断变化的状态和几乎没有静止或稳定的情形下管理人力资源的方法。例如，在这个案例中，向上和向下的策略，每个策略需要有不同的方法并有具体的人力资源干预措施。这也表明当组织发生变革时，有关人力资源管理问题的内容和潜在过程的相关性。人力资源管理学科经常毫无疑问地关注静态问题的内容。私人股权介入强调了过程和动态的重要性。这个案例研究也强调了变革过程中高层管理的重要性。这个方法强调组织变化中领导的支持、员工对战略决策的信任是重要的。工作委员会及客户委员会的参与，主要是通过在稍后阶段的私人股本介入过程中信息共享得以体现。与社会合作伙伴（如工作委员会、客户委员会以及贸易联盟）建立强有力的关系有助于优化管理组织变革的过程，尤其是在高度制度化的环境下（如荷兰）（Boselie，2010）。最后，本案例强调参与其中的观念和态度的相关性。情绪、不安全感、员工对管理层的不信任、离职率、不满以及低承诺都是组织在重大变革中不可避免的。人力资源管理或一流的人才管理有助于减少这些负面态度和看法，发挥人力资源职能和私人股权介入中的人力资源专业人员的积极作用。

问　题

1.从高层管理的视角和个人员工的视角看，工作委员会和客户委员会在早期阶段参与私人股权介入有什么利弊？

2.在重大的组织变革过程中，什么类型的人力资源政策可用于留住有价值的员工（高素质员工和积极的员工）？在公共组织和私人组织中战略上有区别吗？

3.为什么两级董事会成员路演时亲自解释私人股本的情况这种积极参与很重要？

4.通用电气创造性的绩效管理系统对医院的专业人员（护士和医疗专家）的影响是什么？

5.新的绩效管理如何影响医院专业人员（护士和医疗专家）的组织承诺、职位承诺和团队承诺？

6.外包的学科对医院以外的员工和留在医院的员工有什么影响？

7.为了吸引和留住人才，组织需要建立、强化和维护它们的企业形象。有一个概念"雇主品牌"指的就是这种现象。在 Rembrandt van Rijn 医院私人股权介入的背景下，什么样的人力资源管理战略和政策的开发有助于树立组织的"雇主品牌"？

8.当私人股权介入引起组织变革时，人力资源专业人员在素质和能力方面需要有哪些价值提升？

9.需要什么类型的具体的人力资源实践用于减少私人股权介入对员工态度和观念的负面影响？请解释为什么。

案例研究 1.2　快速成长——羚羊型企业如何管理人力资源

OLAV MUURLINK, ADRIAN WILKINSON, DAVID PEETZ AND KEITH TOWNSEND

引　言

就像动物在非洲开阔的草原上奔跑，被称为"羚羊"的企业不只是快（快，在这种情况下，越来越多），还很难被捕捉到。部分原因是它们很稀少。比较早期的估计表明，这样的企业只有 4%（Birch，1979），更有可能的是，这些估计似乎夸张了。Birch 声称，这些相对小的和年轻的公司在经济上占领了狮子型企业的份额，这使得这些小型快速成长型公司成长为出色的企业。通常来说，羚羊型企业是由它们所占的持续增长的百分比（营业额或就业率）所定义的，但是有些定义确定羚羊型企业的少数者地位，将其定义为"精英"，却只是在人员数量增长最快的公司（Henrekson and Johansson，2009），然而它们在就业机会方面发挥的作用却受到了很大的质疑（Davis et al.，1996）。毫无疑问羚羊型企业是一个研究人力资源管理极有吸引力的实验室。

这些高成长型企业在人才管理方面会有巨大的压力。它们倾向于在应对人才方式上进行创新，当它们打算在经济中快速开拓利基市场时，在产品和服务上肯定要有创新，但这种创新在人员和管理方面会产生成本（Janssen et al.，2004）。当组织——或者下属单位——成长达到一定规模时，管理上不一致、管理链创建的恶化，以及缺乏人性化管理，对制定更为系统的人力资源政策和程序以防止出错提出了要求。在下属单位试图复制母公司的情形中，母公司的期望和特定的当地条件之间会产生扭曲。无论怎样，规范化的人力资源结构有助于保持企业专长并确保维持承诺的基本水平。例如，为了招聘员工，不是依靠口碑和现有的联系，而是更多地利用复杂的招聘方法，以及选拔、培训、绩效考核、薪酬和奖励等。当需要专家的专业知识从组织整体上变得更加明显时，组织也有从内部聘请专业的人力资源服务的压力。如果人力资源管理仍然是非正规化的、临时的，因为人力资源政策，必然会出现越来越多的问题，如不满、处罚程序以及薪酬系统运用不一致。结果是由管理人员制定政策，所有的与人力资源有关的问题都必须通过他们。

成功或失败的两条路线

在全球金融危机中成为一只羚羊是不容易的，我们将考察这两家成功的公司——New Leaf 超市和 Freshcoat 公司。在全球金融危机高峰时期，四年的时间里它们通过不一样的方法经历了从 0 到约 100 个员工的成长。两家公司都位于澳大利亚，都是应对全球金融危机的独特案例。联邦政府有充足的备战资金来刺激经济增长。邓白氏的数据显示，小企业在 2010—2011 年间有 48% 的增长，而它们当中的 95% 是初创企业（Dun and Bradstreet，2012）。然而，无论是 New Leaf 超市还是 Freshcoat，都没有利用联邦政府的慷慨资助，反而走出了更为传统的成功之路。它们有相似的结局。

New Leaf 超市始于一个大学项目，它的建立是一位 CEO 应一些朋友（超市经理人）的请求，来帮助即将被接管的公司，这些接管威胁到他们的职位安全。相比那些负责人经过深思熟虑按部就班地进入超市行业，这个公司的成立具有偶然性。它们在一些偏远的农村地区逐步买入廉价或低估的资产，并提升价值，以低成本改造新网点并建立新的服务方向，"假设我们急于收购更多的商店，并投入一些资金，建立一个后勤办公室，获得所有的我们需要的资源，"CEO回顾说，"最终会证明这是非常耗成本的。"

首先，开发某些技能的战略，如人力资源管理——对一位基层超市前主管进行强化培训，使之成为人力资源经理——引入其他人，如一个重要机场的零售连锁店前财务经理，看起来很管用。公司和品牌赢得了同行的尊重。虽然公司非常年轻，但在CEO的领导下，它表现出一个成熟公司的所有属性。它有一个坚实的勤劳的总部，对成本持有相对冷静的态度，隐形的成本削减措施（如用油漆刷、扫帚柄这样的简约方法来装修店面）足以盖过在一个竞争激烈的行业快速发展带来的现金流困难。澳大利亚超市行业几乎都是具有国际化特色的，占据超大比例的80%的零售杂货店被两家公司控制——Woolworths 和Coles，公司如此之大（尽管在澳大利亚整个市场占比很小），它们都是位列世界顶级25家零售商之中。在两个巨人的笼罩下，New Leaf超市简直再平凡不过了。当New Leaf试图成为高知名度（但失败）的水果和蔬菜零售商时，这只是传达了它的一个意图的信号。尽管做了长期的努力，由于有太多烦琐的问题，New Leaf关闭了这个业务。"每天都会遇到麻烦，"几个月后CEO承认。同年末，该公司陷入管理麻烦当中。与水果和蔬菜有关的零售渠道都已关闭，员工解散。原来的一些New Leaf超市仍然营业，但是在新的管理控制下。这个梦想仅仅做了不到四年就破灭了。

Freshcoat的创立者曾是一名非常成功的销售经理，他所在的公司在澳大利亚占有广阔的市场，但他一直想自己开公司。他曾与他的雇主分享过想法，这位雇主的年龄接近退休。当他的雇主突然把公司卖给第三方，丢下了愤怒的受到刺激的经理时，他的梦想破灭了。于是他立刻开始行动。雇主宣布的那一天正是他打算休年假的那一天。他再也没有回来。他没有在海滩上晒太阳，而是利用以前的雇主花成本培养他的那些技能，抓到了一个大合同。就这样突然地，在他还没有一兵一卒的情况下，他拿到了第一个大订单。他组建了团队，包括他的前雇主的工头——成为Freshcoat的早期少数合伙人之一。他无意中发现在离他家不远的商业区有一个废弃的重工业工厂，四年中，员工超过100人，包括一个装有计算机辅助制造装备（全部都是租用的）的工厂以及适合开展客户项目的高薪贸易人员。相比New Leaf，这种增长没有通常的中层管理者。这个公司没有人力资源经理，没有内部的财务经理，没有工资员，也没有健康与安全专员。这个公司完全由创立者和它的二把手工头掌控，履行多种角色，但是得承认有来自健康以及家庭关系的压力，其成本是巨大的。再者，也有来自外界的压力，Freshcoat的成功吸引了媒体的关注。公司入选了快速成长的以采矿闻名的昆士兰州高知名度、高透明结构公司，在进行本案例研究时，该公司正在搬进靠近旧总部的新建大楼。

现在，我们讨论两家公司——一家是零售公司，一家是制造公司——这两家公司都始于个人推动和愿景，下面介绍它们以非同寻常的方法执行人力资源管理的计划。

New Leaf的方法是极为传统的。它从零售业集团引入了标准的政策，并加以修改以适应公司。New Leaf建立了常规的政策，并且人员管理系统模仿了大公司的做法。它的做法一部分是由受过正规商科教育的公司创立者兼CEO指导的，一部分受教于运行其中的行业。全世界的超市都是薄利多销。所雇用的员工通常是低薪的。在澳大利亚，要严格审查最低收入者的权利，并要执行联邦和州的立法框架，包括有权力强制其遵守的机构。Freshcoat入门级员工——相对没什么技能并做一些重复性的工作、操作机械化的工作，同样受到立法的约束。然而，公司处于相对更高的利润行业——昆士兰蓬勃发展的建筑行业

——允许经理人给予员工更高的工资和条件。典型的超市，临时性员工很多，New Leaf的经营者也并非奢华豪爽，经常面临着入门级员工的高离职率。

Freshcoat的离职率问题有完全不同的起因。在其工作原则中，Freshcoat的管理缺乏实际的经验和正规的业务培训。工厂经理坦承营业第一年离职率高达150%——归因于他自身在管理这种规模员工的经验不足。"我是零容忍。'老兄，你没在干你的活，走吧，'"这位年轻的经理承认。对于员工和管理人员来说，心理后果是严重的。一旦公司稳定下来，并且年轻的经理在自信心和经验方面成长起来，整个公司会有截然不同的氛围。这两个公司都很年轻，都是靠创立者的愿景驱动，像New Leaf一样，Freshcoat有以家长式的方式对待员工的味道。这两家公司相比典型的大公司，对员工工作以外的日常生活表示了更大的兴趣。然而，不像New Leaf，Freshcoat有进一步采取家长式作风的资源。它的一名员工——一个有前途的运动员，摆在他面前的有可能是奥运职业生涯——企业给予了赞助和脱岗训练时间，并让另一个员工和他共同生活起居，为他提供一系列帮助，包括跟一名管理者学习驾驶经验，帮他购买他的第一辆车。

在澳大利亚产业关系设计中政府的介入程度非常高，但最近几年，历届保守党和工党政府都推出了广泛的改革，其特点是增加雇主－员工关系的灵活性。Freshcoat利用这一改革为其底层员工引入有特色的企业谈判协议，规定了每周45小时（而不是每周38小时）标准。在38小时和45小时之间多出来的时间，没有工资，取而代之的是，员工的工资标准提高，保证有9小时的加班费进工资袋。这个政策没有引起波澜，员工将被允许工作不超过45小时，并可以拿到全额工资，但在像Freshcoat这种羚羊型企业，组织管理松弛是一种罕见的"问题"，员工透露，这样的情况很少发生。

工厂以外，Freshcoat引入了所谓的"体制"，一种层级制，为员工提供清晰的职业发展路径——只要员工有"正确的"态度。"一些人"是高级经理，有"5个"入门级员工没有监督责任。随着昆士兰建筑行业的蓬勃发展，对贸易人员的需求增加。例如，在Freshcoat的区域外工作，工资都很高，远高于经营不好的时候设立的奖励。由于缺少贸易人员，Freshcoat像许多类似行业一样，也极为强调培训，甚至在企业控股的其他公司把他们注册为贸易学徒。

在New Leaf，培训员工的动机有所不同。那些无技能员工，通常是临时工，New Leaf需要对其培训，为的是与竞争者在客户服务方面进行竞争。当连锁店失败时，它正在规划设立自己的内部培训学院，刚装完一个结账通道和现金收银机。水果和蔬菜购买连锁店，最终引发了它的垮台，这已不仅仅是一个财务和物流的挑战。当被确定为收购目标时，它在收购前挣扎了数月，士气非常低。"当你走进一家（新被收购的店）时，就像走进了太平间，"CEO承认。员工们一下班就匆匆换下制服。"他们不再以他们工作的单位而自豪。"即使New Leaf已买下的目标连锁店——本质上与数年来电视广告中的租赁商店没有差别，给这个集团留一些市场空间——它的商誉，它很快意识到没有人会贴这个牌子了。New Leaf创造了新的品牌，又有了新的店服、布局。就商店的士气而言，结果是好的。商店经历了销量的激增，已远超过一个月，但这是少有的情形，对New Leaf而言来得太晚了。

在招聘绝大多数的工作人员方面，这两个公司选择了非正式的方法，尽管New Leaf的高级管理人员有正式培训。New Leaf用店内告示牌招聘大多数员工，针对每个商店周围地区对临时工作有兴趣的人。这是个低成本的招聘方法，并延伸到更高级别的员工。公司引入了一个现有员工和他们的技能的数据库，以便从内部（在本店内以及集团内）提拔有可能进入管理角色的员工。Freshcoat招聘员工的态度是类似的，雇用与现有员工有联系的人，或是找上门来的人。然而，这种非正式的方法导致没有时间致力于更正式的招聘，并成为滥用原则的一部分，而只是渴望雇用正确的人，正如工头所说的，就是为了省钱。

结　论

虽然本案例只是惊鸿一瞥，给出了两个羚羊型企业早些年面临的高压情况，但从中也可洞察出高速成长的中小企业不同的人力资源实践。

虽然中小企业的管理者倾向于把人力资源排在优先顺序，但Freshcoat和New Leaf的案例表明，当企业启动蓝图并开始快速发展时，底层经理们很快被业务成长的意义所淹没，不是专注于顾客满意度，而是寻求运营资本并确保现金流。当羚羊型企业的人力资源不总是以高度规范化、结构化人力资源为特征时，Freshcoat很明显地证明不用专注于政策，成长也是有可能的。这些成长中的企业经理人再三表示，对政策的价值进行评估，是在充满不确定性的海洋中稳定的救生筏。创业型的羚羊企业可能建立在某个经理人的个性化愿景的基础上（Cocca and Alberti，2010），经理人趋于保持密切控制，并与员工保持个人联系，但这种个性化程度也是有代价的。这两个企业的经理人承认很高兴有时管理者做仲裁决定能够参照标准操作程序。在Freshcoat，像这类政策相对缺乏的公司，经理人不得不对人力资源管理问题进行特事特办，很明显要比New Leaf面临更大的压力——即使Freshcoat的业务更兴旺，而New Leaf这种羚羊企业仍很脆弱，容易触暗礁。

问　题

1.这两个案例以什么方式说明在解决人力资源管理问题上组织松弛的作用？

2.羚羊型企业在成长中经历的特殊挑战和机会对人力资源管理经理人意味着什么？

3.Freshcoat所经历的有什么优势和劣势，如果在Freshcoat的生命周期早期引入正规的人力资源管理政策会怎样？

第2章

招　募

Scott Hurrell and Dora Scholarios

引　言

招募往往为很多人力资源管理的文献所忽视。大多数人把招募与甄选放在一起讨论时，更加注重甄选的作用。然而，组织如果能有效地识别和吸引大量更高质量的应聘者，雇用过程中的甄选作用的重要性就会降低很多。因此，甄选是"组织赖以生存或成功的最关键的人力资源职能之一"（Taylor & Collins, 2000: 304）。

Barber（1998: 5）首先对招募进行了综述，将其定义为"以组织识别和吸引潜在雇员为主要目的进行的实践和活动"，重点通常是从公司外招聘来填补职位空缺（而非内部任命或晋升）。近来招募的一个重要发展是更关注个体如何成为应聘者或更具有吸引力（Searle, 2003），有时被称为"应聘者视角"（Billsberry, 2007）。这种视角承认组织和应聘者之间的双向关系，认为应聘者的决策是招募过程成功与否的重要因素。不仅仅是通过一个有效率的招募过程来识别应聘者，并能获取期望的结果（个体和职位达到完美匹配），还有潜在的应聘者是如何感知和看待所提供的这种机会。因此，招募活动应该"激发应聘者"的兴趣以及组织作为雇主的吸引力，从而提高他们接受这份工作的概率。（Saks, 2005: 48）

在本章中，我们同时从组织和应聘者的角度来理解招募。我们的方法如图2-1所示。首先，我们会总结招募的外部环境、组织特征与空缺职位的性质。我们以英国组织为例，同时也参考了深受全球化影响的国际研究成果。我们将展示这些因素如何来影响招募活动，并强调了为什么现在许多企业都更多地关注应聘者的视角。许多近期变革因素正是这背后的驱动力，如网络招募的增多、社交网络的应用以及"雇主品牌化"等。

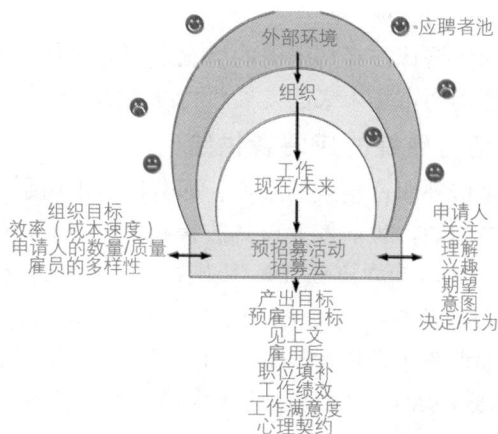

图2-1　招募框架

2.1　外部环境

有一段时间，人们认为招募的目的是最大化应聘者池，然后通过严格的选拔程序识别最合格的候选人来减少应聘者数量。这种假设的基础是认为拥有充足的符合职位资格的应聘者，并且这些应聘者一旦被选择就会接受这份工作。所有招募人员所要做的就是宣传岗位空缺，合适的候选人会申请和接受工作机会。虽然这种方法可能满足过去的工作要求，但在今天的就业环境下这些假设显得过于脆弱。在本节中，我们考虑组织的外部环境如何影响招募。

2.1.1　经济

就更广泛的经济层面而言，就业的增长或减少会对招募活动产生积极的或消极的影响。由于全球信贷危机，2012年，大多数发达经济体正在经历一个劳动力需求下降的过程，随后在欧元区国家，产生经济衰退和持续的债务危机。创纪录的高失业率影响着一些欧洲国家（尤其是西班牙、爱尔兰和希腊），这些国家在金融危机后无法快速恢复（OECD，2011）。在美国，尽管失业率稳定，但新创造的就业机会仍然不均衡而且低迷（BLS，2012）。私营部门的就业并不能抵消公共部门的失业，这导致了雇主对经济前景缺乏信心。

不足为奇的是，招聘咨询公司和雇主的报告均显示，对劳动力需求的增长速度降低到2009年10月以来最慢的水平，对医疗、酒店和金融服务的影响特别严重（Recruitment and Employment Confederation（REC）and KPMG，2011）。而且不仅仅是失业率上升的问题，而是越来越多的员工依靠临时就业，以及非自愿兼职或短期合同，少量的工资、福利和健康与安全保障谋生（European Commission，2011）。至少在经济衰退之前，白领职业不断产生新的就业机会，如对客户服务工作人员和管理层/专业技术人员的需求在增多。而相关作者在美国（Autor et al.，2006）和英国（Goos and Manning，2007）看到的是一个两极分化的劳动力市场，只有在相对"糟糕"的工作岗位上（低技能/低报酬的工作，称为"Mcjobs"），以及"高大上"的工作上（高技能/高报酬的工作被称为 "Macjobs"）存在新的就业机会。Osterman & Shulman（2008）的书（*Good Jobs America*）中显示，"糟糕"的工作机会在美国正在逐渐增加，有24%的美国人从事低工作报酬、低质量工作。

令人担心的是，发达经济体在经济停滞的情况下创造的就业机会有限，需求主要集中在较低端的工作岗位，劳动力市场未来的发展将持续萎缩。

2.1.2　劳动力市场与熟练的应聘者供给

经济状况会影响雇主填补职位空缺的难度，即劳动力市场是否能够在现有薪资水平下提供适当的人来填补职位空缺。当前就业市场放缓和失业率上升创建一个供过于求的劳动力供需关系和一个"宽松"劳动力市场（基本上是应聘者的供应过剩）。这使得组织更容易在薪资保持不变的情况下获得相应的人力资本供应，并使其招募流程变得更有选择性。事实上，一个关于招募的调查报告显示，处于历史低位的工资通胀会使得雇主使用劳动力市场的门槛降低（REC & KPMG，2011）。当然对于应聘者来说，更少的就业机会和更大的就业竞争同时存在。相对于雇主，应聘者缺乏议价能力，鉴于他们在劳动力市场中很容易为失业的"后备军"所取代，他们需要花费更多的时间去寻找新的工作，并且工作安全感在下降。

最近的经济衰退和萧条导致职位空缺数量大幅下降，然而空缺的出现也往往是由于技能短缺（如应聘者无法与合适的技能匹配）。一般情况下，相对比较"宽松"的劳动力市场环境意味着，一些机构面临的技能短缺导致的职位空缺（SSVs）不会很严重。事实上，英国的最新数据明确显示，只有大约3%的机构面临技能短缺导致的职位空缺（UKCES，2010）。在"紧缩"的劳动力市场条件下，技能短缺导致的职位空缺问题将会更为突出（更少的应聘者和低失业率）等。在"紧缩"的劳动力市场下，对高质量的应聘者，企业面临的竞争会加剧，找到合适的员工也会变得更为困难。因此他们的招募活动必须变得更有创意，例如，识别非传统应聘者或通过提供额外的激励措施，如薪资和福利。

自2004年以来，许多欧洲雇主受益于来自东欧的劳动力流动的增加。例如，考虑英国的移民情况。2011年公布的数据显示，自2002年以来，非英国出生的工人占劳动力总数的比例从9%上升到14%（ONS，2011）。在这个增加的比例中，增长最大的是那些来自八个东欧和波罗的海国家（EUA8）的新移民。EUA8在2004年加入欧盟后，他们在英国就业的份额增长了11倍。来自EUA8的工人，相比英国工人和其他国家移民，则更有可能从事低技能的工作，如邮政工人、搬运工、侍者和酒吧员工。有40%的EUA8工人被发现从事这样的低技能工作，而只有大约10%的英国工人从事相同类型的工作。在英国，从欧盟其他地区来的移民更有可能从事高技能和高级管理工作。2011年，36%的非EUA8移民从事这种高技术含量的工作，相比之下，29%来自欧盟以外的移民，27%来自英国本土员工。对这些需要高端技能的职业，英国卫生服务业曾经历了特殊的困难时期，必须吸引技术移民来填补这些缺口，例如，急救护理护士、助产士、牙医和药剂师等。同样，也曾经通过高质量的学习和发展机会以及灵活的工作方式等来吸引职业和家庭导向的健康专业人员（Department of Health，2007）。

技能供应也受教育水平的影响。英国教育获取的技能并不总是能够满足雇主的要求，从而导致在重要领域技能上的不足。更多的毕业生正在产生——英国的毕业率、毕业季学位授予人数的比例是OECD中较高的国家之一（Perryman，2003）。然而，雇主则担心毕业生的质量和技术水平（Barber et al.，2005）。该报告将英国的某些职位空缺也通常归因于技术和实用技能以及中等职业人员的缺失，如熟练技工（UKCES，2010）。研究还表明，组织的生产技术水平越高，则技能短缺程度越高，因此建议雇主集中处理技术问题（Haskel & Martin，2001）。

虽然更多的就业机会提供给具有某种程度以上学历的应聘者，但最近的证据表明，毕业生的技能在许多就业机会中没有得到充分开发利用。相反，资历不足导致的职位空缺和招工困难是同时存在的。此外，尽管有大量证据表明需要提高员工工作技能，但英国政府技能调查报告同时指出，工人供过于求，因而需要某种形式的工作资格认证，认为工人与工作技能要求之间不匹配加剧（Felstead et al.，2007）。专栏2.1总结了这些问题的有关调查。此外，对于那些没有必要技能从事高端工作的群体，为他们提供的低保障以及工资微薄的低端工作机会更多。

专栏 2.1   实践中的 HRM
工作与技能供应的资格认证趋势

- 工作不需要资格证的比例已从 2/5 降到 1/3。
- 工作需要学位或同等学力的比例从 1986 年的约 16% 升至 2006 年的 22% 左右。
- 通用技能的使用增加了，包括读写能力、计算能力、技术知识、问题解决能力、计划能力、"影响"能力和各种形式的沟通。
- 越来越多的工人持有比需要他们完成的工作更高级别的资格认证，相比 2001 年的 35%，2006 年已达到 49%。
- 供应不足的职位一般不需要资格认证，而大多数的职位对从业者至少有一些资格认证。然而，这种现象主要是因为没有任何资格认证的人数在劳动力市场已经大幅下降。
- 供求之间存在不匹配的技能和技能要求，特别在科学、工程和技术技能领域。

2.1.3   人口和社会变革的挑战

劳动力的规模和结构预期将发生巨大的变化，进而影响雇主的招募目标和实践。移民、人口老龄化和更多的女性寻求就业意味着一个更加多样化的劳动力市场。这些变化将解决技能短缺的问题（如最近 EUA8 迁移到北欧的经济体）。尤其是在劳动力市场条件收紧，改变退休相关法律的情况下，雇佣问题会凸显。如在英国废除法定退休年龄，也可能导致扁平的招募水平，以及年轻人为避免失业会延长工作时间（CIPD，2011）。更长的寿命和"婴儿潮"一代过渡到退休群体（Madouros，2006），将会导致 16 至 24 岁的青年人减少以及 50 岁或以上人数的快速增加。

鉴于某些地区持续的技能短缺，机构将越来越多地转向非传统的人才库，如移民、老员工或希望重返工作岗位的女性人员。从这种有针对性的招募可以看到，一些行业仍然经历着经验和技能的短缺。以面向青年的 ICT 行业为例，已经凸显了其招募方式中隐含的年龄歧视——典型的管理者对待老龄员工的刻板印象，认为老龄员工无法跟上技术发展的步伐。当然，法律上这种年龄歧视是非法的。许多人开始把目光转向重新审视招募与甄选的方法，以吸引更多样化的劳动力，同时也能有助于解决技能短缺的问题（例子参阅 Healy and Schwarz-Woelzl，2007）。

另一个趋势是应聘者在找工作过程中的考虑因素以及优先级不断变化。一项调查显示，对于工作，最主要的吸引点是休假权（43%）、工作地点（47%）、灵活的工作安排和奖金（39%），以及公司的工作文化和环境（38%）（YouGov，2006），发展机会在列表中的优先级则相对较低（28%）。另一项对 25~35 岁的 1 000 人调查中，75% 承认在寻找新的工作，因为他们的生活需求没有被考虑在内（The Future Laboratory，2005），并且最近，普华永道（2010）的全球调查证实，员工认为灵活的工作安排，如压缩工时、让员工感受到更多自己的价值等比其他福利，比如奖金或培训和发展机会重要得多。

这表明对于很多应聘者来说，日益重叠的工作和生活促使他们思考什么工作可以给他们提供工作与生活的平衡。这种对工作与生活的平衡和灵活的工作模式的日益关注已经普遍影响到所谓的"Y 一代"，即出生于约 1977 年和千禧一代之间（Armour，2005）。这一代的驱动力是渴望学习，不断寻求新的挑战，被认为更关注与工作无关的生活，并确保其雇主的价值观（例如，环境）与自己相符（同上；Murray，2008）。在一项对新员工（入职 5 年）的调查中也发现了类似的现象（CIPD，2006），并且雇主似乎已经开始注意到这个问题。例如，在 2007 年的一项工作与生活平衡的雇主调查中，有一个 2003 年以后增加的条款，即员工的工作分享、压缩工时和灵活的工作安排，而 42% 的雇主认为招募中灵活的工作是一个优势（Hayward et al.，2007）。专栏 2.2 说明了一些全球最具吸引力的雇主是如何设计招募策略让这些应聘者记住他们的。

专栏 2.2　实践中的 HRM

全球性公司的招募策略

品牌的力量

许多全球性公司争相进行人才储备的招募策略。这需要人才吸引和雇主品牌战略。

Universum 公司于 2011 年提供全球人才吸引力指数，从而确定世界最具吸引力的雇主，该指数基于 160 000 名具有商科或工程类背景的应聘者的调查（www.universumglobal.com）。"商科"类雇主的前 4 名为：谷歌、毕马威、普华永道、安永（Ernst & Young）。IT／工程类别第一的依然是谷歌，其次是 IBM、微软和宝马。

顶级公司的招募策略主要趋势强调：

- "新工作文化范式"——轻松，有创意的办公室——软件行业对 Y 一代应聘者的吸引力；
- 工作与生活的平衡，这是公司为商科和工程类应聘者提供的最有吸引力的属性。

公司之前并未考虑利用人才库，直到发现 IT 企业对具有商科背景应聘者的吸引力。

人才储备战略

Stahl 等人（2007）对 36 个国家的 20 家跨国公司 263 位人力资源专业人士进行访谈，包括 Infosys 公司、宝洁公司、葛兰素史克公司、壳牌公司、诺华公司、日产、IBM 和宜家。结果表明，许多企业倾向于遵循一种成长战略——招募"最好的"，然后给他们安排相应的工作。这些公司的战略的主要特点如下：

- 招募到最好的人　——以非常低的选择率（按报名人数除以雇用人数）严格甄选。许多情况是从几千名报考人中雇用前 1%。
- 招募中侧重于个人与组织、个人与文化的匹配，而不是个人与职位的匹配。
- 建立与潜在候选人的关系。例如，使用在线招募、校企合作、校园招募和实习计划。
- 利用全球品牌的知名度，了解什么才能吸引应聘者：如职业自由、学习的机会、工作与生活的平衡。

2.1.4　就业法律

在国际上不受歧视是一项基本权利。欧盟（EU）成员国会要求强制遵守欧盟法律。一个例子是 2003 年到 2006 年通过实施的英国新法律，符合欧盟 2000 年就业指令（DTI，2006），其中的内容有：禁止年龄歧视、性取向歧视、宗教信仰歧视，以及残疾歧视修订法案。国际劳工组织（ILO），联合国的一个专业机构，也在努力促进工人权利和社会正义（更多的信息参见 www.ILO.org）。国际劳工组织的所有会员国有义务尊重、促进和实现某些基本权利，其中之一就是"消除歧视"（ILO，1998）。在美国，执行联邦法律规定的禁止歧视，某些程度上是就业机会委员会确保就业平等的核心职能（参见 www.eeoc.gov）。

　　如果招募行为不符合就业法律，雇主可能面临法律诉讼。就业法与招募相关的基本原理是，应该考虑所有人的优点并提供平等的机会。在招募、甄选和晋升中的歧视是非法的，除非它具有客观合理的解释，比如拥有一个"受保护的特性"（歧视索赔可能带来种族、性别或年龄的法律问题）被认为是特定工作真正的职业资格（GOQ）。当前的一个例子是，需要招一个在女子监狱工作的女医生，从而让患者感到更舒服。这适用于直接歧视中受保护的特征和间接歧视，以及在没有故意歧视基础上的歧视，但特殊群体的比例不能影响特征组的成员。例如，招募通过设定针对所有男孩的学校会间接歧视女性。歧视也会发生在关联关系（因为他们总是把他们与受保护的特性关联）或知觉中（例如，某人被歧视，是因为他们认为这个人没有某个特征，比如这个人似乎比他们更老）。

　　多年来，在专项法律方面，英国似乎落后于美国和欧洲的其他地方。迄今为止最全面的改变是 2010 年《平等法案》（见专栏 2.3）。

专栏 2.3　实践中的 HRM

英国反歧视法律和 2010 年《平等法案》

　　英国反歧视法中有关男女同工同酬（1970）、反性别歧视（1975）和反种族歧视（1976）30 多年以来一直存在。最近法律保护延伸为对歧视残疾（1995）、变性（1999）、性取向、宗教或信仰（2003）以及年龄（2006）的保护。防止婚姻歧视已存在于 1975 年《性别歧视法案》（SDA），但这次扩展到 2004 年同性伴侣民事伴侣关系。怀孕歧视也首次在 SDA 中进一步具体规定，分别在 1999 年和 2008 年规定了在产假期间的歧视。2010 年《平等法案》有效协调了在同一个地方许多现有的歧视法律保护的不同特征，在许多方面扩展了现有的保护，同时也出台了新的更强有力的法律来针对歧视现象。

　　招募中特别重要的是"积极行动"的概念。雇佣决策时的积极歧视或平权行动（比如在招募时）是有争议的，因为配额系统会纠正少数群体现有的歧视或不利的争议。招募中积极的行动强调的是确保机会的平等。

　　如果在工作或工作场所中，这种特殊的保护特性所在群体代表性不足（如低水平少数族裔警察），或者是觉得要面对一个特定的缺点，那么雇主可以采取自愿的积极行动以增加这个群体的参与程度（例如有针对性的招募活动）。根据英国《平等法案》，雇主意识到员工来源的地域分布，这个比例是否反映了更广泛的劳动力市场的构成，以及他们的人力资源实践方法，包括使用招募方法和对待他人的不同。例如，我们之前 ICT 职业的例子，如果一个雇主认识到女性应聘人很少，那么这个招募程序可能意味着女性有更少的机会申请空缺职位（如工科相关领域的招募中女性已经不足），故而要采取积极的行动。这种行动可能需要使用其他渠道，招募活动尽量以增加女性申请数量的形式（如从上 IT 硕士衔接课程的学员中招募）。根据《平等法案》，积极的行动可能还是需要根据实际选择决定，可以雇用一个女人从事一个男人的工作，但前提是她们是这次求职中合格的人。

《平等法案》对就业前的健康检查进行了限制（在工作之前）：决定应聘者是否可以执行一项重要的工作职责，以帮助雇主在招募过程中做出调整，监督就业的多样性或帮助残疾人就业（ACAS，2011）。《平等法案》也影响了招募中间接歧视的覆盖范围，包括残疾和性别（其他受保护的特性已包括在间接歧视中）、年龄、变性和性别（种族、宗教/信仰和性取向）歧视；同时，由观念歧视扩大到残疾、变性和性别（年龄、种族、宗教/信仰和性取向）歧视。图2-2提出了平等法所涵盖的适用于每个特征的保护特征和各种歧视的概述。

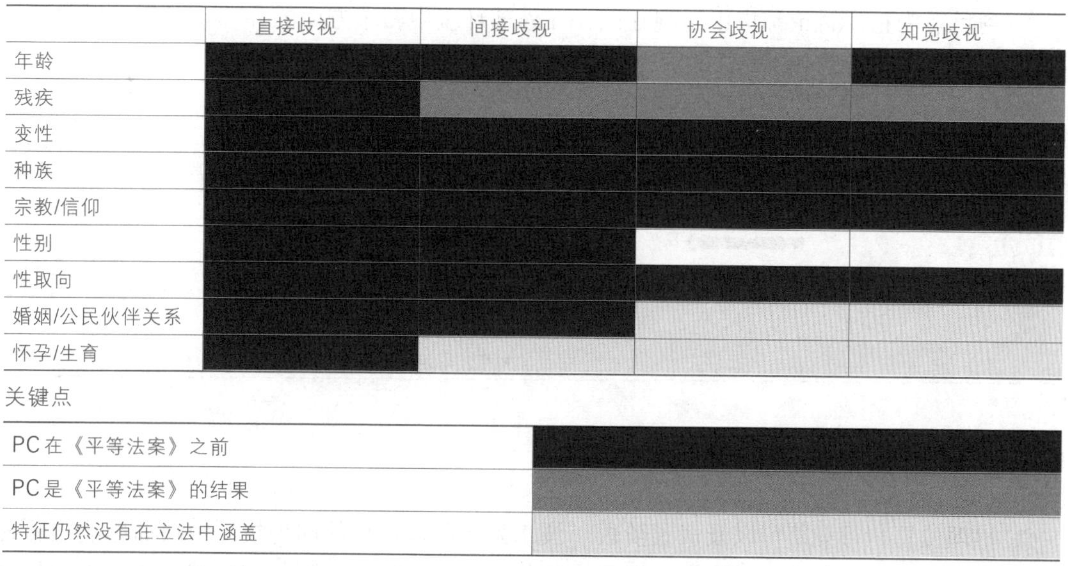

	直接歧视	间接歧视	协会歧视	知觉歧视
年龄				
残疾				
变性				
种族				
宗教/信仰				
性别				
性取向				
婚姻/公民伙伴关系				
怀孕/生育				

关键点

PC在《平等法案》之前	
PC是《平等法案》的结果	
特征仍然没有在立法中涵盖	

图2-2　2010年《平等法案》规定的保护特征(PC)和歧视类型

雇主可决定是否采取积极行动以避免被追究法律责任或者承担高昂诉讼成本的风险。有一些证据表明，雇主正在做相应的法律活动。Woodhams & Corby（2007）的例子显示他们在招募活动中积极监督（如引进工作计划）有所增加，因为在1995年和2003年引入了残疾法案。

在招募过程中对于减少歧视的商业案例也有争议（Cassell，2005），这样的做法也许是为了获得更广泛的应聘者池，同时树立一个负责任的雇主形象，或者希望利用多元化员工的技能。事实上，现在许多机构的宣传网站都有积极招募的例子。例如，英国军队招募锡克教徒，许多警察部队招募女军官。

一个较好的做法是监控应聘者有无种族、性别、年龄和残疾方面的问题，以确保在招募过程中所有群体都具有平等的机会（ACAS，2006）。然而，在公共部门、大型工作场所中，平等机会的政策与实践支持往往更为普遍，这些部门有人力资源专家践行"平等机会的守护者"职责（Hoque and Noon，2004：497）。McKay 和 Avery（2005）提议，如果不符合工作场所环境多样性的原则，则需要积极谨慎地采取策略以满足多样性的目标。"否则公司将倾向于违背招募承诺，少数员工会感觉被误导进而可能产生某种形式的对抗"（2005：335）。Hoque 和 Noon（2004）同样认为，没有实质性的实践支持的政策只不过是"空壳"政策，有证据表明这种情况在小的私营企业中更常见。

其他影响招募的规定与避免歧视或更多保障标准关系较小。这些规定适用于特定群体的就业，比如曾经的罪犯，需使用特定的程序，如披露前科，保护孩子等弱势群体（参见 the Criminal Records Bureau）。大量案件显示，如果应聘者在招募阶段被审查，可以避免悲剧发生的可能。关于招募实践法律方面的进步是英国1998年《数据保护法案》（DPA），令招募时收集到关于应聘者正确的信息并具有透明度（ICO，2005）。其他部分的影响包括安全，对应聘者的数据保密，招募与甄选期间收集的数据应该只被用于上述目的，招募与甄选过程中不需要收集更多无关的数据。

到目前为止，讨论都集中呈现在图2-1外部环境中四个方面的外环。我们可以总结招募时这些压力的影响如下：

外部环境	对招募的影响
经济 劳动力市场 社会变革 法律 ➡	技能需求与供给 应聘者池的构成 招募策略与实践 • 过程的公平与公正 • 学历的筛选 • 监督与定位应聘者

2.2 组 织

地理位置、行业部门以及成长阶段、技术发展阶段都可能因为技能短缺而影响应聘者的能力。在高失业率地区的雇主会遇到宽松的劳动力市场，而那些在大城市的雇主将从更多成分混杂和熟练的劳动力中获益。

一些行业受全球化和技术进步的影响比其他行业更多，包括不断变化的市场环境和法律。除了前面描述的金融危机，整个20世纪90年代，金融业已经经历了加剧的竞争和经营转型。这些压力导致使用临时工人、更灵活和持续的客户服务需求的增长（Marshall and Richardson，1996）。尽管所有的组织将在某种程度上受到这些外力的影响，但一些部门，如公共或卫生部门，则有比较稳定的技能需求和供应。在另一方面，公共部门组织将更有可能系统化，坚持使用就业法律来追责（Pearn，1993）。事实上，英国《平等法案》中包括一些规定，公共机构有义务促进受保护的群体和未受保护的群体具有平等的机会（EHRC，2011）。

2.2.1 规模

组织如何管理其招募行为的一个重要因素是其规模。大型组织更可能进行定期招募，使用更多的招募渠道，由人力资源专员招募、采取多元化的政策和实践，其招募策略源于更广泛的组织中的人力资源优先事项（Barber et al.，1999；Hoque and Noon，2004；Olian and Rynes，1984）。在大型组织中招募策略往往由更多正式的战略驱动。例如，多样性的目标对大规模军队或警察招募有重大影响，用更积极的行动来招收少数族裔或女性，甚至创建一个新角色——社区警察，以努力提高公众治安的代表性，并回应警察法律的改革（Johnston，2006）。大公司在私营部门也更有可能采取多元化策略，并设置招募指标。虽然如此，这种策略可能会更多地塑造一个负责任的雇主公司形象，并减少面临诉讼的潜在风险（Purcell et al.，2002）。

大多数招募研究针对这些大型组织，但中小企业（SMEs）（雇员人数不到250人）占据了大部分国家的经济主体。在英国，99%的企业被归类为小企业（雇员不到50名），另有0.7%列为"中等"（雇用50到249名员工）（BIS，2011）。因此，大多数的招募活动很可能是非正式的，而不是借助正式的机构或人力资源专员的指导。

一般来说，对小型企业来说招募具有更大的挑战。总的来说，中小企业一般劳动生产率和资本/劳动比率较低，从而导致扩大劳动力和影响招募的资源池更受限制。与上面所示的大机构相比，小公司不太可能有足够的资源来满足人口结构的变化要求（Gallagher and O'Leary，2007），从而保持一个更加多样化的劳动力需求。它们不能完全从内部招募或全国范围内的劳动力市场招募，也没有大公司提供的广阔前景吸引高素质工作人员，故而通常被认为是弱势群体（Cable and Graham，2000；Vinten，1998）。

研究证据表明，小企业往往依赖于不太正式的招募方法，如口碑。这可能会导致一些问题，限制潜在合格的应聘者或依赖不合适的候选人，只是因为比较方便。Carroll 等人（1999）研究表明，应聘者池的限制是导致年轻女性在儿童幼教工作中产生高流动性的原因。这种限制也被视为歧视性的和非法的。类似的研究还表明，非正式的和可信的信息来源可以有效地提高短期成本效益。

同理，其他研究表明，中小企业能更好地利用当地的劳动力市场和企业间的网络——也许通过这些非正式渠道——解决招募问题具有一定的优势。在小型和大型城市的郊区和农村的酒店招募对比研究中，Lockyer & Scholarios（2004）发现，小旅馆的操作方式更切合当地劳动力市场的特点，因此可以更容易地识别与当地客户的期望相符的准员工。连锁经营的大型酒店，采用的更像是一种官僚主义的方法。例如，依靠全国性报纸的广告，把招募外包给其他机构，我们将在下一节进一步探讨。在许多情况下，这意味着它们在利用本地网络填补职位空缺方面不太有效。

2.2.2 外包和人力资源管理的权力下放

过去的几十年，在大型组织中，人力资源职能的结构和招募的责任已经发生转变。这些发生转变的人力资源管理方式越来越具有广泛性，包括传统的人力资源角色变更以及各级管理人员职能的下放（Purcell & Hutchison，2007；Renwick，2006），并且实施 Ulrich 模式的人力资源合作公司的数量急剧增加。后者最新版本中认为 HR 作为组织的"三脚凳"，包括战略业务合作伙伴（资深人力资源专业人士与商界领袖合作）、共享管理服务中心和人力资源专业知识中心（参见 Ulrich and Beatty，2001）。

在英国机构中，只有不到1/3的组织采用 Ulrich 模式（CIPD，2007a）。结果是招募的职能有着各种不同的形式。一些人认为，在大型跨国公司，招募主要是由人力资源合作伙伴或作为 Ulrich 模式的"专家"进行。在其他地方它是由一个共享的服务中心提供日常管理，有时更多的是由量身定制的人力资源外包服务完成。共享服务中心可以使用内部工作人员的资源，也可以外包给专业的第三方供应商。因此，许多企业已经把它们的人力资源功能外包，特别是那些与招募有关的全部或一部分。一些组织已经决定对特定级别的员工使用外包招募的功能。例如，81％的企业使用外包机构招募临时工（CIPD，2007），11％

的私营部门考虑通过猎头公司"吸引着顶尖人才"（CIPD，2011）。

这种策略通常被称为"招募流程外包"（RPO），它是削减成本提高效率的好办法。例如，减少招募的时间，同时也是吸引高质量的应聘者的一种方式（CIPD，2011）。在经济衰退和招募水平下降之前，尤其是在英国，一个充满活力的商业模式已经出现在 RPO 合作伙伴关系中（Personnel Today，10 July 2007）。许多组织仍然同外包公司保持长久的合作关系，定期更新合同，由它们代表该组织执行整个招募职能。

组织与外包商之间的这种合作关系已经发展到了一种成熟水平，一些研究已经将它们包含进组织招募的各个层面（Gallagher and O'Leary，2007）。这就是"招募的新模式"。这种"新模式"将结合个性化、"高价值"方法（高成本策略），旨在吸引高技能的职位候选人提供新技术，而对低技能岗位采取更有效率的标准化流程招募。然而，使用这种方式的机构正在减少，许多雇主负担不起这些不必要的开支，从而停止使用它们（CIPD，2011）。因此，虽然 RPO 仍然是一个流行的策略，但有一些证据表明，企业正在把招募相关职能拉回企业内部。在案例研究 2.2 我们对其中的一些问题进行了探讨。

在保留招募职能的组织中，招募通常是上层直属经理的附属任务。如果人力资源部门招募的责任已经下放给各级部门经理，人力资源专员可能会在部门经理确定他们的招募需求时给出适当的建议和策略，包括法律问题、起草人员的要求，并建议使用恰当的方法。与机构伙伴合作的情况下，负有设立、监督和确认服务标准的职责，去掉了人力资源职能中常规性任务。可以说，人力资源从业者这一角色最基本的变化是责任的增强，要求其执行管理任务时还需要具备各种不同的技能要求。Ulrich & Brockbank（2005）声称，人力资源专业人士将需要成为"可信的活动家""文化与变革管理者""人才经理/组织设计师""战略架构师""运营专家"。

综合这些组织特征，模型的第二层重要性可以总结如图 2-1 所示。

组织	对招募的影响
部门 地区 成长需求 人力资源策略 规模　　→	频率 需要填补的职位（短期/长期的，技能等级） 全球市场招募 战略目标 程序正规化 福利待遇/工作机会提供 入职要求 招募的责任（部门经理、人力资源伙伴关系、外包、专案）

2.3 工作本身

我们已经指出，工作性质的变化影响雇主所要求的技能。关于"应聘者最有价值的属性"的研究表明，许多公司在招募中更看重"动机"或"态度"，并认为这在不同属性的工作中更具有稳定性（如技能多样性、自主性和员工参与）（见表 2-1）。这强调了通用的、可转移的、以客户为导向的能力在所有类型的工作中日益重要。

表 2-1　　　　　　　　　雇主在雇佣过程中有关工作质量的主要关注因素

	工作质量			
	高%	中%	低%	总%
特殊专业技能	25	16	13	19
通用技能	15	19	20	17
特殊资格或资格等级	9	13	9	10
特定工作类型或年限	7	7	1	5
激励和/或态度	41	45	56	47
其他	1	0	1	1
不知道	0	0	2	1

　　雇主需要做出的另一个决策是要平衡组织内现有员工的利用和外部资源的使用——无论是全职、分包、外包还是临时工。这在很大程度上取决于预期的雇佣关系。Lepak 和 Snell（2002）描述了执行工作时一个合理的决策所需的人力资本水平。在一个特定的组织中，当工作需要一定的专业技能和知识时（加大在培训上的投资），组织则倾向于内部晋升或职位变更从而建立具有较高组织承诺的员工队伍。而如果工作不需要昂贵的培训，技能要求较低，则可以用更短期的雇佣关系来完成工作。

　　短期就业战略当然也有不利影响，雇主对临时员工的投资不足影响员工的未来就业，一旦他们回到就业市场（DFES，2003；Kellard et al.，2001），就会加剧外部劳动力市场上因技能短缺和技术不足的问题导致的员工流失。有人认为，如果雇主希望利用灵活的劳动力市场，他们应该准备承担为工人提供必要技能培训的成本，即使这些员工离开公司去其他组织具有溢出效应。此外，短暂任期（高周转）的许多工作往往被视为质量较差，尤其是在薪酬方面（Siebern-Thomas，2005），因此可能对潜在的劳动力并无吸引力。事实上，A8国家加入之前，英国被认为有一些欧盟最差质量的工作。

　　高和低质量工作之间的区别也体现了核心工人和外围工人之间的区别（Boxall and Purcell，2003）。对业务成功有着重要影响的核心员工往往有一个有竞争力的薪水，而且在大多数情况下与企业有长期的合作关系。这种长期投资体现在组织致力于招募的资源运用上。对于高价值的毕业生职位，大公司往往有内部员工管理的专门的招募计划。那些对组织长期发展价值有限的职位要么被完全外包，要么则提供安全性较低的短期聘用合同。在某些行业，如IT部门，临时工也被用来填补在"边缘"领域和低技术领域的专业技能上的空缺（Purcell et al.，2004）。这使得组织能够最大限度地提高员工运用的灵活性，在面对不可预知的市场时能更灵活地进行操作。（对于使用临时工的人力资源挑战，进一步分析见 Burgess and Connell，2006）

2.4　招募前的活动

　　前一节我们说明了组织招募时所面临的各种条件。很难想象在实际招募中存在一个单一的"最佳实践"的方式适用于所有情况。不过，有关组织应该如何进行招募准备也有一些概括。这些活动的详细内容可以在其他文献中找到（如 Lees and Cordery，2000；Marchington and Wilkinson，2005；Torrington et al.，2008）。在这里，我们简要回顾一下包括一般情况的招募前期准备活动——撰写工作说明和任职资格要求。

2.4.1　工作说明

填补职位空缺的过程从工作分析开始。这是一个重要的、有目的的、系统的收集与工作相关信息方面的工作（Gatewood & Feild, 1998: 245），并且定义什么是成功的工作。早期的方法是根据生产任务和工作基础属性列表（如 McCormick, 1976），通过观察、面试工作人员或其主管，以及对过去的工作描述或数据库访问、调查获取数据。例如，一名消防员的工作可能涉及"使用水或化学试剂灭火"的任务，但我们需要知道每个任职者（或个人）的基本属性，比如在面对压力时的情景意识、信心和抗挫力，以招募合适的人来完成这项任务（Department for Communities and Local Government, 2009）。

工作分析的各种技术已经被列出（例如，职位分析问卷、职能性工作分析、工作分析系统），要用不同的方法把工作分解成特定的维度，并且把它们对工作成功的重要性进行排名。Campion（1988）整合这些早期的办法并提出了关于工作分析和设计的多维模型，对可能的工作需求提供最全面的描述。这表明工作应使用以下所有维度来描述：任务；任职者特性（如知识、技能、能力、性格、动机、知觉、运动的要求）；工作环境（如工具/设备的需要；社会互动的程度）；奖励结构（如团队合作或自主性的利益）；工作要求（例如解决问题、强度、速度）。

目前关于职位描述的许多想法有两个值得注意的方面。第一个关键点是工作的组成，无论是任务还是任职者的特征，都不能从组织环境中剥离开，因此，工作在同心圆（图2-1）的中心位置。技能的概念可能反映了特定的产品市场或组织策略。Grugulis（2007）把技能区分为个人、任务和环境。两个酒店员工可能每一个都具备在人际交往中类似的个人技能，但环境意味着一个严格遵守使用这些技能规定的标准以及有一个特定的规范来指导他和客户之间的关系，而另一个可能有更多的自主权来自主决定（参见 Hurrell et al., forthcoming）。这也导致在对工作分析方法上，一些人认为应该在工作分析时重新确定更广泛的目标，而不是特定的工作任务（Gatewood and Feild, 1998）。还可以考虑对工作环境与潜在应聘者群体进行偏好匹配，如对短期就业的从业者提供低自主权工作，而对长期就业的从业者提供高就业自主权的工作。

第二个关键点是工作描述不应该是狭义和静态的。应该考虑到工作会随着环境的变化而变化，如伴随技术进步或竞争压力而发生变化，并考虑具体工作内容和其他组织角色之间的内在联系（Sanchez, 1994）。一个例子显示，组织结构调整和中层管理职责下放增加了许多非管理者的管理责任，如解决问题。面向未来（或战略）的工作分析，被描述成规划未来的工作（Schneider & Konz, 1989），应该把那些参与组织变革，而不是依赖于现有工作要素作为唯一信息源的人囊括进来（也可参阅 Herriot and Anderson, 1997）。

2.4.2　任职资格与胜任力架构

任职资格来源于工作描述，即任职者执行工作时所需的各种特性的详细描述。任职资格的设定一般通过胜任力模型来完成。胜任力模型基于劳动者属性（知识、技能、能力、个性等）或能力，这些属性和能力都必须达到所要求的水平。与传统方法的区别是，这些属性是可以观察到的行为。

这种方法最早是由 McClelland（1976）和 Boyatzis（1982）提出，通过行为区别高效和低效的管理者并且与潜在的各种特性联系起来。在英国，同样确定胜任力的方法是基于可观测的行为而不是推断潜在的个人属性。在管理宪章运动（1990）中，专业的管理咨询机构通过设计一个框架来判断各级管理人员所需的胜任力。今天，这个传统一直延续，通过设计关键绩效指标（KPIs）或个体应该达到的行为标准来进行判断。组织可能会购买现成的框架，然后经过修改来适应其需求，或通过咨询开发出自己的内部胜任力框架（IDS，2008）。这些胜任力经过汇编放入一个胜任力字典并表明每个胜任力的正面和负面指标（参看Marchington and Wilkinson，2005）。针对面向未来的工作分析，作为招募与甄选的基础，应该不断地审查组织所需的胜任力，确保能够预见新出现的胜任力和逐渐下降的某些胜任力要求（Robinson et al.，2005）。

胜任力模型在组织中的作用越来越明显。在2010年之前，英国的一项调查显示168个组织有2/3使用胜任力模型来确定招募目标（Suff，2010）。许多公司将组织确定的"核心竞争力"应用于对所有员工的胜任力要求——例如"顾客导向"和"沟通"，以及适用于不同的职业群体的特定胜任力。比较典型并广泛应用的胜任力包括团队精神、沟通、人员管理、客户服务技能、团队技能、结果导向和问题解决能力，这进一步表明组织招募时对个人特质、特定的技能和资格证都同样感兴趣（见表2-2）。

回到图2-1，我们可以更进一步地详细讨论工作要求对招募的影响。

工作本身	对招募的影响
当前的需求/技能	个人规范
核心/边缘	能力变更概要
工作分析	"面向未来"的工作分析
未来工作需求	努力瞄准应聘者池

表2-2　　　　　　　　　　　　能力陈述和相关行为的示例

有团队合作精神	
我们共处一个公司，承认并祝贺彼此具有的优势和贡献	
积极的行为	消极的行为
• 一起高效工作，完成组织目标	• 建立或忍受一个"我们和他们"的文化
• 与其他团队和个人建立积极的工作关系	• 依赖他人完成工作，而不是靠自己
• 考虑到团队的需要；考虑同事会受到怎样的影响	• 不建立网络，自给自足
• 对同事乐于提供帮助；无须他人求助	• 回避处理团队之间的冲突

2.5 招募方法

到目前为止的讨论为招聘职能提出了许多挑战，针对不同应聘者，企业会使用更多创新的解决方案，如利用互联网渠道与潜在应聘者进行交流，或者利用传统的方法，如广告、机构以及单独联系。1989年，人事管理（IPM）研究所报道，大多数的雇主只在国家或地区的媒体投放广告。经过20多年的发展，正如我们所看到的，虽然外包兴起并得以运用，有灵活性的劳动力市场，代理招募也很受欢迎，但网上招募已经成为许多组织的首选方法（见表2-3）。在本节中，我们总结了最流行的方法，并分析在提高招募效率方面哪些方法具有优势（网络招募、代理招募）以及哪些更吸引应聘者的注意（推荐人、口碑、网络和在线社交网络）。我们得出一个值得借鉴的营销策略，直接针对应聘者对雇主品牌的认知来解决招募困难这一问题。

2.5.1　互联网和社交网络招募

在各公司网站上会越来越多地出现工作信息和招募渠道，类似于以往专业门户网站中相似的空缺职位（如应届生职位），例如在互联网寻找工作时最受欢迎的网站之——公费支持的英国就业服务中心（Hasluck et al ., 2005），如表2-3所示。2011年的一项调查显示，59%的机构认为企业网站是吸引应聘者最有效的方法，在公共部门更是一种超过其他传统方式的流行方法。Parry 和 Tyson（2008）发现，约400家企业使用企业网站进行招募，最常见的原因是成本效益（75%），其次是应聘者的易用性（63%）。其他常见原因包括容易获取更大的应聘者池、招募速度和公司政策等。

表2-3　　　　　　　　　　由产业部门调查的吸引应聘者最有效的方法（%）

	2011年调查（全部）	制造业	私营服务业	公共部门	志愿者、社区、非营利性组织	2010年调查（全部）
企业网站	59	44	57	77	66	63
招募代理机构	54	77	62	22	30	60
当地报纸	32	38	23	41	51	36
员工推荐	29	33	38	5	14	35
商会	27	33	29	14	29	33
行业出版物	27	24	23	30	43	31
口碑	25	30	29	9	23	24
求职中心	25	24	24	22	34	23
职业网络	16	11	23	5	9	14
求职资讯公司	15	24	17	5	4	22
学校合作	13	16	13	9	17	18
学徒	11	19	9	13	9	12
国家报纸广告	1	4	6	23	29	16
借调	11	7	8	21	12	11
有裁员的公司	7	13	5	7	9	–
旧雇主	5	6	7	2	1	5
社交网站	3	4	5	3	4	3

最近的趋势是公司利用社交网络进行"病毒式招募"。例如，通过 Facebook 和 LinkedIn 招募具有技术素养的 Y 一代应聘者（往届毕业生、学生和应届毕业生）。国际招聘咨询公司 TMP 在全球范围内开创了一些有创意的招募活动，包括使用在线数字音乐服务公司 Spotify 去引导潜在的毕业生参加捷豹路虎网站的招募（2010年毕业生招募协会的最佳网站奖）；在虚拟世界 Second Life 举办全球招聘会，数百人参加了面试；使用虚拟游戏招募毕业生为英国情报机构（GCHQ）工作，比如 Tom Clancy 的细胞分裂、双重间谍等游戏因为比较契合日后工作的性质而被作为测试手段。

互联网和社交网络招募现在通常被认为可以帮助组织确定招募目标或提升自己的品牌（Tenwick，2008）。然而这些方法也有一些缺点，Parry 和 Tyson（2008）追踪访谈调查了使用网络招募的15个组织的人力资源经理，结果发现最常见的问题是会接收到大量不合适的应聘者，从而需要花费更多的精力筛选候选人。其他问题还包括海外候选人可能没有合适的工作许可证，或是无法联系某些应聘者以及在线招募中可能遇到一些非人为因素的困扰。

对于应聘者来说，互联网使工作的获取更为容易，使他们能够将技能与雇主的需要匹配（Cabinet Office，2004）。事实上，就某些应聘者而言，在线招募是他们获取信息的唯一来源。Reed 的一项关于 400 名应届毕业生应聘者的就业调查显示，89%的受访者定期关注网络上的就业机会，只有 3%的受访者会关注报纸（People Management，7 March 2008）。

当然在线招募对应聘者也有一些负面影响。在线招募这一方法可能不完全符合残疾人歧视法案，人们担心在线招募会使得某些弱势群体更受到排挤，如失业者或缺少 IT 知识的人（Cabinet Office，2004；Digital Europe，2003；Searle，2006）。研究表明，对年轻人来说，更高的受教育程度和已经工作的人更容易在网上获得工作机会（Kuhn and Skuterud，2000）。因此，平等就业法案提倡组织使用传统的方法，如申请表或其他方式，来确保所有群体平等获取工作信息。

也有报道显示，雇主越来越多地使用社交网站预选应聘者（不同于通过社交媒体吸引应聘者）。Broughton 等人（2011）在美国调查了超过 2 600 位人力资源专业人士，结果表明，45%的专业人士在雇用之前都会审查应聘者的在线资料。虽然在英国使用频率没有这么高，但对 600 名英国经理和董事的一项调查显示：大约 20%的管理者会在应聘者非自愿的情况下寻找应聘者的在线信息（Viadeo，2007 年后又强调）。此外，大约 60%的经理人表示，这些信息会对他们做出最终的招募决策产生影响，同时人力资源经理可能会指出一些应聘者被拒绝的原因正是基于其社交网站的某些信息。

这些趋势对应聘者有几方面的启示。首先，如果有人由于发布在社交网站上的信息而不被录用，而这些网站的使用者大多是青年人，那么这就存在间接年龄歧视的可能性。其次，如果社交网站上受保护的信息被披露，并被用于筛选应聘者，也就存在更广泛意义上的歧视。再次，涉及法律上的信息保护问题，尤其是相关信息是保密的情况下，但社交网站的公共性质可能让这成为一个有争议的问题。最后还有可能涉及应聘者隐私保护的道德问题。

也许考虑到这些问题，雇主应该遵循一家美国咨询公司的建议：做出书面政策保证；不使用社交网站的信息来评估应聘者（Fishman & Morris，2010：4）。

2.5.2 代理机构与猎头

研究报告表明，招聘代理机构的服务对象 59%来自生产制造业和私营服务业（表 2-3）。对英国雇主的调查表明，通过代理机构雇用人员的主要原因是要填补空缺管理岗位或一些专业岗位，如教师或牙医（Welfare，2006）。尽管对雇主来说这意味着减少短期劳动力成本，Forde & Slater（2006）认为，代理雇用在许多情况下也伴随着低水平的承诺和员工更大的工作不安全感。

比较特殊的是使用猎头公司来寻找高管或核心管理职务的候选人。这涉及有针对性地吸引某些候选人申请某个职位，但也同时使得代理机构、客户和潜在应聘者之间的关系更为密切（Finlay & Coverdill，2000）。这样的高层任命必须通过双方的慎重选择与协商，在这个过程中猎头公司的首选途径仍然可能是互联网媒体招募。

2.5.3　应聘者的感知：推荐人、网络、招募者与激励机制

通过上述对在线招募的讨论，我们可能已经意识到还有一些方法能更为直接地关注应聘者对工作的感知并影响他们的申请决策。2011年，CIPD雇主调查显示，有1/4或是更多的雇主认为使用其他非正式的方法（如员工推荐或口碑）的雇主，能更有效地吸引应聘者（表2-3）。

例如，员工推荐这一方式具有几个明显的优势。对公司和工作来说，已经被审查过的应聘者更为合适，他们凭借经验积累了许多隐性知识，因而对业务有着更好的理解（Personnel Today, 29 May 2007；Yakubovich, 2006）。员工会因为推荐制度而更加重视他们的个人声誉，毕竟雇主只会选择高质量的应聘者。从应聘者的角度来看，通过这些联系可以获得关于工作和组织有价值的信息。这种"现实主义"吸引员工设定更准确的期望值并能够更符合工作要求，同时在最初阶段允许他们先进行自我选择。推荐机制被证实能够提高应聘者的组织承诺，减少离职（Breaugh & Mann, 1984）。非正式方法的危险是，有人会根据自己现有的社交网络和工作实践做出判断，形成对变革的一种阻碍，也是对公平性的一种挑战（例如依据"和我一样"的相似原则做出招募决定）。推荐制度的目的是创建与未来潜在雇员的联系。例如，雇主与学校/学院/大学建立联系，为学生提供实习机会和工作安置，可能获得并留住长期雇员。专业网络，特别是类似在线网站LinkedIn，越来越多地应用于信息技术、金融服务和媒体服务等领域。不仅用于提供招募信息发布，还可以为那些不积极找工作的人提供与未来雇主建立联系的机会（ComputerWeekly.com, 11 June 2010）。

在影响应聘者雇用前的感知决策的同时，这些非正式招募方法也会影响到雇用后的一些结果。例如，通过雇主与雇员价值和需求的契合改善雇员与组织的匹配程度，提高未来员工的满意度和组织承诺，并提高员工的留任率（Anderson et al., 2001；Breaugh and Starke, 2000）。

也有相当多的研究关注首次接触是如何影响潜在应聘者对组织的第一印象，进而影响其后续决策的。其中大量研究探讨国家军队征兵时面临的危机（因为不断变化的社会价值观，各种冲突，如伊拉克战争，或就业前景本身等）。专注于比利时军队服务研究的Schreurs等人（2005）发现，当应聘者在招募过程中感知到温暖和专业的情况下，他们更有可能被吸引，提交工作申请。然而，在这个过程中，招聘人员应该提供更有价值的信息，特别是可以考虑披露未来工作中现实的（或消极的）信息，这与大量的研究结论相一致，真实的招聘信息将让应聘者有更准确的职务预期，降低入职后的离职率（Phillips, 1998）。

最后，财务激励措施，如增加工资或"调职补偿金"可以增加应聘者的数量（Williams & Dreher, 1992）。在当前英国就业市场上，后者的影响很明显——在一些地区对于较难填补的职位空缺，将会提供给应届毕业生一次性支付的现金或无息贷款来吸引他们应聘，如教师空缺，激励政策会促使他们接受任何地理区域的职位。然而，通过优惠政策而不是通过符合价值观吸引的应聘者（如前面讨论的非正式招募渠道），他们的归属感和留在组织的意愿都比较低（Taylor and Schmidt, 1983）。

2.5.4　雇主品牌

进一步从应聘者的角度来看，他们普遍对用人企业的声誉很关注（Saks, 2005），特

别是"品牌"的作用，成为吸引应聘者的一种竞争策略。

我们在专栏 2.2 中强调了全球顶尖雇主招募的一个重要特征，越来越多的雇主认为，雇主品牌投资作为招募的长期战略是非常有价值的（TMP Worldwide，2011）。这并不是昙花一现（CIPD，2007 b）。即使在目前经济环境不利的情况下，在 2011 年的一项关于英国雇主的调查中，近 3/4 的受访者声称需要采取行动来改善他们的雇主品牌形象。例如：通过扩展或引入灵活的工作安排/在家办公模式或实习安排等（CIPD，2011）。

这意味着组织应该不仅仅针对特定空缺职位招募，还需要关注组织整体形象的构建以及雇佣政策对潜在应聘者的影响。这对于高级技工的招募尤为重要。应聘者的决策可能被其他工作机会或其他公司非正式的信息影响。例如，有负面评论的"博客"可能损害企业的"品牌"形象（People Management，20 March 2008）。关于毕业生招募，有一个经常被提及的例子，毕业生对特定部门，比如公益部门的消极认知是导致填补空缺职位困难的一个主要原因（毕业生招募协会，2008；Hurrell et al.，2011）。

各种信息来源，如企业网站、口碑、大学赞助或宣传活动可以促进应聘者对企业品牌的认知，特别是在 "最佳雇主"的竞争中，备受瞩目的出版物排名也有影响。例如，更多的应聘者应聘时会参考美国商业出版物中排名高的公司，如《财富》杂志评选的 100 家最适合工作的企业（Cable & Turban，2003）或英国《星期日泰晤士报》最适合工作的企业。在 Universum 的 2011 年世界最具吸引力的雇主排行中榜上有名的企业（见专栏 2.2）也同样更加吸引应聘者。

这些调查是基于现有员工的评级或应聘者对企业特性的感知。例如，个人成长的机会、福利/工作与生活的平衡、团队合作、"回馈社会"、该公司对待员工的方式、公平的工资和福利。这些是工具和象征属性的组合。Lievens 和 Highhouse（2003）以比利时银行业为研究对象，调查准毕业生和员工后发现，应聘者在选择工作时，更有可能受到公司的象征属性的影响，如公司代表着什么，而不是客观（或工具）属性，如工资或条件的影响。有时这些象征属性也可以更巧妙地在招聘过程中传达，如应聘者会被某些服务业雇主亲和的企业"风格"所吸引（参见 Hurrelland Scholarios，2011）。

2.6 应聘者视角的诉求

当需求超过了供给的时候，组织就会陷入对应聘者的"人才争夺战"（不可否认当前环境下这个问题令人担忧），为了获取更多敬业和高承诺的员工，意味着单纯依靠传统人职匹配原则进行招募甄选已经不能保证组织叫吸纳合适的员工。在下一章我们将进一步讨论，招聘被视为一种社会互动的过程，其中应聘者也有一定的权利，如是否参与申请过程。潜在和实际应聘者对职位的认知非常重要。在某些情况下，企业会努力吸引合格的应聘者，让他们对公司保持兴趣，并且促使他们坚信应该接受这样一份工作。正如我们前面对招募方面的分析，当组织面临技能短缺和高质量的劳动力供应不足的环境时，或者对于某些特定组织，如中小企业来说，应聘者对于组织来说是非常重要的。而在当前宽松的劳动力市场情况下，说服应聘者接受工作机会可能不再成为问题。

组织对应聘者具有"吸引力"，意味着要让应聘者认为该组织是一个积极向上的工作场所。针对如何影响应聘者感知已经有了大量的研究。例如，应聘者感知如何形成？应聘者感知如何受到招募人员行为的影响？是什么吸引应聘者把注意力转向企业，应聘者会如何处理这些信息，以及他们如何使用这些信息来判断该组织的吸引力（如 Ehrhart and Ziegert，2005；Zottoli and Wanous，2000）。这些研究给了企业招募很多启示，帮助企业判断哪种招募方法可以获得更优秀的员工（如具有高绩效和低离职率）。在上述招募方法的描述中我们已经回顾了一些相关研究。案例研究 2.3 将从细节上探讨应聘者与公司品牌"匹配"的问题。

2.7 结 论

尽管讨论的各种招募方法都符合平等就业法案的要求，但并没有 "最佳"的招募方法。图 2-1 所示模型中的因素将影响招募结果，因此组织可能需要采取一系列的行动。结合技能的稀缺性和重要性、工作永久性以及对特定应聘者池的影响，本章讨论雇主如何选择招募方法吸引应聘者。对于一些组织来说，高管为了吸引和留住人才，会把招募计划纳入更广泛的人力资源战略之中。而对其他一些组织来说，招募仍然是一个低优先级的任务，在必要时可以通过代理招募机构执行。在这个过程中人力资源管理者扮演不同的角色，可能只是在服务中心发出指令，也可能需要运用专业知识去构建和应用以行为为基础的胜任力模型。

在一个不断变化的外部环境中，"应聘者视角"认为所有的招募方法都应该注重应聘者和组织之间的关系。最近对于这种视角的关注极大地丰富了早些时候的研究，结果表明通过非正式渠道进行招募，如推荐的方式，不同于正式招募的方法，如广告或代理机构。前者往往能招到更快乐、更忠诚的员工，并能够更好地适应组织的需要而不轻易离职（参见 Barber，1998 年的评论）。而且这种视角对应聘者求职方式的影响已经得到广泛认可，许多招募渠道，包括传统广告、在线招募，以及"品牌"的努力，发送相关信息给潜在的应聘者，都将影响他们对工作或组织的认知以及他们工作的选择。

除了实现客观招募目标，诸如成本、应聘者数量、多元化目标，或填补职位空缺所花费时间之外，组织在信息沟通和吸引应聘者过程中也将获得一些额外收益，这将会影响应聘者对组织的兴趣和申请意愿。因此如果组织希望招募获得更大的成功，则意味着应该考虑到更多的影响因素，无论是在短期内招募目标的实现和对法律的遵守，还是从长期来看对未来员工态度和绩效的重视。

案例研究 2.1 Mercado 超市的招聘改革

SCOTT HURRELL AND DORA SCHOLARIOS

Mercado 超市的人力资源战略是："提供改善的能力，成为零售店最佳的人力资源职能部门，使 Mercado 成为最佳工作场所。"新的人力资源规程于 2007 年引入，它涉及的招聘和遴选的许多职能都集中在 "人力资源共享中心"。

以前，店里招聘员工的流程存在问题，因为员工要处理大量的简历和申请表，既耗时又费钱。在招聘高峰时期会有大量的申请，如圣诞节前，可能会铺天盖地，这样在老旧的系统上很难跟踪它们。人们也认识到，应用程序筛选并不总是万能的，部门经理有时不得不面试候选人，看他们是不是真的适合，这并没有最有效地利用时间。与申请人的介绍人联系也存在问题，Eddie Pitt（Fenwick 商店的杂货部经理）在定期举行的部门经理人周末会议上提出了这个问题。

我浪费了很多时间来会见那些不会在这儿工作的人。我不是人力资源经理，却被赋予了更大的优先权，来查看申请表并准备面试，这是在浪费我的时间，也在浪费他们的时间。有些申请人没有常识，对公司的工作也没有兴趣。我们需要有更多的真正渴望为公司工作的同事，并且他们会帮助我们的顾客。

现在可以在线申请，而不是在纸上。这意味着商店不再接受或收取纸质申请表，不在店内张贴招聘海报。申请表不再由人工计分。聘用通知书和合同集中制作。

对公司来说，这是试图保持连续性的招聘品牌和申请经历。它希望能把专家纳入"前景池"，难以招聘的角色自己来开发，以便有助于人力资源规划和就职培训。集中式系统也会促进管理信息的生成。例如，招聘报告和统计数据。

这个过程从商店识别招聘需要开始，接着它要寻找权威机构来做这件事。然后商店上传空缺职位具体信息到系统，包括面试和工资。申请人浏览公司网站，申请一个特定的空缺职位并做一个测试。当预先确定人数的申请者已被成功筛选时，该空缺自动关闭。系统会把申请人的信息提交人力资源共享中心，人力资源部门直接安排申请人面试，并确认细节问题。Eddie Pitt 喜欢新的系统，因为这个系统为他学会如何把职位空缺放到网站节省了一点时间。"现在我更自信了，我已经把三个空缺职位放到了网上。起初我从店里人力资源经理那里获得了帮助和指导，最终是我自己把最后一个空缺放到网上的。"

从商店的角度看，它在定好的时间举行面试，并把记录反馈到共享服务，通过商店对申请者进行排名并做出录取决定。Eddie 的同事，烘焙部门的经理 Jenny Jackson 对在计算机系统上设置面试时间有点不确定。她对她的第一次面试经历反应是积极的。

我有点怀疑与离你有几百英里的人打交道时，它会如何工作。我想我更喜欢以前的系统。申请人前来接受我的面试，并似乎对这份工作和公司会有一点了解。我必须算好我的时间，以配合面试，但它是值得的。很难找到符合要求的烘焙师，因此如果这有助于更快找到人，那么它会是一件好事。

人力资源共享中心提供口头邀请，然后发出一份合同和就职邀请。如果有必要，它也会向介绍人发出邀请。这意味着部门经理要确保他们的部门人员有良好的技能，提前规划对空缺的要求。他们也有责任确保面试在预先定好的时间进行。商店的一个额外功能是可以联系"前景池"，或者那些已表示希望在特殊技能角色上发挥作用的申请人，像烘焙师，然后建议他们去在线申请。他们也可以识别处于"待岗"状态但苦于没有发挥作用的申请人。商店可以联系他们，并安排会面来讨论新的空缺。Jenny Jackson 为一个"待岗"的烘焙师提供了一个工作，因为在 Paisley 店，这是他的第二选择。

这为我节省了很多时间。我能获得一个人选，并在一周内有一个新的烘焙师。Peter 对我们如此快速地让他就职留下了很好的印象——他决定加入我们，并拒绝了他三个星期以前就收到信息却让他一直等的另一份工作。

一个主要目标是改善申请人的体验。申请人浏览网站以寻找合适的机会。那些想申请的人会创建一个账户。如果没有合适的空缺，可以写上自己对某个领域的兴趣。为了遵守平等法案，有特殊要求的申请人会直接被网站推荐给共享中心，以对他们的申请有所帮助。

申请人一般会在线申请空缺职位，并登录他们的具体信息。然后他们要完成一个某个职位的在线遴选测试。如果成功了，那么共享中心会联系他们进行面试，接着参加面试。

从商店的角度来看，实施这一变革的挑战是对所有相关的员工来说沟通的变化（包括客户服务人员，他们会给店内的申请人提供一些信息），要培训那些直接参与新系统运行过程的员工，并提供持续的指导支持。Jean 是一个客户服务咨询师。过去，她在前台为申请人填表，现在她要查阅所有在网站上提出咨询的人。

首先，我觉得我真的无法帮助那些询问工作的人，但店里的简报给我解释了新系统是怎么回事。现在我了解了申请人要做什么，并且我知道如果需要的话，他们去哪儿能得到更多的帮助和建议。

这种电子招聘战略正在被密切监控，以确定从组织的视角看它是否有效。例如，申请人注册的人数、接到的电话数、在共享服务中心处理电话的平均时间、提供的职位数、有介绍人的百分比以及填补一个空缺从打广告到口头邀请平均花的时间。

虽然在一个分店获得的体验反映是正面的，但在另一家小商店的试点研究却有一些突出的问题。只有 5 个用户的名字和密码分配给了员工，这意味着不是所有的经理都有权使用系统。不可避免地，有上传职位空缺、安排面试和约见的问题。

评估对申请人的影响还为时尚早，但已经有一些成功的事例，比如 Peter。经理们仍将采用新的方法。Eddie Jackson 保持开放的心态，但到目前为止他的体会是系统能"让我专心管理我现有的人——并且花更少的时间来面试那些不想成为 Mercado 的人"。

问　题

1. 你认为什么是公司开发电子招聘战略的主要动力？
2. 电子招聘适用于所有类型的零售店的职位空缺吗？
3. 这种方法有什么优势？
4. 这种方法有什么劣势？
5. 你能提出一些其他的方法吗？
6. 你如何从申请人的观点来设计一个研究项目以评估这种电子招聘案例的有效性？
7. 这种新战略"提供改善的能力，成为零售店最佳的人力资源职能部门，使 Mercado 成为最佳工作场所"达到了什么程度？
8. 人力资源共享中心的主管也建议通过他们的社交网站主页（申请人都在这儿）遴选申请人。如果你是 Mercado 的经理，你会同意采纳这个建议吗？说说你做出这种决定的理由。

案例研究 2.2　Blueberry 外包招聘工作

SCOTT HURRELL AND DORA SCHOLARIOS

本案例强调两个不同的问题。第一，它是一个呼叫中心采取资源外包的例子；第二，它强调用于招聘具有特殊技能员工的一些方法。本案例基于作者对最大的全球化人力资源服务中心之一的研究（一家位列《财富》杂志 500 强企业），这个公司为求职者和雇主提供职业生涯规划和人员服务，设有一个为跨国 IT 企业提供技术的客户服务呼叫中心。

Blueberry 是一家位于美国（全球规模）的跨国 IT 公司的子公司，三年前它建立了欧洲咨询台。目前，它直接雇用了 40 名员工，签的是永久性合同。新招聘的人除了要求懂英语，其他欧洲语言也要很流利，并且有专业技能（计算机技能，某些产品知识）以及服务技能。要招聘到具有这些相关技能和语言技能的人非常困难。当前，客户服务单位要求能讲流利的西班牙语、法语、意大利语、芬兰语、荷兰语、德语和希腊语。大多数是非英语国家。

在美国，这家全球化的母公司针对亚洲建立了一个咨询台。当亚洲咨询台建立起来后，所采用的战略，经过多次讨论和审议，会被整个外包给一个代理机构（Succoro），由它来招聘员工、雇用他们，并在个人发展、纪律、绩效等方面进行管理。工资预算非常紧张。Blueberry 经理负责这个亚洲咨询台的整体运行。

Blueberry 的母公司人力资源主管要求负责联络欧洲咨询台的人力资源合作伙伴 Liz McDonald 明确需要采取类似的外包咨询台的步骤。她还被要求与美国的同事合作来解决 Succoro 当前在招聘具有所要求的技能和能力的人员时面临的难题。

她的调查表明与 Succoro 签订的全球化合约只有三年，因为更新很快。一份"服务级别协议"由公司制成，里面清楚地指示该机构预期要达到的绩效水平。例如，填补空缺的时间，有关空缺和代理机构绩效水平的统计数据的规定。

Succoro 发现在有预算约束的情况下招聘到合适的人日益困难。然而，留住人才，合约很重要。代理机构却执行得很好，在某些指标上超出了服务水平协议的要求。全球的经理人要参与最终的遴选决定。

Liz McDonald 是她所在地区的人力资源网络的成员，这是一个人力资源从业者加入的团体，每三个月分享一次他们的知识和经验，以有助于他们的持续专业发展。当中的另一名成员 Jim Gray 在一家代理机构工作，这家机构为英国各个区域的手机公司操作类似的业务。Jim Gray 分享了招聘具有语言和技术技能人员的经验。

吸引那些职位薪酬低于平均值的求职者是最主要的困难。我们公司无法利用那些受欢迎的网站，因为收费很高。我们尽量利用别的网站，比如在旅游和海外工作的网站上做广告。我们瞄准了那些社交网站，如 Facebook 和 Gumtree。在我们的英国网站上，要求求职者能说荷兰语和芬兰语会有一些实际的困难。

Jim 补充说，更普遍一些的语种，要花八周的时间填补空缺，有时在我们的人才库里只有一个候选人。我们在英国的网站上打广告，但链接会出现在我们机构在其他国家的网站上。

Liz 仍在调查 Blueberry 外包的影响。

问 题

1. 外包如何改变人力资源的功能？
2. 什么是服务水平协议？
3. 你会使用哪种方法吸引求职者到英国国际呼叫中心？
4. 这个例子是什么程度的病毒招聘？
5. 公司瞄准那些上社交网络的 30 岁以下的年轻人。这可能会有歧视吗？

案例研究 2.3　Fontainebleau 和 Oxygen 公司在招聘和员工技能方面的差距

SCOTT HURRELL AND DORA SCHOLARIOS

Fontainebleau 和 Oxygen 是两家领先的跨国连锁酒店，它们的分支机构遍布世界各地。这两家酒店都把精力放在顾客服务上，但是这两家酒店的员工在顾客服务技能上有着鲜明的对比。

尽管这两家酒店有强大的服务品牌，但是本质上却相当不同。Oxygen 的经理和员工将酒店描述为 "年轻""清新""时尚"。酒店建筑本身获得了设计大奖，室内风格简约并辅以现代版画艺术。它也强调服务顾客不拘泥于形式，员工在服务上有很高的自主权。也允许员工工作中在外表着装上有一定的自主性，尽管它会提供由设计师设计的制服。如有规定要求 Oxygen 的员工 "时尚"、"时髦"、"友好" 和 "个性化"。

Fontainebleau 有更为正规的服务品牌特征，被经理人和员工称为 "传统" 和 "专业"。这反映在酒店的装饰上，即建筑宏伟华丽，家具古色古香，并辅以古典版画艺术。当员工们服务顾客时严格遵守品牌标准，通过正规的培训来强化，并要求以高度正式的方式与客人交流。员工要有礼貌、干净、整洁。Fontainebleau 提供行业统一标准并对员工外表有严格的要求。

Fontainebleau 的一位分店的经理人报告说现有相当一部分员工在服务客人技能方面并不熟练（所谓技能差距），一线经理报告说 60% 的接待人员（虽然许多是新员工）、25% 的厨师、服务员和酒吧工作人员存在此类问题。人力资源经理也报告说有近 30% 的前台服务人员缺乏顾客服务技能。然而在 Oxygen，没有报告说缺乏客人服务技能。酒店餐饮部经理（他招聘了很多一线服务人员）则报告说在招聘过程中这些准员工就显示出缺乏技能；Fontainebleau 的餐饮部经理报告说几乎没有客人服务技能问题，而 Oxygen 的餐饮部经理却说很多员工缺乏必要的服务技能。两家酒店也存在不同的员工离职率，过去的几年 Fontainebleau 是 75%，而 Oxygen 是 42%。

这两家酒店使用这一类的招聘方法：内部广告；招聘网站；新闻广告；（大学、大专、高中）校园广告；当地就业中心广告；接受自投简历；接受现有员工推荐。然而在 Oxygen，更依赖于大学校园招聘和非正式员工推荐。这两家酒店使用非正式的招聘方法的理由也各不相同，但经理们都看到了各自的利益。在 Fontainebleau，人力资源经理相信通过现有员工推荐的招聘有助于塑造祥和的工作环境和卓越的团队精神。而在 Oxygen 却更加强调员工之间的配合。

两家酒店正规的招聘广告也有差别。Fontainebleau 的招聘广告倾向于强调公司的工作和福利的细节，而 Oxygen 的招聘广告则强调公司的品牌。比如，在一次广告活动中，酒店的招聘广告上写着 "有你就够了"，并写着 "与众不同"、"零失误" 和 "卓越"，描述了 Oxygen 员工的理念。这个广告也是向客人广而告之的活动，措辞几无二致。

Fontainebleau 的人力资源经理也注意到有一个问题，"有些经理人是基于'好吧，这个人愿意做这个工作'来招聘，而不考虑他们有什么技能"，因此试图转向标准化的、基于能力的筛选面试过程。然而很明显，不是所有的经理人都使用这种基于能力的面试方法。在 Oxygen，餐饮部经理强调 "筛选" 求职者要有正确的技巧，而当面谈是半结构化的时，Fontainebleau 更少一些正规化。Oxygen 经理人还指出，"面试被视为一个双向的过程，旨在让求职者的期望与现实衔接起来"。Oxygen 也将求职者试用期作为招聘过程的一部分。接待经理报告说，他发现这是最重要的功能，让准员工评估他们期望的酒店的实际情况。

问　题

1.两家酒店餐饮部在顾客服务技能缺乏和顾客服务技能差距方面的经验的不同，对我们的招聘实践有什么启示？

2.有什么其他潜在的因素导致 Fontainebleau 在顾客服务技能上有差距？

3.关于招聘，本章讨论的什么观点能用于分析 Oxygen 在技能差距和员工离职率上的突出表现？

4.在招聘方法上两家酒店以及它们后来在技能上的差距所经历的有什么明显的矛盾？

5.Oxygen 的招聘方法有什么潜在的缺点？

第3章

甄　选

Dora Scholarios

引　言

"最佳实践"员工的甄选通常与"心理学"模型相关联。因此，本章将介绍心理测试、以绩效为基础的工作模拟方法，以及多种方法的评估。所有的设计旨在准确测量应聘者的知识、技能、能力、性格和态度。

这一观点在甄选的文献领域占主导地位。实际上在一个世纪之前，人力资源管理就已经出现了。而甄选的流行是毋庸置疑的，因为它强调客观性、精英化和效率。在20世纪初，工业化和大规模的人力需求需要有一个个人特性与工作要求相匹配的系统方法，并开始进行早期的心理研究，测量个体差异（例如，Alfred Binet或Raymond Cattell在教育领域的工作），供军队和商业机构来解决面临的个人与工作匹配问题。这些早期评估工作逐渐变得完善，各种类型组织相继开始使用系统的甄选方法。到了20世纪80年代，它已成为企业竞争战略的核心要素并体现企业用以适应市场竞争的战略能力（Hamel and Prahalad, 1989）。系统甄选现在被视为人力资源管理的一个重要职能，是实现组织目标的基本要素（Storey, 2007），被认为是高承诺、高绩效人力资源管理系统的核心部分（Marchington and Wilkinson, 2005; Pfeffer, 1998）。

本章首先回顾了心理模型的原则，并遵循这个模型选择适用于组织的评估方法。随后，本章考虑组织是否采用了这些方法。这导致了用户对"复杂"的甄选存有疑虑，以及是否有可能用技术驱动的方法替代传统范式。三种替代包括："最佳匹配"的方法；"互动行动导向"的角度（Newell, 2006）；论述角度，即甄选并不一定是个完全理性的过程，可能存在多种可能的解释和利益交叉。最后通过对这些替代范式的具体探讨对人力资源管理和甄选实践提出建议。

3.1　心理测试质量概述

我们如何识别出具备知识、技能、能力和性格的人是否可以更好地完成所谓的工作任务？更困难的是，在我们见过这个人的实际表现之前，我们要怎么做？（Ployhart et al., 2006：10）

这个问题在心理测试模型中一般称为"预测"，其占据了很多教科书中"甄选"这一主题的大量篇幅。决定是否雇用一个人通常需要通过一个测试来评估他的表现是否适合这项工作。因此，我们要如何确保这个测试能够达到我们预期的目的？我们用四个标准来做这个评估（在任何教科书"甄选"这一章节中都可以找到更多的细节，比如说Schmitt and Chan, 1998; Searle, 2003a）：

1.评估的方法必须是有信度的，即精确无污染。有信度的测评方法评估不同应聘者时应该与其工作绩效具有高度一致性，不同的评估者使用的评估手段应具有某种程度的结构和内在一致性。利用工作样本测试或模拟测试，通过日后工作中实际存在的结构化任务来预测工作绩效可能具有较高的信度。访谈法通常被认为是低信度的，而群体面试的使用相较于个体面试来说，具有更加标准的结构，如问答得分制，已经被证明能够增加结果的信度（McFarland et al., 2004）。

2.甄选的方式必须是有效度的——预测的行为必须是与工作内容相关的。有效度的最低要求是评估必须围绕工作分析和任职资格，而且要有信度。比如说，结构化面试能够提高效度（Schmidt & Zimmerman, 2004）。一个有效度的方法，应该能够展示评分结果与预期工作表现之间的关系。在这里通常用一个相关系数来表示标准与测量得分之间的关系，其被称为标效相关效度系数（criterion-related validity coefficient），代表预测得分（或提出甄选方法）和工作绩效（或间接的测量）实际得分之间的关系。这种相关系数的范围可以从0（机会预测或没有关系）到1.0（完美的预测）。表3-1总结了一系列甄选方法的效度水平。

3.子群的预测效度——对不同的应聘群体应该有相同的预测效度，比如说对待男性和女性。也就是说，甄选的标准对所有人应该是一致的。一个应聘群体中被选定的成员不应该比其他群体的成员多很多或少很多，认知能力测试的例子说明了预测效度和不同应聘群体效度之间的平衡。测量一般认知能力（也被称为一般智力）的心理测量学测试指出：无论什么工作，对未来工作成功可能性的最有效测量方法是在实际的工作环境中测量，这一测评的效度是0.60（Schmidt and Hunter, 1998）。然而，一些少数族裔群体在一些测试中会得到比较低的分数，即使这些测试本身并没有本质上的不公平。在美国，这种情况一直存在于黑人和西班牙裔中。由于这种预测的有效性存在差异，所以美国联邦政府一直鼓励寻找对雇佣目标的认知能力测试的替代品，以尽量减少因为历史及社会原因所导致的对弱势群体的不利影响。

4.实用性——对组织来说，运用的甄选方法应该具有强的实用性。这通常需要考虑成本和潜在的投资回报，好的甄选方法需要具有较高的有效性而不需要昂贵的开发和执行成本。这也会受到招聘背景的影响。比如说，一个空缺职位的申请者数量和将被录用者数量的比例（甄选比例）。

3.2 什么是甄选及如何做甄选

这四个心理测量标准中每一个都涉及我们如何设计评估工具或甄选方法，用来确定一个人是否适合某项工作。当然，我们也希望能够通过一些方法（"如何"）捕捉到一些相关的个人潜在特点（"什么"）。例如，申请表格、面试和心理测试都可以用来测量人格，但它们的心理学测量的严谨程度不同。

制定一个有用的框架用来区分认知、非认知和绩效为基础的个体差异。认知特征反映了认知的过程、学术成就和知识水平；非认知特征包括人格特质、动机、过去的经验和资格；以绩效为基础的特征是指有助于提高工作绩效的实践行为。这些构成要素中的每一项都代表我们要测量"什么"；而"如何做"则用甄选技术来表示。

表3-1汇集了四个心理测量标准和三种类型的个体差异，对各种甄选方法进行分类。

该表还指出了使用者比较能够接受的一些方法。这个问题我们会在这一章的后面进行讨论。在这里，我们只讨论一些不同的甄选方法。表3-1中我们要注意的一个重点是，以绩效为基础的甄选方法一般具有较高的信度或效度，有较低的组别差异和更高的用户可接受度，这些导致了它们越来越受欢迎。

表3-1　　　　　　　　　　　　　　测量方法的质量

测量方法	心理测量质量			
	预测效度	子组差异 （种族/性别）	应用性	使用者感受
认知				
能力测试	高	大/小	高	中等
成绩/知识测试	高	中/小	高	喜爱
非认知				
个性测试	低/中等	小/小	中等	不喜爱
传记信息	中等	小/小	中等	不喜爱
个人经历	中等	小/小	低	中等
以行为为基础				
工作样本	中/高等		中等	喜爱
非结构化面试	低	小/小	中等	低
结构化面试	高	小/小	中等	中等
情景测试	中等	中/小	高	喜爱
评价中心	中等	中/小	中等	喜爱

3.2.1　认知能力

心理测量学测试是用来衡量个体差异的标准化工具，最常用于测量认知能力或才能，成就或个性等。尽管认知能力和天资之间的界限有些模糊，能力的测量更侧重于特定领域的当前技能水平，如算数能力、语言能力等，而天资是指一个人潜在的学习能力或者获得技能的能力，这无关过去的经验，并且其往往与更广泛的智商测量相关。能力往往在天资之下，计算机编程能力可能需要很强的逻辑推理能力。同时，天资可能是针对特定的职业领域，数值数据推论能力有助于在金融服务行业有更好的表现。成绩测试包括学校的考试、打字测试或法律专业考试。例如，会计证书或公共安全危机意识、消防设备的使用或电器安全使用等。

在20世纪80年代，有一系列关于一般认知能力（被称为g）的有影响力的研究，其中包括能力和天资。大多数的g测试包括计算、语言、推理和空间能力，并强调未来潜在的学习和适应新环境的能力。研究表明，g测试是测评各种职位应聘者工作上的差异的最好方法，对组织来说具有潜在的高投资回报率。使用统计学的数据分析，从不同的研究中得出一个总的结论，g测试已经被发现是一个对工作成功可能性预测的强有力方法，包括监督评级、生产数量和质量以及绩效培训等（例如Hunter and Hunter，1984），并且这已经被证明适用于不同的就业和文化背景。例如，Bertua等人在2005年对一系列的应聘职位的研究表明，g测试具有很高的效度，Salgado等人在2003年对10个欧盟国家的研究也有相同的结论。

目前对于能力结构的区分主要是测评流体智力（fluid intelligence）、不同情境下的一般推理能力和晶体智力，它代表了一种文化上特定的智力表现，是由于特定的经验而发展起来的（Carroll，1993）。专栏3.1的案例描述了企业如何利用各种测评工具测量流体智力，显示出其未来具有很大的发展潜力。现在有超过70种的专业能力测试可以辅助决策者进行招聘决策。

这并不意味着g测试在雇佣决策上的心理学测评工具选择上是毫无争议的。这里存在着几个方面的阻力。首先，在测试中的表现并不一定能够反映智商或被测试者的最佳表现，这取决于个人在这方面的兴趣、他们的关注点和付出了多少努力。这导致了特殊表现和最好表现之间的差异。与其专注于测试一个人的最好表现，不如将重点放在了解一个人在实际工作环境中的惯常表现（Klehe and Anderson，2005）。本章的后面部分将人格测试作为特殊行为预测的一种方法。

其次，能力测试的发展在于可测量不同类型的"智商"。这包括不能依靠语言的心理测评工具评价的创造力和情商，而这些能力对于工作绩效的很多方面会产生影响（Weisinger，1998）。隐性知识代表一些在工作中的实用知识，它们的获得是来自经验积累而不是学术的精进。这方面也获得了关注，特别是一些非常规和非结构化的工作，如管理（Sternberg et al.，1995）。隐性知识也越来越多地使用情景判断测试，比如我们认为的一些以绩效为基础的方法。

最后，如表3-1所示，认知能力测试在一些群体中存在预测效度的差异，即它会对少数族裔群体成员产生不利影响。即使认知能力测试的信度、效度及实用性都被证明了，换句话说，它们是不存在偏见的，对于一些想要保持员工多元化的雇主而言，测试结果还是可信的。不同的应聘群体，如白人、西班牙裔、亚裔和非洲裔美国人，他们在这些测试中往往有不同的得分，这可能导致招聘率的大幅度偏差，特别是组织会变得更具选择性（雇用更少的申请者或者提高分数线）。在美国，联邦法律规定，在雇用和大学生入学招生中使用的甄选工具应该是持中立的种族意识（见例子，Kravitz，2008）。

在国际上，往往建议仔细地设计和验证甄选工具，为特定的群体（男性/女性，种族/文化群体）提供规范的测试参考。如果我们能够确认智力文化的特定元素（晶体智力），那么西方设计的测试也适用于某些文化背景。许多跨国组织在选择海外委任的员工时往往面临这样的问题。有意思的是，Searle（2003a：189）为解决这样的困境开发出了没有文化限制的有效测试。我们应该努力通过常用的方法去测评流体智力（文化中立），或者，我们应该承认在能力中文化差异的重要性，需要重视和开发不同的测试以适应世界上不同的文化。另一种方法是跨国公司设计自己的测试，对于特定的角色来说，这可能是有效的并且超越地理的限制。当我们评价组织的实际操作时，又回到了全球甄选方法的问题上。

3.2.2　人格

人格是一种非认知的特征。至于人格测试的价值，关于人格中的伪装能力、预测的低效度（表3-1），甚至人格的存在一直存在持续的争论（例如：Dilchert et al.，2006）。尽管如此，关注于五力模型或者"大五"人格的研究逐渐兴起，其主张人与人之间的个性差异可以由五个维度区分——外倾性、尽责性、宜人性、神经质或情绪稳定性和开放性（Costa and McCrae，1992）。特别是尽责性，在工作绩效方面是一个有效的预测维度。这个维度结合了努力工作、细致、自控能力和可靠性，并且有效地预测工作中的亲社会行为（如利他行为），或相反的离职或盗窃行为（Salgado，2002）。

最近一些研究指出，如果研究者在预测时关注到一些可能存在的影响，例如社会赞许效应的影响或特定的任务情景，人格测试是具有效度和实用性的（Viswesvaran et al.，2007）。例如，有一些研究表明，外向性思维、随和性（agreeableness）和神经质有助于预测客户服务的行为，但是，在一些销售环境下（如交易完成后），随和性可能是一个缺点（Liao and Chuang，2004）。

人格测试的另一个应用是预测团队绩效。团队成员在大五人格测试上的总得分，包括团队领导的得分，关系到团队合作的有效程度。人格因素使同质化群体更具有凝聚力，但是异质性的团体具有更强的解决问题的能力（Moynihan and Peterson，2004）。

Ones等人（2007）有一项有关各种效度的研究显示，大五人格测试在顾客服务、销售及职业管理领域有最佳预测性能。尽管伪装是有可能的，但好的人格测试是在特定的工作环境中，结合这个人的其他有效信息是有效的。相对于认知能力测试，人格测试对女性或少数族裔群体测试的消极影响较小，这也导致了人格测试经常和其他方法一起使用的情况日益增多（Shackleton and Newell，1997）。

虽然在不断发展，但关于人格测试在甄选中作用的争论一直都有，一些著名的研究人员一直持有两种不同的态度。一个转折出现在2007年著名期刊《人事心理学》上发表的研究（详见Morgeson et al.，2007；Ones et al.，2007；Tett and Christiansen，2007）。

基于人格和其他非认知心理结构的新测试措施也正在出现。有两个方面应该说明。首先，情商描述了个人管理自己和感知他人情绪的能力，在一些需要人际交往能力和领导才能的工作角色中这种测试被认为非常必要。

第二个发展是使用人格特质形成复合特质。这是以人的个性为基础的"定制"人格测量，在一种具体的情况下预测工作的相关行为。它们提供更高层次的预测效度。例如正直，这经常被雇主作为一个员工最重要的特质，它包括敌意、冲动、信任和尊敬等方面的测量；这些都被用来预测不诚实行为并且具有很高的有效性。其他复合测试也被设计用于预测客户服务、压力忍耐、暴力和管理潜力等（见Ones et al.，2005）。

3.2.3　传记资料

另一个非认知特质是个人信息或简历，是申请者描述他们以往的经历和工作的历史。这是用以往的工作表现来预测未来的工作情况，因为它反映了潜在的个人品质，如态度或动机。运用设计好的申请表格来收集简历通常作为大多数组织的初步筛选方式，现在一般通过网络收集（Association of Graduate Recruiters，2012；Hill and Barber，2005）。

一般来说，简历对任期和绩效有中度到高度的预测效度（Reilly and Chao，1982）。

"硬性"的核查项目，如教育或职业经历，往往比"软性"的部分如价值观和目标更有效，因为后者容易被伪造（Lautenschlager，1994）。招聘者也要避免一些不重要的品质被列为空缺职位的基本要求。在制作简历时也涉及一些与工作有关的通用性原则，这个过程一般称为"规范控制"，简历中的项目应该反映出工作绩效的差异以及企业所期望的工作状态。例如，Furnham（1997）指出经济责任、早期家庭责任和稳定性关系是招聘人员判断应聘者是否可以胜任销售人员的关键因素。

使用加权申请表格或简历信息表格可以减少对受保护群体的不利影响（Chapman and Webster，2003）。然而，专注于过去的成就显然只适合那些有经验的群体，这排除了大部分的青年应聘者池。这是许多校园招聘计划主要侧重于评估天资（潜力）或个人的能力，而不是经验的一个主要原因。同样，许多组织使用基本资质作为一种甄选大量申请人的方式。例如，提高所需的最低资格水平，并把某些资质要求从非必须到必须等。然而，大学入学的要求可能与实际工作所需的知识、技能、能力和人格特征没有关系。由于类似的原因，遵循年龄和残疾歧视的相关立法要求有助于避免这些测试（如年龄歧视）的法律风险。也就是说，有些甄选方法会对一些特定的群体产生不利的影响，如老年申请人或残疾申请人。一些惯例，像只接受申请者是第一次求职或者是在毕业几年时间之内的，这样的简历要求可能被认为是歧视。

3.2.4　以绩效为基础的方法

第三部分甄选方法主要侧重于绩效本身产生的个体差异。基于绩效的测试和模拟的重点是复制工作所需而不是简单的心理特征。重点是测量目前的绩效，以及预测未来的绩效，这种方法可以反映复杂的情况变化和在实际工作中的真实状况，如表3-1所示。工作样本或工作模拟是选取日后工作中有代表性的任务，所以是"高保真度"方法的代表，主要集中评估当前的技能和实际任务的表现，一个人实际上可以做什么，而不是他"知道"做什么。不出所料，相比认知和非认知的方法，这些方法都具有较高的有效性和对非传统的申请者（如妇女、少数族裔）较小的不利影响（Schmitt and Mills，2001）。使用者，包括管理者和申请者，一般更倾向于以绩效为基础的方法。甄选者往往更注重观察应聘者的行为而不是来自他们的自我陈述或简历，以及应聘者通过工作本身会得到什么。Schmitt（2003）在对心理素质的测评中，通过工作模拟与认知测试两种方法的直接比较后发现：虽然模拟具有较低的有效性（0.36的有效性，认知测试的有效性为0.46），弱势群体更多地会使用模拟的方法。表3-2有Schmitt针对客户服务代表甄选设计的角色模拟的概述。

情景判断测试被称为低保真度的模拟或针对白领的工作样本测试（Muchinsky，1986）。它通常要求应聘者在某种工作情景下对几种可能的行为反应做出选择。这本质上是一个判断力的测试，它最初是作为一个测量完成日常任务所需的凭经验获得的特质或知识的方式。由于没有绝对正确的答案，不同的设计会有不同的反应，这揭示了实际测量的一些不确定性。Ployhart和Erhart（2003）的研究表明，问人们在某些情况下会"做什么"倾向于挖掘其行为意向、人格和过去的行为；问他们"应该做什么"是挖掘他们的工作理解和认知能力。"做什么"的问题更加可能会出现响应失真或伪造，这仍然是一个悬而未决的问题。然而，随着这类测试方法的不断发展，它们普遍具有越来越高的有效性、低的分组差异以及来自过去的经验和对工作的理解形成的独特性。特别是多媒体的新发

表 3-2	影响甄选实践和决策的因素

经济压力
短期财务影响
技能供应和劳动力市场紧张
就业和流动的模式
组织大小
组织的周期
长期与短期绩效导向
所有制（多国，单一所有者，股东压力）
人力资源的存在
甄选者的经验或受培训情况
时间资源约束

长期财务影响
高技能（管理/专业）职业/空缺
职位的职业潜力（内部劳动力市场，培训投资）
竞争和变化率
市场细分/差异化策略
组织价值
社会压力

立法/制度
监管环境
组织的可见性/责任性
国家文化

标准/法规要求
其他利益相关者
用户

申请人
行业/专业
测试开发人员

展，如视频的应用，能更好地描述遭遇的困境或冲突。当这些对"现实"工作中的描述变得更清晰时，它们可以增加判断的保真度、优先性、决策或诊断能力（Olson-Buchanan & Dragow，2005），见表 3-2 的一些例子。

专栏 3.1 实践中的 HRM

研究生入学的心理测试

最近由于经济衰退导致"毕业生"就业数量下降，这意味着雇主现在可选范围增大，其中许多毕业生已经在就业市场找了几年工作。一些部门预计 2012 年扩大研究生招聘（IT /电信、建筑），但总体来说，每个毕业生工作的平均申请数量自 2009 年以来翻了一番（2012 年毕业生招聘协会）。更多的雇主坚持以 2：1 作为最低标准，更多的人正在使用预筛选流程，如评估流体智力的在线能力测试，以区分具有最高潜力的毕业生，并节省昂贵的面对面评估的成本（Lawtonet al.，2009）。

SHL（www.shl.com）是一家为毕业生招聘提供先进的在线评估工具的提供商。其测评范围包括感性推理、数值推理和口头推理能力测试等。同样，Cubiks（www.cu-biks.com）是另一家为管理者和毕业生提供在线评估工具的国际咨询公司，其商业能力测试系列还包括语言、数字和感性推理测试，涵盖不同的业务推理领域。

● 感性推理测试：能够归纳和理解各种概念之间的关系，而不依赖于获得的知识。这与处理新概念和新方法，构建策略以及解决复杂、模糊和新问题的角色相关。

● 数值推理测试：从数字或统计数据出发做出正确决策或推断的能力。

● 语言推理测试：以书面形式评价各种论证逻辑的能力。

最后，结构化的面试包括情景或以行为为基础的评估。大量有关的文献表明招聘和面试的使用扮演着多重角色。例如，向应聘者推销组织或者根据最低申请要求对应聘者进行初步筛选。前者涉及一定程度的互动，我们在本章的后面部分会有介绍，而后者是基于一些简单的程序化问题完成，现在经常通过电话进行。当面试被用来评估更加复杂的个人素质（如人格、知识水平、社会技能或价值观，是否适合组织）时，就需要使用更有信度及效度的方法。

总之，结构化的面试表现出较高的预测效度（表3-1）。在面试中可利用与工作相关的关键事件法设计相关问题并进行甄选，使用多名受过培训的面试官和评估者，尽量少地使用任何先验信息，如申请者的考试成绩，或者限制随访、提示或阐述的应用。

我们在评估绩效中目前的兴趣在于可以使用以问题为基础的方式（情景面试）、以过去的行为或经验为基础的方式（行为面试）或直接基于与工作相关的问题理解的方式（无论是知识本身或程序），使得心理测评具有无限的潜力（见专栏3.2的例子）。像情景判断测试一样，这些测试并不能直接测量应聘者的工作能力，所以它们的保真度要比工作样本或模拟要低。面试问题通常是已经在工作分析中确认的特定能力。然而，这种强调工作相关性则要求评估者需要有更多的知识、技能、能力和其他直接与实际绩效挂钩的品质，而不是仅仅依靠潜在特质的推论。结构化面试结果与认知能力或人格测试结果没有相关关系，所以很多公司认为在招聘过程中可以增加结构化面试的使用以提高其甄选方法的有效性（Huffcutt & Youngcourt，2007）。

专栏 3.2 实践中的 HRM

通过基于绩效的方法增加现实性

工作模拟

Schmitt（2003）描述了一个角色扮演模拟，它复制了保险公司服务代表生活中的一个典型的日子。典型任务涉及客户对保险费率和客户当前或潜在可用的各种覆盖选项和产品的问题。计算机程序首先向候选人提供关于公司的信息，服务代表应如何处理客户来电，以及如何使用几个计算机化数据库为客户提供信息。提供给候选人政策、程序手册和参考图表。候选人有30分钟时间审查材料并检查客户数据库的缩写版本。评估开始时，两名训练有素的评估员对申请人进行了11次客户来电。为了适当地响应这些呼叫，申请人需要将他们可用的信息（包括计算机化数据库）汇总在一起，以便他们能够对"客户"查询提供适当的答案。评估员每人都使用详细的脚本，轮流扮演客户与候选人的角色。没有角色扮演的评估员聆听对话，并详细记录。

情景判断测试

Lievens 和 Coetsier（2002）描述了比利时医学院视频招生的测试 ——病人情景判断测试。脚本是由主题专家（教授）基于关键事件的鉴定而编写并审核的，并且视频由有经验的专业演员拍摄，由经验丰富的医生参与。在随访研究（Lievens et al.，2005）中，该测试显示具有预测医学院学生在校表现的有效性，其中人际技能是重要的（如涉及与患者互动的情况）。

情境访谈

Maurer（2006）描述了一家工程公司对入门级工作的技术合格申请人的面试。面试的目的是评估他们采取行动的倾向，以考察是否在关键工作情形下做出符合组织和工作团队的价值观、组织目标和组织文化的预期行动。现有项目工程师使用行为锚定的五点量表创建了以下管理困境项目和评级标准：

假设你负责大型设备安装项目，必须及时完成，以避免超过预计到期日的重大惩罚。这个6个月的项目现在已经完成了大约75%，你的PERT分析表明，它最多将提前约2~3天完成。但是，为你工作的安装主管刚刚通知了你材料交付可能会有延迟，可能会为项目增加7~10个工作日。你会怎么处理这种情况？

1=差。忽略这种情况，因为它只是一个潜在的问题。如果你听到延迟实际上会发生，再准备处理它。

3=可接受。告诉主管你希望他们处理这个问题。提醒主管完成日期，并明确表示你希望得到满足，并希望跟进后续工作。

5=优秀。与主管尽快会面以确定潜在问题的确切性质，并制订防止或处理它的计划。设置后续程序以确保正在执行计划。

没有特定锚点的两个点（标度上的2和4）将用于评估不符合行为锚点的所有部分的答案。例如，一个响应，如"由于它不是一个问题，我只是告诉主管处理它"，将是一个级别"2"响应，因为它包含"1"和"3"的部分锚，但不符合两者的所有条件。

3.2.5 混合方法

对行为的强调也能够突出现在人力资源管理中胜任力的主导地位。胜任力是可以转化的个人素质，如团队合作或商业意识，从而引起一系列的技能、能力、特质、工作知识、经验和其他有效地完成工作所需的素质。举例来说，服务业的职业胜任力包括人格特征，像礼貌、尊敬和机敏（Hogan et al., 1984）等这些在服务与交往的过程中向客户和同事展示的行为（Baydoun et al., 2001）。这里侧重于个人的行为结果——个人成就或他们应该能够做什么。因此，理论上，潜在的心理特征的不同组合可能会有类似的结果（在工作中显示能力），这就是为什么更多的焦点是在表现上而不是认知和非认知的结构上。一个众所周知的胜任力结构是八大胜任力模型（见专栏3.3）。

专栏 3.3 实践中的 HRM
八大胜任力模型

能力和个性的测试已经显示与以下通用能力的直线管理者评级具有中度到良好的相关性。换句话说，这些测试对于一系列工作的绩效指标具有中等到良好的预测有效性。

- 领导决定；
- 支持与合作；
- 互动和展现；
- 分析和解释；
- 创造和概念化；
- 组织实施；
- 适应和应对；
- 进取和表现。

Source：Bartram（2005）.

越来越多的关注点在于"面向未来"的行为能力，它超越了眼前的人与工作的匹配度。一个典型的例子是在管理者的甄选上注重潜在的领导能力。金融服务公司 HBOS 使用了一系列以"领导层承诺"为基础的行为能力框架去指导 18 个不同领域甄选计划（如人力资源、财务、IT、精算、企业银行）和方法，包括在线申请、数字和语言推理能力测试、电话面试和团队合作以及业务场景练习（People Management，4 October 2007）。

最后，在评价中心（assessment centres），多重方法也会混合使用，即一系列以绩效为基础的情景练习综合使用（Thornton and Mueller-Hanson，2004）。他们利用多种方法、多个技术顾问和系统的评分程序对应聘者进行评估，评价中心被认为在许多职业中具有良好的有效性。在管理者和应聘者之中都很受欢迎，因为它的表面效度较高（它测量的是与工作相关的因素），对弱势群体不利影响较少。虽然评估中心有正式的系统和评分，但是有学者担心实际上的测量效果。相关研究显示（Brown and Hesketh，2004），评价中心更为关注那些高活跃度，善于运用印象管理，特别是那些被认定为是"有亮点"的人（在文章中称为最称职的候选人），或者能够在适当的时候产生"闪光点"（适当的行为能力）的应聘者（2004：173）。评估者对应聘者也存在不可避免的主观性导致的不基于客观事实的成绩评价，如基于茶歇时间（休闲时间）应聘者的表现或者"以长远眼光"来提出的意见。为了提高甄选信度，最大限度地提高有效性，应该更多地关注招聘评估者是否参加培训以及如何进行评估与设计评估流程（Lievens and Klimoski，2001）。考虑到评价中心的高成本，企业可能将更实用的工具提供给拥有更好的技术、更有价值、更有潜力的员工，例如，管理人员或专业人员。

3.3 趋势的总结

到目前为止，在甄选的实践中，基于心理测评的四个指标，我们可以发现几个重要的趋势。

- 更可靠、更有效的评估工具。这是可以实现的，例如：进行详细的工作分析，引入结构化和标准化面试，培训评估者，进行效度检验，并更多地利用统计学聚类和校正技术，如元分析，通过预测性研究以提高预测的准确性（一些回顾性文献可以参考 Sackett and Lievens，2008）。这些领域的发展，使得我们对甄选方法的有效性增强了信心。

- 更多地使用高有效性或者低负面影响的评估工具。就像在表 3-1 中看到的，结构化的行为和情景面试、情景判断测试、工作样本和评价中心，具有较低的分组有效性差异，即它们对非传统的申请人不太可能产生不利影响。许多甄选过程使用多种方法，以增加有效性，降低不利影响。比如说呼叫中心招聘要结合简历、心理认知或非认知测试以及情景判断测试，可以参考 Konradt 等人的研究（2003）。

- 非认知品质评估的重要性。所有类型的工作，兴趣日益影响更广泛的行为领域，像组织的公民权和适应力。面临的挑战是设计有效的工具来针对这些特质。一些性格测试已被证明是对这类行为的良好预测，并且情景面试可以用来评估一些行为，如帮助同事或自愿协作（Latham and Skarlicki，1995）。

- 增加预先模拟的使用。它们为一个特定的工作或组织提供了与品质相关的有效的行为指标，以及低的不利影响和高的用户可接受性。这些针对特定组织的方法反映了日益增长的以胜任能力而不只是具体的工作技能为基础的战略导向，这是确保竞争优势和应对战略压力的关键，如重组等。Searle（2003a）认为：

这些工具反映了人力资源专业人士不断增加的精明度和信心，他们通过更复杂和严格的评估和发展实践来证明其专业性和不可替代的作用，帮助组织塑造未来（2003a：226）。

- 基于Web的筛选和评价。互联网测试可能会增加，当更多的组织被迫应对一个职位更多的申请者时，则要求尽可能高效、低成本地筛选出不合适的申请人。对于大量应聘者的早期筛选通常包括能力测试、情景判断测试和多媒体模拟。举例来说，一家银行创建了一个像彭博商业电视频道的沿屏幕底部滚动的关键信息那样的数字推理测试（'Guide to Assessment', *People Management*, 8 October, 2012）。这种测试虽然被证实有预测效度和积极的反应（Bartram, 2000），但仍然存在一些诸如安全、机会平等和申请人素质等方面的问题（Anderson, 2003）。为此，一些组织会使用互联网测试进行预筛选，但仍旧使用二次测试（人工完成）确认实际的招聘决策（Lievens and Chapman, 2010）。

3.4 组织实际是怎么做的

心理学测量在设计和管理方法上的良好实践，被世界各地的专业组织——心理与人力资源协会——批准，但大多数的雇主往往并不十分关注这个方法。

非正式的甄选方法，如针对特定的申请者，口碑和非结构化面试仍占主导地位。具有人力资源职能部门的大型组织，更可能采取心理测量学方法，特别是对管理或者熟练性/技术性的职位。据统计，在世界百强企业中，性格或能力测试的使用率在40%左右。根据英国方面的最新统计，大约38%的雇主使用这种测试（CIPD, 2011）。Salgado和Anderson（2002）进行的研究显示，对各个国家进行的甄选测试进行比较，比利时、英国、荷兰、葡萄牙、西班牙与法国、德国、希腊、爱尔兰或意大利相比，更可能使用能力或才能测试。在美国，这一数字甚至低于后者的一些国家，只有20%左右的企业使用认知能力测试，也许是因为美国有相关的法律问题。

相比私营企业，以绩效为基础的测试和能力测试往往更常见于公共部门组织，而且常见于管理和行政/秘书职位。对于管理人员，个人能力的测试方法包括使用加权申请人表格或设计用以评估领导素质或商业意识的面试；招聘行政/秘书职位的岗位时，样本或成绩测试可能会评估应聘人的文书工作或数据操作能力。这些方法更多的是在公共部门使用，因为这个领域倾向于做更多的努力来确保招聘的做法是非歧视和鼓励多样性的（Kersley et al., 2006；Wolf and Jenkins, 2006）。

许多大型跨国企业的劳动力面临着越来越多的战略挑战。例如，在海外经营过程中不同国家是否应该是单一的甄选制度，或者对外籍人士或当地员工是否应该使用类似的招聘方法。专栏3.4总结了一个在这个领域很有影响力的美国研究者和她同事的研究。

专栏3.4 实践中的HRM

全球化招聘还是区域化招聘？

在过去的十多年间，Ryan和她的同事研究了很多使用全球员工系统的跨国公司（MNC），如IBM、摩托罗拉、宝洁公司和壳牌公司，并探讨甄选实践是否存在趋同或跨国家分歧。在一本致力于这一议题的著作中，Ryan 和 Tippins（2009）得出结论，全球化、效率和技术是增加对"复杂"选择系统趋同趋势的主要驱动力，但是对招聘人员的本地文化敏感性的需求仍然存在。他们介绍了下面情况中的问题。我们遵循这一点，总结了他们的工作如何更好地理解一个对全球公司人事战略至关重要的问题。

案例情形

公司人力资源总监和制造总监正在辩论是否为所有制造工厂的工程师实施全球甄选系统，或允许每个国家根据该地区的特殊需求开发自己的系统。制造总监认为一个好的工程师需要有相同的技能，无论其在世界上的哪个角落，他希望人力资源部门提出一个有用的网络筛选工具和面试协议，可以在全球实施。人力资源总监认为，文化差异意味着需要不同的技能和特点来执行不同国家的工程工作，因此每个地区都需要提出自己的系统。

研究人员收集的一些证据总结如下。在这种情况下你会如何回应？

- 基本证据文化价值观

1999 年，Ryan 和同事在 20 个国家中调查了 959 个组织的人力资源从业者/高级管理人员。规避不确定性的高文化价值观的国家（感觉受到未知的威胁），如比利时、日本和西班牙，更多地使用测试，使用更多类型的测试，采用更标准化的访谈，对选择过程进行更大力度的审核。这被认为反映了偏好结构化方法，降低了未知个体的不确定性。

- 地方自治权

2003 年，对当地跨国公司经理的访谈表明，允许地方有酌处权很重要。一个摩托罗拉经理评论说："我想每个人都想要有当地的规范；他们不想与美国进行比较，他们想在本地进行比较选择。他们的申请人池真的由他们绘制。"这导致他们得出结论，全球的"最佳实践"人员配备系统应"将全球工具纳入地方系统"。

- 申请人的喜好正在趋同

2008 年，研究团队注意到，国际申请人对不同甄选方法（包括认知测试，个性、传记数据和情景判断测试）的公平性的看法。超过 1 000 名本科生的全球样本被要求评估他们对特定跨国公司用于入门级管理工作的甄选工具的看法。由于没有发现国家间存在差异，表明候选人已感知到公平的文化差异，他们不是跨国公司使用全球甄选系统的障碍。

Source：Ryan and Tippins，2009：5；Ryan.

3.5　实践讲解

甄选不只是测评技术的应用。考虑到组织和社会招聘背景，这是三个目前所能够接受的甄选方式：（1）选择"最适合"组织的（而不是一个规范、"最佳实践"的模式）；（2）甄选作为一个互动的决策过程，涉及多个利益相关者；（3）甄选作为一次博弈，讨论权利和利益的支配而不是评估方法的有效性和实用性。

3.5.1　选择"最适合"的人：组织的看法

在人力资源管理的研究中，通常有一个跨部门、组织、职业甚至国家的需求假设，这导致了"最佳实践"准则的存在，如那些心理测量的模型。然而，这些准则的制定几乎完全是在空白的基础上。有效的方法是始终具有较高的实用性，但是这种假设会造成低的甄选比例（相对于应聘者来说一个较低的雇佣人数），甄选错误可能成本非常高（因为它可能是一个顶级管理或熟练工的职位），并且表现最好的人总是可以被选中（也就是说，"最好的"实际上会接受工作邀请）。人员的实际情况并不能满足所有条件。

表3-2总结了一系列影响甄选实践的因素。Klehe（2004）区分甄选面临的经济和社会压力，在更广阔的背景下探讨影响企业甄选决策的各种因素，并采用复杂的（战略/心理测量）方法做出预测。

就经济压力来说，较高的初始成本和发展需要，以及雇主更关注短期财务影响，导致他们不太可能会采用复杂的方法。对短期资源的考虑（例如，更结构化的行为面试的成本，培训缺乏经验的评估者，减少多方法评价或程序所需的管理人员和时间）往往要高于对长期的潜在回报的关注。这也就是为什么以能力为基础的方法是更常见的。同样，组织备选的申请者越少，越是需要尽快填补空缺职位，那么组织就不太可能在其甄选程序上进行大量投资。这可能是许多中小企业、位于郊区或农村地区的组织，或者对关键技能有高需求或熟练工短缺的组织的基本态度。在一个小型的合格申请者池或职位必须得到快速填充的情况下，非正式的直接通信联系和面对面的接触可能是吸引更合适的申请者的更理性的选择。

在表3-2中社会压力分为两种类型：立法/制度的和利益相关者的压力。我们将利益相关者的作用放在下一章介绍。现在，以确定立法的方式对招聘实践进行直接影响是可行的。在越来越多的地方，雇主被要求注意心理学测量工具的采用原则。公共部门组织容易受到影响。在一次对加拿大400个甄选歧视案件的调查中，Terpstra 和 Kethley（2002）指出，政府部门比其他部门更有可能面临诉讼。这种责任和风险鼓励组织使用多种方法以及更多的标准化程序及检测，以确保甄选程序的多样性（Jewson and Mason，1986；Pearn，1993）。美国联邦法律进一步强调了雇主的责任，雇主必须证明所有甄选测量是与实际工作相关的，这就是心理测试在一些欧洲国家（英国、西班牙和葡萄牙）的使用要多于美国的原因（Salgado and Anderson，2002）。英国的雇主，与那些美国雇主相反，他们意识到测量作为一种预防方法保证其严谨性可以保护他们免受法律的挑战（Wolf and Jenkins，2006）。

另外，在欧洲、澳洲和亚洲有更严格的劳动力关系制度背景，并且更加依赖于从教育系统或内部劳动力市场进行招聘。Huo 等人（2002）推测，在澳大利亚更侧重于应聘者与企业文化价值观契合，主要是关系到员工和雇主之间传统的协商惯例。

在专栏3.5中，我们使用这个框架举例说明在三个不同的行业所面临的压力：酒店、建筑公司和志愿部门组织。在这些情况下，成本、时间和招聘危机可能比信度和效度更为突出（Johns，1993；Muchinsky，2004）。我们在下一节回顾这些例子。

3.5.2 甄选作为一个互动式的决策过程

社会压力也可能来源于招聘过程中的其他利益相关者。这包括实施过程的决策者（经理、人力资源专员）、为入职提供指南或影响评估的社会团体（如专业协会）以及应聘者自己。Searle（2003b）认为，随着越来越多地使用在线测试，测试研发者，他们的兴趣与组织和申请者截然不同，也已经成为一个日益强大的利益相关者，因为他们关注测试过程的结果。从这个角度看，聘用不仅仅是组织选择其合适的评估工具的过程，而是涉及信息交流和谈判的过程——一系列的"社会事件"（Herriot，1989）——在组织和更广阔的环境之间。这对两个领域都产生影响。

利益相关者如何感知

在表3-1中，我们介绍了用户的可接受性与甄选测试工具可靠性和有效性测量的均衡。因此，无论管理者或实践者将实际如何使用它，以及申请者如何进行理解，这种方法都被认为是可信的。以绩效为基础的方法是最受使用者欢迎的，因为应聘者可以直接看到与工作本身相关的评估。这意味着这些方法比不太透明的心理测量学测试更容易被采纳和恰当地使用。

专栏 3.5　实践中的 HRM

三个行业甄选的经济和社会压力

经济压力	甄选	社会压力
	示例1：酒店业	
劳动力市场（竞争、短缺）填补空缺的短期压力（临时工、高营业额）*市场细分*（受约束、高端型）*资源压力*（受密集型人力资源约束/培训遴选者）	短期方法针对当地临时劳动力市场的非正式方法/不可预测性长期方法战略一致（高质量本地化方法，将标准化与非正式网络相结合）强调留住员工、永久性职位、人与组织文化契合	*申请人的看法*（低工资、前景不好、不喜欢社交、工作艰苦、工作地点偏僻）
	示例2：建筑（手工和技术工人）	
工作流程（基于项目/本地化、分散、由于设计的灵活性/供应变化）项目所有权（网络分包商和专业人员，地方重点）*劳动力市场*（技能短缺、有限的培训、自发的基于能力的技能认证）资源（工作合同、时间、成本）变化（快速的技术变革、变化的市场、多技能）	更大的公司更加正规化（"技能身份证"，人力资源职能），当地的变化，即使在正式程序存在的地方（程序叫"raindance"），强调试用期（工作模拟）和现场经理在本地的社交网络（从事其他工作的时间），除技术能力之外，重视诚实、自觉性、适应性	*申请人的看法*（危险的工作，男性文化，不喜欢社交）*行业*行业培训委员会共同认证*客户*（提高质量的压力，降低成本）公司特殊要求（违反行业标准的工作）*现场经理*（地方自治）立法（健康与安全）
	示例3：志愿部门（一线护理和社会服务）	
资源（不安全的资金，"全部成本回收"问题），由于从公共服务工作转型而使工作范围有所增加，越来越需要工作人员开发新的业务流程*劳动力市场*（与私人/公共部门竞争，高技能人才/毕业生短缺）*高损耗/离职率*（不现实的期望）	寻求人员组织契合社会过程/吸引力战略（确保价值一致，给予申请人权力/选择，现实的工作/组织预览）需要重塑品牌以吸引更广泛的申请人（灵活工作、工作生活平衡、满意度，"利他主义收益"，未充分利用的毕业生）	*申请人的看法*（无竞争力的工资、不安全、高情感诉求、女性工作、需要基于价值的高承诺、无需太多技能）*公众的看法*（不专业、志愿性（无薪水）、不是一个职业、需要更大的透明度）

Source：Lockyer and Scholarios，2004，2007；Nickson et al.，2008.

　　招聘工具使用者在甄选方法的改进方面的参与也很重要。Millmore（2003）在关于什么是招聘和甄选战略的探索中，讨论多个利益相关者以平等的伙伴身份以及各层级的管理者和同事参与设计的过程（例如，明确人员的详细计划，小组面试）。这会促使具有更高的一致性和更可靠的评估。专栏3.4讨论的跨国公司的当地管理人员是实施有效的招聘过程的关键的利益相关者。

　　应聘者也应被视为平等的伙伴。Schuler（1993）认为申请者应享有有尊严的对待，应该得到有关对应聘者预期和他们的实际表现的信息，获取他们的认可并直接参与整个过程。Millmore建议，至少在甄选过程中提供各个阶段的信息资料和绩效反馈。应聘者也应该在隐私权上得到尊重。例如，申请表或面谈的问题，以及他们认为遭受不公平对待时上诉的权利。这篇文章介绍了关于公平对待的看法，或者有时称为程序公正（Cropanzano and Wright，2003）。建议使用混合的方法或者改善测试管理以提高公平性。专栏3.6概述了各个国家的求职者在甄选方式上获得的公平性。

专栏 3.6　　实践中的 HRM

甄选方法的感知公平

　　欧洲、北美洲和亚洲的求职者对他们最喜欢和最不喜欢的甄选方法进行排名趋于一致。根据自己的经历，这些排名显示从"最不喜欢"（1）到"最喜欢"（10）。

1. 面试
2. 简历筛选
3. 工作样本测试
4. 传记信息
5. 写作能力测试
6. 个人推荐
7. 个性测试
8. 诚实 / 诚信测试
9. 人际交往
10. 笔迹

Source：Anderson and Witvliet，2008.

　　甚至更进一步的是一些人会认为在一个岗位上工作的人应该影响工作的需求而不是被工作的需求限制住，从而使甄选成为一个真正的双向过程。例如，工作样本测试往往意味着有一个唯一正确的方法来完成工作；然而，申请者有自由去证明其他方式也可以完成工作而不是受限于理所当然的方法，这是心理测量方法所需要的（Searle，2003a：233）。

　　这里的重点是，应聘者对甄选方法的感知会有一系列的影响结果——正在申请的求职者能否保持他们对该工作的兴趣，他们是否决定继续进行招聘过程的下一阶段，他们是否接受这份工作或者这种方法是否会产生负面影响，如降低自我信心。专栏3.7说明了2007年大学毕业生在找工作过程中遇到过类似问题。这表明，那些不考虑应聘者看法的公司可能会冒着失去合适的申请者而给对手的风险。当然，自2009年（例如，"毕业生面临83比1的职位空缺竞争"，*The Independent*，28 June，2011）以来毕业生求职人数增加了一倍，雇主对申请者看法的兴趣可能变小。

专栏 3.7 实践中的 HRM

将应聘者当成客户

在当时的全球技能短缺和雇主招聘危机的推动下，Reed 咨询公司 2007 年的一项研究表明，雇主如何面对潜在的求职者。接受调查的 2 500 名大学毕业生中有 22% 拒绝了提供的工作机会，因为他们对一个组织的招聘过程不满意。66% 的求职者没有得到回应——使潜在的人才被忽视和贬值——这在接受大量申请的金融服务部门尤其如此。研究还发现：

√超过 1/3 的毕业生拒绝在招聘过程中感到失望的公司提供的产品和服务；

√90% 的不满意的候选人告诉家人和朋友他们的不良经历，这严重影响消费者和雇主品牌的形象；

√未能在 30 秒内回复招聘热线电话，导致 29% 的申请人放弃。

现在一个类似的调查会发现相同的结果吗？

求职者如何看待工作或组织

正如我们在前面所看到的，造成负面印象的原因可能包括：网站不提供相关信息；不公正的招聘人员；长期、结构复杂的招聘程序；或者任何传递雇主品牌的不良形象的信息（Van Hoye and Lievens，2005）。甄选的早期阶段可以用来建立应聘者对组织的认同，并且鼓励那些与组织价值观契合的人在申请过程中继续保持联系。举一个来自美国中西部城市警察部门的例子。面试阶段警察部门提供了一个真实的工作预览，导致一些人退出了申请过程（Ployhart et al.，2002）。与组织最相关的是潜在的申请者如何认识他们自己的目标并判断所提供的工作是否"适合"自己，包括薪酬问题、工作条件、组织的价值观和声望以及职业生涯的选择。

这一点很重要，主要基于以下几个原因。首先，如果一些应聘者群体从甄选过程中退出的频率相对高于其他群体，那么潜在的合格应聘者也有可能会提前退出。例如，某些毕业生不会继续申请志愿部门的空缺职位，正是因为对这些工作的认识（见专栏 3.5）。

其次，这种排斥可能会对少数群体成员产生不利影响，如妇女或黑人。这些申请者在美国警察甄选过程中退出比例较高就反映了上面的问题。这也损害多样性的人员配备目标，世界上许多地方的警察部队关注的问题是社区的代表是良好治安必不可少的。

最后，在一些就业情况下，应聘者比组织拥有更大的权利。志愿部门遭遇招聘困难，因为与它竞争专业人士和毕业生的有私人和公共部门（专栏 3.5）。在劳动力市场的另一端，酒店业往往被描绘为具有更高的薪资、"干净的"、更灵活、临时性、提供兼职工作，类似于呼叫中心这一行业。消除潜在申请者的负面看法，可能意味着非正式的甄选方法，如个人面试，在这种情况下是一个更好的方法。当然，这其中存在的不平等、偏见和多样性限制等非正式性仍有待确认。

甄选的另一个目的是建立组织和未来员工之间的关系。面试在管理者和申请者之间具有较高的"社会有效性"，因为它允许双向沟通以及通过更丰富的情景环境去建立一致性或人与组织的协调。Roe 和 van den Berg（2003）的调查显示，这是欧洲雇主更喜欢面试的原因。与此类似，英国电信将外部评审员更换为自己的管理者，是为了在最后的面试中与申请者进行直接交流（Guardian，19 January，2008）。

在甄选中关注社会化过程的最后一个结果是他们的"社会影响"（Anderson，2001）。通过相匹配的方式将促使员工更加满意他们的工作，更努力去实现组织的目标，并且不太可能离职。此外，专栏3.5是一个由组织部门提供的具体应用例子。因此，甄选的过程也是打破障碍、建立关系并提高应聘者对工作和组织承诺的过程。

3.5.3　以话语权为基础的甄选

一个更激进的观点是，甄选是一个过程，不能轻易地降低评估工具的质量以及理性决策。有许多不同的方式谈论（描述和理解）甄选。我们选择的这些讨论在我们关注的特定时间点会有所不同。例如，有些人可能会更加重视知识和话语权，关注和发展中立的评估技术并使它有信度和效度（一个心理测量的讨论），而其他人更关注的是相互尊重、以道德的方式对待申请者以及建立信任的关系（一个社会过程或决策互动的讨论）。这两个例子，事实上，在北美洲与欧洲经常被分别用来描述完全不同的主导原则，指导实际甄选实践（de Wolff，1993）。这些甄选原则作为社会价值观和行为规范的结果被某种特定文化接受，与文化关联或据此建立，如通过立法。其他的原则也可能会在组织内、组织间或职业内发展，是某些强大力量作用的结果。这或许可以解释为什么"蓝筹"跨国企业，为了被外部机构视为"良好实践者"（如促进机会均等立法或人力资源职业化）并突出自己的全球市场的领导者或"好雇主"形象，经常带头采用最复杂的、昂贵的和良好的心理测量学的甄选系统。这一观点还认为，甄选系统，如严格的心理测量，可以作为一种增强员工可控性的方法，如长远的特殊利益（Townley，1989）。

我们用两个例子来说明这个观点如何挑战心理测量模型（可参见Iles，1999）。第一个问题是工作的适宜性可以客观地转化为特定的个人知识、技能、能力和个性。

"优秀"消防员。作者的其中一个研究是关于想要成为消防人员的个体应具备的素质。他们应该能够忍受长期的单调和无聊，并且可能会遇到突发的情绪问题和令人痛苦的情况。在许多方面，这项工作现在在程序上很少出错（例如，城市建筑的虚拟现实模拟使消防员不必在他们不知道去哪儿的情况下进入烟雾缭绕的建筑）。事实上，他们必须毫无质疑地听从指令，这可以被认为是类似黩武文化。同时需要应聘者具备一般能力和战略思考能力。在甄选过程中，除了通过基本的体能测试和实践测试，招聘人员对应聘者以应聘表格中自我陈述的提问（例如，你为什么想成为一名消防员？）以及高级军官的面试来测评应聘者与组织的契合程度（服务的先验知识、致力于事业以及为社区服务）。这种复杂的需求如何简化为某些特定情境下的恰当行为？而评估者即使参加过培训也往往不管应聘者是否合适，就使用其他快捷办法，如以外观的判断来证明自己的决定。"艺术特质"的测评在消防员甄选中则建议结合认知的/机械的和人际的/情感的技能测试（Blairand Hornick，2005）。对比早先的认识，消防队员应是"勇敢的和最强的"（通过身体的能力），"聪明"（认知测试）或"合适"的人（个性测试），这种"全才"的观点可能仅存在于"最佳"消防员的最新解释。有些人可能会认为，这只是另一个社会"可接受的"的范畴，因为那些制定甄选规则和最后做决定的人受到特定历史和文化的影响。这样的结果也存在于一个类似的行业——警察工作，研究表明良好的绩效是建立在一个"与男性犯罪战斗"的要求（而没有针对女性的特定服务要求）基础上的，而导致女性应聘存在障碍（Dick and Nadin，2006）。

第二个例子引发的问题是形式与立法能否消除雇佣决定固有的主观性。

研究生申请评价中心。尽管有多个评估者和精心设计的运用，评价中心依然被描绘成具有"政治背景"，"很大程度上不可控，内容上存在各种问题"，以及隐藏在系统和科学性背后的评估者主观失真导致的"扭曲的阴谋"（Knights and Raffo，1990：37）。Brown和 Hesketh（2004）在研究评价中心试图衡量的"软"能力的分析表明，即使经过了多样性的培训，评审者仍然倾向于根据第一印象或者与公司现有管理人员的相似性进行甄选。在"洗涤会谈"中，一些观点处于主导地位（例如，一个特别消极的看法侧重一个申请者如何解释履历中的断点），并且简单地对申请者每个测试项目的表现进行标签式描述。候选人被记为"明星"、"极客"、"剃刀"和"安全的赌注"。牛津大学的申请者的价值是附着于外表、口音和适当的行为（2004：161），倾向于那些拥有社会资本并且与这些"客观规定"的行为指标相匹配的申请者。

3.6　人力资源管理方面的结论和启示

最近有一个疯狂的举措，即制定最有效的评估工具，用于预测各种不同的工作行为，连同"最佳实践"一起逐步转向全面的评估，包括以认知、非认知和行为为基础的特质。特别引人注目的是以绩效为基础的方法的转变，其对弱势群体有较小的不良影响，无论是大型民营跨国企业还是更负责任的政府部门，这似乎满足了作为战略发展方向的多样性趋势。

除此之外，对甄选方法不同的理解也获得了支持。这些非理智的、无计划的、非正式的、以社会和权利为基础的甄选的发展，导致了任何甄选流程的另一种解释。多样化的背景决定了替代性的预测和形式，具有更多的"最适合"的方法而不是一个规范。例如，所需的员工属性可能会改变一个组织的战略目标，企业面临的人员问题将塑造其甄选策略，是吸引"正确类型"的员工还是提高员工的留任率。由心理测量模型提供的"最佳实践"模式的甄选假设，申请人的数量超过了空缺职位，而最好的申请人将会永远接受组织提供的工作，这显然是不符合实际的。

甄选也可以判断组织与其他利益相关者之间的社会交换质量。组织对待申请者的方式，申请者的看法和态度，确保申请者找到工作和组织对申请者的吸引力，以及实现人与组织的匹配，在这些方面甄选扮演着重要的角色。更重要的是，甄选技术往往更倾向关注心理测量方法的客观性与公正性诉求。这些观点中的每一个——"最适合"，互动过程和话语权——展现出心理测量模型在甄选应用中的不足（Herriot，1993；Iles，1999）。

在人力资源管理中，甄选一直被看作是实现组织关键成果的一个核心功能；高绩效、低缺勤率和失误、强烈的幸福感和注重承诺的员工都与"甄选"有直接关系（Storey，2007）。人力资源教科书认为（Legge，2005），无论如何，战略性整合和实践很少相匹配，这似乎同样适用于采用"最佳实践"的甄选。基于"最适合"的观点，昂贵的测试和定制的评估可能只提供给高价值的核心员工，组织希望他们能够留任（Kwiatkowski，2003）。

从心理测量学的角度来看，人力资源专业人士（或那些负责甄选的人）应提供一个监测功能，以确保评估方法的设计适用于现在的立法和实践的发展，并适用于相关的绩效标准（具体的工作）。当人力资源管理职能和所提出的问题在组织内获取相应的关注和影响力时，甄选方法应该经常进行重新评估，更频繁地考评其效度。从社会互动的角度看则要求所有的利益相关者的意见都融于甄选设计及实施过程中。鼓励评估者将组织吸引过来的申请者群体当作潜在的强有力的决策者，提出他们自己对组织和工作的吸引力的看法。直线经理承担的人力资源管理职能也在不断扩展，他们在复杂的管理过程中会要求提供额外的支持（Whittaker & Marchington，2003）。尽管在许多组织，如中小企业，这是很少见的。然而，从话语权角度看，如果我们认识到坚持主体性、既得利益和政治中立的力量会阻碍创造理想的甄选系统，那么这些问题变得尤为关键。

案例研究3.1 Moneyflow电话服务中心

DORA SCHOLARIOS

金融服务部门的一个电话服务中心——Moneyflow，给每位候选人3个小时20分钟的时间来争取客户顾问这一职位。在此案例研究期间，该地域的人才市场十分活跃，这个电话服务中心为获得合格的员工需与其他15家公司竞争。Moneyflow对员工的需求很高，很多受聘人员经过两天的培训经常会选择离开。招聘顾问一般都为公司提前选好可以进行面试的人员。选择这家招聘机构是因为与其他合作过的机构相比，这个机构似乎懂得公司所需求的业务能力和技能，因而也能提供高素质的应聘者。

选择流程

1.初步登记应聘人员（有一些积极的电话服务中心工作人员能够办到，因为该地区电话服务中心的工作比较灵活）。

2.在当地和全国，包括大学，发布招聘广告。发布招聘兼职工作者的当地广告主要是为了鼓励员工再就业。

3.应聘人员需填写完整的工作经历、当前就业详情和一份财务规划问卷（为了消除信用隐患），公司为电话服务中心顾问一职设计并实施一项自我评估申请表格，主要依据为工作分析和关键事件处理方式。这其中包含五个以客户为导向的能力（客户聚焦、事实挖掘、与客户的关系构建、说服能力和口头交流能力），还有两项与关系绩效相关的能力（独立自主和工作投入能力）（参见Bywater and Green，2005）。这种模式相当于一次实实在在的工作预审，以便求职人员知道工作里包含着销售的成分，同时也可以当作一个自选的工具。

4.技能测试：测试视觉精准度、拼写、抗压能力、算术和文字数字技能。这些都由公司提供给机构。

5.基于CV/工作经历进行面试（20~30分钟），并在面试中进一步挖掘销售技能。

6.电话角色扮演。"你是一名旅行社的客户顾问"，从中发现应聘人员的询问和倾听技能以及销售或额外推销的技能。

7.招聘顾问将预选的应聘人员名单发给公司，便于其挑选人员与两名团队主管进行一个小时的面试。机构一般还会根据公司需求将所有应聘人员信息都发给公司，不会进行预选。

问　题

1.每个阶段都测试了怎样的潜在心理特征？

2.根据案例提供的信息，你觉得这个流程的总体心理测量如何？充分运用你所知道的电话中心对成功绩效的衡量标准，招聘机构和团队主管在贯彻评估时能发挥的作用，以及电话中心人才市场的宏观背景。

3.在这个挑选流程中，用户可接受性是一个重要的因素吗?

案例研究 3.2 Thejobshop 外包电话服务中心

DORA SCHOLARIOS

Thejobshop 是一个不断增长的、以城市为基础的、多元的外包电话服务中心，代理了 15 个外部客户。对于没有电话中心专门技能但具备相关优势并能在短期内建立电话中心的组织来说，外包业务十分有吸引力，并且外包电话中心的费用通常也比较低。外包中可以牵涉的工作人员数量从 3 人到 200 人不等，人数的范围与客户业务保持自主独立的程度相关。另一个极端是"合包"，尤其是在高价值的业务操作中，业务部门基本控制所提供的服务，业务人员有单独的电子邮箱和公司广告语。再一个极端是低价值业务，这样 Thejobshop 就会全权代替客户处理业务。

这些区别反映在如何管理选择中。Thejobshop 尽可能将客户排除在选择流程之外，因为公司知道它们想要怎样的客户，尽管有些公司如 Bluechip IT Company 一般都亲自将客户打造成符合它们公司文化的类型。Carco（豪华轿车销售业务）需要形象健康开朗以及"年轻、快乐和阳光"的人员，但它们大多数的顾客都比较年长，也想找年纪比较相近的人沟通。工作人员一般定期在场巡视。

业务经理称:

我们可能会给客户展示一下我们觉得合适的产品，然后让他们评论。我们想要的是"基本的核心能力"，但我们也努力为他们定制特定的面试情景和特定的顾客。这样就给了顾客机会，来告诉我们其所需求的服务能力。例如，我们让 DrinksNow 给我们提供一份他们所需求的服务能力清单，他们给我们一张 A4 纸，纸上写了 8 点。一个新的金融部门客户说，他们的目标客户群体的 95% 是女性，并且大多数超过 35 岁，他们希望客户服务机构能够照应到这一点。顾客、产品和各机构之间的契合自然而然就产生了。

机构一般都通过键盘操作（复制粘贴，数据录入）和基本的数字以及检索技能来预选人员，因为这样能快速查找人员，几天就能找到 60 人。如果它们有几周的时间，那么它们就会在媒体上发布广告，并管理整个流程。这种机制比较好，因为机构一般没什么偏见，只要能招收到人就可以了。它们一般比较青睐有过电话中心工作经验的人，因为这些人比较熟悉工作的筛选机制和性质，所以也不会感到震惊。

案例研究 3.3 Entcomm 通信娱乐公司

DORA SCHOLARIOS

Entcomm 坐落于格拉斯哥附近的一个前工业小镇上，为一家大型美国跨国公司提供通信和娱乐服务。这个电话中心主要处理以下事务:问询、记账、付款、新客户和维修。最近，该公司发布了一个广告，需要招聘 150 名客户顾问，公司发现要找到比较灵活的工作人员十分困难。它们在当地的继续教育学院和大学里也发布了广告，尤其瞄准那些 IT 行业为再就业的超过 50 岁并且参加过培训课程的女性。这也就解决了招聘年轻兼职人员（高薪）的问题，且在业务波动时能保证人员安排的灵活性。空缺的职位每周工作 12~20 小时（每班 4~6 小时），有时候凌晨 0:45 结束工作，打底工资为每小时 6 英镑。还有一个由朋友和家人推荐的招聘机制，职工每推荐一个合格的全职人员将获得300英镑。被推荐的人必须通过考核。第一次考核是电视屏幕面试，可以让公司初步了解应聘人员是否具有所需的电话礼仪，以及他们的换班要求是否与公司业务相吻合。接下来是键盘技能，之后是两项角色扮演练习。其中包括一个刁钻的客户（可能会大喊大叫），以及一个来自客户提出的技术问题。

这个阶段可以外包给机构，机构每为公司挑选出一位能够进入下阶段考核的CSA，就将获得350英镑。最后的面试是由团队主管和HR进行的能力面试，这个时候的关注点在于为什么应聘者觉得这份工作有吸引力，如娱乐部门，没有争揽贷款业务。面试还包括通过角色模拟处理高压情景。在职的员工谈论他们如何处理一些棘手情况，有一些处理得比另一些好。Jenny是一位二十出头的经纪人，说："我处理过大喊大叫的客户……有一天我遇到一个十分盛气凌人的顾客，真的快让我崩溃了……就像是骆驼背上最后一根稻草……有一天我真的从椅子上跳起来，扔出去了一本小册子。" Cathy五十几岁了，处理起来游刃有余，"我一般让客户自己去大喊大叫，让他们把自己的情绪都发泄完，然后再说现在我要帮你……这只是我个人的经验。"

问　题

1.探讨一下Thejobshop和Entcomm中影响选择的经济和社会压力（使用专栏3.5和表3-2提供的框架）。

2.解释一下每个电话中心员工、应聘人员和其他利益相关者之间在选择环节的"权力平衡"。这些电话中心的选择流程是否遵照了心理测量的流程？并解释原因。

3.针对三个电话中心（Moneyflow；Thejobshop and Entcomm）对能够胜任工作的人员的定义，从文章的视角想说明什么问题？这又如何影响了选择的流程和结果？

案例研究3.4　"你要么是Abercrombie型，要么不是"

Abercrombie & Fitch是美国一家服装零售公司，在加拿大、日本、新加坡和整个欧洲都有自己的店铺，并正在急速扩张，目标到2016年在全世界都有自己的分店。该公司在2012年德勤《全球零售力量》中排名241位，在2010年的《财富》1 000强中——根据收入选出的1 000个规模最大的美国企业——排名651位。

形象是该公司推销其四个品牌的重中之重，这四个品牌是Abercrombie & Fitch、Abercrombie Kids、Hollister和Gilly Hicks，前两个品牌的目标群体是美国东海岸一带的青少年和年轻人，Hollister主要销售以冲浪为主题的便装，Gilly Hicks专门销售以澳大利亚为主题的女士内衣。投资人手册认为，Abercrombie & Fitch旗舰店这个品牌"深深植根于东岸传统"，有着"个性和轻奢的精髓"。这些品牌对于公司的价值，通过最近公司与MTV真人秀The Jersey Shore的一刀两断而得以彰显，因为该真人秀给演员钱让他们不要穿公司的服装。公司称，他们粗野的行为"与公司品牌的进取精神背道而驰"（BBC新闻，2011年8月17日）。

正如公司招聘广告中一名职员所说的那样，他们希望公司职员能够成为品牌的大使。招聘广告一般都招聘"酷的"和"长得好看"的应聘者（人力资源新闻，2010）。一位公司发言人说他们的广告"在于吸引有乐趣的、有风格的人加入我们"，并没有任何歧视性的意图。

这种方式与公司想要推销的品牌形象一致，销售助理（也叫"模特"）的工作描述是："模特通过个人风格维护并传达公司形象，为客户提供服务并维护示范标准"（www.abercrombie. co.uk/anf/careers/model.html）。销售助理和经理反映了"品牌的随性、积极和进取的态度"。一名经理表示，"你要么是Abercrombie型，要么不是"。他们的"长相政策"是由10 000名前工作应聘者和职员在针对歧视的2005年集体诉讼中暴露出来的，规定了所有的员工都必须"以自然且经典的美式风代表Abercrombie & Fitch，与公司品牌保持一致"。工作人员必须呈现"干净、自然和经典的发型"，指甲"长度不能超过指尖的0.25英寸"。

吸引和选择未来的领导者、"模特"和"兼职影响力"

在时尚零售世界里，不缺乏年轻的、有意愿的工作人员，他们都被Abercrombie & Fitch的品牌所深深吸引。很多有潜力的应聘者，从兼职学生那儿获取了极大的灵感，也化身成为"品牌提倡者"。事实上，这也是公司在应聘者身上寻找的特质。像Facebook和Twitter这样的社交媒体也用来建立了一个自荐应聘的资源源泉。一经录用，商店经理就会跟员工强调他们被选用是因为他们的长相——"人们看到了我们，并且希望成为我们"，他们也有机会成为广告牌模特。神秘的购物者会参考随行员工的相貌，并参考他的意见。这种"形象管理"，给未来应聘者对作为Abercrombie & Fitch一员的期待产生了很强烈的影响，至少会让他们想要成为其中的一员。以下片段是从网上论坛截取的（"学生空间"和"玻璃门"），主要是对工作的讨论，职员透露潜在的应聘者对公司的认知，以及这是如何通过现任和以往员工形成的惯例。

我已经申请了Abercrombie & Fitch伦敦分店的模特一职，我该打扮得干净和清新一点吗？能蓄沙滩卷发吗？

他们邀请每一个人都参加这个访谈，如果你参与了，那么他们会根据你的穿着打扮以及之前的经历对你进行分析。不要涂抹带颜色的指甲油或者过于明显的妆容，只要表现出你来自海滩，他们就会选择你。

我穿着Hollister的复古衬衫、Abercrombie的牛仔裤以及Adidas的Ultrastar第二代的运动鞋。我有一点点觉得震惊的是，8个人当中有4个人竟然穿着黑色的衣服（要知道Abercrombie根本不出售黑色衣服）。

我参加了Hollister和Abercrombie & Fitch的面试，但是至今我没有得到任何回复。我认为两个面试都进行得很顺利。你们认为他们会雇用黑人吗？我是一名模特，皮肤黝黑（巧克力色），身材适中，面容姣好。我想将我的照片贴出来，但是请让我知道你们的意见。

这家公司注重客户服务，根据顾客在门店的不同地方（试衣间、前屋、收银台）制定了不同的品牌口号。他们招聘新员工主要看重长相和性格。我没有看到哪个员工脸上长有粉刺或者体重超标。

Abercrombie & Fitch公司为其零售管理项目招聘毕业生，同其他跨国公司的毕业生计划如出一辙。这些大公司都强调员工的零售经验、行为展示能力，还有一系列的小组讨论以及一对一面试。经理人培训项目的第一步是让他们成为"门店执行者"（副经理和门店经理）和公司的未来。

我们希望雇用长相姣好、聪明伶俐、天资聪颖的员工，能够在Abercrombie & Fitch做出一番事业。我们有从内部提拔员工的传统。公司所有的区域或大区经理、董事，甚至管理门店的高级副总裁都参与过经理人培训项目。随着公司在国内和国际上的发展，为员工提供的就业机遇会越来越好。（www.abercrombie.co.uk/ anf/careers）

"工作目标"——一个毕业生找工作的在线论坛，该论坛以招聘方视角为求职者们提供一些面试技巧，同时指出在面试时谈及零售经验的重要性以及求职者已超出设定目标的细节，还有领导和组织其他人的经验。对于这些职位，独立专家们给出的建议是对风格予以关注："因为参加培训的所有经理们都要在门店工作，天天面对着公司的产品。因此对门店服装的风格有些自己的见解，有助于他们在未来的工作中释放一些灵感。"门店招聘小组会选择某些学校举行招聘会，同时在线招聘视频会展现出年轻、美丽以及有趣的公司文化。在线职业论坛面试常常在一个美食广场或者大的购物中心里进行，会有一两名门店或者区域经理参加。

对于销售助理这个职务，应聘者会被带到门店里，对不符合招聘要求的人进行第一轮的筛选。门店经理会走近顾客，鼓励顾客选出他们喜爱的员工。同时在经理们进行面试时，公司会为其准备一个相册，作为参考。在群面时，会有如下问题出现："你最喜欢Abercrombie & Fitch什么？你认为Abercrombie & Fitch的风格是什么？当你的搭档没有完成工作任务，把所有的事情都扔给你自己去做的话，你会如何处理？你对多样性的定义是什么，你认为多样性在工作中重要吗？"

Abercrombie & Fitch的模特不同于其他零售工作，其主要任务就是跟顾客打招呼，其工作范围不包括叠衣服、补货以及收银。这些工作是兼职人员的任务。两个不同工作的具体分工在表3-3详细列出。老员工们会讲一些关于这两种不同任务的有趣的故事。举个例子，Luke对BBC新闻杂志一篇名为"Abercrombie & Fitch"的风格是什么的文章进行了回应。（2009年6月26日）

当我还是大学生的时候，我在Hollister的商品储藏室工作，主要是对门店进行维护（整理库存）。我被多次告诫不可以和模特说话，同时模特们也被告知不可以帮助我们维护仓库的整洁。经理对模特的偏袒以及他们之间的调情令人作呕。每年我们都会来一批刚参加完培训的新模特，每次优越感都会很快开始奏效，因为美女和丑姑永远不会聚在一起。

有什么区别吗？

直接将公司和人力资源战略相结合在很多工作中都是常见的，这样做可以强化员工的品牌形象。最有名的当属美国的一家连锁餐饮店Hooters，以其穿着暴露的女服务员为噱头。公司对员工的要求都体现在纸质合同中，每一个入职的员工都要签署。

因此我可以肯定的是Hooters的理念就是女性的性吸引力，因此Hoosters的工作环境充斥着对女性性吸引力的一些玩笑和讽刺。同样我也可以很肯定的一点是，我不想自己的工作职责、衣着要求以及工作环境中充满了危险、敌意和不友好的东西（Guardian，2008年4月11日）。

Hooster的官方发言人称，'同意签署合同就意味着我们将（对女服务员）进行培训，让她们了解公司的理念。公司称所有的应聘者熟知工作要求，而且招聘政策只是根据市场对于女服务员的需求对员工质量稍作要求。

Abercrombie & Fitch公司使用相同的理由解释公司"基于长相政策"进行招聘的合理性。然而，迫于法律压力，公司还是对招聘方案进行了修改。美国的集体诉讼指控Abercrombie & Fitch公司歧视少数民族和女性。

在 Gonzalez et al. 与 Abercrombie & Fitch2005 年 4 月 14 日的诉讼案件中，拉丁裔美国人、非裔美国人、亚裔美国人以及女性求职者和 Abercrombie & Fitch 的前员工们（原告们）称由于她们的种族问题，她们只能负责一些门店的仓库工作或者被公司解雇。诉讼调解将在 Abercrombie & Fitch、Hollister 以及 Abercrombie & Fitch 童装部的招聘、雇佣、工作任务分配、训练和升职中生效。在任何情况下，该调解要求：

- 公司在对相关人员的雇用和升职时要遵循准则；
- 禁止在目标种族（以白人为主）、女子俱乐部以及一些指定的大学进行招聘；
- 在出版物中刊登广告，针对两性中的少数群体；
- 为所有的员工提供平等的就职机会和多样化的培训；
- 对于经理的绩效评估和分红要基于对不同目标的完成程度；
- 能反映多样性的营销材料。

它们还被要求任命一名多文化副总裁。公司招聘的网页现在具有多民族元素的特点（详情请见 http：//www.abercrombie.co.uk/anf/careers/model.html）。同时它们在官网上声称"多样性和包容性是我们公司的成功所在。我们的公司文化具有多样性，这得益于我们的每一位员工"。我们要求每一位员工都要具有多样性的意识（见表3-3）。该网站上称公司的成功源于"多样性与包容性的沟通"。它还列举了下列事例：2010 年 4 月 30 日，我们为这些数据而感到自豪：

- 我们的门店有 50.22% 的员工是有色人种；
- 我们的门店有 48.44% 的模特是有色人种；
- 我们的门店有 41.04% 的经理是有色人种。

（www.abercrombie.co.uk/anf/careers/diversity.html）

表 3-3　　　　　　　　　Abercrombie & Fitch 销售助理的职责

模特	兼职
员工必备技能	员工必备技能
老练、激情、时尚感、多样性意识、正直、真才实学、性格外向、沟通技能	乐观态度、多样性意识、正直、真才实学、对于品牌的热爱、职业道德、沟通技能
工作中需要发展的技能	工作中需要发展的技能
对于品牌的热爱、多任务的适应性和灵活性、关注细节、产品知识和以顾客为本	多任务的适应性、灵活性、关注细节、个人衣着遵守公司规定、仓库系统、扫描系统以及检查货物

Source：http：//www.abercrombie.cn.uk/anf/careers.

然而问题并没有得到解决。在 2009 年，伦敦一家门店的销售助理起诉 Abercrombie & Fitch歧视残疾人。原因是由于她的假肢不符合公司的"长相政策"而被分配在储藏室里（Pidd，2009）；一位美国的穆斯林青年称因为她的头巾不符合公司销售人员的外貌规定，而她没有得到这个职位（Nasaw，2009）。

经理在招聘符合要求的员工时，很难确定招聘目标的多样性是如何控制的。因此，经理们常常根据长相做出决定，这在所有的招聘方式中都多有采用，包括面试以及让员工以非正式的方式接触顾客（Hurley Hanson and Giannantonio，2006）。

2006 年在对 Salon.com 公司 CEO Mike Jeffries 的采访中，他对公司战略做出了如下声明：坦率地说，我们追求的是帅气的孩子们。我们追求的是那些拥有自我态度和很多朋友的有吸引力的孩子。很多人不符合我们的服饰要求，他们也无法符合。我们很排外吗？的确。那些公司的错误就在于定位是所有人：年轻人、老年人、胖子、瘦子。这样你就会变得很普通。你没有冷落任何人，但是你也没有吸引任何人。

他们的人力资源战略以及特有的甄选实践会映射出品牌的排他性，这毫不意外。

问 题

1.本章所列出的选择的各个方面——心理测量、最优满足、交互决策过程和谈话——是如何在经理人和销售助理（模特和兼职影响角色）培训这两个招聘过程中表现出来的？

2.根据本章节开篇提出的心理素质的四项标准，对案例中提出的选择流程进行评价。如果达不到任何一项标准，在你看来是合理的吗？为表 3-3 中的销售助理设计一个选择流程，要使用心理学测试原则（从工作分析开始）。

3.在本案例中找出"选择好比一个交互式决策的过程"的例子，越多越好。当它们有别于其他小组的时候，这些选择流程需要删除吗？或者能否有一个案例可以保留全部或者部分的选择流程？

4."以话语权为基础的甄选"这一观点是如何在此案例中表现出来的？它能够解释为何对于公司雇佣方法的合法调整仍然没有解决这个问题吗？

第4章

培训与发展

Irena Grugulis

引 言

培训、发展和技能是经济生活中的重要内容。在公司和国民经济层面，培训通过提高技术水平、生产效率和"附加值"为提高竞争力带来了希望。对于工会和专业协会，培训扩充了人员的专业知识，促成了关于薪酬和地位的谈判。而对于个人来说，因为生活机遇仍在很大程度上受一个人所做的工作和他的工资水平的影响，教育和培训则可以增加知识和机会，使其获得更高回报的工作并且减少失业的可能。难怪在这方面存在共识，各国政府通过管制或劝导鼓励培训，而雇主们也在各类调查中强调了培训的重要性。然而，尽管提供了这种支持，英国的职业教育培训却不像期望的那样高水平、高质量和均匀分配。虽然卓越的实践是存在的，却很少传递到缺少这种支持的地区。这一章将首先探讨为什么公司和个人应当投资职业教育和培训（VET），然后将评估市场经济和计划经济下明显不同的培训方法。本章介绍了英国目前的做法，特别是日益重视软技能和个人素质所产生的影响，最后在结论中对培训和发展的弊端、技能与绩效之间的关联做出了解释。本章全篇坚持一个观点，即和其他人力资源实践一样，培训不应被孤立。其有效或无效都取决于更广泛的经济和组织环境。

专栏 4.1 实践中的 HRM

培训召集人对我说："我们必须关注这个多技能的事情，因为这对他们来说太有趣了。"

Source：Managing Director，GKN Hardy Spicer；Cited in Hendry，1993：92.

4.1 培训与发展案例

培训与发展的好处并非徒有虚名。在组织内部，它有助于帮助员工具备履行相关工作的能力，监督工作质量，并对复杂的产品和服务进行管理。在 Arthur（1999）对美国小型钢厂的研究中，描述了不同钢材类别或形状的转换制作方法，这些过程都需要熔炼车间里的员工对过程进行密切监控。钢材制备转换过程的具体特性很难进行预测，发生停机故障造成的成本也会非常高昂，因此产品的质量与产量高度依赖于操作与维护人员的技能。

通过让员工为未来的工作做好准备，并避免公司发生技术能力短缺，培训与发展确保了公司的生产力并为其提供支持服务。如果人员短缺的岗位可以采用内部招聘，公司就能够减少对外部劳力市场的依赖，并避免无法招聘到合适人选的窘境（或者是按公司愿意提供的薪水，无法招到合适的人选），因此这种做法广受欢迎。按照 Vivian et al.（2011：

7)的讲述，即使在经济萧条时期，英国仍有3%的雇主招聘技术人员来弥补相应的职位空缺，另有13%的雇主声称其公司内部存在技术缺口（并非所有的员工都能够胜任他们所做的工作）。由这些技术缺口导致的问题包括：客服问题、新产品开发延迟，以及被竞争对手挖墙脚等。

公司内部的培训与发展是人力资源管理的一个关键要素，的确如此。Keep（1989）认为培训与发展是公司其他管理活动的试金石。当公司完善了质量基础工作，然后对包括员工参与、团队协作或基于绩效的薪酬体系等做出郑重承诺时，员工开发就成了绩效管理的一个关键要素。如此以来，个人以及团队的产出能力就能得到提高，让他们在提倡贡献的组织中更有价值地存在（Keep and Mayhew，1996）。Arthur（1999）将小型钢厂中"承诺"导向的人力资源实践，与质量和批量生产的战略关注点联系起来，并与一些缺乏员工发展"控制"机制的组织做对比。在这些组织中，生产过程往往是重复性工作，人力资源的工作重点是降低劳动成本。

除了以上实质性因素外，培训与发展也是一项重要且积极的象征性工作。公司做的每一件事情，都是在向其员工传递某种信息，这也是人力资源管理的一个关键正面效应。公司为提高员工技能而花钱，都是声称为了对其工人进行投资。

专栏 4.2　　实践中的 HRM

众所周知，麦当劳孜孜不倦地将其产品的各个方面标准化，以消除人力投入的需求。操作和培训手册（工作人员称为"圣经"）对工作的各个方面做了详细的规定。其600页的内容包括用全彩照片说明如何在每种汉堡上正确放置番茄酱、芥末和腌菜；设定了点餐台服务的六个步骤，甚至规定了为一包炸薯条撒盐时的手臂动作。厨房和柜台技术加强了这些说明，灯和蜂鸣器告诉员工什么时候翻转汉堡或取出油炸薯条，番茄酱机按要求以"花"形呈现的同时，准确测量其使用量，收银台的新技术免去了服务人员手写订单的麻烦并可以提示他们应该提供的其他用品。

有关这方面的更多信息，请参见 Leidner，1993；Ritzer，1998。

4.2　自愿法与管制法：国际惯例

尽管对培训与发展的重要性存在广泛共识，但关于如何才能最好地促成好的做法，目前仍然没有统一的意见。自愿法（基于市场）与管制法（教育）是国家层面上的两种做法。美国和英国广泛采用自愿法，这种体系的做法认为在没有立法规范的情况下，组织的运营会更加有效率。如果培训是一种合适的方式，来自市场的压力（保持竞争力、生产高质量产品，以及有效运营）会促使公司进行培训投资，也可以避免成本高昂、反应迟缓的政府官僚做派，从而使投资定向投放于市场需求的领域。

相比之下，在受管制的体系中，比如欧洲大陆大部分地区，职业教育与培训由政府提供支持。相关的规定可以有多种不同的形式，比如法国要求雇主为培训提供支持，或者向政府支付有关税费。而德国则实行很严格的学徒制，为进入劳动力市场的年轻人提供培训，而且某些特殊职位还要有"实践许可证"。这种方法有一个前提假设，即职业教育与培训是一种公共产品，打造技艺精湛的劳动力大军符合全体国民的长远利益。然而，个体公司只能靠自己生存下来，它们会优先考虑公司的盈利能力，因此可能不会在员工技能发展方面做过多投资，或是仅仅支持短期低水平的培训。毕竟培训与发展仅是留住技术工人的方法之一，而公司还可以选择从其他地方雇用受训的工人，或是转而将生产去技术化。通过提供合适的基础设施（或者税收体系，抑或是立法实践），国家确保了整体的劳动力技能得以健康发展。

自愿法与管制法都可以取得成功。位于加利福尼亚州的硅谷采用了基于市场的做法进行技能培训，为此类方法提供了极好的应用案例。硅谷以拥有一大批顶尖高技术计算机公司而闻名全球。周边的大学可以提供所需的熟练劳工、研究共享和公司创立模拟等支持，这些大学包括加州大学在伯克利、旧金山、圣地亚哥以及洛杉矶的分校，还有像斯坦福大学、南加州大学和加州理工学院这样的私立大学。斯坦福大学拥有像威廉·休利特和戴维·帕卡德[①]这样的毕业生，该大学甚至建立了首个大学科学公园，为初创公司提供支持服务。这样的基础条件，再加上当地良好的交通、国际机场、顶尖的电信系统，以及风险投资、对公司破产的宽松规范和有限处罚等，都在鼓励小公司创业行为。这些小公司通常受到的关注比较多，它们通过与其他组织建立相互依赖的合作关系，并加入雇主圈子，做一些开创性的工作，比如提高所在城市大学的技术培训水平，这些活动都是双赢的，促进了它们的快速发展。同时，个人也可以通过专业协会、继续教育和校友会等寻求合作机会。公司内部很少有正式的培训，但是通过参与尖端技术挑战类的项目工作，员工的技能与特长得以发展。即使其他领域关心的劳动力流动性问题，也同样支持这样的知识扩散行为，这使得个人的专业人脉网络得以强化。

这样的非结构化"生态体系"，非常成功地帮助了工作在尖端专业领域的专家们。然而从整体来看，美国的培训与发展体系对大多数人而言却算不上是成功的，而这也恰恰是管制法的优势所在。备受关注的德国学徒制度，是实现职业资格教育公认的最佳做法之一。整个学徒制持续 4 年，学员们在教室里学习各种技术技能，然后参加一系列的问题解决活动来提高这方面的能力，并按照难度等级进行打分。其间对学徒们进行持续关注，确保他们接触到各种类型的工作情形。集中培训中心还为他们提供职场体验，并提供相应的学习环境；给予小公司老板提供高水平培训的能力。由于制造业资质要求对成本、设计、计划、管理与生产等方面都比较熟悉，技术培训之外还会提供工作控制与设计方面的知识培训。此外还要求学徒们参加继续教育，从而保证他们的职业学习能力得以持续（Lane，1989；Rubery and Grimshaw，2003）。

不仅仅是联邦德国与民主德国的统一对这一体系产生了悲观的影响，经济问题的出现以及服务行业的崛起（Culpepper，1999；Kirsch et al.，2000），也使得该体系正处在衰落之中。学徒数量在 20 世纪 90 年代中期达到巅峰，不过至今该体系整体上仍然十分强大且受到普遍欢迎。2002 年，一项新的 IT 职业教育吸引了 48 859 名学徒参与其中，他们当中的一半持有高中会考文凭（学生们 18 岁时参加的毕业考试）。许多参加学徒制教育的学员能力相比以前都有了大幅提升，理论水平也得到提高（Bosch，2010），这也是许多学徒制教育吸引人们的原因。

[①] 他们是惠普公司的创始人——编辑注。

通过企业主协会、工会组织和地区性政府机构之间的紧密合作，德国的这一体系能够让所有参与方受益。确实，Bosch 与 Charest（2010）认为，新的学徒制项目仅在少数几个国家（地区）取得成功，比如德国、奥地利、丹麦、瑞士以及挪威等，这些国家的工会组织都很强大，并且有公司间以社团模式合作的传统。而中国台湾则不同，其经济由中小型企业主导，在20世纪70年代，这些中小型企业成功地抵制了管理部门对职业教育培训进行征税的企图。尽管如此，台湾还是成功地引入了大量职业技能发展项目，通过这样的教育体系提高了技术与职业教育的总量，以及科学家与工程师的数量。当时的教育需求主要是成本较低的学术教育需求，但是官方对学术课程进行了限制，要求超过一半的在校生接受技术培训，而大学层面则为科学家和工程师提供更多的课程，建设了新的理工学院。台湾当局还对学生数量、教科书和课程进行控制，这使得台湾大多数行业，不管是在初期出口低成本工业产品阶段，还是后期转向高附加值产品阶段都取得了成功，同时还没有出现明显的技术短缺现象（Green et al.，1999）。

每个体系都有其优势和局限性。在几乎不存在资质能力的尖端项目领域，硅谷"基于高技术市场的生态体系"有助于开发新的专业技能。而管制体系中技术工人普遍存在，比如2/3的德国工人有中级及以上职称。相反在非管制系统中，即使不培训会对相关职业产生损害，相关培训仍可能会被忽略。美国的施工培训去管制化之后培训水平明显下降，类似情形也发生在有形资本与生产能力投资上（Bosch，2003）。如果不是自高校毕业，年轻人很难有机会找到一份体面的工作，并获得一份中产阶级的收入（Bailey and Berg，2010）。然而即使受管制也不能确保有关规定的有效执行。尽管德国的学徒制得到高度认可，但经济下行压力使得学徒数量呈下降趋势。而且在前民主德国地区，大量的年轻人并没有被涵盖在该体系内。

也许这些案例最显著的一个特点就是它们都自成体系，这里提到的成功已经超越了高质量培训的简单定义。在美国的案例当中，正式培训的确是一种最不受待见的技能发展要素。硅谷的高技能生态体系有一个前提，那就是新成员在刚来到公司时，都已经受过非常好的教育（其中许多是IT专家）。德国有许多雇主协会、工会和职业学院，它们之间进行着各类相互协作。

以上这一点对各种类型方法的成功至关重要，而且对确认并移植"最佳实践"的尝试有启发意义。最佳实践往往只关注成功体系的狭义要素。韩国试图复制德国学徒制体系的努力就是一个很好的例子（Jeong，1995）。当时这一尝试得到了政府的支持，有经验的德国顾问也参与了进来，但政府却几乎没有提供任何财政支持。雇用学徒的公司也没有提供任何培训，就把学徒们当作低收入和低技能的工人使用。很少有大学老师能够弥补这样的缺憾。相比技能，资历仍是晋升时重要的考虑要素。结果这种尝试以失败告终，自那以后工作流动性大幅度增加。另外，还有一些地方的终生教育实践正在被取消。市场仍在创造工作机会，但近年来这样的机会大部分都是低工资的服务性行业，许多工人的资历超过了其工作需要。相关职业培训，尤其能为失业或需要重新找工作的人提供的培训，并没有很好地与职业相结合（Yoon and Lee，2010）。看来前车之鉴并未成为后事之师。

正如 Bosch 与 Charest（2010：1）所说的，职业教育培训在不同国家意味着不同的东西：

由于职业教育培训的质量不同，不同国家提供给雇主的培训证书的意义可能不同。在有些国家里，这些证书可能表明一个人具有在某个职业领域独立自主完成复杂工作的能力。而在另外一些国家，这些证书持有者可能只是达到了技能体系的初步要求，并且仅勉强获得了某项特定工作的技能。

换言之，职业培训非常重要，但是不应该孤立地看待它，而应该将其视为更广义的工作与技能体系的一部分。只有将培训的内容与工作相结合，培训才真正有意义。

4.3 职场培训与发展

尽管有太多支持培训与发展的原因，但无论是自愿法还是管制法都无法适用于所有类型的雇主。尽管可能存在完美的规定文件，但培训资源的分配却相当不平均，也并非所有的培训都有启发意义。现实情况是尽管政府不断提高补贴水平，英国国内的培训却呈下降趋势（Vivian et al.，2011），高技能与专业工人的培训现状更是如此（Mason and Bishop，2010）。劳动力调查结果显示，9.4%的英国工人接受过在职培训或脱产培训（ONS，2011b），但是职业或行业不同，培训经历尤其是培训持续时间和培训内容可能千差万别。公共部门的雇员、年轻工人、职场新人以及专业职位或职员接受培训的机会，远远高于蓝领职位的老工人们（Cully et al.，1999）。虽然只有20.6%的公共部门工人、17.1%的经理与专业人员，以及13%的服务行业工人曾经接受过培训，但却只有9%的产业工人和8.7%的男性有过培训经历（ONS，2011b）。

我们抛开这些数据，想想培训的目的是什么，这样做才有意义。我们知道培训与发展的一个主要好处，就是它可以提高基础技能，用专业技能武装工人，从而改变他们的工作方式。

专栏4.3 实践中的HRM

培训与发展的扩展性、限制性方法

公司内部也有系统化的培训和发展计划。Fuller和Unwin（2004）描述的一个淋浴设备制造商就采用了扩展性发展方式。它有一个长期的学徒计划，许多曾经的学徒已经晋升到高级管理层。学徒在不同的部门之间轮换工作，获得了更全面的业务知识并且提高了技能。他们有的也在大学参加在职教育，由此奠定的知识基础使他们具有了进入高等教育的资格，或者通过公司的学徒协会参加了当地慈善机构为改善团队合作而专门设计的社区课程。与此相反的是在限制性环境下，一家小型钢材抛光公司只有当管理人员无法招聘到合格的员工时才不情愿地采用学徒培训制。不到一年的时间，在工作中学习的两个学徒已经获得了他们工作所需的一切技能。没有轮岗制，而且正式培训只局限于十个半天的关于钢铁行业知识的课程（学徒参加的所有工作外的培训）和一张国家职业合格证书（NVQ）。

Source：Fullerand Unwin，2004.

劳动力开展方式

扩展性环境	限制性环境
参与多个社区内外的工作场所实践	有限地参与多个社区实践
基本的社区实践是分享"下级职员参与决策的往事":劳动力发展的文化传承	基本的社区实践很少或者没有"下级职员参与决策的往事":没有或少有学徒期
广泛:有权通过跨公司体验来学习	狭窄:通过有限的任务/知识/场所来学习
获得需要有一定知识的资格	很少或根本没有获得资格
规划休假时间,包括以知识为基础的课程和反思	实际上几乎都在工作:有限的反思机会
逐步过渡到全面,全面参与	快速——尽可能快地过渡
工作场所学习愿景:职业发展	工作场所学习愿景:不变的工作
员工作为学习者得到组织认可和支持	员工作为学习者缺少组织认可和支持
劳动力的发展已获得公开的支持,发展个人和组织能力的目标	劳动力发展根据组织需要来定制个人能力
劳动力发展促进跨界拓展形象的机会	劳动力发展限制拓展形象的机会:少有跨界的体验
具体的职场课程的高度发展(如通过文件、符号、语言、工具)和可利用的学徒制	有限的职场课程,零星地进行实践中的具体方面
广泛的技能	技能两极分化
有价值的技术技能	技术技能被视为理所当然
发展和重视整个劳动力队伍的知识和技能	发展和重视关键劳动力队伍的知识和技能
有价值的团队工作	僵化的专家角色
鼓励跨界沟通	有限的沟通
经理作为劳动力和个人发展的推动者	经理作为劳动力和个人发展的控制者
学习新技能/岗位的机会	学习新技能/岗位的障碍
创新很重要	创新不重要
多维度专业知识观	单向的自上而下的专业知识观

Source:Taken from Fuller and Unwin(2004:130).

因此培训的内容也非常重要,而职场培训可以包括很多内容。大的会计公司招来的见习会计人员往往是高校毕业生,他们花三年时间学习各种正式的课程,接受今后的工作和个人学习指导,最终成为有名望的专业资深人士。与之相反,对呼叫中心的人员进行培训则具体得多。在Callaghan与Thompson(2002)的研究中,一名呼叫中心服务人员在接客户电话时声调出现轻微降低的现象,然后他被送去参加一个培训课程,教他如何保持声调平稳并充满热情。这两种活动都可以算作培训,而且都可以提高组织的工作有效性,但培训对参与人员自身的好处却大不相同。

专栏 4.4　实践中的 HRM

组织可以学习吗?

从理论上讲,培训还可以使组织适应商业环境的变化,但它们的成功取决于它们的学习能力,特别是从错误中学习的能力。也许不出意料,很少有公司擅长这一点(Keep and Rainbird,2000)。Baumard和Starbuck(2006)对组织失败的分析表明,管理者们不但不承认错误,而且会隐瞒重大失败,除非确定被发现,然后将失败归咎于异常情况或外部因素。小故障当然是不可避免的,因为它们与组织的其他部分不匹配或因为这些举措还只是"实验"。　具有政治必要性的行为，可以确保管理成功，但也肯定会抑制组织学习。

需要强调的一点是，主要由雇主提供的这两种类型培训——安全与入职培训通常都是有益的（尽管大多数的培训并不是这方面的内容，Shury et al.，2010）。这一要素可以解释为什么临时工可能比固定工参与更多的培训项目。在国家最低工资实施后，Heyes 与 Gray（2003）对中小型企业进行了调查，结果发现培训花费的时间增加了。但这其中的原因是雇主招聘了更多年轻而廉价的工人，而不是采用技能较高的雇员。很显然，工作场所的健康与安全非常重要，新招进来的人员需要接受足够的培训。不过入职培训不大可能影响公司的劳动生产率、产品质量或员工的个人职业生涯发展等。

培训与发展也扮演着某种社会功能，帮助工人们建立友谊，让他们在从事远离人群的工作后身心得到调节。Kinnie 等（2000）调查了两个呼叫中心，采用员工团队、游戏和绩点奖励的方式来激励员工们。这里的机构还提供为期三周的入职培训和技术培训，但是他们现在正在进行的培训，是被一位主管称为"欢乐与监视"的系列活动。Adam Smith（1776/1993）曾经赞同公立教育，而这正是为低收入工作人群提供此类教育的现代化翻版而已。这类人群通常仅从事简单、缺乏人情味和重复性的工作，这样的教育有助于建立体面而有秩序的社会结构（1993：436）。

4.4　个人特质与一般技能

Kinnie 及其同事关注的培训类型，重点在于通过游戏开发"软技能"或一般技能，这一做法目前被广泛采用。在英国，软技能的确是被雇主们提到次数最多的一种技能，它包括管理技能、客户处理能力、解决问题能力、团队工作能力以及客户需求导向的沟通能力（Shury et al.，2010：138）。这种向软技能的转变，部分反映了人们试图减少重复性工作，提高员工对组织的承诺，或培养一种独特的企业文化，但同时也是因为目前正越来越多地从态度方面对劳工技能进行界定。教育与就业技能专管部门将各种能力涵盖在内，包括沟通能力、解决问题能力、团队工作能力、提高个人学习及绩效的能力、激励能力、判断能力、领导能力以及主动性等。商业情报中心（CBI，1989）早些时候曾建议，将价值观、诚实和交际能力也囊括其中。Whiteways Research（1995）扩大了这一范围，加入了自我认知能力、自我提升能力、政治问题聚焦能力以及应对不确定性的能力。这些都不是孤立的案例，有些机构生成的列表甚至非常长。比如 Hirsch 和 Bevan（1988）做了一项有关管理技能的研究，他们竟然列出了 1 745 项不同的能力品质。

从某种程度上来讲这绝非杜撰，雇主们总是要求他们的员工具备工作需要的各种品质特质，而工作需要员工将软技能与技术技能结合起来。然而，仅仅知道某些东西还远远不够，员工要想变得更加有效率，就必须能够将这些知识应用在工作实践中，这个过程需要得到他人的帮助，向部门经理索要相应的资源，以及将新工艺导入现有工艺并考虑对目前做法的影响。即使需要员工具有的某项技能非常简单，任务也不需要太多的协作，但还是很有可能要求工人们彼此协作以适应岗位的需要（Steiger，1993）。而且随着服务行业的兴起，相关岗位对个人不同品质的要求，比制造行业岗位的要求还要高。在服务性行业中，由于任何产品在销售后，顾客会对产品进行体验，然后反馈他们体验到的服务水平，因此服务提供的过程同时也是采购过程的一部分（Korczynski，2001，2002）。这样导致的结果就是，员工们观察和感知顾客的方式，以及他们留给对方的印象和情绪都非常重要（Hochschild，1983；Leidner，1993）。然而，用语言技能来传授这些信息会产生许多问题。与正式认可的技术能力不同，目前尚不清楚软技能是否具有可转让性，或者是否令有这种技能的人在劳工市场更有竞争力。酒店里告诉某位顾客烤豆在什么位置所需要的沟通能力，与描述板球规则或解释复杂统计学问题所需要的能力大相径庭。任何一个这样的情形都是对判断力、领导力或解决问题能力的一种锻炼，要想收到好的效果，就同时需要有技术知识以及对当场情况的了解，而这恰恰也是人们容易忽略的因素。有迹象表明，试图培训员工软技能的公司，往往忽视对员工进行相关技术方面的培训，这一状况令人担忧（Grugulis and Vincent，2009）。

专栏 4.5　实践中的 HRM

在（美国国家资助的培训项目）第一个星期，大约有十几名女子和两名男子坐在戴恩县人才中心的会议桌周围。导师凯利拿着教学卡片。一张卡片上说，你永远不会有任何东西。

"有人在生活中听过这个话吗？"她问。

没有反应。

"好！因为这不是真的！"

她拿起另一张卡片：你可以做任何你想做的事情。

"这个怎么样，我们是不是经常听到？"

没有人说什么。

这是两周……会议的第三天。主题：沟通。从凯利的角度来看，事情进展得不太好。她说："大家不太爱发言。"

几位参与者显然正在努力。凯利拿起一张卡说，我为你感到骄傲。

"当有人向我们说这句话的时候，我们有什么感觉？"她问。

"好？"一位参与者回答。

"是啊！"凯利说。她拿出纸，要求大家写下两个对自己生活有积极影响的人的名字。

她说："这是相信你的人。"

她在一张活动挂图上用魔法笔标记写下"belives"，然后将它划掉并写下"beleives"。

"别跟她说，"我前面的那个女人低声说道。

"什么？"凯利问道，"别告诉我什么？"

有人说："你还是拼错了'believes'。"

凯利盯着活动挂图。

另外一位学员解释说，"I 应该在 E 之前，除了放在 C 的后面"。

"没关系，"我前面的女人说，"这个很难。"

短暂休息后，凯利列出了更多良好沟通的规则。"这是英语语言中两个最难说出口的，"她说，并在挂图上写下"谢谢"和"我很抱歉"……

我在课后面试了一些学员。"我不想批评这个课程或做其他事——也许某些程度上正在提高他们的自信心"，一个学员说……"但是……他们给了我最后通牒：你是去参加这个培训班，还是拿着你的支票走人。"

Source：Conniff（1994：18-21）；quoted in Lafer（2004：121）.

同时各种软技能都具有互通性和相关性，而非孤立地存在。Lafer（2004）做过一项美国雇主要求的技能研究，引用了 Moss 和 Tilly（1996）的案例，位于洛杉矶市同一区的两个仓库同时雇用了现在以及过去的黑帮成员，其中一家仓库的经理们抱怨员工很容易流失，懒惰而且不诚实。而另外一家给这些人每小时多付几美元，经理们很少有抱怨，员工流失率也只有非常低的 2%。Lafer（2004：117）认为：

像自律、忠诚以及守时之类的特质，并不是一个人拥有或缺乏的技能，而是一个人基于自己的工作，为履行其承诺所采取的措施。

将激励看作是一种个人技能，前提是人们不受其工作状况或待遇的影响。曾经被视作管理层或人事职责的因素，被赋予了不同的个性意义，以至于招聘最合适的技能型人员时，必须直面控制系统、岗位设计、公司标准或成为一名"好雇主"等问题。

在职场中，谁拥有这些技能产生的结果是不一样的。对知识工人的软技能要求比对中低技能人员的软技能要求高很多，同时这些软技能带给他们的回报也很高（Dickerson and Green，2002）。Grugulis 与 Vincent（2009）做了调查，对比研究高技能 IT 专业人士和有中级技能的住房补贴办案员。尽管从表面上看，两种工作场合都对软技能有要求，但是 IT 专业人士可以确保他们在公司的地位，并因为其软技能而从雇主那里得到相应的收入，这是因为他们的软技能属于高水平的技术技能。而住房补贴办案员进行的软技能培训属于非技术技能培训，通常都是由女性来担任这样的职务，尽管她们对此不满并表示抗议，但职业生涯的发展空间还是非常有限。具有讽刺意味的是，年轻 IT 专业人士拥有的创业性特质，能够使他们免于学习本地系统的相关细节，这也正是他们的雇主看重他们的原因以及想要他们做的，因此他们可以专注于获得软件方面的技能。也正因为如此，他们可以跳槽到别的公司，获得更高的薪水。

另外，软技能的实际运用情况也不够明确，虽然雇主看重软技能，但是通常根据性别和种族的固有印象，来判断相关人员是否具有某项软技能。例如，人们普遍认为女性更适合呼叫中心以及前台接待之类的工作，普遍认为亚洲女性没有事业心。男人的婚姻状况可以反映其是否可靠等（Collinson et al.，1990；Hebson and Grugulis，2005；Oliver and Turton，1982）。Ainley（1994：80）认为：那些有选择倾向的职位所要求的真实个人软技能，属于白人，属于男性，属于传统的中产阶级。在对软技能有要求的情形下，人们在潜意识里总有着固化的结论。如果把焦点放在软技能上，就会使得偏见被合理化，让处于劣势的人更加没有优势。

这似乎是一个难解之题，从某种层面上讲，大多数工作都对技术技能和软技能有清晰的要求。由于目前缺乏对女性技能的认可，这些修饰性的支持能够凸显她们的重要性，从而使其在职场上更具优势。另一方面，正如 Bolton（2004）所说的那样，不管这些技能复杂与否，无论雇主要求他们拥有多少软技能，如果他们没有较高的技术技能，就无法从雇主那里得到较高的回报，而这似乎超越了正常的供需法则而成为例外。软技能的优势似乎依赖于管理高层的特别关注、赏识以及奖赏（Grugulis and Vincent，2009），但是这种依赖又是极不可靠的。孤立地看，这些软技能很难让工人们在劳动力市场拥有技术技能以外的优势（Keep，2001；Payne，1999，2000）。

从某种程度上来讲，这是一个系统性难题。与低水平工作相关的软技能，比如沟通、忠诚和守时等，很难让工人具有某些优势，因为他们从事的都是低水平的工作。而像与技术技能相关的团队工作、解决问题以及对生产负责等软技能，可以让员工在 Thompson 等人（1995）的跨国汽车生产对比研究中得到进步的机会。类似地，在位于加利福尼亚州弗里蒙特的新联合汽车制造公司工厂中，员工们软技能与技术技能并重，可以有非常大的灵活性来提出工作场所中遇到的各种问题（Rothenberg，2003）。在将这些品质与挑战性的工作结合在一起时，员工会更加精于技能，并变得更有优势。不过这还是无法改变人们固有的倾向，即将此类优点与性别、种族、阶层、年龄或婚姻状况挂钩。

4.5 培训与发展的弊端

培训与发展的总体界限没有被划分清楚。一些课程，资质认证和在职培训对于开发劳工的技能非常有效，然后此类技能就可以融入到工作设计与控制的方式中。而发展则是范围较窄的资质认证及一些娱乐性课程。从某种程度上来讲，很难对这类活动进行解释。如果普遍认为培训与发展会产生积极的作用，那么为什么愿意提供培训的公司这么少？而且这些公司为什么要将培训设计成短期课程、安全与健康培训以及入职培训？同样，为什么员工自己不能够自发性地弥补个人能力与工作需要之间的差距？所以说，公司不提供培训活动顶多只能算不合理罢了。

不过有一种解释（第一个原因），培训与发展不是平白无故产生的，相反，它是公司各类活动的一部分，为公司其他活动提供支持。Keep 与 Mayhew（1999）认为，培训是排在公司竞争力决策、产品规格和工作设计之后的次生活动。对于选择基于产品质量进行竞争的公司来说，拥有高技能工人对其成功至关重要。Shury 等人（2010）也指出，选择以质量竞争求发展的公司会提供更多、更好的付费培训。对于那些仍在进行成本竞争的公司来说，进行培训是一种过于奢侈的选择，而英国经济的很大一部分仍在进行成本竞争（Bach and Sisson，2000）。第二个原因与第一个有关联，那就是工作都被设计成需要进行紧密控制，从而剥夺了员工的自由度。一位雇主在接受 Dench 等人（1999）的采访时说，他们理想的工人就是有两只胳膊和两条腿的人就可以了。如果这就是工作对人的要求，那么就很难看到培训对工作有什么帮助了。工作设计不是一成不变的，不太可能在同等的岗位、同等的市场条件以及同样的战略下培养工人熟练工作。Boxall 和 Purcell（2011）提供了一个生动的案例，有两家生产罐装液化气的公司是竞争对手。British Oxygen 决定将配送司机作为关键员工来进行培养，以应对市场竞争。因此司机们接受了有关客户关系、驾驶室信息系统和产品知识等方面的培训，从而确保客户满意，并鼓励他们随时随地进行交易。相反，竞争对手 Air Products 公司也面临同样的压力，它们决定将运输和配送外包给独立的承包商，除了标准的安全与健康指南外，它们不要求司机了解有关罐装液化气的其他知识。当大量的雇主将工作设计成不需要技能的工种，支付低廉的工资，职权较低的员工购买质次价低的产品时，就满足了 Finegold 与 Soskice（1988）对"低技能均衡"的所有要素。

同样，培训对创造就业机会方面会产生积极的作用。2011 年 6 月，英国 82.5% 的岗位由服务业提供（ONS，2011a）。服务性工作涉及许多高技能型及知识型工作者，比如医生、教师和 IT 专业人员，但同时服务工作也提供了更多岗位给一般工人、安保人员和服务人员，这些岗位的数量以更快的速度在增加。行业中大部分的人是工资较低的临时工，这些人中几乎没有人属于高技能型工人，或者有机会在他们的工作当中锻炼技能，而事情本不该如此（Bozkurt and Grugulis，2011）。McGauran（2000，2001）对法国和爱尔兰零售岗位做了研究，结果发现法国的雇主希望他们的员工能够成为产品销售方面的专家，因为法国的顾客在购物时，经常向他们询问有关产品的建议。然而，尚不清楚这类商店工作的技能转化是否影响员工在其他地方的行为。超高灵活性带来的压力被 Gadrey（2000：26）称为"与基于零工作能力的人事策略等效"，零售工作岗位由工资较低的临时工占据主导地位，他们没有资质，没有培训，也没有事业可言，他们需要的灵活性就是能够立刻换班。在德国，长期建立起来的培训与资格认证传统正在受到威胁，谁让招工的成本如此高昂呢？雇主们都在竭力规避培训员工，转而依靠大量的低工资工人，配上少量的高技能员工作为"定海神针"（Kirsch et al.，2000）。

从个人层面来讲，不参加职业教育也有非常好的理由支持。人力资本理论既不开门见山直截了当，也不像一些评论家认为的那样其义自现。有一些资格认证的确能带来高回报，但那些低水平的职业资格认证带来的回报则少之又少（见 Grugulis 的案例，2003）。另外，各种技能的高低并不相同，工作者的地位和劳动市场竞争力状况，影响着他们的技能被察觉的方式（Rubery and Wilkinson，1994）。在具体实践中，这意味着即使从技术角度和客观角度来看，女性的工作都比男性的复杂，但女性仍会被广泛低估（Phillips and Taylor，1986）。仅仅机械地评估工人提供技能的作用，既忽略了他们的社会建设功能，同时也忽略了实践工作中与技能相结合的信任和激情等要素（Brown，2001）。人力资本理论还将获得与开发技能的职责赋予不同的个体，同时高技能工人是否创造了他们自己的需求目前也不十分清楚。英国的技能调查一致表明，超过 1/3 的工人认为他们的技能没有被充分使用（Felstead et al.，2007）。

4.6　技能与绩效

鉴于以上情况，一些人力资本理论的提出者更愿意相信，职业教育的回报是不会马上自动兑现的，这一点很重要，更多的细节值得进一步推敲。正如本章开始所说的那样，技能发展的作用，含蓄地体现在个人、组织以及国家绩效和生产力的提高方面。按照 Leitch Review（2006）的说法，拥有技能应该让所有各方都取得成功。当然，许多例子都表明这是可以实现的，专家和熟练工人比职场新手的绩效表现好。在美国，大学毕业生比只有高中文凭的同龄人收入多。那些有更好的教育和职业教育培训体系的国家，其竞争力往往比较突出（Green，2006；Nolan and Slater，2003）。然而，这些结果并不确定，也不存在必然性。技能与回报之间的联系有三方面值得考虑：将车间绩效与组织绩效相联系，分析的不同角度以及服务行业的绩效（具体分析详见 Grugulis and Stoyanova，2011）。

绩效分析

在技能与工作设计的变化对生产力的影响方面，有许多非常出色的研究。国家经济与社会研究所（NIESR）近年来致力于同一行业的对比性案例研究，并研究在生产组织形式和工人技能各异的情况下，如何进行控制的相关技术（见 Prais，1995 年关于这方面的总体介绍），相关的结论清晰且正面积极：高技能工人对生产过程的贡献更大，技术也可以进行更好的整合，从而让所需的监管更少，但最终的产品质量却更高，目前一切进展良好。

专栏 4.6　实践中的 HRM

饼干和技巧：英国和德国的饼干制作

这是从 10 个英国和 8 个德国公司的饼干制造研究中得出的。

这两个国家生产的饼干类型差别很大，主要是由民族口味和需求造成的。在英国，需求集中在相对简单的饼干：原味或有一层巧克力、奶油或果酱。在德国，对装饰和多纹理产品的需求则高得多（巧克力盒中果酱夹心的软饼干或分层的杂色饼干）。正因为如此，影响了两家企业生产的饼干类型，可比的产量数据也不易测算。根据粗略的产量数据，英国每人工小时的生产率比德国高 25%，主要是因为英国公司生产的是大批量简单、低质量的饼干。但是，如果根据可比的质量做调整，英国优势就消失了，德国公司每人工小时的生产率要高出 40%。

在德国，90% 的制作工人是经过训练的面包师，可以操作所有的制作环节（混合、饼干成型和烤箱控制）。这种多技能意味着三人团队可以同时负责至少两个烤箱线。在德国公司，员工专注于为产品增值的领域。维护人员都是高素质的，除定期维护的工作之外，他们还与主管合作定制设备，提高生产效率。在英国，制作工人和主管没有职业资格。结果，由于工人技能单一，只能操作一个环节，每条生产线都需要一个三人团队来混合和烘烤。公司很少对机器进行常规维护，由于轮班制导致设备很少会停下来，故障频繁，而且包装等领域需要配备很多人员来解决设备故障引起的问题。流水线上的培训面狭窄，只局限于对车间工作人员预测问题（如机器故障）并采取适当措施的能力培训。

Source：Mason et al.，1996.

然而正如 Cutler（1992）指出的那样，绩效建立在车间层面上，而非公司层面。这两层之间还有其他因素能够影响公司绩效，比如货币波动、会计惯例、销售团队绩效和国家经济等。车间技能非常重要，但在组织绩效层面，车间技能不是唯一也不是最重要的要素。

不过在尝试协调个人、公司和国家正面回报方面也遇到了一些困难，部分原因是这些回报之间相互冲突。个人工资提高的部分直接来自于公司的利润，公司实施裁员战略可以提高公司整体绩效（抬升股价），而国家通过提高就业人数可以提升国家层面的绩效（Keep et al.，2002）。通过对就业合同的频繁密切观察，三者之间的利益交集只有很少一部分。的确有一些活动能够使所有方都受益，但大多数情形都是零和游戏，一方绩效的提高往往导致另一方的损失。最后最让人迷惑的还是服务性行业，在这里关于绩效和生产力的现有假设都被改变了。例如，四星级酒店可以雇用更多的非熟练工人来照顾顾客的需求，帮忙拿行李或推荐当地的饭店，从而提高酒店的服务质量，但由于经济学家喜欢采用接待顾客的雇员人数来衡量公司的生产率，因此这可能损害他们的整体绩效。对员工服务客户的技能进行投资，并不见得一定像教科书中所说的那样能吸引回头客，因为客户在做购买选择时会考虑许多综合因素，而不单单是优秀的服务水平。Keep 及其同事（2002）指出，曾经获得客户服务奖的瑞士航空公司破产了，而埃及航空公司仍在快速成长。

因此，员工技能的提高会积极提升整体层次的绩效，但这绝不意味着对所有相关方的绩效都能产生正面的影响。

4.7　对培训与发展的重新思考

本章在介绍正式课程和资质认证的基础上，有意进一步讨论培训和发展的相关争议话题。对人力资源管理的学生们来说，有一个被称为"资源型人力发展"的更广泛的议题，而我们讨论的仅仅是其中一个方面。知识型劳动力不是优秀培训的单独产物，它是由包括培训、工作设计、身份地位、控制系统和自由度等因素综合作用的结果。正如 Cockburn（1983）和 Littler（1982）认为的那样，技能让一个人在职场和社会环境下对自己进行重新定位。在实践中这意味着个人需要足够的自由度，并在工作当中接受挑战，锻炼其技能，然后才能有效地取得发展。

有鉴于此，有理由对英国的情况感到乐观。1986—2006 年间，几乎所有与工作技能相关的指标都在上升，雇主需要更多、更高级资质的人员，工作的培训时间也在增加，员工做好其本职工作所需要的经验总值也在上升（Felstead et al.，2007）。然而尽管这一情况令人鼓舞，但由于起点较低，很多工作仍然不需要太多的技能，61%的岗位需要的培训时间不超过 3 个月，另有 20%的岗位培训需要不超过 1 个月（相较于 26%的岗位要求培训时间超过两年，Felstead et al.，2002）。高端的岗位还没有完全取代低薪且没有前途的工作（Warhurst and Thompson，1998）。

这份关于技能的调研还透露了两个令人担忧的问题。一个问题发生在 20 世纪 90 年代，当时有许多人获得了资格认证，但与此同时，市场需求却没有跟上来。最新的结果显示，拥有四级资质的工人总数超过了要求拥有四级资质的岗位总数，四级资质大体相当于大学学位水平，这样的岗位总数只有 770 万个，而拥有该资质的却达到 880 万人。与此同时，却有 740 万个岗位根本不需要任何资质，但只有 240 万名有经济行为能力的人没有资质（Felstead et al.，2007：24）。

Rainbird 与 Munro（2003）通过研究，明确发现技能的这种低效利用。通过对大量低收入工人的研究，他们发现，严格的阶层限制、范围很窄的职位描述以及成本限制等成为就业的障碍。虽然他们有着良好的教育背景和技能，也愿意取得进步，但却无法克服这些障碍。尽管好的管理者可以做出完全不同的改变，但这些问题并没有改善的迹象。确实如我们看到的，比如将公共服务行业外包的结构性改革，通常减少了员工发挥作用的领域，但同时将他们工作当中有趣和需要技能的部分拿走了。

另一个需要关注的问题是员工的工作灵活度正在快速降低，这在专业工作上的表现尤其明显。在 1986 年，72%的专业人士声称他们在选择工作方式上有很大的灵活性。到了 2001 年，这一数字降低到 38%（Felstead et al.，2002：71；and Evetts，2002；Grugulis et al.，2003），而自由裁定的灵活性是在工作实践当中锻炼技能的一个前提。

4.8　探讨与结论

人们经常探讨培训作为人力资源管理试金石的作用（Keep，1989）。为了利用组织雇用的这些人才，系统设计的关键要素是确保开发与工作职能相关的技能，而这往往通过团队工作、员工参与以及其他人力资源实践得以实现。反之亦然，人力资源实践也能够对培训效果进行测试。如果员工从事的工作被严格控制，不给员工任何信任和自由度的话，进行培训和发展就没有什么意义了。属于员工个人的技能同时也是工作的一部分，有着较高技能的员工如果没有相应的控制权力、自由度或无权改变事情，最终他们会充满挫败感。许多关于人力资源管理的优秀分析，对培训的远大目标和现实情况不匹配都提出了质疑，因此有必要对培训和发展做仔细审查。良好的培训与发展能够改变人的一生，帮助人们获得更有趣、更高收入以及更有挑战性的工作，降低女性和少数族群在劳动力市场上遇到的歧视，以及为从事低技术含量、拿着很低工资的人们提供一个摆脱贫困的有效通道。虽然有一些培训能够达到这样的目的，但并不是所有的都可以。培训和发展并不见得一定都能起到正面作用，因为并非所有的培训都具有启发性，也并非所有的发展都可以应用在工作中。在我们赞成培训前，有必要仔细审查一下，看看培训体系都有什么内容，对个人有什么影响，以及与工作进行整合的方式。否则的话，有可能对培训投入了大量精力和资源，却只是强化了员工的缺点，让人们继续从事最低工资的工作（Lafer，2004），或者仅仅是在低技能的工作岗位之间做水平选择，没有上升的空间（Grimshaw et al.，2002）。

案例研究 4.1　　培养足智多谋的员工

IRENA GRUGULIS

本章主要谈及员工的职业培训和发展应与产品策略、工作设计相结合，具有系统性；公司对工作的管理方式以及员工可使用的自由裁量权的程度。下面罗列出每一项工作。

a. 如何对员工进行岗前培训；

b. 对于工作而言，员工们会有何种持续的发展（如果有的话）？（请记住，同正式培训一样，极具挑战性的工作也会为员工提供职业发展机遇）

c. 员工可以在多大范围内行使自由裁量权？

d. 你还希望有哪些人力资源政策？（工资标准、员工参与度、职业阶梯等）

e. 如果下列工作所招收的员工接受过很多职业发展培训或者高等教育，对此项工作而言会有何种影响？

中学老师

接线员

麻醉师

会计

花匠

售货员

连锁餐厅的初级经理

银行出纳员

工厂工人

清洁工

案例研究 4.2　　工作中的软技能

IRENA GRUGULIS AND STEVEN VINCENT

软技能和个人素质的重要性与日俱增。在工作中，老板期待员工展现这些方面，并以此决策录用、评估和升职。但是，也有人认为对软技能进行评定可能只是一种个人或集体对性别、种族和阶层来划分员工的偏见。此案例描述了不同企业中的两组员工,他们都有不同的软技能。请阅读下列文字并回答相关问题。

TCS公司负责房屋补贴工作的社工

TCS是一个外包公司,它与伦敦管理委员会关于住房补贴的操作事宜签订了合同,这项工作要求具备中级技术水平。住房补贴社工应具备灵活性,能够表明立场,坚持客户至上,忍耐管理者对于公共部门朝九晚五工作制度的谴责。同时新员工还要接受积极态度的检查。

初步技术培训大幅度减少,取而代之的是对员工进行守时、个人表达以及工作态度等方面的培训。同时设有前台处理客户的投诉问题。接待工作多为毫无技术含量的,这导致员工从接待工作转向索赔处理这种技术型的工作时会非常困难。因此20名前台接待中有15名是女性,对此尽管存在一定的争议,但是在管理者看来女性来负责这项工作更为合适一些。

FutureTech公司的IT顾问

FutureTech公司为Govco(一个较大的政府部门)提供技术外包和IT服务。FutureTech的员工都是高技术人才,新员工也都是研究生。IT顾问要以顾客为中心,具备灵活性和工作主动性,从而确保两家公司之间的关系和谐;研究生则需要积极主动地学习从而促进自身的发展。同时公司为了提高员工的专业技能会提供额外的训练,尽管员工们的实际工作大部分都是单调而乏味的。长时间的工作或者周末加班都已是家常便饭。一些美籍管理者努力地向英国员工们推广激励技能,鼓励他们起立并为自己鼓掌,让员工们对工作更富有激情。

研究生们技术娴熟,但是大部分人都不愿意学习Govco公司的内部制度的细则,因为这些细则只适用于内部发展而毫无市场价值。相反,他们更善于创造自我发展机遇,积极参与含有新软件的项目。公司的整体营业额从2%增长到9%,对于研究生而言这个增长"异常高"。

问 题

1.两家公司都要求员工具备哪些软技能?软技能和技术技能之间存在何种平衡性?

2.软技能对员工、员工的工作以及雇主而言有什么影响?谁是软技能的受益者?

3.对员工技术技能的了解将如何帮助我们了解软技能?

4.思考一下你所熟悉的其他工作。它需要何种软技能和技术技能?这些技能会有利于员工或者雇主吗?

5.强调软技能会对员工产生何种影响?关于这个案例的详细信息请参看Grugulis和Vincent(2009)。

案例研究4.3 工作、自由裁量权、技能

IRENA GRUGULIS, STEVEN VINCENT AND GAIL HEBSON

本案例探讨了两种"组织网络"——由住房津贴社工组成的外包工作小组和专业化学公司的生产人员,并对每一种组织网络对员工技能所产生的影响进行分析。

TCS(一切为顾客服务)是一家拥有3 000多名员工,以企业业务外包为主的公司,其每年营业额为2亿多美元。该公司是这个新兴市场中的较大参与者之一,并且拥有着自

己的经营扩张理念。TCS亏本接手管理英国镇上的一家住房补贴部门，以此拓展外包经营业务。这个住房补贴部门一直运营不佳，被大众认为是伦敦最差的镇子之一。索赔处理这部分业务被外包，以此提高服务质量。

Multichem是一家欧洲跨国公司，主要从事化工产品的研发和生产，旗下拥有多个总部设立于英国的生产化工产品的工厂，Scotchem是其中之一，主要负责染料制造。Scotchem作为Multichem公司在染料制造业中最为核心的优秀生产商，从事染料制造已超过75年。公司已加入工会的员工人数为650名，大概生产24 000吨染料。该公司染料生产的一个特点是为了某些特殊的订单，它们会与顾客和供应商合作，有利于提高染料的加工和生产效率。

这两种组织网络在构成和灵活性的获取方式上略有不同。TCS公司的索赔处理这一业务在七年前就已被外包，而且最初管委会和TCS（除了高层之间的合同谈判）之间的沟通也是采取管委会成员监督TCS社工处理索赔这一方式进行的。然而，原始合同对TCS公司的业绩水平做出了相应的规定，但是TCS公司并没有达到要求。因此，管委会制定了一系列新目标，并且每周都与TCS的高层举行例会，就公司业绩情况进行探讨。

Scotchem公司的组织网络更具灵活性，至少在其与客户和供应商的关系方面如此。由于具备批量生产能力，能够大规模地采购和完成订单，因此公司大部分的客户和供应商都是长期的合作关系，有20年或30年之久。由于正式合同大都为短期合作，需要进行季度性的谈判以确定价格和大概的消耗数量，从而保证工作的顺利进行。但是，这些达成的协议往往是长期合作关系的一部分。长此以往，不同公司的员工之间会结成联盟或者建立友谊，同时为官方所达成的合作协议增添一些非正式沟通和隐性知识。

合同、控制以及自由裁量权的减少

从理论上讲，业务外包只是在完成任务的负责人方面有所改变，而对任务本身而言毫无影响。同样理论上认为，这种改变会促进办事效率。企业将业务外包有利于增强企业运营的灵活性，雇用急需性人才或者安全获取企业内部欠缺的专业技术。然而这些理论只关注企业经验或期望，并假定这种管理方式不会影响其执行。然而在实际中，业务外包会在管理结构上有所变化，这种变化可能会从根本上改变工作流程。这种调整应在预计范围内。一般来说，管理员工主要有两种方式：一是"地位"，赋予员工极大的信任去做一些不符合要求的或者"超出职能"的活动（这样他们才能获得相应的权力）；二是"合同"，对任务要有详细的说明和严谨的管理，并且按照老板的要求完成任务（Streeck，1987）。由于受公司结构、个人以及环境的影响，大部分的雇佣关系都是以上两种方式的流动混合。根据相关文献，官僚体制控制下的自由应该加强个体的自治权；然而在现实中，TCS公司的情况恰恰相反。工程承包意味着对任务的限定和监管将更加严格，员工可以行使的自由裁量权减少。

以前住房补贴员工要负责监督索赔的整个过程以确保文件的完整性和真实性，对于一些细小的错误根据其专业的判断可以忽略不计。因为索赔形式过于复杂而且很多证明都是重复的，因此这些错误是合乎情理的。在TCS，一旦某项工作被外包，其工作流程就需要重新制定，就导致社工只要专注于索赔流程的某一部分或者在新成立的呼叫中心长时间地工作（不是对部分做出改变，因为这是地方政府的案例）。住房补贴是一个复杂的领域，相关的管理条例常常受时局变化的影响。因此这种适应剥夺了社工"所有权"的感受，使索赔工作了无生趣，同时也意味着技术的衰退。因为员工再也感觉不到他们狭小管理范围之外的改变了，他们行使决定的权力也同时丧失了。现在只要求社工们将表格转交给地方政府之前，保证书面材料的完整性，而不是按实际情况对材料进行批准。

在管委会时，我有自己的工作任务——很多待处理的案例，每个案例我都从头到尾地读一遍，并按不同的领域对其分类。如果案例在福利期有任何的变化，我会尽全力去解决问题。我了解这些案例，你说出名字或者地址，我就可以告诉你这个案例的详情。我们没有在 TCS 公司时的那些要求。我们现在所拥有的权力，少之又少。当我们来上班的时候，他们会给我们这些表格，然后告诉我们这是今天的工作任务，然而你根本不了解这些案例。在这个案例到达最终处理人的手中之前可能已有十个人接触过了。因此从顾客的角度而言，一下子收到五六封来自不同社工的邮件对他们来说没有任何帮助——他们或许会问，谁给我发的邮件？

（TCS 社工，女性）

自由裁量权的减少，在一定程度上，是外包流程中不可避免的现象。尽管任务被外包，对任务负责的终究还是最初的企业。制度的执行和权力的分离对工作流程而言有一定的影响。对内部员工采取信任的方式进行管理，对外包员工而言则是采用合同。因为当地政权机构必须证明索赔有效，管委会委员在对材料批准前进行详细的检查和确认。被委员会留下的内部专家认为对前同事的监督是一项费时且沉闷的工作。

改变技术，改变工人

员工自由裁量权的减少也意味着人事的变动。TCS 最初的工作小组由来自当地政府的技术人员所组成，但是逐渐由技术和经验各异的机构人员进行增补（从 110 人中选出 25 人）。而且，TCS 所招聘的新员工在技术上逊色于现有的社工，所提供的员工培训也大大减少。

这种不断发展的积极管理是分包流程的产物，而不是技能基础变化的显现。审计制度被强加于所有的员工，甚至连那些技术娴熟、经验丰富、已适应自由裁量权的内部员工也要服从于这些更高级的管理，成为分包人。在外包之前技术基础就已经开始减弱，但是这种减弱是重视审计的结果，而不是其产生的原因。技术上的减弱部分归因于协议的短暂性为公司发展和保持员工技能所提供的刺激减少。与管委会签订七年合同的 TCS 公司推出了一个社工培训项目，尽管如此，它们所招收的符合标准的职员数量少于管委会所提供的，而且它们的培训项目并没有提高员工的专业技能，也是因为重新设计后的工作流程不需要员工具备过多的技能。

Scotchem 和"网络学习"

Scotchem 公司的组织网络从性质上来说不同于 TCS 公司的外包工作。因为该公司是跨国合作生产化工产品和染料，与供应商和客户之间大多为长期合作关系。尽管有些特殊的合同期是短暂的，但是这种往复的、公司间的合作关系保持了二三十年。其中很多公司都是竞争对手的关系，但是由于订购数量和合同期限等原因，至少在市场中相互依存才可能有助于信任的增进。比较正式的做法是，企业间的联系主要通过签订服务合同的形式来体现；非正式的话，企业间的联系类似于服务合同，这种联系允许信任和地位的发展。

在 Scotchem 公司，员工个人拥有永久合同，并且任何等级的员工都要尽职尽责，参与"超出职能"的活动。当一个新工厂成立时，有一名技工说道：

公司给予了我们太多的自由决定权，我们可以挑选自己的小组，并且由我们自己决定去做什么，由谁去做。我们知道自己的责任，自我组织、自我规划。我认为我们拥有所有权——因为我们了解什么是业务以及业务的要求。

这种期望延伸至同其他公司的合作中。染料订单常常包括对产品的研发或者改进交付。为了达到这一目标，Scotchem公司要求所有级别的员工与客户和供应商进行合作，同时工作安排中包括工人在工作进展结束之前对新的流程和设备进行测试。企业间相互合作有两个近期成果：一个是复杂的、自动装载设备，可以为Scotchem公司所用；另一个是用于运送粉状化学产品的大且耐磨的包装袋。为了减少粉状化学产品泄漏，污染装载设备，与更好的供应商进行广泛合作，制定包装袋规则，能够为双方带来利益最大化。

每一项合作都由合同进行管理，对于有可能泄漏给竞争对手的信息也进行严格的控制。然而，企业之间的长期合作关系以及员工之间的友谊，则说明了合同更多的是打破了企业间的隔阂而不仅仅是监督。公司之间的交往总会超越允许的范围，而且一些员工表示只有双方之间慷慨地互通有无才可以促进项目的成功。合同中列出合作的目的，以及不要过多地对任务进行说明或者监视，对于项目的成败而言也同样重要。

问 题

1.TCS公司和Scotchem公司在工作方式上存在的主要差异是什么？

2.对技能而言有何影响？

3.提高或者增加员工培训对这两个公司会有何影响？

4.在这两个案例中，自由裁量权有何重要性？作为技能的一部分有何重要性？

5.就现有证据而言，外包业务的普遍增多会有什么影响？

Source：Grugulis et al.，2003.

第5章

薪酬管理

Mark W.Gilman

引　言

不管是否与薪酬的数额或者薪酬的支付方式相关，作为雇佣关系的核心要素，雇员的薪酬总是饱受争议的，尤其是在涉及雇员们所集体关注的问题时（Brown et al.，2003）。尽管有观点认为，平衡薪酬水平是由亚当·斯密提出的"看不见的手"所决定的（Smith，1986），但就传统而言，经检验，薪资与员工招聘、人员留用的目标相悖，与员工动机是相抵触的（Kessler & Purcell，1992）。这就催生了这样一个概念，薪资不仅是由市场力量交互作用所决定的劳动力价格，雇主、经理及许多其他角色在薪资的决策中也起着重要的作用。例如，近来有争论称薪资体系具有更深远的目的与目标。没有比与人力资源管理相关的辩论更为明显的了，这其中雇员所扮演的角色被视为创建组织竞争优势的关键。作为其中的一部分，薪酬被视为策略性人力资源管理中不可或缺的元素。与此同时，在当今的全球化经济中，跨国公司所面临的薪资管理问题与日俱增。这些薪资问题至少跨越了不同的国家体系、文化、体制、法律制度和集体议价制度。正如道林等人（2008：159）所陈述的，薪酬逐步被视为一种用于发展和加强全球化企业文化的机制；一种用于明确连接绩效和相关成本的公司控制的主要源泉；同时也是在国际背景下针对公司控制中心议题日渐尖锐、复杂、公开话题的核心。

长久以来人们就知道，薪酬上的差异是由各种原因造成的，并非是像那些古典经济学理论所陈述的那样。雇主、制度、立法机构等通过在寻求激励方面起到积极作用，决定了可变薪酬的类型及效力。因此，了解薪酬变化是缘何而起，以及可变薪酬作为奖励以迎合各种组织目标的本质是十分重要的。本章首先通过对实际薪酬设定安排、国际对比和经济解释的考察来验证为什么会存在这些差异。其次将考察更多近期以绩效付薪为目标的薪酬体制，探讨一下这些薪酬体制是怎么样的，其程度及发展，其作为让社会合伙人所起的作用，以及它们在组织总体策略中起到策略性作用的程度。

5.1　薪酬系统为何不同？

长久以来，随着雇主与雇员为寻求最符合他们要求的适当方式而不断斗争，不同的薪酬与奖励体制也在随之运行。然而，在某些特定的时期，在某些特定的领域，这些薪酬与奖励体制看似也有些"类似"的（Paauwe，2004）特征。与其他方案相比，某些特别的方案效果更为显著。话虽如此，对于雇主为何想要变革他们的薪酬制度，可能会有许多需要考虑的因素。第一，雇主们需要认清自己员工的能力或技能。如果公司想要通过能力水平对员工进行筛选，他们就会选择奖励最有能力或者最有技能员工的薪酬制度。第二，他们或许想要弄清产出与努力之间的关系。如果在产出与努力之间有明确的关系的话，那么就可以很容易根据绩效来支付薪酬。如果没有关系，他们就可以选择按日计酬。第三，他们可能会考虑监管费用。如果监管费用低的话，那么按照绩效支付薪酬会更加可行。第四，他们可能需要考虑员工的风险偏好，因为与有保障的定额薪酬相比，懂得"规避风险"的员工是不愿意在与绩效相挂钩的薪酬上下"赌注"的。第五，他们可能需要考虑工会和劳工机构会不会参与到薪酬决策之中，可能造成的影响是什么。第六，必须考虑薪酬或制度的公平。这是非常麻烦的，因为总的来说涉及公平的两种概念：一是"按工论酬"。在这种情况中，只有同工同酬才算是公平。二是只有当薪酬能够反映出雇员所做的贡献或所付出的努力，并且他们的薪酬随之变化时才算公平。第七，薪酬或许还取决于权力。如果劳工供不应求，那么雇员就会占据更大的权力，并因此可能会要求更高的薪酬；如果劳工供应过剩，那么雇主就会占据更大的权力，并因此能够将薪酬率控制在较低的水平。

　　薪酬方面的差异可能导致分散和收缩。组织在减少不平等薪酬、实现公平方面起到了举足轻重的作用，为工会和集体议价提供了特别的支持。社会机构也反映并影响了劳工方（工会）和资本方（雇主）的力量平衡。但是可以说，分散与收缩也存在代价和收益。收缩的代价在于，如果表现最好的员工所得薪资过低，他们可能会辞职。收缩的收益在于，在较少强调个人绩效、更多强调质量意识的情况下产生更紧密的合作。分散的代价可能在于可感知的不平等所带来的矛盾冲突。分散的收益可能在于能够把薪酬作为吸引和挽留优秀员工的动机和工具。无论是哪种情况，都有可能产生溢出效应，这不仅会影响组织个体，甚至将影响整个社会。在制定薪酬的时候，必须理解诸多力量的博弈。这些我们将在下一节中谈到。

5.1.1　实际薪酬设定

　　并不是所有的薪酬制度都与绩效有直接关系。计时薪酬就是一种这样的体制，相同等级的员工所得的薪酬相同，或是以小时（结算工资）或者以月结算。周薪是以每小时的薪金额为单位，根据具体每周正常预期的工作时间进行计算的。在周薪的体制下，收入可能取决于许多因素，诸如基本薪金额、换班或加班工资、红利，以及津贴（Drucker，2000）。在计时薪资体制中，雇主掌控着步调，员工的绩效主要依赖于直接监管，或员工自愿参与任务。以小时为基础的薪酬支付，通常提供一条底线，并以此为基础发展出其他的工资体系。相比之下，计时薪酬安排中，月薪是以年为基础进行计算的，并且是按月份进行结算的。虽然从传统来说，蓝领工人通常是按周计薪的，白领员工是按月领薪的，但是并没有明确的职业分类标准来决定哪些类型的员工要按周计薪，哪些种类的员工会按月计薪。

　　一个人们始终难以回避的问题是，如果你按小时、按天、按周或按月给一位员工发工资，你如何确定员工会全力工作呢？假设一个例子，有个车库用于保养和维修车辆。去除开销和利润等，我们假设一位技工每天保养一辆车的价值为50英镑。因此他们的雇主可能会同意支付这位技工每天50英镑的工资（一周的薪资就是250英镑（5×50））。但是如果出现问题，诸如材料/零部件不能按时送到，工具或者机器出现损坏，或者出现其他无法预见的问题，那么就有可能减缓维修速度至每2.5天维修2辆车。技工仍想要得到每天

50 英镑的工资，但是雇主只愿意支付给技工每天 40 英镑的薪酬（4×50 =200，200÷5= 40），以此反映每周技工维修 4 辆车的事实。这时雇主只想为直接产出（成果）支付薪酬，但是技工可能会说，即便他们没有像往常那样多产，他们仍然付出努力去工作，他们依旧使用不同的方法去完成工作等。

上述情况被阐释为存在这样一种情形，雇员们总是想以付出最少的努力但获得最多的薪资的方式工作；而雇主总是想以给出最少的薪资而获得员工最多的努力。因此代理理论假设：要想让雇主和雇员在可见投入的基础上达成薪酬的契约是相当困难的或者是十分昂贵的；雇员不愿意付出努力；雇员也不愿意冒风险；按照员工投入量来支付薪酬，你就得鼓励员工更加努力地工作才行（Baron and Kreps，1999）。这样做的后果就是雇主可能会想要寻求一种薪酬制度，将绩效与投入量更好地联系起来：奖励机制或可变薪酬。奖励薪酬机制的问题后来就演变成了怎样把投入、产出与劳工价格按照正确比例联系起来。

设定劳工价格不仅要考虑对知识和投入的认知水平，还要考虑大量与内外市场因素相关联的影响因素，这样做会使许多机制在内外市场中起到中介调节的作用，诸如工作评估、集体议价。

外部市场

对于古典经济学理论而言，薪资水平是劳动力供需关系力量的竞争性结果。在劳动力的竞争性市场中，所处职位相似，掌握相似技能的劳动力应该最终得到同样的报酬。没有单个雇员或者单个企业有足够的市场力量来维持这种情况之外的偏差，同时有关薪酬的决定是根据对"现行汇率"的研究做出的。在现实中，实证性的观察与这种理论并不匹配，有许多人都曾试图解释这种不匹配出现的原因。尽管如此，事实仍旧没有改变，那就是如果用人机构没有充分重视竞争性劳动力市场比率，就无法在竞争中存活下来。最近以来，国外劳动力市场的压力在实际薪酬支付的不断发展中已愈加增大（Kessler，2008）。首先，现如今用人机构在制定薪资标准时越来越重视确保将薪酬与国外市场相比对；其次，越来越多地聚焦于如何处理不均衡的国际市场压力，诸如不同区域，或者不同岗位的薪资比例；最后，由于企业需要寻求内部分级结构的现代化，对于国外市场压力的回应开始显露出来。

内部市场

长久以来人们一直认为雇主有些时候可以有意地保护雇员使其免受外部劳动力市场的影响。这种情况尤其会出现在一些大型机构中。在这些大型机构中，内部相关性要比单纯的外部相关性更为重要。因此，组织机构可能会根据内部劳工市场体系做出关于薪酬问题的决策，即公司内部连贯的薪资与职业结构（参见 Doeringer & Piore，1971）。Kessler（2008）讨论了内部公平的重要性，最近以来至少以三种不同形式显露出来。第一种与试图规范劳动力市场的极端薪酬有关。因此，企业机构必须应对政府企图通过国家最低收入法来解决高级管理/主管层级与低收入工人收入不均的问题。第二种是内部公平问题，该问题是就薪酬方面持续存在的性别差异而言的。最后，涉及的是薪酬支付过程问题，组织机构越来越倾向于把更多的心思花在透明的、基础性的薪酬决定上。

工作评估

内部发展起来的薪酬体系可以对那些发展企业专用性人力资本的个人进行奖励，最常被用以维持这种内部构造的方法就是工作评估。然而在决定其工作价值时，组织机构将不得不同时对外部和内部劳动力市场的公平性进行考虑（Kessler，2008）。这也是通过工作评估来实现的。工作评估是在一个组织机构内部建立起职位相对价值的一种系统性过程。然后，薪酬通常会根据分级结构设定，并且结合工作评估体系给员工分配相关的工作。工作评估不是一种精准的科学，但是它至少为决策过程带来了某种程度上的客观性。各种各样的方案最终可以划归为两大类（参见专栏5.1）。第一种是"分析型方案"。在这一类型中，工作被分解。第二种是"非分析型工作评估方案"，在这种类型中，工作被作为整体进行评估（Egan，2004）。使用分析性方案的公司所占比例为86%，而采用非分析性方案的公司只占14%（美国国税局，2007）。分析性方案的标准是由组织结构所决定的，而这些因素随即会被用于工作评估之中。最常用到的因素如下（美国国税局，1998）：

- 知识和技能；
- 责任；
- 解决问题和决策；
- 人事管理；
- 人际关系及交往。

在其他的方案中，某些特定的工作会被用作参照基准，用以为评估其他工作提供比较的基础。无论使用哪种方案，工作都会被赋予一定的价值，并且置于一定的等级结构之中。等级结构包括薪酬窄带用以维持工作间较小的薪酬变动，或者薪酬宽带允许更大程度的薪酬变动。然而，值得注意的一个重要问题是，内部平等与外部平等之间通常会产生冲突（Kessler，2008）。处理这种相互冲突的力量的重要方法就是集体计算薪资。

专栏 5.1　实践中的 HRM

非分析性工作评估方案

根据工作的规模、复杂程度或者业务影响力对整个工作进行排序是工作评估最直接的方法。正如标题所建议的那样，将一系列的工作按照其重要性进行排序从而来比较一种或者多种标准。然而，仅采用工作的一个方面更可能会导致对效果的歪曲。一旦将所有工作都列出来后，工作评估者们将需要确定组织机构内所需要的工作等级的数量，然后通过排序，用线条连接一致通过的节点。例如：在每个节点处都能感觉到工作的规模存在一定的不同。

工作范畴——有时被称作工作分类。这是一种更加自上而下的方法，即预先决定好范畴、分类或等级，设定好角色或将工作置于认为最为合适的地方。美国的《公平劳工标准法案》正致力于形成一种简单的工作分类，鼓励雇主们将工作划分为免税的和非免税的（领加班费的）。

成对比较在很多方面都是一种更为严谨的工作分级方式。成对比较迫使雇主在两种因素或两种整体工作之间做出选择并最终做出关于工作相关价值的更加客观的决定。

分析性工作评估方案

要素评分是目前为止工作评估最主要的形式，其中"海氏"工作评估法成为"要素评分"的主导自主品牌。要素评分法是工作评估的一种精确分析性方法，它将工作划分为多种因素，评分被分配给所划分出的因素之中。它强调了重视工作而非重视人员的重要性。这是因为这些因素是要起到客观的物镜作用，工作可以通过这些因素解构成若干组成部分，每一部分独立评分，最后将所有的价值叠加到一起得出重组工作的一个总价值的分数。

非分析性工作评估——优点及缺点	
优点	缺点
操作起来简单易懂	在分级或重新分级方面没有明确的基础
不要求对工作评估员进行特定的技术培训	结果的质量取决于评估员对工作的理解
相对而言透明且迅速	不被视为一种科学的方式
对参与到过程中的人而言更容易得出"感觉公平"的结果	对未参与到过程中的人而言很难评断出结果
分析性工作评估——优点及缺点	
优点	缺点
被认为是一种科学的方法	通常被视为过于"黑箱化"
工作评估事务委员会是把工会吸纳至决策中的一种方式	事务委员会被指责过于耗时、花费高、官僚主义
经过培训的评估员更有可能得出客观的结果	评估员必须接受大量的训练
评判结果更为一致，再分级的诉求更容易处理	尽管过程明显是客观的，主观性仍然起着一定的作用

集体决定的薪酬谈判

在大多数的国家中，从某种程度上讲，讨论和设定薪资安排最具影响力的形式是集体议价，而非管理特权。集体议价是一种决定薪酬的体制，通过雇员（他们的工会）与雇主（及他们的协会）之间进行协商达成一致。有时候甚至政府也可以作为公共部门的雇主，或者作为经济健康发展的相关方参与进来。所使用的集体议价方式取决于工会的结构、谈判的结构、政府、意识形态和权力。需要考虑的是工会是民主组织，并且对于雇员的集体要求表现得很团结，而雇员与他们的组织之间的关系却不是这样。然而，事实上，工会的作用被认为是有争议的，并且其作用取决于意识形态和信念。例如，可以看看集体议价的过程，一方面，作为一种"分配"关系，该关系中所涉及的双方承认他们是相互依赖的，并且试图强迫彼此就有限的资源在分配方面达成一致。在定和博弈游戏（a fix-sum game）中，一方盈利，另一方就会损失。另一方面，它可以被视为更加的"综合"，更关心如何解决他们所共同面临的问题，这会促使双赢成为可能：一种变和博弈游戏（a variable-sum game）（Walton & McKersie，1965）。

对报酬和待遇的集体议价在整个 20 世纪都起到了主导作用，尤其是在第二次世界大战后的时期里，在 20 世纪 80 年代早期更是达到了顶峰。例如，从总体上来说，在 20 世纪 50 年代至 60 年代的英国，领周薪的蓝领（工人）和赚月薪的白领（职员和专业人员）之间出现了明显的分歧。薪酬的给予在很大程度上是比照员工资历的高低，即便是在诸如计件工作和津贴等那些与绩效相关的方案中也是如此。集体议价得到了广泛的传播，其工作率是由国家和行业内的广泛协议所决定的，这些协议通常是经过多个雇主协商达成的。在英国，那些未被集体议价所覆盖的群体，都被公平薪酬决议和法定薪酬委员会所覆盖了。临近这一时期的末尾，"工资浮动"的问题开始出现，雇员们寻求提高薪酬率以迎合不断上涨的生活成本。

因此，在 20 世纪 60 年代和 70 年代期间，通货膨胀和失业问题日趋严重。历届政府不断尝试各种不同类型的收入政策，力图减缓通货膨胀和失业问题。到20世纪60年代末，多诺万（Donovan）委员会公布了两个薪资决策体系，并且一并执行：由工会和劳工机构执行的正式议价，以及在工会干部及组织管理层面之间实施的不断增加的非正式议价（Hyman，2003）。1969年通过了"取代冲突"白皮书的工党和保守党（1971年通过《劳资关系法案》）都试图去规范劳资关系的改革（Dickens & Hall，2003）。多诺万委员会报告认为应规范基层劳资关系程序，并将工会干部融合至集体议价的体制中去（Nolan & Slater，2003）。这种体制的规范化应该会导致更高的生产率，但是前提是要使员工相信他们也能以被加薪的形式从中受益（Hyman，2003）。因此这一时期经历了机构层级的集体议价的改革，达成了生产率协定。其中最著名的要属Fawly炼油厂的协议（Flanders，1964）。生产率协议在实施收入政策时期也被付诸使用，当员工达到高于平均水平的生产率时，允许雇主在薪酬方面对那些比平均水平高的员工予以奖励。

20世纪80年代见证了一些政府政策的终结，这些政府政策旨在稳定经济体的物价和保证充分就业。1979年的撒切尔政府将工会与集体议价实践视为通货膨胀和失业问题的主要原因。工会"在市场体系中过度刻板，阻碍了工资与市场利率的匹配"。有鉴于此，政府实施了许多法律上的变动，用以限制工会的权利。公平薪酬决议被废除，法定薪酬委员会也被解救了。

时至20世纪90年代末，集体议价制度的覆盖率已从1984年的71%跌落至1998年的41%。管理阶层的特权已延伸至薪酬的厘定。与绩效相关的薪酬制度同薪酬宽带制一起被越来越多地引入，以允许更大幅度的差异。在执政长达18年的保守党政府下台后，托尼·布莱尔的"新工党"被选举上台，发出了雇佣关系也许会被重新审视的信号。至于薪酬目标，该时期最显著的法律变革莫过于英国首个受法律约束的全国最低工资标准的问世（Gilman et al.，2002）。

到2004年，薪酬决定最常见的形式就是由管理层单方面设定薪资标准，至少有70%的雇主是以这样的方式给部分雇员结算工资的。而与此同时，只有27%的雇主是通过与工会进行集体议价来为雇员确定工资标准的（Kersley et al.，2006）。所以总的来说，虽然下降速度已有减缓，但20世纪80年代以来，集体议价制度一直在持续走低。还出现了一种偏离混合型薪酬决策方式的方法，就是使用单方面薪酬决策方式。薪酬是由所在工作场所管理层设定的：在私营企业中其增长额度从1998年的32%上升到了2004年的43%。在公共部门，单方面薪酬决策制度也从1998年的21%上升到了2004年的28%（Kersely et al.，2006）。

5.1.2 国际对比

奖励和报酬率不仅在某一个国家内部存在不同，也会因你所居住和工作的国家不同而大相径庭。薪酬设定安排上的改革并不局限于英国，实际上这已变成了一种国际现象。然而，尽管识别出一些相同的趋势，但无论是按照集体议价的分权，还是使用可变薪酬体制，都会因为雇主的实际做法、组织机构、立法等，造成显著不同的结果。这一点很重要，有几个原因。尤其是因为世界经济的全球化。在日益加强的全球化经济中，这对于跨国公司的薪酬和奖励实践有着重要意义。为了管理整个组织机构的薪酬和奖励，他们必须了解不同国家和地区的体制。例如，从美国传统来讲，集体议价的水平很低。议价也主要局限于工作层面，虽然一旦决定这一协议就会很全面。对于可变薪酬的使用也十分广泛，可变薪酬受机密性条款的支撑，不允许员工之间谈论薪资。如果我们反观德国，会发现薪资议价在行业层面占主导地位。最近，随着弹性工作地点被越来越多地选择，这套系统面临着压力。尽管集体议价这一实践的广泛程度已大不如前了，但在德国，非工会员工也通常被集体议价所覆盖。雇员们通过代表的双系统对工作场所仍会有一些影响，不仅是通过集体议价，还可以通过工作委员会和监事会。

要考虑的另一方面就是人们在各国的薪酬分配上发现了广泛的差异。例如，在首席执行官和生产工人平均工资之间存在着广泛的差异，如下面所显示的：

	1997 年	2002 年
美国	325 : 1	600 : 1
英国	18 : 1	20 : 1
日本	15 : 1	15 : 1
德国	13 : 1	14 : 1
瑞典	11 : 1	11 : 1
法国	12 : 1	12 : 1

Source：Kakabadse et al.，2005.

为什么会出现这种差异，它们会对产出造成什么样的影响？以英国为例，在当地的劳工市场之间和职位之间是存在广泛差异的。有些人甚至估算在当地劳工市场和职位之间所存在差异的"不确定范围"大约是平均收入的20%（Blanchflower et al.，1990；Gilman et al.，2002）。从国际上来说，隐藏在收入平等巨大差异下的问题所展现出的是一种与工会密度、集体议价集权程度高度相关的关系。

5.1.3　国际奖金管理

在发展国际化补贴政策的过程中，跨国公司需要从自身角度和其雇员的角度对大量的目标进行考虑（Dowling et al.，2008）。第一，需要考虑政策与跨国公司目标的策略、结构和需求是否一致。第二，必须在最需要的领域招募和留住员工。第三，它必须推动员工的国际化迁移。第四，它必须做到公平，并且要易于管理。从员工角度出发，跨国公司还要：a）根据其他国家的福利政策与生活成本，考虑员工对经济庇护的需求；b）要考虑到员工可能期望从外派工作中获得经济上的提升；c）要考虑到员工将期望在住房问题、孩子的教育问题，以及其他社会问题上得到照顾。总之，以上所述因素可能会引发潜在的许多复杂矛盾和问题（Dowling et al.，2008）。跨国公司还要考虑这一事实，一方面它们必须意识到不同国家的机构、结构及活动者；而另一方面通过诸如全球化、现代信息技术不断发展、欧洲社会立法等因素，不同国家的实践做法对其他方而言已变得越来越清晰可见。

因此，大部分跨国公司在设计它们的奖励机制时，面临着更为复杂的挑战。跨国公司根据其性质不同或更为广泛的策略，对于不同群体雇员的客观要求也不尽相同。例如，有可靠记录表明，一家跨国公司有时会想要占有低廉劳动力成本的优势，因此会被吸引去劳动力价格低廉的国家进行投资。但是随后它们又得和前往其他国家子公司的员工的奖励包打交道。因此，情况常常是这样的，跨国公司面临的奖励挑战横跨三组人群：

- 母国员工（PNCs）——母国中心型、地缘中心型
- 当地员工或东道国员工（HCNs）——多中心型
- 第三国员工（TCNs）——地缘中心型和区域中心型

跨国公司处理这些员工奖励的方式还会受到它们管理海外子公司总体管理模式的影响，这可以通过 Perlmutter（1969）所指出的方式凸显出来：对员工可以分为母国中心型、多中心型、区域中心型和地缘中心型等多种方式。

母国中心型的跨国企业希望其外派管理人员能够把公司本部的文化和工作理念带到远在海外的东道主国家的分公司中去。通信和交流都是自上而下的，所有的战略性决定也都由总部操纵。子公司出售由母公司设计生产的产品，本土控制力很小，有时甚至可以忽略不计。

在多中心型的跨国公司中，来自东道主国家的经理在管理子公司时，会就子公司该怎样运营这一问题，与母公司进行协调。海外的子公司在设计、产品及运营方面承担更多的责任，以适应当地的需求。子公司作为独立单位进行管理，总部以"放任不干预"的方式进行管理。

区域中心型的跨国公司与多中心型跨国公司在管理上有相似之处，但是子公司会被囊括进更大的区域实体。区域的划分同自然边界的划分相一致，比如欧洲、美洲和亚太地区。

地缘中心型的跨国公司在全球基础上运转，使用来自全世界最先进的技术和手段，并通过调整使其与各国国情相适应。科技被迅速地转化过来以便在世界范围内售卖几近相同的产品。地缘中心型组织将会打造出一批国际经理人骨干，从理论上讲，他们可以受聘于世界上任何一个地方。这种地缘中心型方法与其他方法相比，可能会导致更多的赔偿问题。因为其目标是创建一种普遍的全球文化。

这四种方式中的三种——母国中心型、地缘中心型和区域中心型——依赖于对外派经理的大规模任用（母国员工和第三国员工）。

针对上述问题的重要考虑是，承认跨国公司工作人员多样性时，需要通过奖励实践去反映这一点。企业战略文献强调建立一致性、综合性政策的必要性。因此，不应该把商业策略与内外部公平割裂开来孤立地考虑（Perkins & White，2008）。国际战略性奖励还有可能受到国家背景的制约。例如，社会文化、工作规范、立法、工会和雇主协会。所有这些因素决定了其局限性，组织受制于这种局限性而无法运行。这些外部力量/特性确定了"战略空间"的界限，在此界限中，用何种方式进行奖励已经固定了，并且强调一定要达成组织一致性和当地条件之间的平衡（Vernon，2011）。

专栏 5.2　实践中的 HRM

国际补贴的方法和政策

国际补贴有三种方式或政策。这些政策具体如下：

- 母国依托政策。这一政策把下发给母国员工和第三国员工的基本工资与母国的相关薪酬结构相联系起来。其目的是保证与下发给母国员工奖金之间的相对性，同时为那些执行海外任务的员工提供足够的好处作为补偿。正如Sheilds（2012）提出的那样，该方式须涵盖基本薪资、海外工作的激励、津贴和保持平价奖金的奖金，以及激励员工去海外工作的诱因。

- 东道主依托政策。基本薪酬与东道主国家的薪酬结构相联系，但是所增加的补贴，诸如生活费、房补、教育补贴等，均与母国的薪酬结构相联系。如果东道主国家的薪酬比率相对来说高于母国，公司将需要负担这笔额外的费用。如果这个比率低于母国的话，公司仍需维持员工目前的薪资水平。这就意味着，在东道主国家的其他管理人员的薪资将会被削减。

- 区域依托政策。该政策是母国依托政策和东道主依托政策之间的一种折中。该政策是更为典型的地缘中心型策略。通过该策略的鼓励，员工迁移在区域范围或全球范围内变得更加机动灵活。所带来的后果是需要开发一种奖金策略，以适应公司的全球化策略。

5.1.4　出现收入差距的经济解释

长久以来，经济学家们都没能针对这些差异给出一个解释，他们只是在谴责市场的僵化和扭曲。但是已有人不断尝试要去构建新的理论。这些理论可被用以解释日复一日的观察，这些理论与经典理论有显著的区别。专栏5.3对其中一些理论进行了解释。其中前三条理论仍然属于竞争均衡的正统理论框架范围，而后三条理论试图解释雇主们为何会选择比竞争对手更高或更低的工资率（Brown et al.，2003）。

专栏 5.3　实践中的 HRM

对于差异的经济解释

根据能力分类，马歇尔（1920）指出，不同薪酬反映了同一组员工的生产能力不同。马歇尔给出的著名案例就是英格兰北部农场劳工的例子。他说，与南方相比，北方的劳工更擅长把树根铲入推车，而支付的薪酬所反映出的体能差异与其"比例相同"。这一理论造成的结果就是每个企业将只雇用最好的员工、最差的员工或者平均水平的员工，并且据以支付他们薪酬。但是这仍然不能解释公司间产生薪资差异的重要因素（Abowd et al.，1999）。

缺乏完全的信息

这一解释终结了新古典主义的假设。新古典主义认为信息是完全可用的（并且是无需付出成本的）。相反，在劳动力市场确定雇员薪资范围却导致了（搜寻）成本的支出。这些理论从本质上讲都是对劳动力供给的详述，无关需求。这些理论没有对实证观察做出解释，没有解释所得工资一般是基于工作而非基于个人。同时这些理论也"没能详述引起特定薪资结构的行为性和组织性过程"。

补偿性差异

在这一解释中，工资或收入并不能准确地衡量出每份工作的净补偿额。相反，它省去了非工资性收入项目，诸如附加福利，并且它也没有解释在工作条件下的可变性。结果就是，那些提供不尽如人意工作的公司需要改善工作条件，或是提供高于市场率的工资。然而，这一解释忘记了工资与就业优势是极度相关的客观现实。

买方垄断

这一解释考察了为什么一些公司可以低于市场率的薪酬运营，还不会失去其雇员，迫使其跳槽到竞争对手公司。其中的两个原因是：第一，在当地的劳动力市场中，单一雇主是某种类型劳动力的唯一收购需求方。雇员们发现去别的地方找工作的成本更高，因此雇主就可以用比竞争对手更低的薪酬率来支付员工。第二，即便雇主不能够吸引足够数量的员工，他们仍可以空着岗位继续运营，因为这代表了比增加薪酬更为低廉的成本支出。

业内人士/外部人士

这解释了公司对支付薪酬具体影响的重要性，已在职的员工（业内人士）比外部劳动市场的人员（外部人士）更喜欢这种根据优势付薪的支付方式。在这些模式中，工人只能被以高于市场出清的水平结算薪酬，因为企业本身就是在不完全竞争市场中运转，也正是因此才能够取得高于正常水平的利润。雇员们能够使用议价能力，议价能力源自公司的特定技能。因此薪资水平是不确定的，这主要取决于雇主和雇员讨价还价的能力。一些实证的证据佐证了这一解释，但是除了迫于工会压力外，它并没有解释雇主为什么要以高出市场率的比率支付员工薪酬这一问题。

效率工资

此种解释假定在薪资水平与个体员工产能之间有因果关系。为了追求利益最大化，公司会以超过市场清算利率的水平来支付员工的薪资。作为回报，这会吸引更具产能的劳动力。这种在生产力方面的增长将会产生更高的利润。这种生产力的增长是通过降低监控（卸责）成本、减少周转以及社会学思考（诸如道德、忠诚等）来完成的。

Source: Adapted from Brown et al., 2003.

因此，以上所述带来这样一个问题，与其说工资率是由市场决定的，不如说实际上它是由一系列其他因素包括雇员和他们的代表（工会）、雇主和他们的代表（雇主协会）以及政府共同决定的。雇主们可能会因为各种各样的原因调整工资率，比如说企业声誉、竞争力、控制力、动机、成本和变革管理。然而他们也可能会面临诸多限制，诸如生产效能与分配效率、生产市场状况下的酌情量裁以及生产策略方面的酌情量裁，强调了薪酬并不是孤立的策略。

事实上，上述还曾提到在平衡内、外部市场因素时，管理层能因许多原因来维持薪酬上的差异。前不久，Kessler（2008）将经营战略加入了基本准则，使之成为三大准则之一。薪酬体系和结构都是以此为基础建立起来的（其他两条分别是之前提到的外部均衡性和内部均衡性）。最主要的问题就是这三条准则经常处于冲突状态，而组织机构则倾向于把更多的注意力与重视度放到商业策略而不是均衡性上。

将报酬与经营战略联系在一起是人力资源管理发展的代名词，尤其是其战略视角，强调报酬是人力资源管理周期中一个必要的组成部分（Fombrum et al.，1984）。战略性人力资源管理将注意力放在追求组织机构既定方向和目标的总体方向上。增强公司的核心能力，尤其是人力资源管理，是公司制胜的关键要素。人才管理可成为公司长期竞争优势的观念呼吁将人力资本与经营战略整合起来（Chen & Hsieh，2006）。Schuler 和 Jackson（1987）也提到这样一个事实，那就是人力资源管理和对内部均衡性的重视有可能会导致更低的薪酬，这样就可以允许一些员工成为股东，并且享有选择混合型奖金的自由，这些将组成他们的薪酬包。

当把奖金与策略性人力资源管理联系起来时，在20世纪八九十年代被视为与可变薪酬紧密连接的两个关键词分别是薪酬管理和绩效管理。这两个概念都被说成是战后时期一股远离静态薪酬管理的浪潮。两者都不一定将绩效奖金作为流程的一部分，然而在大多数情况下，绩效奖金被视为是一种基本的强化措施，用以强化组织机构所要求的某一类型行为。

薪酬管理（理论）认为要提高的动机，必须扩展到所有员工身上，而非仅局限于高层内部。另外，它们必须是十分灵活的，而非要与刚性工资结构和工作评价方案捆绑。有一种集隐性和显性于一身的假设认为，员工是组织取得成功的关键，认为如果公司的商业目标不能达成公司所需的某种个人和组织行为，那么薪酬管理是帮助其实现的一种手段（Armstrong，1996）。

绩效管理是薪酬管理的一种形式，与Lawler（1990）所说的"新酬"相似。它是"关于目标、知识、技能和能力要求及工作发展计划的协议"（Armstrong 1996：260）。它主要强调的是目标设定和反馈的重要性——将绩效评估与所达成一致的目标任务联系起来。其根本在于这并不是由雇主交代下来的什么任务，相反组织内的所有成员都被视为合伙人。一项由英国人力资源协会（CIPD）所做的调查强调这种方式仍然很有效，80%的报告称他们奖励机制的主要目标是支撑其经营目标。

Kessler（2008）指出，近来一系列劳动力市场的内外部压力促成了与"整体薪酬"包相关的薪酬审核和转型。这些薪酬包允许雇主在内部、外部奖励的灵活薪资包之间进行选择，并且对内外部压力进行调节，下文将进行详述。

整体薪酬

对公司而言，近年来的发展使拥有策略性、整体性、综合性的薪酬结算方式变得越来越重要（Chen and Hsieh，2006）。为了在劳动力市场中将自己与其他组织区分开来，所需要提供的不仅仅是一份高薪。有人认为，"一刀切"的方法是不可行的。相反，每个组织都需要一套量身定做的体系，以满足其特殊需求。整体薪酬应在招募及留住高素质的员工、降低员工流动所造成的浪费、维持更好的商业业绩及加强雇主的名誉方面达到更好的效果。虽然存在多种不同的模式，但它们均能在薪酬、利益、工作生活、个体成长与发展、积极的工作环境和未来晋升机遇之间保持平衡。整体薪酬的规定表明，组织机构要考虑雇员的需求，并且在满足那些需求方面做好灵活的准备。反过来，"员工应该能感觉到，在各种收益方面，他们对各种问题是有控制权的"（Thompson，2002）。因此，一套包含"整体薪酬"的战略性薪酬计划可以超越现金的界限，还包括培训、工作再设计、弹性工作、认股权等其他内容（Chen & Hsieh，2006）。

因此，在设计国际化整体薪酬体系的过程中，人力资源薪酬经理所充当的角色是结合全球数据，为全球劳动力开发适宜的薪酬包，使用集中式体系以维持一定的控制，并且把全球财务收益与区域性支出相联系（Burnett & Van Glinow，2011）。这套体系的目标在于尽最大可能地招募和挽留适宜的员工，制定具有成本效益的薪酬政策，发展公平和可持续的全球薪资实践和政策，并且确保其与经营策略的一致性。这是一个十分苛刻的要求，但是考虑到所强调的薪酬/绩效的联系，这是个需要我们充分理解的领域。因此我们将注意力转移至具体细节上去理解按绩效付酬。

5.2　绩效薪酬：可变薪酬

将薪资与绩效相联系，在过去的30年里引起了人们极大的兴趣，但是在决定性证据方面的作用却不大。近期英国所经历的可变工资的增长，也属一种国际现象（Arrowsmith et al.，2007）。可变薪酬体系（VPS）的定义性特征是一种明显的尝试，想要远离以时间或资历为基础的薪酬，转向与绩效相关的薪酬标准。按绩效付薪的方式有很多种，对于各种不同方案的称谓也不尽相同：奖励工资、绩效薪酬（PRP）、可变薪酬、按成果付酬（PBR）都是一些常用的称谓。尽管通常而言，美国被视为促进可变薪酬的领导者，英国被称为欧洲国家扩展可变薪酬体系的领导力量，而按成果付薪一向是制造业部门的主要特征（Arrowsmith et al.，2007；Drucker，2000）。

5.2.1　可变薪酬体系的定义

对于可变薪酬的定义是存在疑问的，不仅因为最近这一术语已经成为"新酬"修辞的一部分，所谓的"新酬"是为现代战略性组织所规定的一种完整的薪酬体系（参见Lawler，1990，1995）。然而，就英国而言，可以说这一术语通常用来指在奖励工资掩盖下的薪资体制。奖励薪资被描述为这样一种薪酬体系，该体系中的一定比例的收入与员工付出努力的程度（投入）或者产出的水平（产出）相联系（Gilman，2001）。

考虑到下面即将列出的更"包罗万象"的原理，或许将此类方案称为可变薪酬体系更好些。因此，可变薪酬体系包括与产出有直接联系的薪酬体系，诸如按成果付酬。然而，它也可以用来涵盖那些仅鼓励员工表现出色却与产出无直接关系的方案（例如，奖励工资和绩效工资）。近来，它被用于描述那些与个人绩效毫无必然关系的薪酬体制，但是公司员工会被授予一份与公司业绩和盈利能力相关的股权，比如与利润相关的薪酬和员工持股计划（例如，入股，Gilman，2001）。

Casey等人（1992）将奖励薪酬列入基本工资的方案（如绩效薪酬）与奖励薪酬可以从基本工资中单列出来的方案（如红利、利益相关薪酬和股权方案）加以区分，从而进一步拓展了维度。然而近来，一些绩效薪酬方案吸纳了非附属性质的津贴，这些津贴并不包含在基本工资里。因此，津贴可被归入这三大类的任意一类，既可以作为员工周薪或月薪的附属，也可以独立出来作为"一次性"报酬（Gilman，2004）。

按成果付酬

这种薪酬体制从严格意义上讲有时候被用来指那种在薪酬和产出之间存在直接关系的薪酬体系（如计件工作）。在其他时候，此术语也可被用来表示其他薪酬体系，这些薪酬体系中报酬的元素与员工绩效相关联，并因此包括诸如全勤津贴。计件工资是一种以指定的工作量去换取协商好的薪酬的体制。它有两种主要类型：定额计件，给每份工作都明码标价；以及定时计件，给工人一个固定的时间去完成一项工作，即使工作提前完成工资也不变。计件工资这一术语有时被错误地作为按成果付酬的同义词而广泛使用。按成果付酬的薪酬体系对于英国制造业的手工工人而言是最常见的薪酬支付形式。如今有证据指出，严格的产出导向型薪酬体制发生了转变，尤其是针对手工工人的产出导向型薪酬体制。

与绩效有关的薪酬

有时候指"奖励工资"。这种类型的可变薪酬体系可能值得花更多的时间来进行解释，因为它经历了更多的变化，与其他形式的可变薪酬体系相比，它与战略性人力资源管理的逻辑更为接近。同时，引入该体系所蕴含的基本原则被用作发展其他可变薪酬体系的正当理由。

绩效薪酬是一种薪酬支付方式，个体员工根据其整体或者部分的常规性个人绩效评估，或者系统性个人绩效评估来接受加薪。加薪、奖金和其他激励措施是由一系列的系统性绩效考核来决定的。绩效测度可能与投入或产出相关，但是总体而言，其重点关注的是个人具体目标的完成情况。在公共部门，政府利用它们在个人对所提供服务的标准的贡献与其薪酬之间建立起直接联系。将薪资与个人绩效相联系看似是对薪酬体系的传统目标做出了贡献（招募、留任、激励），但在组织性的变化中也扮演着重要角色，尤其是逐渐灌输了一种"创业"文化（参见 Gilman，2004；Heery，1998；Marsden & French，1998；Marsden & Richardson，1994）。这一目标看似对在追求私有化的企业中发展此类薪酬方案具有一定的影响。许多企业都经历过困难，如在设定绩效标准方面、客观地评估绩效方面，以及将薪酬与绩效相联系方面，其中在制定预算约束时对任何潜在奖赏存在限制方面尤甚。同时还发现个体员工的绩效付薪体制对团队合作有破坏作用。

绩效薪酬原则，或为人们所熟知的奖励工资，是在20世纪40年代晚期的时候，在某些特定职业和行业中被建立完善的。与之一同被建立完善起来的还有相似职位的评估体制。这些方案在本质上是没有变化的，直至20世纪80年代它们又再次流行起来（Fowler，1988）。从那以后，人们注意到其五种基本变化：以个人品质为基础的评估开始向以完成工作目标为基础的评估转变（例如：奖励产出而非投入）；这类薪资方案被不断地引入到公共部门；总体而言，这些薪资方案从其传统的管理层职位向下层所有工作类型的岗位延展；总体上从两方面的增长向单一方面增长转变。两方面的增长包括：生活成本增长和绩效相关因素增长；单一方面增长：仅基于绩效表现。据称，这些薪酬体系与企业的整体经营目标的联系更加紧密。

尽管"绩效薪酬"这一名字听起来很简单，想用一句话来说明它的许多形式却是极难的。实用的描述如下所示：

一种将基于市场的企业目标转化为个性化绩效标准的手段，同时保留一套完整的、连贯的评级结构。（Kessler & Purcell，1992）

（一种方法，通过）个体薪资的增长完全或主要取决于他/她的等级评定或绩效评定。（Swabe，1989）

Storey 和 Sisson（1993）还将个体绩效薪酬和奖励薪酬进行了区分。绩效薪酬是通过产出标准进行衡量的，奖励薪酬是根据行为特征进行评判的。这些描述主要是关于所观察行为的不同方面，其中包含了很多涉及绩效薪酬的意见、观点，并不适用于绩效薪酬体系的所有方面和形式。

因此，通过将个人薪资的增长与其业绩考核相联系是薪酬体系的特点，这与使用一些以目标、行为、能力或者三者综合指标为基础的既定标准相悖（Gilman，2004）。

绩效薪酬与按成果付酬的方案有着明显的相似性。尽管如此，按成果付酬是通过固定产出标准来衡量的，而绩效薪酬是通过按从前设定的目标或任务的完成程度来衡量的。绩效薪酬体制下所付出的努力通过这些被重塑，不仅局限于产出水平，还包括产出的质量，以及个体员工行使自由裁量权的水平和个体员工所运用的主动权的水平，正如在按成果付酬的案例中那样。在强调个体的过程中，业绩考核成为一种与员工个人进行沟通和交流的方式。然而，为追求可持续性竞争优势，基于为企业目标做贡献的薪酬体系备受雇主们的青睐。另一点在于，虽然按成果付酬是机械化的，但是绩效薪酬却包含了对绩效的大量客观推测。

决定采取绩效薪酬这种方式涉及的范围十分广泛，从发展进程到可变额外津贴均可见到。发展进程是通过对某种标准的完成情况，或是根据绩效目标/任务的达成情况（这与基于资历的进程制相似，在公共部门是很常见的）来设定薪酬级别的。可变额外津贴是旨在用资金奖励某些高绩效员工的。有的时候几种类型可以并用。

财务参与

这一术语适用于多种员工分红制或员工股权方案。在该方案中，员工被授予所在公司的财务股份。在1978年、1980年和1984年金融法案的推动下，近年来员工持股方案在英国有所增加。一项近期的调查显示，超过20%的上市公司和非上市公司实行了至少某些形式的员工持股制，虽然这种方案并不是面向全体员工。他们受到《2003年所得税》的诸多局限与约束（Tew，2008）。尽管这被一些人视为工人参与的一种形式和工业化民主，但在大多数的案例中，员工所涉及的股权份额是很小的，公司是不会给员工股东实权的，而且在有些案例中所分配的仅是非表决式股份。

员工持股计划（ESOP）：这一概念是从美国引进英国的，它为员工取得原本负担不起的公司股权提供了一种途径。通过使用从金融机构那里借来的钱，以员工的名义购进股份，从而创建起一份信任。优先股的股息用来偿还贷款，股份随之逐渐下放给员工。他们以信托形式持有这部分股份，在方案允许的情况下，员工可以出售股份。员工持股计划的运用与管理层及雇主收购公司有关，这时会以"收购价"收购新股份。

分红制方案：这种财务参与形式由来已久，但却在过去的10年间因立法鼓励和税收优惠而备受重视。经核准的分红制（APS）方案包括对员工免费分配股份。这些股份是由公司通过已经建立的信任来购买的，是由公司利润来提供经费的。这些股份被分配给个体员工，并由托管人代为持有至少两年。自2003年4月起，该方案已基本上被职工股权激励方案所取代了（Tew，2008）。

另一种具有税收优惠的方案是SAYE（定额储蓄计划）。在这一方案下，员工会签订储蓄合同，选择在合同期限结束的时候，以之前确定好的价格购买股份。两种类型的方案都必须对公司在职至少五年的所有全职员工开放。到1980年时，有184种经核准的分红方案和7种定额储蓄计划方案。时至1986年7月，经核准的分红方案数量增加至562种，而定额储蓄方案增加至541种。此外，还有1 676种经核准的自由裁量方案（允许公司将股份认购权授予选定的员工，诸如公司高管），以及不享受税收优惠的未经核准的方案。

利益相关薪酬：这是整体薪酬包中的一个因素，这一因素利用一些公式与公司（或者其中某个单位）的盈利能力相联系。调查研究的证据表明，在1984年时20%的私营企业都建有一套基于现金的分红制方案，15%是支付增值津贴的。

正如分红制一样，经税务局核准的方案为员工提供税收优惠。利益相关薪酬体系的设计目的在于员工的部分工资随着公司利润的多少而增减，由此使薪酬更灵敏地反映公司的绩效。除被视作一种通过使员工直接从企业的成功经营中获利来提高个人绩效和动机方式外，还是一种增强员工对企业的责任感和使命感的手段。利益相关薪酬的支持者认为其有一定的雇佣关系暗示，即当公司面临经营困难时，劳动力费用将会自动削减（通过利益相关因素），因此可以最大限度地降低解雇和裁员的风险。这些所声称的关于利益相关薪酬的优势，到目前为止还没有被任何调查结果所证实。

引进了财务参与的公司总体上要表达的都是相对长远的目标，诸如让员工感到自己是公司的一部分，增加员工的责任感和盈利意识。相反，反对财务参与的争论有：员工将自己的职业前途和存款积蓄的生死存亡都捆绑在同一家企业上会产生双重风险；员工招募的抑制作用可能会导致现有的员工努力尝试把自己的那部分利益最大化；员工通过代表掌控股权，而非自己持股所造成的恐惧，将会需要比接受管理公司战略决策更多的话语权。这些战略决策是能够影响到公司的收益，进而影响员工薪酬的。

5.2.2　工会、雇主协会和政府对可变薪酬的作用

可变薪酬的想法会令工会感受到威胁，因为他们将其视为从集体薪酬结构向个体薪酬结构转变的一种趋势。一项关于工会政策的研究（Heery & Warhurst，1994）发现，仅有8%的工会支持绩效薪酬的理念，69%的工会组织反对这一理念（尽管只有26%的工会致力于抵制该方案的引进）。剩下的工会组织并没有什么应对之策。政府决定把绩效薪酬发展到公共部门领域，尽管工会反对这一提案，并且一系列研究结果对其适用性和功效产生怀疑。Gunnigle 等人（1998）认为，可变薪酬的作用在于增强雇佣关系的个体化，并削弱工会的作用。此外，还对公平待遇和程序正义构成威胁（Heery，2000）。这种反应主要是想确保集体协商协议，并以该协议规范其运行（Heery & Warhurst，1994），虽然使用利益相关方案，但股权制和奖金方案通常是不可能的（Marginson et al.，2007）。英国工会联合会还支持更广范围的股份所有制和合伙制。

雇主协会正在不断发展可变薪酬的方案，想将其作为一种激发员工、提升员工绩效的一种手段。在控制工资总体开销的同时，对员工绩效进行区分方面，绩效薪酬方案被视为一种更为有效的方式。由于利益相关方案和员工持股方案通常会产生一定的税收优惠吸引力，因此它们被视为极具成本效益的薪酬形式。

政府一直以来都在促进雇佣关系中的"市场力"和"个体化"的理念，并下决心要消除劳动市场中被他们视为刻板的因素（Brown & Walsh，1991）。根据政府资源，薪酬仅应与公司所能够负担的（正如一直受到直接减税鼓励的利益相关薪酬方案那样），以及绩效薪酬中的个人绩效相联系。工党政府（1997—2010）像其前任那样，接受了可变薪酬的概念。例如，绩效薪酬无论是对私有部门的员工还是公共部门员工都有所促进。政府的白皮书《现代化政府》做出了一系列改变，这些变化反映了将薪酬与个人绩效相联系的奖励计划。尤其备受争议的是在教师行业引入绩效薪酬（Marsden，2007；Payne，2000）。从原则上讲，通过衡量绩效进行薪酬支付已经变得越来越模糊。这导致许多公共领域部门开始考虑可供代替的绩效薪酬方案，该方案应包含基于团队的绩效报酬和针对员工对公司整体贡献的更为广泛的评估。梅金森报告（2000）特别指出，组织经调查发现，可察觉的不公平在公共部门组织具有破坏性作用。值得注意的是，尽管绩效薪酬在原则上被广泛接受，可在实践中出现了太多对其

失去好感的案例。Marsden（2007）还指出了绩效薪酬方案对教师产生的许多相同的影响。

政府在不同时代明确地通过税收优惠规定来鼓励利润/股份方案。同时，随着国有企业（诸如水、油以及电力行业）的私有化，股权的公众意识得到了急剧的提升。

2010年选举产生的联合政府仍强调薪酬与绩效之间的联系，已有部分审查正在进行之中（例如，教师和警察）。

5.2.3   可变薪酬的程度及增长

在英国或其他地方尚无体现可变薪酬真实程度的全面又详细的数据，这在很大程度上是因为对于可变薪酬没有一个普遍接受的定义。然而，1990年的工作场所劳资关系调查（WIRS）和1998年及2004年的工作场所员工关系调查包括了关于奖励薪酬的数据。虽然可以从许多角度进行全面的对比，每份调查的问题结构均不相同的现象使得有意义的比对成了一个难题。

在1990年的数据中，63%的雇佣单位都至少拥有一种类型的奖励方案。到1998年这一数字变为58%。尽管如此，作者们（Millward et al.，2000）认为可以得出这样一个安全的结论，那就是在这段时期内整体变化不大。然而，奖励薪酬的使用方法却发生了变化。时至1990年，按成果付酬的方案更为普遍地用于手工业者，而非白领员工，但是到1998年却确实发生了逆转。到2004年，40%的工作场所拥有奖励薪酬方案：其中按成果付酬占了将近1/4（23%），奖励工资占了9%，而两者皆采用的占7%。然而上述数据不能给出其程度随时间变化的精确图表，这一样本调查强调了其从1998年的20%增长至2004年的32%。证据还表明，大型企业和那些未经过工会认证的单位仍在继续加大奖励薪酬的使用比例（Kersley et al.，2006；Sharp，2011）。美国国税局（2006）报告称有21%的企业采用按成果付酬的方案，有44%采用现金红利，而Geldman（2011）强调到有3/4的企业采用奖金方案。然而，公司反映奖金方案有很多问题，这些问题包括：对于奖金规模的失望，缺乏雇员的理解，与绩效的联系较弱。虽然使用这一方案的主要原因在于提高绩效，绝大多数人表示，如果撤销这一方案，那么招募和留任员工将会受到严重的影响：所提出的问题涉及继续留用他们的确切理由。

绩效薪酬覆盖的精确程度也同样存在问题，因为在诸如新劳动收入调查这样的官方数据资源中，仅在"奖励薪酬"中的"所有"类别里包含了绩效薪酬（Casey et al.，1992）。小规模的调查指出，使用绩效薪酬的公司比例从1/3（美国国税局，1991）到一半（Casey et al.，1992；美国国税局，1991；劳资关系调查，1992）不等。然而，2004年的劳资关系调查发现，大型企业集团绩效薪酬的使用率很低，美国国税局（2006）和Sharp（2011）发现，这是最为常用的奖酬战略形式，有超过半数的公司使用它为至少是一部分员工发放酬劳。重要的是，这些调查发现，虽然该薪酬方案是过去10年间薪酬体系中最受欢迎的形式之一，但是其使用率看似在下降。

表5-1指出欧盟中财务参与方案的使用在法国和英国尤其突出。在英国，自20世纪80年代以来，由于受到保守派政府大量税务减免的鼓励，利益相关方案和股权方案都得到了前所未有的广泛传播。

表5-1 欧盟国家的财务参与方案的范围（选定国家）

使用分红制或股权方案的职场或组织的比例

国家	1996年拥有员工人数50人以上，采用分红制的企业比例（EPOC研究）	1996年拥有员工人数50人以上，采用股权制的企业比例（EPOC研究）	1996年拥有员工人数200人以上，采用无限分红制的企业比例（CRANET研究）	1999年拥有员工人数200人以上，采用无限股权制的企业比例（CRANET研究）
比利时	不适用	不适用	12	11
法国	57	7	84	23
德国	13	4	18	10
意大利	5	3	8	2
荷兰	14	4	55	21
葡萄牙	6	3	17	2
瑞典	20	2	19	12
英国	40	23	30	30

Source：Pendletonand Poutsma，2004.

20世纪90年代期间，利益相关薪酬方案主要在制造业领域的外商独资公司和英国跨国公司中有着微弱的发展。利益相关薪酬发展程度最为重要的一个特点莫过于雇佣单位的规模。在90年代中期其发展至巅峰，利益相关薪酬体系涵盖了来自14 000家公司的410万名员工（美国国税局，1998年1月）。最近的调查研究发现，利益相关薪酬在金融服务、电力、油气、供水等领域发挥着至关重要的作用，但对其覆盖程度却尚不明确（美国国税局：15%，2006；Kersley：36%，2006）。

股权方案的使用数量在20世纪90年代出现下滑，尤其是在英国国有企业的私人服务部门，而在外商独资公司中却得以增长。税务局的数据（美国国税局，2000年5月）显示：工资扣存储蓄方案被1 200家公司所采用，有175万名参与者；经核准的分红制被900家公司采用，有125万名参与者；公司股份认购计划被3 700家公司所采用，有40万名参与者。近期数据（员工关系调查，2004）指出，有21%的企业（19%，根据美国国税局，2006）至少有一套股权方案，其中最常见的是工资扣存储蓄方案（13%）。总的来说，自1998年以来，使用股权制和利益相关薪酬制度的公司数量就没有发生过太大改变。

对于奖励方案的使用也存在整体上的差异，取决于部门对其重视程度。最可能使用的是销售和客户服务部门，最不可能使用的是护理、休闲和个人服务部门（Kersley et. al，2006）。

可变薪酬体系的本质

在英国，利益相关方案于1996年至2000年间逐渐失去了其税收优惠，因此其重要性逐渐下降。然而，股份方案仍持续受到政府和单位的支持。

从某种程度上讲，在大部分的可变薪酬体系工作中，个体员工不可能接受整体上的降薪。最坏的方案通常是不涨薪或者是给予奖金，尽管在股权方案下，资产贬值也是有可能发生的。2011年，奖励工资的平均预算是工资总额的2.7%，而个人奖金的平均值在2.2%以内（Sharp，2011）。

绩效薪酬方案通常是被工会引进的，通过以下三个主要方面对薪酬方案产生影响：规范绩效评估的过程，力求确保对包括规章制度和程序在内的决策制定的管理；减少该薪酬方案下员工所承担的金融风险；把握寻求上诉的程序性权利，获取执行该方案的相关信息，并与管理层一同审核该方案。机制和奖励的数额则很少成为协商的议题。可变薪酬的日益增加的重要性与分权和集体议价使用程度的下降相一致。

关于集体议价的使用程度在整体范围上超越可变薪酬的信息很少，甚至是没有。如果把集体议价的程度作为一般指标的话，到1998年为止，仅有29%的工作场所通过集体议价来决定其薪资支付。

最近的一项研究（Arrowsmith et al.，2007）表明在澳大利亚、挪威、西班牙和英国的银行业和机械设备部门，集体议价的使用程度超过了可变薪酬体系。通过将单一雇主谈判（SEB）与多雇主谈判（MEB）进行比对，我们发现在西班牙和英国的可变薪酬要比挪威的更趋向于雇主驱动型。在澳大利亚，在储蓄银行（部门协议）和商业银行（无协议）之间是有一定区别的。在银行业中，大多数的公司会采用多种可变薪酬的方案。个人绩效薪酬在这四个国家中属于集体管理，但是西班牙却有所不同，只占收入的一小部分比例。在这四个国家中，无论是奖金还是利益相关薪酬都产生很大的数量显著性，而很少受集体管理。英国机械设备业的可变薪酬比澳大利亚或挪威的更具雇主驱动型的特点。在英国可变薪酬很少与集体议价一同使用，而在挪威则会发生在公司层面，在澳大利亚则会发生在部门层面。表5-2给出了一些关于四个欧洲国家银行领域典型的可变薪酬体系的一些例子。

表5-2   四个国家可变薪酬的简况

	可变薪酬类型	覆盖面	标准	频率	数量的显著性（占收入的百分比）
UKC1	奖励工资	所有雇员	根据平衡计分卡所得个人评价——从矩阵中删除2004年的数据	纳入月薪	可变。2006年支付总额=4%，但是其中3%针对市场和最小值提升。仅留下1%的份额可供经理根据业绩进行分配
	津贴奖金	20~30个计划覆盖所有雇员	个人销售与平衡计分卡	视情况而定	5%~6%是零售员工
	股份计划	所有雇员	赠股+配套方案	一年一次	3%月薪（至多3 000股份）
	弹性福利奖励包	所有雇员	消费优惠津贴或现金津贴	一年一次	4%

续表

	可变薪酬类型	覆盖面	标准	频率	量的意义（占收入的百分比）
NOC1	绩效薪酬——工资商谈模式	所有雇员，但每个人的所得有差异	工作能力，合作能力，工作表现（业绩），责任感，价值观	年度薪酬商谈，在永久的基础上列入月薪	平均每年1%（2005）。因人而异，从毫无增长至大幅度增长
	固定价格分红制	所有雇员	无正式标准，基于公司业绩。由首席执行官/董事会酌情决定	退休时支付或离开公司时支付	2005年度所分配工资总额的3%
	商业银行部门的特别奖金（一次性支付的奖金）	该部门的雇员	无标准。将总数分配给银行经理，由其负责分配工作	在2005年付清（做一些2006年的安排）	有限信息（平均2%~3%?）
	PBR津贴，用于诸如业务营销部门+国际收支	全部归属于各个部门，但是只有125个部门里的7 000名员工	按降低损耗到实施培训计划进行，把10个因素排序。总分决定奖金总额度	一年一次	平均来看0.5=0.1%；收入的5%~10%取决于工资水平和奖金规模（浮动范围在2 400欧元到3 600欧元之间）
ESC1	奖励工资（1991）	酌情裁定，为技术员工进行薪酬调整（占总数的75%）	薪酬级别体制及奖金参考（内部及外部公平标准），个体技能鉴定。酌情裁定、综合统一，不享有退休金	纳入月薪	不详
	津贴奖金（1991）	个体津贴，8 149名雇员，16 823个队伍	根据业绩、参考奖金、个人所得分数、团队绩效考核和平衡计分卡进行管理，酌情裁定，不统一，且不享有退休金	一年一次	个体：工资额的8.2%，员工收入的24.8%　团体：工资额的5%，员工收入的10.7%
	额外奖金	高绩效员工（分数在150分以上）	参考奖金，导致各个业务单元分化，酌情裁定，不统一，且不享有退休金	一年一次	员工收入中普通奖金增幅20%~50%
	商业激励	在同一级别中绩效结果较好的10%的分支	消费优惠津贴或现金津贴，不综合不统一，且不享有退休金	一年一次	员工收入中普通奖金增幅20%
ATS1	绩效工资（自1993年始）：源自薪酬方案改革的结余资金可以作为绩效工资进行再分配	100%全体雇员	职位评估因素及目标管理的四条标准：职位要求，目标一致，表现态度和行政职能	一年一次	工资额的10%
	自愿平衡津贴（自1993年始）	100%	企业成功	一年一次	工资额的3.5%，至多月薪的一半
	激励制度市场（自2000年始）	68.8%（市场雇员）	40%作为团队奖金，60%作为个人奖金；随后由主管们酌情裁定	一年一次	额外费用的1.5%；工资额的12%
	后勤办公室的激励制度（自1990年起）	31%（行政雇员）	出色表现，由主管们制订的酌情裁决的计划（至多为员工的50%），遵循由管理委员会确定的人员/数量	一年一次	工资额的2%

Source：Adapted from Arrowsmith et al.，2007.

以上所提到的国际调查研究发现，不同类型的可变薪酬体系对于雇佣关系的个体化有着不同的影响。而绩效薪酬在本质上则更为集体化，但奖金、股权方案和利益相关薪酬却并非如此。同样，可变薪酬的战略性实质取决于诸如环境、结构等因素。例如，可变薪酬在银行业比在制造业的使用更为广泛，收入与绩效的相关性更高。不同的战略被应用于这两个领域之中。在银行业，战略是有目的的应急措施，随着时间的推移，要适应不断变化的现实。在制造业，战略的制定则更为慎重。由于竞争激烈，需要将一部分额外费用置于薪酬体系中，用以回馈顾客提出的要求（Arrowsmith et al.，2007）。

5.3　绩效薪酬：战略性有多少？

基于简化观点

可变薪酬方案在过去的10年间日益引起广泛的关注，尤其当可变薪酬体系被认为与人力资源管理（HRM）、高绩效工作系统（HPWS）和质量体系（诸如全面质量管理）的概念相联系的时候。正如这些概念那样，对于可变薪酬的研究产生了不确定的结果。但这并不妨碍学界和专家将其描述为一种解决了过去30年来诸多问题的薪酬体系。

除了其传统用法即作为招募、留住和激励员工的方式之外，可变薪酬还被认为有望在付出与回报之间建立直接联系，同时还是一种创建内部劳动力市场的整合方法，与其他人力资源管理/全面质量管理的技巧相符合。支持者甚至指出这样一个事实，那就是雇员本身也很难反驳这种薪酬方案的逻辑性。据称这种方案是奖励员工更为公平的一种方式，因为只有在奖励和付出之间建立直接的联系，才是真正的"公平"。

公司在没有证据表明某特定薪酬体系的作用的情况下，就对其如此重视，着实令人吃惊。这说明这些方案很少被独立引用，通常被认为是其他经营目标和任务的一部分，其目的在于加强竞争。

主要源自美国的多种研究表明，积极性的绩效源自于绩效薪酬（例如，Lazear，2000）。有趣而又值得一提的是，虽然这些例子都被用来促进绩效薪酬的使用，但它们其实都是计件方案，而不是绩效薪酬或者奖励工资的案例。在整个战后时期，计件工作的优点与意想不到的困难在英国都得到了深入的研究（参见Brown，1973），在此我们无需赘述。重点是许多定义以及专业术语使开展一场关于可变薪酬体系相对优缺点的严肃讨论变得十分困难。这样做将需要放眼国际，对各种可变薪酬进行更深入的了解。

在英国，对于公共领域组织的综合性研究（Gilman，2004；Heery，1998；Marsden，2004，2007；Marsden & French，1998；Marsden & Richardson，1994）倾向于根据绩效描述由绩效方案产生的不确定的结果，但是该类型方案会导致员工负激励的说法被广泛接受了。因此导致一些观点认为增加绩效更多的是工作强度增加的结果，而非生产力提高的结果。在Marsden（2007）的近作中，他指出生产管理的常见问题是在绩效评定、质量评估以及目标设定等方面存在偏差。这些问题可以通过在设计和改进薪酬方案时，让员工及员工代表参与其中的方法来解决。Belfield和Marsden（2003：460）同样主张，"并不是选择不同的薪酬体系促进了组织的绩效成果，这样的结果是通过薪酬体系与监控环境相结合而形成的"。

经济合作与发展组织近期所做的一项有关23个国家的国际性研究总结说，世界各地的学校都应该引入绩效薪酬，以此奖励优质教学，并提升教学水平。大多数的教师认为缺乏激励自己提高教学水平或进行创新的因素。工会负责人在听取大多数教师的意见后，认为报告中所假定的绩效薪酬会起作用的结论是缺乏进一步的证据的。事实上，在过去的10 年间，越来越多的研究表明，当把绩效薪酬应用于涉及认知的工作中，而非用于重复技能的工作中时，绩效薪酬所导致的结果会与所期望的结果相反（Ariely et al.，2005）。Irlenbusch（2009）强调诸如此类的薪酬方案可能会削弱雇员完成任务并从中获取乐趣的自然倾向。他发现提供奖励会对整体绩效产生一种消极影响，公司应意识到提供绩效薪酬会导致整个团队或公司员工动机的减少。

正如 Pink（2011）所言，问题在于动机的主导概念（基于人们趋利避害的欲望）基本上未受到挑战就留存下来，因为其易懂，易于监管，且执行起来直截了当。但长久以来一直如此：内部动机——一个人自我感觉具有创造力——是最强有力的驱动力。薪酬方案的问题，诸如绩效薪酬的问题在于，我们都是自动地将财富最大化的人：内部动机对于一切经济活动都具有重要意义。人们仅仅依靠或主要靠外部动机的激励是难以想象的（2011：28）。

Pink（2011）认为传统软硬兼施的方法不起作用的七大原因是：

1. 能压制内在动机。
2. 会降低绩效。
3. 能打压创造力。
4. 会排挤好的行为。
5. 会鼓励欺骗、走捷径和不道德的行为。
6. 会令人上瘾。
7. 会导致目光短浅。

在现代企业中，知识和用人已成为竞争优势的关键因素。有人主张自主性、技术熟练度和意志力是必要的驱动力，它们是任何战略性薪酬方案都必须包含的。

这一想法与 Attwood（2012）近期的一项研究相吻合。Attwood 的研究强调，在 2012 年许多大型企业的首要任务是要重新审视福利包、评级结构和薪酬基准。其主要的动机在于招聘和留住那些合适的人。企业在不断寻找与之外在/内在相匹配的薪酬方案，着重执行一套优先级别清晰的奖励战略。尤其是那些缺乏与之相符的薪酬方案的企业，以及那些薪酬支付与绩效无明显联系的企业。尽管它们认为已经树立了明确的目标，但仍有 75% 的企业没有按照绩效方案的标准来评估其支付的薪酬。即便是那些实施过评估的企业，也仅限于员工反馈的形式。此外，仅有 1/4 的企业为员工提供与其薪酬方案相关的国际培训（Sharp，2011）。

5.4　讨　论

需要着重指出的是，薪酬实际上是一个异常复杂的问题。针对这一问题，在决定薪酬体系及结构时，通常需要考虑的三大基本原则是：内部公平、外部公平和经营战略。这么做是需要工具的，例如，工作评估，与其他利益相关团体沟通，正如薪酬的集体决定那样。随着历史的进步引入了很多变革，行为体要与经济、政治、社会和科技的混合压力做斗争。当我们从国际层面上考查薪酬时，这些因素被进一步强化。

回顾过去的20年，一个不容置疑的事实是可变薪酬变得越来越重要了。特别是可变薪酬体系日渐强大，不断地渗入到职业阶梯中。可变薪酬体系的种类繁复程度不同，许多企业都倾向于使用不同形式的组合，而非单独使用某一种类型。同样值得注意的是，由于影响因素（诸如竞争环境和人力资源管理制度）的不同，不同部门及国家所采用的薪酬支付形式也多种多样。同时，关于薪酬的集体议价出现了明显的减少，随之而来的是更加个体化的雇佣关系。这是因为人们认为激励性因素用在个体身上最具影响力。然而，话虽如此，在过去的数年中，这些薪酬方案的消极影响，诸如绩效薪酬，迫使政府去寻求激励员工的方法。

很少有证据能表明，绩效或员工在绩效薪酬体制下能获得任何的积极影响。大多数学术研究表明，这种薪酬体系总体上倾向于产生削弱积极性的效果，而非增强积极性的效果。其中主要问题之一在于，难以在平衡和稳定薪资结构的同时去尝试提供激励因素。可变薪酬体系似乎难以满足其传统目标，但其他目标已开始显现出来：

- 为组织文化的变化打上信号；
- 引起雇佣关系的重组；
- 在工资没有增长的情况下，允许选择性奖励；
- 对集体议价进行分权；
- 使工会边缘化；
- 允许更为严密的财务控制；
- 为了发展，对缺乏晋升机会和选择性奖励加以平衡。

不同的方案可能会有不同的目标。Arrowsmith等人（2007）发现，奖金方案被用作激励因素，绩效薪酬被用于成本控制及开发（虽然这两点是明显矛盾的），而利益相关薪酬则是更为广泛的经营目的及企业文化的标志。现如今已有人开始争辩说，绩效薪酬和其他可变薪酬更多的是雇主想要重建对于谈判的控制。尽管如此，愿意为可变薪酬歌功颂德的评论家仍大有人在。企业一贯采取改变薪酬方案的方法，以图矫正所出现的问题，这对于当事人没有任何根本上的变化：目前整体薪酬回报成为时下最走红的薪酬方案。

因此，目前可变薪酬令人质疑。从广义术语方面来讨论是很简单的，而现实中在巨大的可变性和浮夸矫饰言语的包裹下，薪酬方式会产生一种不确定的状态。近来，有建议称公司应该采取更具战略性的方法去支付薪酬，将多种不同的可变薪酬方案运用其中。这些薪酬方案在某种程度上应与公司的战略性意图及其经营计划相适合。但正如Arrowsmith和Sisson（1999）所指出的那样，在薪酬安排方面的变化可以反映出公司对管理战略的调整，这些调整是根据竞争强度、新产品的安排，以及组织内容的变化而定的。所有这些因素对于每个企业而言都可能是个体化的，并可能导致"个体化"的结果。这些结果与Kessler（2008）关于可变薪酬的论断相吻合，他认为企业更倾向于将注意力放在经营战略方面，而非内部平衡或者外部平衡上。

薪酬体系的战略性成功依赖于一系列的因素（Marginson et al.，2007）。人力资源管理战略的整合包含着将诸多主观实践（例如，评估、培训、企业文化等）与突发事件的考虑相结合（科技、大环境等）。这一事实意味想要在平衡内、外部劳动力市场的因素的同时提供可变薪酬体系的薪资包，对于企业来说是很困难的。

通过提供所谓的"整体薪酬"的薪酬体系，企业明显是想为自己争取更多的灵活性去平衡这三大基本原则。关键问题在于这会对绩效产生什么影响？最近一项来自美国的证据对绩效薪酬的持续使用提出了质疑，尤其是在知识和创造力都很重要的条件下。

案例研究5.1　整体薪酬战略的政治内涵：肯特郡政府议会的案例

M.METAWIE

肯特郡议会（KKC）管辖着肯特郡大部分地区，由12个区议会、超过300个城镇和行政堂区委员会组成。议会的总部位于梅德斯通。据国家统计局于2010年的估算，肯特郡地区的人口（麦德威地区除外）为140万人。最大的地方行政区是坎特伯雷，拥有人口149 700人，而最小的地方行政区达特福德拥有人口92 000人（肯特郡议会研究与情报，2012）。肯特郡议会雇用的员工总数为45 000人，包括那些在学校工作的教职员工，他们占肯特郡议会全体员工的2/3（30 500名职员）。肯特郡议会可进一步划分为4个主要的理事会和1个行政部门。社区理事会拥有4 277位员工，占肯特郡议会全体员工的比例最大。其中包括：儿童、家庭与教育（4 179名员工）、成人服务理事会（3 777名员工）、环境与能源再生理事会（902名员工）、行政长官部门（1 870名员工）。60%的肯特郡议会工作人员是兼职工作者，80%的员工为女性（肯特郡议会薪酬经理，2006）。肯特郡议会受保守党控制（肯特郡议会，2009）。自20世纪80年代起，持续的保守统治成为肯特郡政策的特点（Atkinson，2001）。

肯特郡议会薪酬决策轨迹：经济和政治内涵

在20世纪80年代以前，与其他公共部门一样，肯特郡议会的薪酬模式以集中谈判为特征。通过在国家层面由地方当局与工会代表进行集体议价来决定（Levinson，1971）。薪酬的增长和级数同工作资历和服务年限相关联。自20世纪70年代的经济衰退和1979年选举成立撒切尔保守党政府以来，政府就试图控制公共部门的开销。

地方政府尤甚，因抑制花销产生了不断增加的经济压力，尤其是在地方当局的税率上限方面。为了增加灵活性和扩展自由裁量权而进行议价，肯特郡议会是最早退出全国性协议的当局之一（Sheldrake，1988），并且用绩效相关的薪酬体制替换了传统的薪酬递增体制。

一套由国家规定的薪酬系统被视为是僵化的，会妨碍议会对政府花销控制战略做出反应的能力（Griffiths，1990），并符合劳动力市场条件和需求。由于邻近伦敦，肯特地区的员工在应聘和留职方面面临着与伦敦劳动力市场相竞争的压力（White et al.，2001）。肯特郡议会与英格兰东南部的许多权力机构一起，寻求引入当地协议作为缓解当地劳动力市场压力的方式（Jackson et al.，1993）。此外，传统的薪酬自动递增体制看似与肯特郡议会所采取的绩效文化格格不入（Griffiths，1990）。结果，肯特郡议会于1990年引入了"肯特郡薪酬附加计划"作为薪酬决策的新方法（Griffiths，1990）。

肯特郡薪酬附加计划有四个主要特征。这一体制的第一个关键特征是废弃本地议价。总体来说，集体议价不被议会视为一种薪酬决策的相关方法，因为工会的成员仅能代表全体员工的1/3（肯特郡议会薪酬经理，2006）。然而，承认由工会去协商服务条件的权利得以维持下来（Griffiths，1990）。第二个特征是引入一套新的等级结构。肯特郡薪酬附加条款的第三个特征是，使用在肯特郡进行工作评估时采用的"海氏法"为肯特郡该区域内相类似的工作提供可比性。最终出现了一种向以绩效为基础的薪资体系靠近的趋势，并且引进了绩效薪酬体系。

对员工而言，是否加入肯特郡薪酬附加计划纯粹出于自愿（Griffiths，1990）。关于绩效薪酬，个人绩效是建立在个人评估和三个绩效评估等级的基础之上的。其中的第一等级和第二等级不会导致任何的薪酬增长（肯特郡薪酬附加计划奖金项目和开发经理，2006）。根据肯特郡薪酬附加计划奖金项目和开发经理（2006）的规定，该体系一部分是由预算驱动的，并且取决于经理是否有足够的资金去奖励那些经过评估被认为值得奖励的高级别员工。此外，对于如何衡量绩效的标准也是有局限的，这就导致对于员工的衡量缺乏明确的测量标准，以及高水平的适中的测量结果。例如，经理感觉自己的团队表现得很出色，可以奖励他们二级加薪，但是可能没有用于衡量测评的明确的行动计划或者绩效目标。员工感觉关于薪酬的决策是随意做出的。根据肯特郡议会在那一时段（1990年至1995年）雇用的员工的说法，绩效薪酬造成了一种不平等，并且没能对工作中的各个方面进行评估，尤其是对那些等级较低的员工（肯特郡议会薪酬经理，2006）。此外，此套体系对于处于顶级的员工而言，缺乏额外的奖励。总的来说，绩效薪酬作为一套评估系统，在测评方面缺乏一致性（肯特郡薪酬附加计划奖金项目和开发经理，2006）。结果，并不是所有的经理都鼓励采用这套体系，随后该体系在1996年被废除。

在1996年，肯特郡议会又回归了传统、自动、定期的增长模式。在该套模式中，员工的加薪取决于工作年限，与任何正式的绩效评估都无关。员工的薪酬结构包含12个等级，从A级到L级（L-D涵盖了高级水平的员工，A-D涵盖了低水平的员工——一些工作会在D层出现重叠）。绩效薪酬在肯特郡被根除的时间，与保守党自1993年至1997年在议会失势的时间恰巧相同。在那段时期，议会在工党和自由民主党的联合掌控下。3年后，保守党重新夺回议会的掌控权，肯特郡议会开始为等级结构和薪酬决定方式寻求进一步的改变。整体薪酬战略，这种全新的薪酬战略于2003年通过审议，并且于2005年被引入使用。

整体薪酬战略：主要特征及目标

肯特郡议会的整体薪酬战略有三个主要特征。第一个特征是，为从前的手工工人引入单一身份，其目的在于协调手工工人和非手工工人在薪酬、地位和雇佣条件上的差异。整体薪酬策略的第二个特征是，实施新的工作评估方法，该方法是以上班族及其利益为基础而形成的。肯特郡议会薪酬经理解释说，发展上班族的目的是让个体员工可以在整个肯特郡议会的范围内对自己的评级和地位进行对比，并能在一个更大、更清晰的背景下看到自己在"家族"中的进步。与新的工作评估体系相联系的是三个额外等级的引入，其目的在于减少工作等级之间的长度，并将等级之间的重叠部分最小化。薪酬等级的数量从12级（A-L级）到15级（KS1-KS15）（参见图5-1）。

与这15个等级相对应的是15个职位描述。工作分析和工作评估决定了等级之间的相对区别，这些区别基于四个关键领域：解决问题和责任制、技术和知识、监督和管理以及能力。关于整体薪酬策略的第三个特征是引入新的绩效薪酬体制——TCP，即整体薪酬战略最基本的元素（肯特郡议会薪酬经理，2006）。

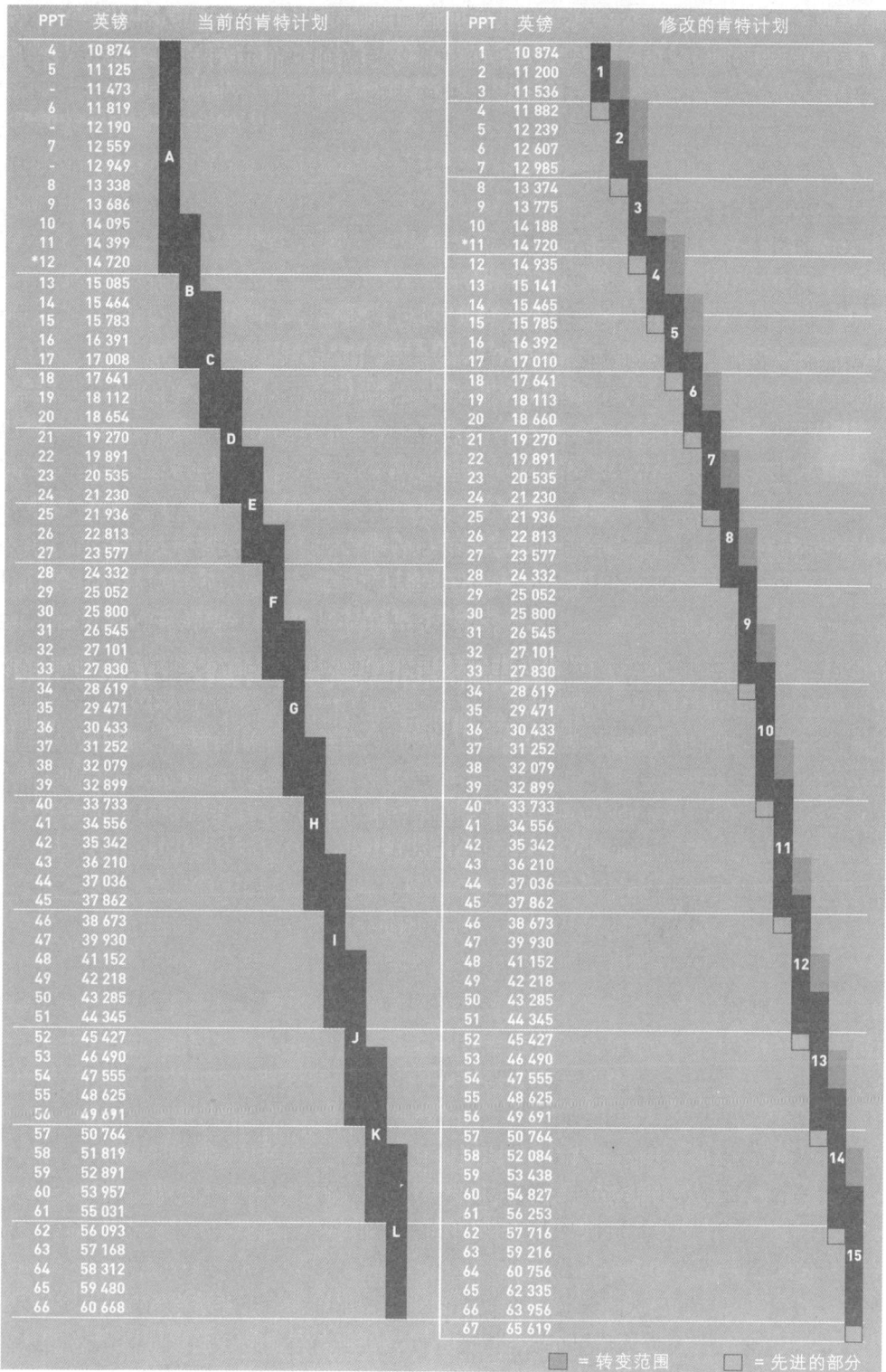

PPT	英镑	当前的肯特计划
4	10 874	A
5	11 125	
-	11 473	
6	11 819	
-	12 190	
7	12 559	
-	12 949	
8	13 338	
9	13 686	
10	14 095	
11	14 399	
*12	14 720	
13	15 085	B
14	15 464	
15	15 783	
16	16 391	C
17	17 008	
18	17 641	
19	18 112	
20	18 654	
21	19 270	D
22	19 891	
23	20 535	
24	21 230	
25	21 936	E
26	22 813	
27	23 577	
28	24 332	
29	25 052	
30	25 800	F
31	26 545	
32	27 101	
33	27 830	
34	28 619	
35	29 471	G
36	30 433	
37	31 252	
38	32 079	
39	32 899	
40	33 733	
41	34 556	H
42	35 342	
43	36 210	
44	37 036	
45	37 862	
46	38 673	
47	39 930	I
48	41 152	
49	42 218	
50	43 285	
51	44 345	
52	45 427	J
53	46 490	
54	47 555	
55	48 625	
56	49 691	
57	50 764	K
58	51 819	
59	52 891	
60	53 957	
61	55 031	
62	56 093	L
63	57 168	
64	58 312	
65	59 480	
66	60 668	

PPT	英镑	修改的肯特计划
1	10 874	1
2	11 200	
3	11 536	
4	11 882	2
5	12 239	
6	12 607	
7	12 985	
8	13 374	3
9	13 775	
10	14 188	
*11	14 720	
12	14 935	4
13	15 141	
14	15 465	
15	15 785	5
16	16 392	
17	17 010	
18	17 641	6
19	18 113	
20	18 660	
21	19 270	7
22	19 891	
23	20 535	
24	21 230	
25	21 936	8
26	22 813	
27	23 577	
28	24 332	
29	25 052	
30	25 800	9
31	26 545	
32	27 101	
33	27 830	
34	28 619	
35	29 471	10
36	30 433	
37	31 252	
38	32 079	
39	32 899	
40	33 733	
41	34 556	11
42	35 342	
43	36 210	
44	37 036	
45	37 862	
46	38 673	
47	39 930	12
48	41 152	
49	42 218	
50	43 285	
51	44 345	
52	45 427	13
53	46 490	
54	47 555	
55	48 625	
56	49 691	
57	50 764	14
58	52 084	
59	53 438	
60	54 827	
61	56 253	
62	57 716	15
63	59 216	
64	60 756	
65	62 335	
66	63 956	
67	65 619	

▨ = 转变范围　▨ = 先进的部分

* 表示目前最高级薪酬分为 11 级。

图 5-1 肯特郡议会修订后的薪酬结构

Source：KCC TCP Guide，2005.

肯特郡议会薪酬策略有两套主要目标：招募、保留、认可和宏观组织性变革。在宏观组织性变革的目标上，肯特郡议会在寻求结构和文化的变革。关于结构变革，肯特郡议会旨在通过引入一套新的级别评定体系和薪酬结构来减少政府机构的干预。关于文化变革，整体薪酬战略被视为一种用于增强绩效导向型文化的工具，该工具通过将注意力从绩效产出转移到绩效投入上而起作用（肯特郡议会薪酬经理，2006）。TCP试图通过把行为能力融合到TCP的绩效评估标准中的方法来完成这一转变（肯特郡议会TCP指南，2005）。

TCP的引入：一种阶段性的方法

引入TCP的决策，是经过内阁首席官集团（COG）和内阁成员（肯特郡薪酬附加计划奖金项目和开发经理，2006）一致同意的。根据决策的规定引入TCP始于2001年，这是一个不断磋商、设计和发展的过程。其目的在于形成新的薪酬战略。肯特郡议会与其认可的工会（例如，联合会、英国总工会（GBM）、联会（其前身是运输和普通工人联合会）以及工会）形成了一种合作关系，一起对新的薪酬战略进行协商。虽然这种合作的方法被视为一种正式机会，使得工会和肯特郡议会之间的协商得以实现，但该方法不包含任何的书面协定（肯特郡议会薪酬经理，2006）。在协商的过程中，工会对TCP个人主义的本质深感担忧，进而对经理评估个人绩效的能力也表示担忧。然而，工会对于TCP的实施，并没有反对意见。此外，肯特郡议会薪酬经理（2006）解释说，TCP的设计照顾到了工会的担忧。

TCP的实施是分阶段进行的。真正用TCP替换薪酬自动递增体制始于2005年4月，完成于2007年4月。在实施的第一阶段，TCP覆盖了从KS7等级至KS15等级的5 000名员工、所有的监管者和高管。采取阶段性方法的目的是在最终实施该制度前，对其进行微调；并且在将TCP扩展到其余的工作场所前，让经理们对TCP的操作过程进行熟悉。对此，许多高管提出了对绩效标准定义的一些担忧；他们认为，应该提供更多的例子去阐明不同级别绩效评级的区别。另外，一些经理们表达了他们对于年中考核和整体贡献评估之间时滞差的担忧，他们认为时间滞差太短。他们解释道，议会的工作性质包含一些长期的项目，正如在一些公共部门中的那样，这些长期项目需要经过数年才能见成果或者予以衡量。那么考虑年底利益目标的缺失就尤为重要了。这些担忧统统被纳入考虑范围，并且从上述议题中所得反馈塑造了最终的薪酬策略。

2006年，新的等级和薪酬标准被引入，薪酬递增以个人贡献为基础。同年，第二阶段开始实施，要将该体制扩展到肯特郡薪酬方案KS1至KS7等级的所有员工，其中包括学校的职员。在最后一个阶段中，实施了20项关于该体制的报告，包括160多名员工。与此同时，董事会内部正在通过人事专员和中层部门经理进行沟通。与宣传运动一同进行的还有评估培训，评估培训是用以确保在TCP体制下，绩效评估过程将会持续地由评估人进行，被评估人也能够意识到融入TCP的评估过程。

整体贡献薪酬的设计与运行（TCP）

TCP是以对个人整体贡献的评估为基础的，而非其预先设定的目标和个人发展计划。执行这一评估要经历三个主要阶段：目标设定、绩效评估和薪酬评估。目标设定会议于每年年初的2月至4月之间举行。会议期间，员工和他们的经理会共同对四个关键因素进行鉴定和批准，个人整体贡献的评估就是针对这些元素进行的。它们分别是：目标与岗位职责、成功的方法、更为广泛的贡献和个人发展（见表5-3）。薪酬经理（2006）解释道："绩效目标包含在目标与岗位职责的范畴内，而个人发展应该是具体的、可测量的、可达成的、现实的和同步的（SMART，明智的）。"

表 5-3　　　　　　　　　　　　　　　总贡献评估种类

评估种类	影响因素
目标及职责	• 交付行动计划
	• 岗位职责的有效性
	• 目标
	• 质量标准
	• 预算控制
	• 消费者反馈
	• 同行群体/360 度反馈
成功的方式	• 在如何做好工作方面的不断改进
更为广泛的贡献	• 对于团队的贡献
	• 正常工作外的项目工作
	• 参加肯特郡议会的工作活动，与职业角色没有直接关系
个人发展	• 发展计划的完成
	• 发展申请
	• 对所要求技术的掌握和应用
	• 取得资质

Source：KCC TCP Guide，2005.

TCP 的第二个阶段是绩效评估，绩效评估包括对员工绩效和发展而进行的持续评估。通过一年两次的正式评估，由经计划的、定期的一对一会议在经理和下属之间全年进行。一年两次的正式评估包括一次年中审核和一次年底正式评估。经理和他们的员工应协商一个日期，这一日期应至少在年中审核两周前，或者在年终审核以后。年中审核在 7 月和 9 月之间进行，且应该给予员工接受对于其绩效的反馈的机会，如有需要应做出改进。然而，要在 12 月和 1 月之间评估实施以后，才会对员工的个人行为计划和个人发展计划的进程进行正式的讨论。

在评估期间，经理们在整体贡献的内容下对测评范畴进行考虑。尽管个人绩效分属于不同的等级，但是应该按照统一绩效标准进行评估，评估包括以上所提及的四个绩效指标。薪酬经理（2006）期望对于较低的薪酬级别的关注点要放在岗位职责这一方面。他解释道，等级越低，把议会整体商务计划融入个人目标的复杂程度越高，这是由议会的规格和本质所决定的。就这一点而言，他进一步指出（2006），经理们希望通过使用其自由裁量权在评估范畴和每位员工之间达成一种合理的平衡。在完成绩效评估以后，经理将会准备一份评估表，并将其发送给"上级主管"去签署。该评估表包括了 TCP 的评分建议。

	如在全薪绩点		
	递增薪酬级别的定位		
贡献评估	2个绩点或者更多的增量	1个绩点的增量	最高值
杰出的	2	1+A	A
优秀的	1½	1+½A	½A
良好的	1	1	0
不完善的	½	½	0
欠佳的	0	0	0

	如在全薪绩点		
	递增薪酬级别的定位		
贡献评估	2½个绩点或更多的增量	1½个绩点增量自上而下的评估	½个绩点增量自上而下的评估
杰出的	2	1½+½A	½+A
优秀的	1½	1½	½+½A
良好的	1	1	½
不完善的	½	½	0
欠佳的	0	0	0

　　像前面提到的肯特郡薪酬方案一样，TCP使用同样的整体薪酬预算，但是以不同的方式对其进行分配，以此来认证个体的贡献。为了增强灵活性，TCP将加薪进程上的一年半个绩点增量提升到最高等级的一年两个绩点增量。此外，已达到最高级别的员工，根据其绩效，最多可以实现一个额外的支薪点作为奖励。因此TCP引入了绩效五级量表，利用半个绩点增量体现员工的贡献。等级如下：

　　一个良好等级是评分的各类指标综合起来的整体结果。然而，一个优秀等级应该所有评分标准均达到优秀的综合结果，或者是杰出等级的综合结果。同样，一个杰出等级应该是所有测评类别都达到杰出绩效的综合结果。

　　还有现金与非现金奖励。现金奖励可以用于奖励全年中有特殊行为的员工。这些也可以被认为是整体贡献奖励的一部分，但是经理们应该确保个体贡献没有重复计算，并且应该注意到本年度早前已认可过的薪酬。经理们可以因员工出色完成工作而给予员工500英镑的奖励，这取决于奖励的即时性，以及奖励对员工动机的影响。高于500英镑的奖励必须由上级主管签字。非现金奖励包括诸如买束鲜花，或者一盒巧克力。

在经理们完成直接报告的评估后，这些文档将被送去其主管部门进行审核。这一过程按照汇报关系反复进行直至董事会的最高层。此时，董事会的结果也被拿来与平行测评进行比对。这一审核过程用于调查经理对测评绩点的分配和对质量标准的遵从情况。最终，董事会需要核对结果，以更广泛的基础对评估分数的分布和预算支出的影响进行评定。为表示管理的诚信，TCP 为对评估结果持不同意见的个体员工提供向主管部门上诉的机会，他们可以通过上诉流程进行上诉。

最终，总体奖励包为全体员工在安排假期、卫生保健、生活方式筛选、因折扣奖励而造成的员工薪资折损和福利方案方面提供了灵活的福利（目前提供的包括财务、汽车、礼品、休假、服装、手机、保健与美容、家居与园艺、假期、娱乐、运动与健康）。员工们可以利用这些福利，并且通过使用在线互动奖励声明来计算他们所付出的努力对工资的影响。肯特郡议会期待新的薪酬战略以及文化上的变革能够确保员工为自己谋取福利的权利。

问　题

1. 讨论外部环境对肯特郡议会薪酬决策的影响。在此学生们可以对肯特郡议会所面临的经济和政治压力进行讨论。学生们还应该提到集体议价和工会在采纳/拒绝绩效薪酬方面所起的作用。

2. 考虑肯特郡议会劳动力的人口统计特征概况，你认为该体系会对内部关系和平等产生什么影响？学生们应该探究一下，兼职员工与女性员工会在该体系下会受到怎样不利的影响？

3. 利用议会的战略和文化对 TCP 的标准进行评估。学生应该着重强调私有部门和公共部门文化的差异。肯特郡议会是否采取了最佳实践方法或最适合的方法？对于长期项目是如何测评的？更广泛的贡献等等

4. 将肯特郡议会旧时薪酬体系——肯特郡薪酬附加计划与新的整体薪酬战略进行对比。你认为新的体系有多高效/成功？

有四点主要的差别：阶段性实现、总奖励包（增强员工福利意识）、TCP 绩效引入的评估标准，以及审核过程。然而学生们应该同样注意新体制下这四个特点可能带来的消极影响。例如，统计调整是如何影响绩效评估结果的，公平性如何？怎样才能使引入的评估措施做到明智（SMART）……

案例研究 5.2　设计薪酬体系

MARK W.GILMAN

虽说引入绩效薪酬有很多种不同的原因，但对雇主而言，其本质在于提高生产率。然而公司并非仅仅通过薪酬来达到这一目的，还使用了各种各样的其他方法，虽然近期许多研究表明这些方法与所说的"提高生产率战略"的联系甚微。这给人力资源经理带来了许多有趣的问题。这些问题涉及哪种薪酬体系更适合企业及其员工；该薪酬体系的组成部分是什么；以及该薪酬体系如何与其他提高生产率措施的因素相契合，以确保其相互匹配。

在本章中，我们不仅强调了各种可用的薪酬体制组合，还强调了在决定如何支付员工薪酬时所面临的一些不同的内部及外部的压力。尽管如此，雇主们专注于将绩效薪酬方案

作为其支付薪酬的主要形式的现象仍是十分常见的。然而，许多雇主谈及他们曾有过按绩效支付薪酬的积极体验，其中有许多陷阱，包括鼓励各种本应该鼓励的不同行为。下面是一些公司近期引入方案的例子，这些方案由公司各不同部门引入，用以满足一系列不同的优先级。第一，重塑全面加薪，关注薪酬的整体平等；第二，虽然是处于同一行业，但应着重考虑按绩效付酬是否会导致南辕北辙；第三，需要应对雇员的市场力量；第四，缺乏灵活性；第五，关于欧洲业务的一致性；第六，不想为员工的分内工作支付额外的薪水。这么做公司就是在以不同的方式执行同一种薪酬方案，以图平衡内部因素和外部因素，并满足不同利益相关者的需求。

约克郡水务公司于1998年执行了一套新的付酬和绩效管理体制，这套方案被认为是超前于其所处时代的，甚至赞誉它有助于扭转商机。它以个人绩效与薪资相挂钩为特点，为员工提供整合绩效奖励的机会，并为一系列两年薪资条约的签订打下基础。

然而，代表全公司2 200名技能、技术娴熟专业员工的工会却对该体系中个人绩效的相关因素并不满意。他们特别担心的是，如果一位员工在一年内表现不佳，会导致其薪酬的零增长，这对于他的影响不仅限于当年，还包括他接下来的职业生涯，直至其退休。他们的计算结果显示，一名40岁的员工，在那一年错失了加薪，而其同事却得到了30%的加薪，那么该员工在薪水和退休金方面的损失约为30 000~40 000英镑。

出于此方面的原因及其他方面的考虑，约克郡水务公司和其认证的工会现已通过协商达成了一项新协议。该协议于2005年正式生效，该协议包括截至2010年针对所有员工的通货膨胀联动型调薪，以及非综合性个人奖金。这些非综合性奖金是按季分红，其数额也是提前告知的。以2005年6月为例，员工"超额完成任务"，奖金额为250英镑，对于"已完成任务的员工"的奖金额为150英镑。对于那些一贯超额完成任务的员工，综合性奖金体系辅以综合性"进步"加薪也一样适用。向新方案发展的体制逐渐为工会所接受，工会表示他们的成员对这种新方式更为满意。

水环纯水务（Severn Trent Water）公司旗下有3 000个水务网站，雇用了大约5 000名员工。一线员工分为两组，分别为总部雇员和联系中心雇员，以及工序及维修工人。其薪酬体系被认为是过时的，其所规定的灵活度低，或是与绩效的联系甚微。绩效薪资曾经在这些团体中实行，但是事实证明这种薪酬体制是不成功的。人力资源部门必须设计出一套可供选择的模式，该模式可以为员工提供明确的绩效进展，但同时又能保留宽带薪酬框架。

公司聘请海氏集团来为其提供顾问服务，以便能够获取其他有见解的薪酬实践和选择，但最终还是决定建立自己的薪酬模型。到2004年为止，在其开始运作的前两年中，该方案包含全面加薪，同时还包括绩效加薪，正如该公司从前所做的那样。公司明确表示，基本工资的涨薪并不是一种既得利益，也不会得到保证——员工仍需遵循具体的绩效标准。

自2006年起，协商出台的新框架将薪酬与公司目标利润、提高安全绩效及出勤率相挂钩。一份已公布的方案显示，下一年可用于加薪的资金额度是如何通过在所有三个领域内执行而得以加强的。

2008年，雅虎欧洲的人力资源经理被赋予了一项挑战性的任务：抑制员工对薪酬的期望。公司将只重点奖励最佳员工，因此不存在将薪酬与通货膨胀或是员工自己认定的价值相关联的期望。公司所面临的问题在于，在全球经济衰退的条件下，员工的自身价值意识在不断地增加。因此认为他们自己有一定程度的市场权力要求更高的薪资。

公司已经引入了"业绩排名"，经理们需要从排名中鉴别出谁是他们的最佳员工和最差员工。公司评论指出，相当一部分比例的员工将会得到零加薪，而给予绩效的奖励将比平时多很多。公司希望员工们和经理们为他们自己的表现负责，并且对表现好与表现不好进行区分。

2002 年，在部门经理抱怨现行薪资方案的灵活性较低以后，保险公司——DAS Legal Expenses 决定对它们的薪酬制度进行一次彻底的调整。新方案建立在评估体系的基础之上，评估体系有四个核心价值观念——卓越、敬业、进步和合作。这些价值观念细化到个体目标时，既可以为经理们提供结构框架，又可以为他们提供一定的灵活度。

这一方案的操作方法是，根据员工们各个方面的表现，每个季度给员工打分，分数从 0 至 14 分不等。根据所认定的员工对他们所工作部门各方面的重要性对分数进行加权。结果在汇编了一整年的情况后，在下一次复核工资前提交。尽管加薪的价值因素可以根据评估得分来决定，该体系仍为员工与工会法庭之友的集体议价留有空间，将加薪数额分配到每个等级。

这一方案总体上来说被认为是成功的典范，因为它明晰地向员工们表明了公司的目标，以及员工们为达成目标所做的贡献。因为它给高层管理人员提供了常规业绩目标，可以迅速向高层人员反馈问题所在。

在嘉信力（Carlson Wagonlit）这样的商务旅行管理咨询公司中，奖励工资是与项目的绩效评估相关联的，对每位员工的绩效评估每年至少要进行一次。对经理们也实行相似的体制，他们所获得的奖金取决于公司和个人表现。

嘉信力公司的方案令人感兴趣的方面在于关键能力并非是由顾问或是人力资源部门开发的，而是由英国的员工们开发的。这一方案被公司的整个欧洲业务部门所采纳并执行——尽管工会的抗议可能意味着这一方案不能在英国以外的地方用于薪酬决策。

消毒产品生产商埃斯创（Isotron）公司，在两年前完成并购，其营业额和员工数量都翻了　倍，此后该公司对其薪酬方案进行了审核。虽然该公司最终认定绩效工资制度不适合其发展，可如今该公司却执行着绩效奖金的方案。公司认为给予经理们薪资以外的额外加薪，让他们去做他们的本职工作是不可取的。相反，他们只想奖励那些职责增加了的那部分。

从前是客观地分配绩效奖金，但是如今的奖金是由绩效评估决定的。绩效评估是基于关键价值和高层经理的评价。公司认为该方案在薪酬和绩效如何评估方面涉及了一定程度的文化转型。

Source：Adapted from Attwood，2005；IRS，2004；Personnel Today，2008.

问 题

1. 以上公司是否采用了恰当的薪酬体系？它们是否应该采用其他奖励制度作为总体奖励包的一部分？你对这些公司有什么建议？

2. 以你所知道的一家公司为例，设计一套薪酬体系。解释你如此设计的原因，并确保你设计的薪酬体系与该公司的文化、策略、员工等相契合。在公司内你会对所有的员工施行同一薪酬体系吗？

第6章

绩效评估

Tom Redman

引　言

在过去的20年里，绩效评估的实践经历了许多重要的变化。大体上，发展是由大规模组织结构的变化（参见第1章）所驱动，而不是由绩效评估研究中的理论进步所驱动。尤为明显的是出现了公司裁员、分权和去层级化，劳动力的灵活性，协同工作的行动，一波又一波的文化交换计划和新的管理方案，比如全面质量管理（TQM），业务流程再造（BPR），能力、知识的管理，以及人力投资，在英国尤甚。工作场所中员工关系调查（WERS）的数据报告认为，被视为人力投资的组织，更可能使用绩效评估方案（Cully et al.，1999；Kersley et al.，2006）。在支付系统上的变化也促进了绩效评估的成长与发展。一体化的支付报酬系统的发展、协调，以及基于优势与绩效结算方式应用的增加与绩效评估的成长密切地联系起来。

绩效评估实践的两个主要影响源自新的组织背景。首先，期望那些10年前所使用的评估体系在今天许多组织中发挥效用明显是不恰当的（参见本章结尾处的案例研究6.1）。其次，新的发展并非预示着绩效评估的结束或者削弱了其重要性，它们的出现强调了绩效评估对实现组织目标的贡献，并且促进了在绩效评估实践方面的试验和创新。正如我们下面讨论的那样，绩效评估实际上变得更加普遍。它逐渐开始囊括从前未接触的组织和职业集团。特别是绩效评估将组织层级结构向下涵盖了从事体力劳动的职员、文秘及行政人员以及兼职员工，并且从私人领域向公共领域扩展。新的评估形式也出现了。因此，现在包括基于能力的评估体系，即员工对经理的评估、团队的评估、顾客评估和"360度"评估体系。旧的绩效评估体系也被去除糟粕，并且以新的形式又重新出现（参见专栏6.1）。

本章的主要目的在于批判性地回顾绩效评估实践中的一些关键发展。首先，要呈现的是绩效评估的简要历史。通过现行实践的检验，反映绩效评估的广泛性有多强，绩效评估的用途是什么，以及在更为广泛的绩效管理体系中，作为一种管理控制工具，绩效评估的作用是什么。其次，我们回顾了绩效评估实践中的一些主要创新。再次，对实践中存在的一些绩效评估的问题进行思考，尤其是我们在此检验了全面质量管理的绩效评估、持续性改进与顾客服务举措之间的兼容性。最后，鉴于不断增加的批评，我们通过考虑绩效评估在人力资源管理实践中是否有未来得出结论。

专栏6.1　实践中的HRM

艰难时期的绩效评估：排名与淘汰

据报道，越来越多的组织采用绩效评估体系进行评估。该体系按从好到坏进行排序的方法来鉴别表现最差的员工。此类评估体系将员工依照正态曲线分布进行排列。在曲线中，前10%的员工一般都会得到A等级或者相当于A的级别，中间的80%会得到B级，最后的10%的员工会得到C级，并且他们如果没有任何改进，就会被解雇。

这样的体系在20世纪90年代很流行。据《时代》周刊（Fonda，2003）刊载，目前在美国大约有1/3的公司在使用此类体系，比1997年增加了13%。这种绩效体系的基本原理是在惩罚排名靠后的员工的同时，奖励靠前的员工。因此，被认为表现不佳的员工首先会被给予一定的帮助和时间来进行提升。如果他们没能在排名中提高名次，他们就必须离开。这种离开是以遣散超额员工的方式提出的，但是如果表现欠佳的员工拒绝自愿离开，他们会面临无偿终止工作的可能。这一体系貌似首源起于前安然公司，在前安然公司的员工给这一体系取了"排名与淘汰"的绰号后，这一战略开始为人所知。

关于排名与淘汰的一则评估案例是由太阳微系统公司所提供的。这家公司将其43 000名员工划分为三组。前20%的员工被评为"优秀员工"；接下来70%的员工被评为"标准员工"；后10%的员工被冠以"表现不佳的员工"。这些表现不佳的员工被告知必须进行自我提升，并且给他们提供一对一的教练。在执行总裁看来，这些员工的最终命运是显而易见的，这些表现不佳的人一定会被"关爱至死"。2008年，在科研评估考核（RAE）的准备阶段，排名与淘汰评估体系的非正式变体似乎已经在英国的一些大学部门中出现。科研评估考核（RAE）将某一部门所进行的研究，按照国家以下级别水平到世界级别水平的顺序进行级别划分（0至4级）。在一些模拟测评活动中，高校管理者按照这一级别体系对员工的研究成果和声誉进行了排序，那些获得4级的员工受到了留任奖励，而那些被评为1级或者0级的员工，用一位学院院长的话来说，会感到"失宠和很不自在"。

排名与淘汰方法的拥护者认为，这种被迫排名会使管理者和主管们做出不愉快的、艰难的决定。否则，他们会设法避免过多的冲突。一些组织把这种被迫排名的方式视为一种不断提升劳动力素质的途径。他们的观点是，年度筛选体制创造了"优秀员工的温床"，这些优秀员工提升了组织的整体质量。然而，尽管它有明显的进化论管理的吸引力，但该体系仍存在许多问题。第一，即便每个人都表现出极高的水平，总有一些人必然会被划入低水平或者表现不佳这一范畴中。从对企业整体进程的贡献而言，那些在高效部门工作的，被认定为"表现欠佳"的员工，可能比在低效部门工作，被认定为"表现优秀"的员工的贡献更大。因此，被迫排名的方式对于促进团队协作的作用很小。而且员工们为留任其个人职位，会以牺牲其他同事的利益为代价，这可能会滋生明争暗斗和不良的内部竞争。在许多国家，这种解雇方式的合法性须接受公开质疑。并且由于受到法律的挑战，在美国一些"排名与淘汰"的体制已经被弃之不用了。诸如此类的质疑一定会存在。该体制凭借年度筛选所引起的生产水平的变动，对于生产改革和创新所要求的稳定员工网络是否有好处？能否证明所增加的管理成本与替代性招聘、员工培训有关？然而，"被淘汰"的员工总是被他人所取代的情况并不明晰，一些批评家认为，这些方案仅是用于裁员，或解雇排名一直靠后的老员工伪装的烟幕。因此，在美国越来越多的年龄歧视诉讼案例中可以见到被迫排名体制。

6.1 绩效评估的发展

只要人们在一起工作，绩效评估的非正式体制就已经存在了；对我们工作中的同事进行评估是一个普遍趋势。正式的绩效评估有一段简短但相当重要的历史。Grint（1993）追溯这段历史到 3 世纪的一个中国实践。在英国，Randell（1989）以 Rober Owen 的纺织厂的"安静的监视"来证实这个体制的首次使用。在这个工厂里，一块多彩的木头被悬挂在员工们的工作场所，正面的颜色表示对领班前一天行为的评估，从白色代表表现好到黑色代表表现差。欧文也曾在一本人物志中记录过对员工每年的评估。

自这些早期的发展以来，绩效评估就成为人力资源管理实践的一个基本部分。然而，人事经理本身往往会比他们作为部门经理的同事更热衷于绩效评估。伴随着从业人员对绩效评估兴趣大增，许多学术研究不断涌现，尤其是职业心理学家。大部分研究的关键要旨在于改善绩效评估的有效性，尤其是评估员工业绩的准确性。对于如何更策略地使用作为组织变速杆和控制工具的绩效评估，我们知之甚少。目前有大量关于绩效评估的学术研究。对这一主题进行电脑文献检索显示，每个月有超过 20 篇的学术文章标题中带有"绩效评估"字样。然而，虽然对于这一主题的研究量和增长量很大，但是这些研究对于绩效评估真正实践的影响有多大尚有争议。看起来经理们尤其不愿听从商务实践领域研究人员的建议，在研究与实践之间存在一个永久的"鸿沟"（Maroney & Buckley，1992）。

对学术研究者来说，研究对实践缺乏影响，不仅是一般管理漠不关心的简单问题，在与咨询顾问和流行的管理学"专家"所带来的广泛影响进行对比时尤为凸显。相反，有一种解释是，几乎没有研究考虑过对从业人员的影响。从业人员面临着过多的组织约束，这些约束在研究实验室中是不可能遇到的。另一种见解认为更致命的可能是，除了能对如何培训评估人提出建议外，研究并不能为人力资源管理经理提供什么信息。因为就准确性而言，学术研究对最简单的监督等级体系并不能提供更多改进的意见。

6.2 绩效评估的实践

6.2.1 绩效评估有多普遍？

绩效评估在西方国家变得更加普遍。例如，据调查，美国企业中的绩效评估从 19 世纪 70 年代中期的 89% 增长到 19 世纪 80 年代中期（Locher & Teel，1988）的 94%。在大中型美国企业中，现在绩效评估体制几乎是普遍存在的。在英国，由人事发展特许协会（CIPD）展开的相似调查显示，正式绩效评估协议的覆盖面在不断扩大（Armstrong and Baron，1998；人事发展特许协会，2005；IPD，1999；Long，1986）。目前绩效评估在其他非西方国家也较为普遍，诸如在中国（Chow，1994；Snape et al.，1998）、日本（以 Satei 形式，Endo，1994）、非洲（Arthur et al.，1995）和印度（Lawler et al.，1995）。绩效评估看似是高效工作体系中被广泛采纳的人力资源实践之一（国际劳工组织，2002）。

评估在英国的一些工业部门尤为显著，诸如金融服务行业（国税局，1999），并且近来在公共领域迅速增长。目前评估在中小学、医院、大学、地方当局、民事服务机构等部门被广泛采用。例如，在被调查的地方当局中，有 80% 在实施绩效评估制度，或当前正在引进绩效评估制度（国税局，1995a）。绩效评估主要在其部署的中层组织结构中得以发展，尤其是中层管理人员和专业性职业，囊括了更为广泛的手工业者和文职员工群体（Kersley et al.，2006）。绩效评估看似与统一政策逐渐保持一致，企业中所有的员工都被包括在绩效评估体系之中。一份国税局的调查发现，39%的组织评估适用于每位员工（国税局，1994），5年后的重复调查发现75%都是这样做的（国税局，1999）。为所覆盖的公共部门的员工提供了许多相对不成熟的方案，但是相比私营部门的覆盖率较为有限。国税局发现所调查的公共部门企业中，仅有17%的企业方案中涵盖了所有的员工。然而，这些主张可能是有误导性的。在绩效评估方案中，雇主把临时工和外围员工，诸如兼职员工和合同工包含在内看似是例外而非常规做法。

　　来自英国和澳大利亚有关绩效评估程度的数据分析显示，其覆盖范围与工作任期的预期紧密联系在一起。雇员预期的任期越长，目前待遇的作用越不重要，延付薪酬和晋升的作用越重要。因此，有通过绩效评估进行细致监管的需求。因此减少任期预期会促进绩效评估的使用（Addison and Belfield，2008；Brown and Heywood，2005）。

6.2.2　评估是怎样实施的？

　　实施绩效评估的方法很多，从基于目标、标准和能力体系下（见下文）最简单的排名方案，到复杂的行为锚定等级评定方案（参见 Snape et al.，1994）。一家企业所使用的评估方案的实质在很大程度上反映了其管理信念（Randell，1994）、其可以承诺的资源量，以及所拥有的专门技术。因此，人力资源技术有限的较小企业趋向于采用简单的排名及等级方案，而更加复杂的、资源消耗型方案，诸如基于能力型和360°评估，主要用于较大型的企业之中。

　　大多数的雇主只使用一种评估方案，这种评估方案通常是许多方法的混合形式，甚至很少有公司为雇员提供评估方式的选择。国税局调查（国税局，1994，1999）发现，许多企业采用不只一种绩效评估系统。体制多样化背后的主要原因是希望将评估的有回报方面与无回报方面区分开来，将不同的体制用于不同的职业群体（例如，管理层和非管理层的员工），并将体制划分开来，以适用于企业的不同部门。

6.2.3　用它来做什么？

　　企业使用绩效评估的目的广泛且多样。调查结果普遍认为使用绩效评估是为了阐明和明确业绩预期，鉴定培训和发展需求，提供职业建议，制订继任计划，提高个人、团队和合作业绩，促进交流协作，分配财务奖励，决定晋升，激励并控制员工，以及实现文化变革（Bowles and Coates，1993；IDS，2007；IRS，1994，1999）。

　　近来趋势表明，更具判断性且更"强硬"的绩效评估形式越来越多，较为"柔和"且已发展完善的评估方法正在减少（Armstrong and Baron，1998；CIPD，2005；Gill，1977；IPD，1999；Long，1986）。因此，绩效评估的运用出现了一种转变，从用于职业计划和鉴定未来潜力，到更多地用它来提高当前的绩效和分配奖金。单层组织的出现，至少从某种程度上说，产生了将绩效评估与晋升分开的需要，而竞争压力强调在短期绩效中增进物质刺激鼓励措施的需求。

　　对绩效评估体制有如此广泛的需求既有好处，也有坏处。广泛的应用将各种迥然不同的人力资源领域融合为一套连贯的实践。例如，通过提供绩效与报酬，发展需要与继任计划之间的联系，使人力资源管理的结果更有效成为可能。然而，这也引起了普遍抨击，批判者指出绩效评估体制只是野心太大，经理们期望绩效评估能够容纳极为广泛的目的。因此，使用的广泛性致使评估成为一个"想要做很多事情的钝器"（Boudreaux，1994）。

此外，以上的许多评估目的被视为是矛盾的。因此，记录过去的业绩和影响未来的业绩这两个过程是很难在同一过程中实现的。尤其是考虑到上述鉴定的趋势，危险在于，评估以牺牲未来的绩效为代价，将焦点专注于过去。用一个常见的比喻来形容就是，这很像使用后视镜来驱动未来绩效的车。与之相似的是，分配酬劳的需求与确认培训的需要通常被视为单一评估方案中不相容的目标。有意义的评估发展需求所要求的开放性被关闭了，关闭的原因在于员工拥有搪塞绩效问题以谋取升职的需求。然而，将酬劳分配与评估割裂开来的危险在于评估师和评估不会认真对待这一过程，因为没有奖励分配，评估会缺乏刺激，如同"打空枪"一样（Lawler，1994）。正如我们现在所审查的那样，绩效评估作为基本要素之一，被越来越多地用于更为广泛的绩效管理系统。

6.2.4 绩效管理

像许多人力资源管理的改革那样，绩效管理是从美国引进而来的，绩效管理是英国企业使用绩效评估增多的主要驱动力（IDS，2007）。绩效管理被定义为"帮助企业计划、授权和评估其服务运行状况的系统和态度"（英国当地政府管理委员会，1994：6）。Bevan 和 Thompson（1991）对于"教科书"式的绩效管理体制给出如下描述：

- 一个借助全体员工使命传达企业目标的共享愿景；
- 个人绩效目标，这些目标与运行部门及更广泛的组织目标相关联；
- 对目标定期、正式的审查过程；
- 审查过程，这一过程能确认培训和开发的需求以及酬劳效果；
- 针对整体进程有效性的评估，以及对整个企业绩效的改变及提升的贡献。

因此，绩效管理的一个主要特点是它把企业目标与员工个人的工作目标相互联系起来。在这种绩效管理模式中，目标的制定和正式评估被置于方法的核心位置。绩效管理体制的发展已经对绩效评估产生了重要影响。一个关键的趋势是不再使用"独立的"绩效评估体制，个体评估正在成为综合绩效管理体系的一部分。

对于绩效管理体系的批判之声与日俱增。第一，绩效管理体系被视为给经理们的短期目标施加压力，这样可能会产生对企业长期业绩的妨碍作用。第二，他们总是提供一种规范样式，许多学者提倡单一的绩效管理的最佳方式，忽视了重要的变量，诸如集中度的程度、联合度的程度等。这与英国绩效管理实践的实际相矛盾，英国绩效管理实践的实际情况是"极其多样化"（Fletcher & Williams，1992）。真正的危险在于，绩效管理体制不能单纯地从一个企业"拿来"并且应用于另一个企业之中，这与许多提倡者所主张的一样。第三，人们普遍认为它应该是受直线管理的"驱动"，但是实践案例研究认为，企业的动力是最高管理人员和人力资源管理部门经常质疑部门经理的所有权和委任情况（Fletcher & Williams，1992）。第四，由于人们专注于"底线"的提高，绩效管理系统越来越受到人们的关注，已经对许多员工过度地施加了工作和生活的压力。许多体制在罔顾员工福利的情况下被引入，现在人们越来越多地发现，员工在绩效管理下变得疲惫不堪（Brown & Benson，2003）、精疲力尽（Gabris & Ihrke，2001）。最后一点，或许是更为致命的一点就是认为它是无效的。绩效管理最主要的驱动力是提高企业整体的有效性。然而，在各种各样的研究中，几乎没有观点支持绩效管理可以在实际上提高员工的表现。例如，Bevan 和 Thompson（1991）对英国绩效管理的调查发现，英国的高效公司（被定义为那些在 5 年期间展示出税前利润增长的公司）与绩效管理体制的实施没有关系。

6.2.5 绩效评估作为管理控制（方式）

随着组织扁平化和层级减少，人力资源管理技巧，诸如绩效评估成为激励和管控全体员工的重要管理工具。如今，与直接绩效管理相比，评估被一些评论者视为维持员工忠诚和承诺较为重要的工具（Bowles & Coates，1993）。评估的使用为管理者们提供了加强共同价值和态度的重要机会，所以评估成为管控过程中一种重要的策略性工具。因此，我们发现对非管理层员工所进行的评估在增多，这些评估是基于社会、态度和特征属性的（Townley，1989）。对于员工的评估，并非局限于"客观"标准，诸如出勤、准时、生产效率和质量，而是越来越多地集中于主观方面，诸如"可靠性""灵活性""主动性""忠诚性"等。

基于 Foucault 的著作对绩效评估的分析，绩效评估尤其强调的是其中所暗含的权力关系（Coates，1994；Townley，1993，1999）。Townley 认为，绩效评估因其"匿名和持续监视"的特点，具有"同等的纸质"全景监视潜力（1993：232）。因此，在近期的评估发展方面，不仅评估者的范围被拓宽了，评估者的数量也增加了，主要有 360 度评估、向上评估和对外部顾客的运用。这种发展增强了其在管理控制方面和绩效评估全景监视力使用方面的潜力。在该体制下的员工，目前是持续暴露在评估者的"连续却难以捉摸的评估"之下（Fuller & Smith，1991：11）。每位顾客、伙伴、下级和同事也都是潜在的评估者。因此，员工们把同行进行的绩效审查戏称为"去你的伙伴"评估体制也就不足为奇了。

管理者本身并不受绩效评估惩处"观察"的影响（见下文）。尤其对于中层管理人员，管理态度经常被认为是引入新的管理手段的屏障，比如对员工参与和员工赋权的引入。由全体员工进行的，针对管理者的向上评估，越来越多地被用于建立同企业价值紧密联系的管理行为和有关评估工具融合问题的任务陈述之间的联系。这些评估工具是由员工完善起来的（Redman & Snape，1992）。因此，企业一边提高对员工所要求的价值观，一边对管理者所做出的承诺进行评估。在这种评估中得分低的管理者经常被"剔除"（见 Redman & Mathews，1995）。因此，例如，在 Semco，一家被多次讨论过的巴西公司里，通过使用多达 100 级的等级表，对管理者进行每个月一次的，由下至上的评估。随后结果会被张贴在布告板上，那些连续表现不好的人会被排除或者仅仅是"悄悄辞退"。

6.3 绩效评估近来的发展

正如我们在简介中所指出的那样，在绩效评估实践中已经存在许多革新。在这一部分，我们讨论的是其中更具影响力的一些革新。

6.3.1 向上评估

向上评估是近期在英国添加到绩效评估的实践中的。虽然向上评估并非十分普遍，但最近十年来见证了向上评估在一系列的英国公司中被推广。向上评估在美国更为普遍，并且似乎开始从美国的母公司传向其英国的运营部门（诸如在联邦快递、渣打银行和美国证券交易所等公司）。从这些母公司传到英国的公司，诸如史密斯连锁书店、美体小铺，以及一些英国公共部门的公司（参见 Redman & Mathews，1995）。在大多数情况下，向上评估会通过匿名问卷的方式，让员工对其管理者的表现进行评分。这一过程是匿名的，以此来克服员工因对管理表现提供诚实但不利于反馈的担忧。匿名限制了管理上的"报复"或向上评估中所谓的"算账"因素的潜在可能。

提倡者声称向上评估具有重大的好处（Bettenhausen & Fedor，1997；Redman & Snape，1992），包括通过"使你更好地反馈"来改善管理效力和领导能力，释放员工的声音和权力。同样，向上评估被认为与非分层企业更加协调。非分层企业控制的管理跨度更大，工作安排更加多样。在这样的环境下，员工与其管理者的联系比与管理者的管理者更加紧密，因而传统向下的老板评估被视为是低效的。因为使用多元的等级评定人，向上评估对绩效评估的法律挑战更具有活力。考虑到不断增长的英、美诉讼文化，绩效评估的方法及其嵌入的体制没有在法庭上经常受抨击是令人惊讶的（Lee et al.，2004）。

据报告管理者们并不是十分喜欢向上评估的体制。在某种程度上，这可能源于在一些企业中使用向上评估方法所造成的职业恐慌。譬如，美国石油勘探公司引入向上评估的目标之一是重返个人贡献的角色，那些管理者"明显没有在管人"（Thomas et al.，1992）。正如 Grint（1993）所言，通常对向上评估接受方的管理者来说，"与温柔、有建设性的好言说服相比，下级的诚实意见看上去更像是捕鲸鱼叉上的倒刺"。向上评估管理者接受的缺乏，在管理中层和基层上尤为明显。这或许可以解释向上评估在 20 世纪 90 年代早期引起骚动后，出现采用率相对较低的原因。

6.3.2　360°绩效评估

所谓的 360°评估似乎正在英国扎根，并且正成为英国一种明确的评估形式（参见专栏 6.2）。Dugdill（1994）追溯 360°评估起源于 20 世纪 70 年代的美国军队。军事研究者发现，在评定士兵能力方面，与那些上级的看法相比，同级的观点是更为精确的指标。

专栏 6.2　实践中的 HRM

诺森伯兰水务公司的 360°评估

在炎热、干旱的夏天，伴随着水资源的短缺、不利的公众关系和媒体强烈的关注，英国私有税务公司管理者们的生活变得尤其艰难。有一家叫诺森伯兰水务的公司，一直在帮助它的管理者们去应对一系列管理发展实践，其中包括 360°评估。

诺森伯兰水务公司通过一个包含 35 名管理者的实验组，为其管理者们引入了 360°反馈项目。引入该计划背后的主要原因是为公司发展中心的高管提供相关数据。发展中心是设计用于使管理者走向管理自己事业发展的位置。个别管理者应从他们的同事那里得知他们关于绩效、潜力和发展需求的看法，以帮助其做出明智的事业决策，这被认为是很重要的。360°评估手段包含一组问题，要求调查对象对被评估管理者的有效性和绩效进行评价，评价主要针对三个方面：能力、作风和作用。例如，要求评估者说出，他们多长时间可以看到候选者进行某种特定方式的行为，这种行为与列给高管的行为相一致。360°评估为公开评论管理者绩效提供了空间，公司认为往往是这些评论最具启发作用。

该体制是基于一项经过提炼的素质模型，该模型最初于 20 世纪 80 年代被开发出来。

素质模型随着产业的私有化得到了进一步发展，同时适合于公司新的价值观的管理作用和管理风格也被开发出来。例如，商业意识和顾客关怀在最初的构想中并不存在。一项关于私有化后水务行业的人力资源管理实践研究认为，诺森伯兰已经引入了所有公司"最戏剧性的变革"（国税局，1992）。

反馈表格由个别管理者以某种分配形式分配给该管理者的10~12位同事，诸如2个上级、5个同级、4个下级。内部客户往往是这个过程中的一部分，但是公司尚未将外部客户纳入其中。这些表格被直接返还给公司的顾问，由公司顾问制作数据总结手册，与该管理者讨论结果，并有助于发展中心进行准备。

公司认为其从360°反馈中所获得的最主要的益处在于，为个别管理人员提供至关重要的机会去察觉自身缺点，否则这些缺点将仍不能被发现。尽管对于某些人而言有几分震惊，但管理者们认为会更多地意识到自身的领导素质，与员工一起更好地工作。同样，360°评估在鼓励管理者参与持续职业发展方面，在鼓励使用通过培训和发展积极解决绩效问题的方法方面做出了宝贵贡献。公司在实施中发现的主要问题是在其早期项目中。在劝说管理者们认识到这些反馈具有价值方面遇到了困难，因为他们觉得他们的发展和事业规划是在他们自己控制的范围内，而不是由他们的老板控制的。有少部分人在接受反馈方面仍存在很大困难，并且他们为自己的反对寻找合理化的理由。

"360°"这一术语是用于描述那些全方位反馈的。那些反馈是由同级、下级、上级和随机的顾客给出的。尽管近来的一些革新包含使用录音和录像来记录反馈的答案，但通常还是通过匿名调查来进行的。一些企业还使用在线计算机化的数据采集系统。在360°反馈中所评估的内容发生了很大的变化。许多公司使用基于管理能力模型的全结构化问卷进行调查。其他公司，诸如杜邦公司在其个人事业管理项目中使用360°评估，所采用的方法不那么结构化。在这里，评估者对开放式问题做出回应，这些问题对评估者"一年中主要的增值领域"进行描述；总结管理者的优点；描述主要的改进要求；并要求对其他方面进行总体评论。非结构化体系的评估具有深入管理绩效主要方面的优势。然而，使用非结构化方法的危险在于，没有能力但受欢迎的管理者，或许要比办事高效率但不特别友善的管理者更好。通常评估者是保持匿名状态的，但是在一些体制下，诸如在杜邦公司的体制下，对评估者是否在评估表上填写自己的姓名有保留。然而，除非综合评级，仅呈现给管理者，趋向于从360°多个视角进行评定，这对直属上司保持匿名是很困难的。

看似360°评估正在逐渐远离管理发展工具，渐渐转变成为更广泛的组织角色（Toegal & Conger，2003）。颇有争议的是，企业看似越来越多地尝试将360°评估同管理薪酬相联系。考虑到360°评估现在是如此受管理者和专业人员欢迎，以至于一些人认为它替代了传统的绩效评估体制，这种趋势扩大了它的影响范围，引起了一些关注。Toegal和Conger（2003）认为，360°评估所包含的管理相关的考虑如此之广，属于"延伸过长的"，并且这些附加物使它作为反馈工具的作用降低了。看来解决方案是开发两种截然不同的360°评估工具，一种用于管理发展，一种用于业绩反馈。正如我们在前面所注释的那样，这是一种所引起的问题和其解决的问题一样多的方案。

360°评估的要求很多，同许多新的理念一样，我们看到大量文章宣称它如何"改变你的生活"（O'Reilly，1995）以及如何为组织发掘竞争优势（London & Beatty，1993）。由于多种多样的评估者带着不同的态度去使用它，并且采用的度量方法是近乎可靠的，人们大多认为它提供了更加精确和更有意义的反馈。然而，正如 Grint（1993）提到的那样，这往往只是用多种评估者的主观性代替了单一评估者的主观性。

毋庸置疑，许多组织通过使用它已获得了一些好处，尤其是在管理发展期。它证实了在给高级管理者提供反馈方面是十分有用的，而这些高级管理者往往在评估期身处高位而被忽视。在 360°评估中利用一大群评估者的关键益处就是，它能够提供一种更加有意义的评估给与工作场所几乎没有联系的员工。在这种情况下，传统的由上至下的评估是没有价值的。360°评估的一个优势是为体制提建议的管理顾问将会专门制作一个基本问卷以符合组织的特点，如文化、使命、企业价值观和结构以及管理实践。获得的益处是否超过所花费的相当多的时间、努力和费用仍待观察。事实上，似乎一些管理顾问对 360°评估如此热忱的背后是觉得"评估是一个美差"，给予他们的是时长一周的反馈课程，而这些课程是他们自己推动的。

这样，关于 360°评估的大量问题仍未回答，尤其是形成的数据是否精准、有效，更重要的是，是否对受评人有意义；还有是否组织一定能从中获利。等级只是和被提出的问题一样好，并且问题用词的解释在许多工具中远不够清晰。像"管理者是用灵活的方式处理这个问题的吗"这种问题，在评估工具中并不常见。考虑到评估者和受评人之间的联系，每一项需要清晰，易于理解，还要易于评估。一个关于许多 360°体制的特别的批判是所有的评估者被给予相同的工具，尽管他们和受评人之间的联系有着本质的不同。一些问题显而易见地对处于不同的有利位置的评估者来说更能察觉到，并且问卷理应相应地予以设计。基于实际行为的项目——观察高级业绩管理者在职场中关键的组织能力或者处理严重事件的能力——往往更加有效。然而，无论被问到什么问题，他们是否处于应该这样做的位置，调查对象通常会进行打分的。

现在也有某种创造过度的官僚体制的趋势。这里的危险是，一个绩效评估失败的普遍起因正在被忽视，绩效评估是要求参与者去填满大量的文书工作。使反馈有意义也是一个许多 360°评估的使用者不能处理的挑战。为了确保有意义的反馈，自我评估的过程、与其他管理者的等级的比较以及推动者和那些打分者的后续事务被做了最低要求。此外，就那些提供打分评估的人而言，还有一个含蓄的期待，也就是这种反馈将促进改善，并且管理者们将改变他们的行为，变得更好。然而，还是几乎没有证据表明这实际上发生了。

最后，许多所谓的 360°评估体制实际上远非一种全方位考核管理者的方式，外部客户作为一个评论者常常被遗漏，但是，正如我们在下一节讨论的那样，客户在员工业绩评估中越来越成为一种听得到的声音。

6.3.3 客户评估

全面质量管理和客户关怀项目现在在英国的私人和公共领域都很普遍。这些倡议的一个可能影响是组织现在越来越多地基于顾客关怀指标设置员工业绩标准，也越来越多地依靠这些来评估职员。"严厉"的可量化的标准如"客户的第一杯饮料两分钟内送到"和温和的定性的标准如"一个温暖和友好的问候"的混合，就像在一家路旁连锁饭店应用的那样，现在被运用在绩效评估体制中（国税局，1995b）。服务保证的应用也导致了客户数据在绩效评估等级中有更多的使用，这些服务保证涉及在组织没有达到标准的情况下给客户支付补偿金。

用于评估员工的客户服务数据通过多种多样的方法被收集。第一，一系列的顾客调查正在应用，如通过完成客户关怀卡、电话调查、与客户的会面以及邮寄方式的调查。组织现在正在更频繁地使用这种调查，并且在他们如何收集客户看法方面越来越复杂。第二，有一系列的监视技术被管理者使用来尝试服务的特殊体验。这里，工厂中工作者的电子工作监视被扩大到服务领域。比如，联络中心的客户服务管理者花相当多的时间和精力审查员工的业绩，通过记录员工同客户的对话，给出即时的反馈，并将数据用于有规律的正式审查过程。第三，甚至可以说更具有争议的是所谓的"神秘"或者"幽灵"购物运用增多。对于一些评论员来说，客户服务只有在客户和组织的边界才能真正有效地被评估，并且这种观点刺激了作为数据采集过程的神秘购物的增长。这里，被一个专家机构雇用的职员声称是真正的购物者，观察并记录他们服务体验的经历。它现在被普遍应用于银行、酒店公司、保险公司、超市和部分公共领域。一些地方当局通过雇佣顾问随意给当局打电话的方式评估电话回应的质量，并对回应的质量进行评价（国税局，1995b）。

神秘购物主张为公司提供丰富的数据来源，其中，数据不能通过其他方式被发现，如客户调查。这种调查，即使对一些目的来说是有用的，也常常是在服务体验的数月之后被执行，因而精细的服务问题很难被记起来。神秘购物也被视作在揭示造成顾客没有购物就离开的职员业绩方面是尤其有用的。在许多服务领域组织中，运用神秘购物者是一种自然而然的结果，已经在职工的绩效评估中使用数据了（Fuller and Smith，1991）。虽然相对地仍是做配角，但还是有许多对神秘购物的担忧，尤其是与客户调查相比较而言收集到的数据的心理测量质量。几乎没有研究设法处理这个问题，但是 Kayande 和 Finn（1999）报告称神秘购物提供了业绩的"合理的、可靠的等级"，还称这种数据能够以比顾客调查更少的花费被挖掘出来。所有这些表明神秘购物在将来很可能会更多地使用。

然而，正如一个人能够容易地预料到的那样，这些数据收集的方法在员工之间并不流行。员工常常对推广神秘顾客的伦理标准提出质疑，认为那代表了一种管理上对他们明显的不信任（Shing and Spence，2002）。因而员工描述购物者时涉及"间谍"和"密探"，对于其推广，则反映带有敌意并知道"顾客在蹲点"。神秘购物的推广由于发现员工表现不好的十分消极的原因，仅仅刺激了这种反应。Cook（1993）建议道，使用它们来奖励表现好的员工而不是惩罚表现不好的员工能够提高员工的接受程度。获得神秘购物高评分的员工应该被奖励和赞赏，而那些获得低评分的人应该把它们作为一种确认培训需要的来源使用。

在人员数量增长的组织中，内部的服务水平协议也得以建立。对强制而有竞争力的提议和随后的"最好价值观"的推广大大地推动了公共领域的这种协议。往往在这样的协议中有一种陈述了供应商将提供的服务水平和本质的内部客户服务"保证"。因而它成为这样一种组织的发展的自然过渡，把来自服务级别协议的业绩数据纳入到评估过程中，如联邦快递公司（如 Milliman et al.，1995）。以这种方式利用内部客户宣称一个最重要的优势在于，联合的目标设定有助于内部客户和供应者更好地理解个体和部门所发挥的作用。它以这种方式帮助推倒部门之间的内部障碍。

6.3.4　以团队为基础的评估

工作正在越来越多地被重组到高度相互依存的工作团队，然而，尽管这样，绩效评估往往顽固地以个体为基础。在一些案例中，团队越来越多地被授予分配工作任务、确定奖金、选择新员工甚至是处罚犯错的员工的责任。这样，对于这种组织，它被看作是完全适当的，因而绩效评估也应该基于团队甚至是由团队自己指导。

团队评估有两种主要变形。在一些方法中管理者把团队作为一个整体进行评估。目标设定后，评估业绩，评估完成后，分配报酬，就和传统的个体评估一样。管理者在业绩（评估）期间并不做区分一个员工与另外一个员工的尝试。事实上，内部奖赏业绩不公平的产生是故意为之的结果（Lawler，1994）。公平的打分和奖励保障团队里的所有人不以业绩为一切。然后团队被鼓励内部解决任何业绩问题或者能力缺乏问题，目的是促进整体团队的业绩和发展。之后团队成员自己可能会提供对更好业绩的非正式的奖金或认可。另一个主要变形是由于每个团队成员的个体评估仍会完成，但不是由管理部门完成。相反，是以一种同事评估的方式，团队成员相互评估，通常通过匿名打分完成。

6.3.5　以能力为基础的评估

最近，对能力这一概念的研究成为重要的人力资源主题之一。Connock（1992）将其描述为人力资源管理的"重大思想"之一。其后果之一就是一些组织尝试运用能力的方法去开发一种完整统一的人力资源战略。这尤其被以管理者为目标的人力资源实践所宣扬，但是在无管理的群体中也在发展。组织的能力模型发展的一个结果是雇主越来越多地扩大对它的应用，从培训和发展、选拔和奖励扩大到评估领域。比如，不久以前在绩效评估体制中最广泛报告的改革是评估与能力机制的衔接（Abraham，2001；国税局，1999）。

在评估过程中对能力的评估有许多好处。能力评估是优秀工作绩效的核心，它提供了一个有用的用来分析进展的关注点，即分析个人工作的进展而不是能力或特征打分机制这种静态方法，因而以能力为基础的评估在指导雇员把注意力放到有机会改善的地方是尤其有效的。能力的使用拓宽了评估，通过把除了更加传统的"完成了什么"的方法之外的"做得如此好"的方法包含进来。它也帮助把评估过程集中在业绩和有效性的关键地方上，还提供了一种在业绩问题上的反馈的表达方式。后者的益处是克服了传统的以目的为基础的评估体制的问题，在那种体制中，评估者对于如果评估目标没有实现时雇员应该如何不同地行事往往不知如何给予建议。然而，总的来说，这些益处必须对涉及的发展、经营费用和更广泛的围绕"能力运动"的批判性争论起平衡作用。

6.4　绩效评估的问题

绩效评估似乎是一项每个人既爱又恨的人力资源活动。Carroll 和 Schneier 的早期（1982）研究发现，绩效评估排名为最不受人欢迎的管理活动，并且很少有证据说明管理上的看法已经改变。在流行的管理文献中经常会出现大多数管理者更喜欢预约去看牙而不喜欢实施一个绩效评估。许多评估者看起来也更喜欢这样！Grint（1993：64）认为，"在商业史中，这样一种允诺得如此多而实现得如此少的体制很少见"。

专栏 6.3　　实践中的 HRM
绩效评估中的裙带和分身

想要找到精准的绩效评估貌似是虚妄的，评估者前往的路上有许多陷阱和扭曲的效应。一些主要的效应有：

光环效应。这是一种积极的评判标准扭曲了其他人的评估的情形。相似地，自夸效应则是一种消极方面支配了评估等级的情形。

分身效应是打分反映出评估者和被评估者之间的相似性的情形。

裙带效应是评估者和受评者之间关系亲密所扭曲的结果。

凡勃伦效应是以经济学家凡勃伦命名的，他给了他所有学生 C 等，不管他们努力的质量。因此，所有那些被评估的人收到的是中等评估分数。

印象效应是指辨别实际业绩和被推测出的"印象管理"时存在问题。员工的印象管理战略可能造成上级喜欢他们更多一些，因而评估他们的工作业绩分数就会更高。员工经常尝试去管理他们的名誉，通过以过程（精力、行为等）的评估代替产出（结果）的评估，尤其在结果没有给人好印象的时候。

绩效评估的批评者争辩说，它是昂贵的；会造成被评估者和评估者之间的冲突；限制了价值观并且甚至可能在员工业绩改善中机能失调；还有，除了华而不实，它的使用对一个组织的战略性管理几乎没有做出贡献。还有争议说它充斥着如此多的扭曲的"效应"以至于在提供实际员工业绩的指示信号方面的精确性也必须被质疑（看专栏 6.3）。一些评估体制，尤其是较判决性的，有争议说在这些方面是十分有问题的。因而，对许多作者来说，绩效评估是"注定失败的"（Halachmi，1993）；是一种管理上的"时过境迁"的实践（Bhote，1994；Fletcher，1993），而且实践的结局往往是被预知到的（Roth and Ferguson，1994）。

为什么绩效评估不起作用？一个原因在于尽管他们广泛秉持相反的看法，大多数管理者不是天生就擅长执行绩效评估。根据 Lawler（1994：17），对于管理者它是一种"不自然的行为"，一个结果就是如果他们没有被正确地培训，它会完成得非常差。评估会面因而被称作是短暂的、结构不完善的。研究发现评估者并没有准备好，说得很多并且还把讨论的大部分集中在第三方的投诉上，同时有许多判断是基于"本能的感觉"做出来的。因此当我们发现了它是如何让普通员工花 6 个月的时间从中恢复过来的报道时一点也不会感到吃惊。

易受"政治的"操纵影响也使评估受到质疑。管理者看起来常常在业绩打分上要组织把戏（Snape et al.，1994）。Longenecker 的研究（1989）发现，管理者的评估登记往往被操纵来满足多种多样的结果。有时候，打分被人为地降低，为了显示谁是老板；为终止合同找理由；为了惩罚不好相处的和反叛的员工；甚至"恐吓"有较好业绩的受评者。我们面谈的一个管理者描述了他是如何在所有新实习生受雇的前几年里压低他们的业绩评分的，来"敲打他们当中的一些聪明行为"，向他们示意"并不知道所有的一切"。同样，表现不好的人可能会被给予极好的评分以便他们被提拔离开原来的部门，而管理者可能会夸大业绩评分，以图通过这种范例表明自己负责的团队是一个高绩效团队。

针对更多客观的绩效评估方式的行动，尤其是被业绩管理模型鼓励和越来越多是为了向各管理层级报告的行动，往往会辩解说克服了一些上面提到过的"主观性"问题。对以个性和特性为基础的绩效评估体制的合法挑战（尤其在北美，并且越来越多地在英国）（Lee et al.，2004），也已经促进了远离以个性和特性为基础的体制的行动。然而，所谓的以目的为基础的体制不是毫无困难。第一，评估往往是困难的，并且根据 Wright（1991）的说法，"有许多工作，有意义的无法评估，可评估的又无意义"。也有通过关注短期而不是长期以简化评估的趋势。第二，因为评估对象是处于这种体制之下的个体员工或者团队，实现公平的打分可能是十分具有挑战性的。同样有问题的是员工的行为可能是在测量的产出中缺乏可变性的原因（一个质量专家最重要的批判），因而它们可实现的程度是不在员工的掌握之中的。这就提出了关于在行业中的评估的真正问题，如在金融领域，可以说经济形势和总体的经营周期会影响产出远多于个体努力。因此，员工失去动力和幻想破灭是有可能的，尤其现在许多这样的体制与报酬结构联系起来。

Kessler 和 Purcell（1992）指出一系列以目标为基础的体制的更深远、更具体的问题。这些问题包括：实现维护目标和创新者目标之间平衡的困难；设定覆盖整个工作的目标因此业绩不会被歪曲成一部分工作的业绩；当评估期内环境变化需要重新定义目标时缺乏灵活性。把绩效评估推广到公共领域也引发了很多担忧。尤其是担忧它有逐渐削弱专业自主权的可能性，主要是国民医疗保健系统的临床医师强烈表达出这种忧虑。一个更加普遍的忧虑是这样一个"管理主义者"的干涉可能会削弱公共服务价值观和员工的公共责任（Redman et al.，2000）。

一系列更加实际的困难也造成了绩效评估的问题。被用于支撑体制的文书工作往往会变得过度，并会引起管理者相当大的官僚负担，尤其是随着控制的范围扩大。一些组织尝试着解决这个问题，通过设计无纸化体制，要求员工完成文书工作的主体部分，或是转向以电脑为基础的体制。存在于许多体制中一个真正的危险是文书工作占支配地位，整个过程被削减成"老生常谈"和老套的官僚活动，缺乏对其意义或重要性的关注。因而，根据 Barlow（1989：503）的观点，管理者的绩效评估就和"惯例化的琐事的记录"一样。评估者和被评估者做做样子，在表格上签字，然后把表格交给仅仅是把它们归档而不是以一种有意义的方式使用数据的中心人事部门（Snape et al.，1994）。鉴于在许多评估体制中缺乏后续行动，当它们口碑不佳并且陷入最终的衰败时是一点也不令人惊讶的。

最后，全面质量管理和顾客关怀项目的成长引起了相当热烈的讨论和评估中对组织价值观的重新评估。一方面，有接二连三惹人注目的批评是关于拒绝评估的，这是因为其与全面质量管理不相容。在它的最有影响力的构想中，有人指出管理者面对着一个残酷的选择，不是选全面质量管理就是选绩效评估（Aldakhilallah and Parente，2002）。另一方面，一些人认为评估在发展、交流和监督质量标准的实现方面可能起着关键作用（Fletcher，1993），还认为一些组织已经受到全面质量管理的鼓舞，更多地以客户为中心的方式去修改他们的评估方案。

全面质量管理因而关注于一些旧问题，也强调一些绩效评估中的新问题。关于旧问题，一些质量专家，像最著名的 Deming（1986），坚持绩效评估与质量改善是相矛盾的。

他指出业绩的变更可主要归因于工作体制而不是员工个人业绩上的变化。因而质量改善被发现主要是通过改变过程而不是人来实现的，关键是发展共同协作的团队合作。他宣称，这是很难做到的，正如在传统评估中那样关注点是"指责"个体的地方，以及对结果有担忧和逃避风险的地方，而所有的这些对持续改善使其有必要的协作、有创造力和坚定的行为逐渐失去效力。

Deming在反对绩效评估方面是很慎言的，指出不是所有员工表现一样好，而是评估者没有能力将个体员工效应与体制效应分解开来。因而，全面质量管理所需要的是从传统对结果和个体奖赏的关注转移到对过程和全体奖赏上来。全面质量管理批评者也提出了一些新的有关绩效评估的问题，尤其它是通过减少多样性和增强全体员工均质化的方式使员工没有了权力，而对于有意义的客户关怀我们则需要"有权力的"雇员。

6.5　结　论

绩效评估现在更加普遍，在它的历史中的任何一段时间，组织所消耗的资源都是巨大的。同时，对它的批评在数量和猛烈程度上都在增长，因而采用一种稍微有疑虑的关于绩效评估价值观的看法只是临时的。伴随着全面质量管理和它的管理专家的卓越，主要是美国人，最近在公开反对绩效评估方面尤其变得盛行。将绩效评估描述为一种"致命的疾病"和一种"有组织的病毒"的病理学描述越来越普遍了。

然而，看上去这里的危险性在于，这种观点往往仅是基于轶事，而非基于可靠的实证研究。比如，关于英国雇主推广绩效评估的原因的调查发现，在超过1/3的案例中，绩效评估被发展成用来为质量管理新方案提供支持（国税局，1994）。我们关于管理者被评估的实际经验的研究发现，许多管理者向他们组织报告的是综合价值观，而几乎没有管理者建议它应该被全部丢弃（如Redman and Mathews，1995；Redman et al.，2000）。许多指责基于一种苛刻的、严厉的现在通常实践中少有的绩效评估模型，以及许多组织施行评估时的无效方式。所有批评家经常随意忽视我们上面讨论过的新发展，而这些发展可作用于改善这些问题中的一部分。随着时间的推移以及实践中经验的积累，许多绩效评估问题能够被解决。事实上，有一些证据表明使用绩效评估时间更长的雇主报告的问题更少（Bowles and Coates，1993）。

此外，绩效评估的诋毁者通常在应该用什么来代替绩效评估的问题上保持沉默。一个普遍的反应是暗示这是一个不公平的问题，因为在组织上它就是相当于询问"你会用什么来代替肺炎"。然而，有关在没有评估体制的情况下，如何评估个人业绩、决定奖励和晋升、提供反馈、决定培训和职业需要以及把经营和个体目标联系起来的问题不能被轻易地无视。

绩效评估首先是为了满足这样的需求，员工仍需要有关集中技能和精力到重要的组织目标和价值观上的指导。因此，我们言下之意是绩效评估将会持续存在并能在人力资源管理实践中产生重要作用。这里，一个好的例子是组织往往努力使管理者承诺，严肃认真地对待健康和安全管理，就像对待他们工作的其他方面那样。Tombs（1992）研究了在化学产业中的"安全领导者"保证，管理者通过发展一种"安全文化"的方式，给予安全管理应有的注意力，而这种安全文化的一个关键部分则是通过把安全目标包含进员工的绩效评估中得以实现。因此，所有英国化学工业公司的工厂管理者的首要目标通常是安全。

这并非是在争辩现有的绩效评估实践是没有问题的。当然，在上面展示过的一些证据可能会表明，在它的应用中存在很多顾虑。然而，这些是持续的但无疑不是无法克服或无法挽回的问题，并且有人强烈地争辩说组织在完全放弃它之前应该慎重考虑。更确切地说，证据看起来是支持这个观点的，该观点表明大多数组织在 2000 年面对的最重要的任务是绩效评估的改进、更新和重塑，并和新的商业环境更加协调。

案例研究 6.1 北部信托基金会的绩效评估

TOM REDMAN，ED SNAPE AND DAVID THOMPSON

组织背景[①]

这项案例研究考察了在一个国民医疗服务体系所辖的基金会医院中的绩效评估实践。北部信托基金会（NT）是英格兰东北部整片区域的信托机构，为 25 万社区居民提供服务。该信托提供 32 项健康护理服务，包括对住院病人的全方位护理、日间护理和门诊病人护理，全面的初级保健服务包括健康探访和区域护理服务。该信托公司雇了大约 2 200 位采用"全工时评量法"（WTE）的员工。该基金近年来是相对成功的，到目前为止实现了其所有的财务指标。然而，在本研究进行的时候，即 20 世纪 90 年代末至 21 世纪中叶，该信托与其他基金会相似，由于受到其现有资源的限制，在满足对于健康护理服务的需求方面所面临的困难不断增加。

北部信托基金会评估的发展

北部信托基金会评估，是国家个人绩效考核（individual performance review，IPR）的一个变体，于 1988 年首先在高级管理者中实施。1988 年至 1994 年间，它很大程度上仅限于管理群体和高级专业人士群体。到 1994 年实施了 IPR。初步分析发现，IPR 的覆盖范围不完整，对其投入也是缺乏诚意的。根据考核的结果，做出了一项对 IPR 进行修订和重新推行的决定，并且将向更广泛群体的员工"正式推出"该项考核。有两个主要因素支持该项决策。第一，任命了一位更加相信业绩管理价值的新总裁。第二，贯彻人力投资（investors in people，IiP）奖金的决定导致了在个人绩效考核方面投入更多时间和精力的决策。因此，接下来的 18 个月，见证了对政策的修正、对支持性文书工作的重新设计和对个人绩效考核主要培训资源的投入。

最终的书面协议于 1995 年 3 月得以确立，总裁于 1995 年 6 月"签字认可"了新的政策和程序。北部信托基金会个人绩效考核的主要目标在于阐明新的政策文件，以保证所有的员工对基金会目标和战略方向的理解；保证员工清楚他们的目标；清楚这些目标在总体上是如何与其他人的工作和组织保持一致的，意识到他们所需要执行的任务；定期给予反馈和详细的绩效评估；继续发展以改善业绩。被修正的政策文件对为所有员工实施个人绩效考核做出了明晰的承诺。

---

① 这个案例研究利用四个主要数据来源：与管理者和专业人士会面，给 270 名管理者和专业人士样本寄送结构全面的调查问卷，内部文件和程序说明书的分析，以及对有关评估的培训研讨会和几个高级别的审查组织中评估实践的管理会议的观察（见 Redman et al.，2000）。

北部信托基金会修订的个人绩效考核政策更强调的是可测量性，把可测量性作为设定个人目标的一个关键方面。政策文件概述了个人目标设定的基础原则，这些原则是根据"SMART"字母缩略词所代表的原则而制定的。在此，这些目标应该是具体的、可测量的、能够达成协议/可达成的、切合实际的，并且是有时限性的。通过这种形式对每个目标进行评估，即在目标设定的时候就对其进行协同。正如执行总裁所言，在他刚来的时候，这方面的实践是很弱的：

大多数人不知道所谓目标到底为何，是不是用来在背后反咬他们一口。在此，目标往往是半吊子或者是泛泛的陈述，没有可量化的产出，没有期限，没有关于一些事情将如何被评估，以及它是否已经被完成的协定。其结果就是人们对此没有什么责任感。

对于执行总裁来说，这一结果是信托基金会"做好事情"的主要问题：

我们这里没有业绩文化。这里只是适合谈论事情的地方。只是谈论事情而已，并不付诸实施。

因此，对于总裁而言，最关键的目标是"巩固"个人绩效考核。这在某种程度上是通过不断强调对实现工作目标的评估而实现的，并且鼓励为达成所有新目标而建立详尽的测量标准。然而，总裁所持有的个人绩效考核发展方向的观点似乎没有与其"拥有者"——人事部门进行分享。这有一个针对个人绩效考核较为温和的、人们给予期望的焦点：

重要的是，管理者腾出时间与员工个体讨论他们进步了多少。他们认为事情进展得如何，并且针对培训和发展进行讨论。这些方面真的有助于鼓舞士气。忽略其填充形式与目标，以及其他部分。产生差别的就在于这些事情。

在此案例研究的剩余部分中，我们会对北部信托基金会的绩效评估实践进行描述。

个人绩效考核过程

过程方法

北部信托基金会的个人绩效考核，以向下串联的方式贯穿了整个组织。业务规划在每年12月或1月份前被制定出来，对高级管理者的审查在2月和3月期间进行。对其他员工的评估大多数是在4月和5月进行。对于少数的管理者而言，由于他们进行了大量的评估，一种情况超过50个人，针对他们的评估安排超过了一年。实际上这大大损伤了大多数员工与业务规划的直接联系。然而，与业务规划的联系，尤其是低级别员工，很难在个人绩效评估的记录中被鉴别出来。实施这些个人绩效评估的经理们同时也参与业务规划过程。这里，管理者对于如何评估医疗保健助理、护工、佣人、餐饮服务人员、干洗工作人员和护士的描述中，很少提及除了与商业计划最松散的联系之外的任何东西。

个人绩效考核政策非常具体地规定了一个"由上至下"的过程，指出它随着目标被评估，只可能是偶尔地有益于包含进另一个与所测量的目标紧密相连的管理者（比如一个项目经理）。在实践中，没有发现这种例子。一个由参加访谈的人提出的问题是关于在评估循环中评估者的连续性问题。由于高层次管理人事变更，由评估者和受评人双方的辞职、晋升、调动、暂调等造成，几乎1/3参加访谈的人报告称从一个循环到下一个有着不同的评估者。这个层次的管理变动，为了使评估有效率（见下面），管理者和员工之间需要紧密地工作在一起，因而通常认为个人绩效考核的潜力受到了限制。参加访谈的人描述了评估者和受评人之间的持续性如何重要，因为评估普遍认为双方都有改善之处，就像双方互相更加了解因而讨论变得更加有用和开放一样。

范　围

个人绩效考核的申请和使用存在不平衡。尽管新政策公开宣布的意图在于"正式推出"个人绩效考核，使其一致贯穿信托基金会，但其使用似乎存在明显的不完整性。人事部门估计，仅有大约25%~30%的员工进行了绩效评估，而在管理级别以下的"一大片"员工并没有涉及。更多地促进使用该方式的工具之一，即如今高管们在向全体员工引入个人绩效考核时，将他们自己的个人目标也纳入其中。然而，单就这一策略而言，看似是不足以保证有效地进行个人绩效评估这一承诺的。正如一位管理者所解释的那样：

对于低层级别员工的评估，是5分钟奇迹，必须完成。主管说："……我必须和你一起经历这一评估。小伙子，你这一年表现得并不是很糟糕，是吧。明年见。"我们从中得到了奇怪的建设性想法，但是主要的事情是，主管将会很高兴，因为他可以在他下一次的个人绩效评估时，报告说我们对本部门的所有员工提出了表扬。

这种讽刺的态度是大多数管理者愤怒的根源，他们在其所在部门花了大量的时间和精力实施个人绩效考核。这里，最让人感到憎恨的是，他们在管理部门的同事不是没有实施评估（"如果别人不这么做，而只有我这么做，那就是不公平的"；"其他员工会感觉被遗漏了，因为他们没有被评估"），就是仅用空头支票应付他们（"这使得整个个人绩效评估过程都沾染上了坏名声，这使我更难让我的员工认真对待个人绩效评估的过程）。

文件记载

这种标准信任文件被用于少于半数受访者的评估。对于企业的员工而言，尤其是企业里低层次的员工，这些标准形式令人感觉过于麻烦，从某种程度上讲，是种令人生厌的管理工作。因此，有些个人绩效考核经常走定制的形式，通常是裁剪其长度。一些定制形式的问题在于，一些受质疑的绩效分类在这些版本中十分突出，诸如受评人的"个性"。相反，一些专业的团队发现，在捕捉其角色本质方面，这些形式过于简单，因而重新定制标准的形式以满足他们的需求。在大部分的部门中，所执行的审查是在没有定制形式或标准形式辅助的情况下进行的，并且在一个案例中，评估者承认这是因为他从来没有腾出时间去真正地阅读它们。

个人绩效考核体验

无论评估成败，个人绩效考核过程的核心与评估对象的主要来源都是评估者与受评者之间面对面的会面。对于个人绩效考核过程而言，是到了"真实时刻"。表6-1显示，大多数受评人称访谈至少持续了30分钟，其中有47%的人访谈时间超过了一个小时。从表6-2来看，访谈并非总是由评估者来掌控的。从中所获得的印象是，大多数的受评者都参与了一场时间足够长，并且参与度很高的评估访谈。我们发现一个令人振奋的结果是，那些参与访谈时间越长、参与度越高的受访者，往往对评估的过程越满意。

表6-1　　　　　　　　　　　　　评估访谈持续多长时间？

	占比%
少于30分钟	11
30分钟至一个小时之间	43
一个小时至两个小时之间	35
超过两个小时	12

表6-2　　　　　　在评估访谈期间，你与评估者谈话的时间比例大约是怎么样的？

	占比%
主要是我（超过75%）	13
我大约占60%	26
大约相等	48
大约60%是评估者	12
主要是评估者（超过75%）	1

　　表6-3所示的是在评估过程中，各种问题被讨论的程度，正如受评者所报告的那样。主要的侧重点在于工作成就、计划的工作目标，以及计划的工作培训和发展。由于对于大多数员工而言，缺乏绩效工资，在评估访谈中相关的任何细节都是针对工资和利益的讨论。总而言之，该方法看似是一种绩效管理与发展的方法，而非评价和奖金分配的方法。那些对个人绩效考核全过程持积极态度的人提出了重要的主题，即访谈代表管理者和管理级之间"黄金时间"的概念。对某些人而言，与他们的主管进行意义深远的"一对一谈话时间"是一种"员工权利"：

　　人们重视黄金时间，用黄金时间与其直接主管讨论他们正在做的事情，为什么他们这么做，以及他们将来需要做些什么。

　　正如我们所见，在这些"黄金时间"的评估中，往往有两到三个小时的时间是给管理者的。受评者称在此期间讨论了一系列广泛的问题。

　　相比之下，对于低级别员工的讨论焦点约束更大。我们的深度访谈表明，对于此类员工，花费在个人绩效考核访谈上的时间从10分钟到45分钟不等。对低职别员工评估本质的典型描述是：

　　我和他们讨论了这一年工作得如何。我说："你在这些方面有些松懈。你对此是非常擅长的。你是我做这方面工作的主要员工。但是你在守时方面需要注意一些，而且你的态度不太好。"

　　说实话，对那些一周五天在机器上提交表格的人，我没什么好说的。我发现很难去考虑一些积极的东西。

　　一位管理者声称，让低级别员工在其评估中放松是有困难的，因为在个人绩效考核推广前，该员工唯一一次被叫到她的办公室，是去"铺毯子"的。考虑到这种方法，低级别的员工往往被称为个人绩效考核过程中"漠不关心的"或"不感兴趣的"人。

表6-3	在你的评估中，以下问题被涉及的程度如何？		
	3	2	1
	彻底讨论	简单讨论	未曾讨论
	%	%	%
你工作目标的实现情况	63	32	5
你未来的工作目标	65	31	4
你的性格或者行为方式	17	42	42
你的技能或者能力	35	52	13
你的培训和发展需求	45	43	12
你的职业抱负和计划	30	43	27
你的工资或者收益	3	12	85
你的工作困难	24	57	19
你如何才能提高自己的绩效	16	40	44
你的主管怎样才能帮助你提高你的绩效	15	45	40
你的个人情况或者周围情况	4	20	76

低级别的人认为："我还要再经历一次这个吗？我不知道为什么。我只想干我现在干的这份工作，周末拿我的工资。"在这些简短的访谈中，大多不会超过10分钟。

管理者们开始通过许多策略来处理这种缺乏兴趣的问题。第一，通过进一步努力，尝试鼓励员工积极参与和使用发展好的"胡萝卜"。第二，个别惯持怀疑态度的人被打上"找不到起因"的标签，管理者们只是在个人绩效考核的过程中走走过场，然后等待这样的员工离开。

一个更加棘手的问题是有着"一群"抵抗个人绩效评估的员工。这里有一种应对的策略，往往是在自我发展的伪装下推出的，看起来是一种与基层管理者和主管人更平静地"分享痛苦"的策略。对那些"困难的""阻碍性的""尴尬的"员工，将个人绩效考核责任分派于整个管理团队。

总而言之，受评者认为他们的管理者善于给出绩效反馈，但很少有人认为他们收到了针对进展目标的定期反馈（参见表6-4）。评估需求是持续性的、全年性的，为个人绩效考核体系所强调（见下文）。似乎在北部信托基金会中，极少数评估者会忽视预计后续要做的事情。根据我们的访谈来判断，建设性反馈在提供方向方面（"你意识到你将会到那"；"给我一些我将会到那的安慰"）和帮助增强信心方面（"你知道你正在做正确的事），是非常受受评者欢迎的。批判性反馈也受到重视，但受访者不会经常收到批判性反馈。受访者在某种程度上会指责评估培训，这些评估培训过分地强调了个人绩效考核的"积极"本质。大约1/3的受访者说，他们在做评述时常常对他们的反馈"放水"，以此来确保个人绩效考核是一场积极的活动，并以此来维持团队内部的"和谐"。受评者，尤其是女性管理者，强调建设性批评和"有意义的"评估的价值，闲谈被视为浪费她们的时间。

作为进行有效评估的必要不充分条件，受访者强调评估者和受评者之间的良好关系。大多数的受评者认为他们的管理者是足够专业的，不会奖励自己所偏爱的人。他们相信评估者是客观的，认为他们之间可以自由交谈，并且足够自信地去挑战他们的评估，认为与他们的管理者保持一种友好的关系不是获得良好评价的一种必要条件（参见表6-4）。然而，仍存在少数评估者，受评者对其评估行为的评价并不那么正面。因此，有些受访者声称他们与管理者的关系不好，根据冲突、口头对峙、得分和"关注真正的问题"来描述个人绩效考核。最糟糕的情况是评估者利用个人绩效考核列出受评者在一年中做错了什么事，或者哪些事做得不好。少数评估者，尤其是那些临床岗位的评估者，对一家急救为先的、繁忙医院中为达到实施评估的适当环境所出现的问题进行了描述：

当我正在进行我的个人绩效考核时，电话响了。人们在办公室进进出出，主管被叫走。这充分向我说明了实施个人绩效考核的意义。在夜里凌晨两点钟进行个人绩效考核，在人们都没处于最佳状态的时候进行个人绩效考核，不利于保证整个过程的质量。

表6-4 察觉到的主管人行为

	5 强烈 赞同	4 赞同	3 既不赞同也 不反对	2 不赞同	1 强烈反对
	%	%	%	%	%
积极方面					
我的主管擅长为我提供绩效方面的反馈	7	51	19	19	4
我从我的主管那里收到了非正式定期反馈，反馈是关于我要达成协议目标的进程	4	37	19	30	9
我的主管对我进行了很严格的评估	21	50	15	12	2
我的主管很严肃地对待我的职业抱负	5	50	24	17	3
我相信我的主管在实施评估时做到了尽可能客观	10	60	20	8	1
消极方面					
我必须和主管保持良好的关系，以获得好的评估分数	2	10	21	52	14
主管利用评估之便去奖励他们所偏爱的人	2	6	16	54	23
我并不想去挑战我的主管对我绩效的评估	3	18	17	52	11
我发现在绩效评估期间，想要和我的主管自由地谈论我想要讨论的事情很难	4	14	9	52	21

小 结

正式的年度审查是由"迷你审查"所支撑的。政策文件把这些视为个人绩效考核的一个"关键性因素"，认为它们可以提供持续的审查和监督，年度审查本身"主要是对一年间所达成的协议进行核实"或如个人绩效考核培训视频的标题所表明的那样，受评者应该经历没有惊喜的过程。然而，这些在实践中似乎是断断续续的，正如我们在表6-4中所看到的那样，只有41%的参与调查的受评者说，他们从他们主管那收到了定期反馈，这些反馈是关于他们实现既定目标进程的。

有些部门的领导正式为所有员工安排了季度审查。规定迷你审查是六个月一次。非正式讨论，少数受访者只接受年度评估。管理层和专业人员层级以下的人对迷你审查的印象是，迷你审查是极少的或者非常特殊化的，多为临时匆忙地在"走廊和餐厅闲聊"。管理者们甚至要努力寻找时间，为某些群体进行年度评估。然而，受访者自己常常强调迷你审查的重要性，不仅在于提供对于进步和成就的测评，还在于对业绩目标的整体更新。据称有些受访者要求并接受了额外的迷你审查。随着组织环境的快速变化，个人目标会变得过时，迷你审查对于微调，或替换个人目标是非常有用的。考虑到现今国民保健制度中变化和"搅动"的水平，我们认为现在很适合去考虑"高速"环境下所要求的迅速、有战略的决策制定。在这种情况下，静态的年度目标很明显是不合适的。受访者声称前一年4月份所设定的目标，在接下来的一年中会变得无关紧要并被淘汰。迷你审查允许个体目标与经营战略的变革保持步调一致。

目标设定

正如我们所见，对总裁所期望的工作目标和可测量性的重视程度的增加，在评估过程中所涵盖的议题中均有所反馈。有评估称，工作成果与工作目标的计划是评估过程中进行过最深入讨论的议题。总的来说，受评者发现对目标的重视，是个人绩效评估过程中一个有用的部分。从调查结果中浮现的一个情景是，目标通常是清晰的，覆盖了工作中最重要的部分，并且受评者积极地参与到了目标设定的过程中（见表6-5）。受访者自称充满信心，他们在工作中"思路对头"，"按照正确的方式工作"，"状态在线"，并且"知道他们处于什么位置"（"你可能认为你正干得漂亮，但你需要有人告诉你这点，反之亦然"）。比如：

没有个人绩效考核，对你来说无所作为和放任自流都是很简单的事情。绩效考核使你保持警觉，使你集中精力。你明确地了解自己正在力争要达到的目标是什么。绩效考核使你对自己所做的事情和企业努力达成的目标进行考虑。如果你没有接受评估，不做任何事情都是很容易的事情。你将只会无所作为。绩效考核使你思考自己正往哪里走，以及自己想要去哪里。

目标设定在日益复杂且快速变化的企业环境中为你指明方向。管理者的观点是，通过评估她的员工：

给他们（员工）一些有所持守的东西。职位描述很广泛，我们正面临着许多挑战。这些目标指明了方向。对于他们（员工）来说就是跳板。他们给予员工以指导，一些要努力去实现的目标，一些建设性的目标。

访谈者报告了通过目标设定进程，他们是如何经常"推动"和"挑战"自己以取得"进步"的，如何获得"个人发展"和"成长"的。

普遍的看法是，从这方面讲，他们为自己设定的目标比管理者制定的目标更具挑战性（更具趣味性）。例如：

大体上讲，我可以从容处理这些目标。其中更有一到两个目标极为苛刻，但实际上它们是我为自己提出的。与企业要求相比，我可能趋向于强迫自己更加努力。

每次我总是设定一个极具挑战性的新目标，像减少因病缺勤。我想挑战我自己。

表6-5 目标与反馈

	5	4	3	2	1
	强烈赞同	赞同	既不赞同也不反对	不赞同	强烈反对
	%	%	%	%	%
我将要实现的目标是清晰的	8	61	13	15	2
我工作中最重要部分，是我绩效评估中所重点关注的	3	58	24	13	2
绩效评估体制帮助我明白我个人的缺点	5	48	19	26	3
我的主管允许我帮忙选择我将要实现的目标	13	65	10	10	1
绩效评估体制帮助我更好地理解我的工作	3	37	27	31	1
对于我工作做得如何，绩效评估体制给了我一个好主意	6	55	23	14	2

然而，对于一些受访者而言，他们所积累的有关目标设定的经验，已教会他们不要"过于"挑战自己。在为自己设定目标时，要在目标设定的范围和数量上有所限制。在此我们发现管理性评估对于目标设定"游戏"变得敏感。例如：

随着时间的流逝，我所学到的是，从一开始你就必须谨慎地去处理如何设定目标，因为你可能过于乐观、不切实际。坐着空想你爱做或者理想上应该做的事情，忘记许多约束，以及不可能在一个月的周末里完成目标是很危险的。所以我认为我们中很少有人学会设定目标的技巧，即合理并且有可能被实现。我认为这可能是比任何事情都重要的。没有什么比这更令人沮丧的了，那就是你自己认为必须完成的事情与自己不可能完成它形成了鲜明的对比。

一些受评者认为，那些目标是"强加"在他们身上的。但是，大多数受评者所接受的是这"只是工作的一部分"。然而这偶尔也会引起一些极度的焦躁与愤怒，尤其是在与个人绩效考核所提倡的发展重点相冲突的时候。一位管理者在他的个人绩效考核中描述说"以你想做都不能做而告终"。另一位管理者描述说，有一项特殊的目标，她认为是该部门的关键议题，并且这项目标与她所评估的员工本身的个人发展需求相契合。可当她推荐这位受评者去践行这一目标时，她被告知"忘了它，或者你自己找时间去做吧"。把员工不愿意接受的目标强加于员工身上的危险在于，所有的都是些口头应允和三心二意的承诺，以及在随后的评估审核中"敷衍了事"。例如：

我会完成它们（目标）。我又不是不做。但是，如果我感觉不对的话，我是不会给出他们所想要的承诺的，而且在下一次评估中是不会再提出的。

成就测量

受访者称在对个人绩效的测量和评估中，使用数据对评估者而言是非常被动的。如果受评者没有产生任何的数据，那么除了使用一些非正式的观点去测量（受评者）目标达成的实际情况以外，几乎不会使用其他任何手段。这种缺乏可用数据的影响是，即便大多数受评者认为个人绩效考核是代表其工作表现的精确测量，也有相当一部分人对于绩效评估所使用的标准不甚清楚（参见表6-6）。

在个人绩效考核的过程中，一些受评者使用了丰富的数据。那些同时担任国家职业资格管理项目的受访者，对用于测量目标实现情况的大量报告和生产备忘录的使用进行了描述。似乎是国家职业资格管理部门要求创建文件，管理者们开始记录他们的工作情况——至少记录至他们获得奖金前。我们的发现表明，这种对于由国家职业资格认证部门生成备忘录和报告的新热情，为个人绩效考核过程探索了进一步的出路，使其能够在很大程度上控制个人绩效考核进程的内容和结果。例如：

我随身带了许多材料（去参加个人绩效考核访谈）。我的一个目标是建立关于病房的团队目标。我复印了这些目标的范例并随身携带它们。我展示了我所做的关于病人赋权方面的报告，给她与病人会谈的复印材料。我用信息展示了我所做的事情。我用这些事情向她证明我实现了这些目标。

表6-6　　　　　　　　　　　　　　　　　　绩效评估

	5	4	3	2	1
	强烈赞成	赞成	不赞成也不反对	不赞成	强烈反对
	%	%	%	%	%
今年对我的绩效评估，是代表我工作表现的一种公正、准确的图景	7	68	11	13	1
我的主管和我对怎样做就是工作表现良好达成了共识	6	67	14	12	1
我知道用于评估我业绩的标准	2	40	26	28	4

相反，其他管理者通常报告的是个人绩效考核体系下没怎么记录测量过程。这组管理者和专业人士有效地使用了证明文件，因此提出了在绩效管理过程中出现"印象管理"的问题。印象管理是一个过程，人们想通过这个过程创造和维持其他人眼中对自己的一种期望认知。在雇佣环境中，这种其他人是指同事、伙伴、内部客户、客户，尤其是老板。印象管理的理论表明，员工们有时是有意识地，有时是无意识地，想要控制别人对他们自身的信息。这些信息可以从止面塑造其他人对他们的认知。绩效评估过程是创建良好工作印象极其重要的舞台。就受评者而言，有效地使用绩效记录文件，在对他们的管理能力形成整体良好印象方面是一种非常强有力的工具。许多评估者似乎特别注意员工通过个人绩效考核过程在印象管理方面的努力。这些评估者们报告了他们是如何从受评者的伙伴和"小道消息"那里得到观点，对个人绩效考核面试中所得数据进行补充的。一些评估者称他们对于来自"爱说大话"和"夸夸其谈"员工的观点的准确性非常谨慎。例如：

一个性格外向、总是大发评论的护士，可能给大家留下的印象是她的工作干得不错，而一个文静的小女孩可能工作做得更好。但是，因为她没有进行自荐，告诉你她是多么棒，所以她常常输在这一点上。

我对于那些很麻烦的人总是很谨慎——那些总是告诉你她有多么棒，她工作有多么努力的人。

对管理者而言，在个人绩效考核体制之下，测量个人绩效的关键在于对"真实"成就和"创造"成就的区分。危险在于管理者实际上测量的可能是员工"在戏剧上"的表现能力，而非"任务导向意义上"的表现能力。

目标与团队合作

执行总裁也热衷于鼓励员工进行更广泛的目标共享，尤其是在管理者之间。个人绩效考核政策强调评估过程的机密性，并且其所强调的个体属性被看作是与他人进行有关个人目标正式交流的一种阻碍。因此，个人绩效考核中的个体主义本质与凭借信任进行的团队合作的长足发展是相当不符的。比如，据一位管理者所言：

我的老板知道我的目标与我同事的目标是否匹配，但是我不知道，因为我从未见过他们。

执行总裁一直想要引入变革，通过榜样的引导来鼓励其他管理者做同样的事情。在为他的执行董事设定目标后，为包括他自己在内的每个管理者设定所有的目标，传达至整个高管层，并且传达到临床部门。然而，总的来说，在其他管理者和专业人士之间进行正式的目标共享看似并不多见。受访者中的许多人认为更广泛的目标共享是有价值的，尤其是在部门内部，以及部门之间形成对绩效优先更好的理解。在非正式层级中，有些员工积极地分享目标。有位主管描述了她是如何在团队会议中鼓励她的管理者和主管的：

我会在会议中说："你看过自己最近的个人绩效考核吗？在个人绩效考核中谁达到标准了？有人已经在他们的个人绩效考核中达到标准了。"

受访者表示，当他们的评估主管在审核前为他们提供有关目标的副本材料时，他们会发现准备自己的目标会变得容易得多。受评者也报告说，他们所执行的大部分工作，现在都由团队实施。许多人更是认为基于团队的评估和团队目标的设定，有助于对个人绩效考核中的个体主义本质进行补充。例如：

我认为个人绩效考核需要在个人绩效和团队绩效之间达到更好的平衡。我们需要更加强调团队绩效。目前在北部信托基金中，我们都是进行团队合作。个人绩效考核方法过度关注个人绩效。这会使得该方法过于狭隘，从而常常造成水土不服。

许多人还认为，在设定目标方面，与其他管理者、项目领导者、合作方等进行更为广泛的合作将会对其所有范围的活动产生有益的影响。

个人绩效考核的输出

在最后这一部分，我们报告了个人绩效考核过程所获得的实际成果是什么。在此，我们以如下四个主要标题来构建我们的讨论：管理控制、员工动力、培训与发展以及奖金。

管理控制

显而易见，正如我们上面所讨论的那样，工作目标的设定与测量促成了劳动过程中管理控制的直接形式。尽管在言辞和政策方面有所发展，评估者似乎是利用个人绩效考核来宣示他们的管理权威。偶尔会以一种很粗糙的方式进行。例如，大量的受访者揭示了有关管理者的问题，即管理者会借个人绩效考核的时机，为过去的冲突"算账"。因此，个人绩效考核被认为是部门经理传达信息给受评者的一种载体，"告诉我我应该做什么"，以及

"告诉我在我的工作中哪里没有做对"。也有证据表明个人绩效考核充当一种不明显的、更不直接的控制管理形式。在此，个人绩效考核似乎是充当了一种载体，用于鼓励员工间的"自律"和"责任感"，以此重塑员工的态度去适应新的管理价值观和理念，使之与所工作企业不断改变的形式相符合。例如，即便是一些对个人绩效考核十分严厉的评论家也指出其微妙的影响：

> 我从中什么也没有得到。我认为主要益处在于，我确实更为严格地使用时间管理计划来要求自己。我觉得"哦，我必须这么做，那么做"，并且我更明确地规划自己的工作，所以我可以把所有的内容都囊括进来。我为自己的工作设定了最后的期限，说"我将在3月份完成这项工作"。

然而，在个人绩效考核的过程中，控制的方向远不止一种。有些管理者对他们的员工是如何改变个人绩效考核的"参数"进行了描述：

> 厨师们利用个人绩效考核说"这就是为什么我做不了我的工作。这就是为什么我无法实现这个目标"。然后，他们反复申诉工作中一系列的问题。

一位管理者描述了他为什么讨厌给低层级的员工做评估，因为评估过程沦为"一种管理上的政治迫害和一种普遍的发牢骚，以及对于我这一年里做了什么或者没做什么的呻吟对话"。管理者作为这些说辞的接收端，会很厌烦。他给所有员工写信，提示他们个人绩效考核的本质，要求他们表现出一种更为积极的态度，并且少抱怨管理不力。然而，这种便函只会起到强调他对评估进程不满的作用，并且提升受评者抱怨行为的等级，以至于他现在承认只是"在人员绩效考核中走个过场，尽快了事"。

员工动力

综上所述，个人绩效考核常常被评估者和受评者视为管理者和被管理者之间有意义地交谈，并一起参与"黄金时间"的好机会。个人绩效考核不仅明显且象征性地向员工们阐述了他们的价值和对企业的重要性，也说明了管理者个人对他们良好表现的关心。在一些评估者的报告中，有对个人绩效考核中经典人际关系远超工作关系界限的描述。这里，受访者报告称，评估讨论了更为广泛的个人和社会的议题，并且把这称为"了解你的员工"：

> 个人绩效考核帮助人们了解他们的职业生涯及他们的生活将会走向哪里。

> 你奉献给他们的正是你的时间。直到你坐下来同他们进行交流之后，你才会知道他们中的一些人是有抱负的。你表示对他们和护士们是真的关心。

用来描述这些体验的语言往往很容易使人联想起人际关系的统一意识形态。受评者与评估者的故事，通过个人绩效考核，遍布有关"进步""携手共进""参与""授权受评者""鼓舞士气""成为积极主动的团队""利用集体的力量"相关内容。受访者强调了良好的交流、倾听和被倾听的重要性，因为作为管理者通常被描述为"孤独的工作"。因此，有2/3的受访者认为，他们更好地履行了岗位职责，并且个人绩效考核对他们个人动机和工作满意度做出了积极的贡献：

> 如果他们明天取消了它，我认为我不会流着泪回家，但我会想念它。它帮我继续坚持，帮我保持动力。它给我以安慰，考虑到我们当下所有的问题——我在许多问题上都得到了帮助——我将会实现我想在工作中实现的东西。

相比之下，又特别是在评估低层员工时，其他管理者并不相信，个人绩效考核审查除了传达"大话"外不起什么作用，本可以用于做其他事情的有利的时间都被浪费了。例如：

我有49位员工。每个人的评估至少花费30至40分钟。那大量的工时除了得到一堆"大话"以外，什么也没有得到。

高级管理层可能认为如果你对每个人进行评估，那会把一些归属感、一种合作感灌输到他们身上。但是，他们对于打分和档案是不感兴趣的。

培训与发展

尽管人事部门强调个人绩效考核对培训与发展的重要性，正如我们从表6-3中所看到的那样，关于受评者培训需求的讨论是排在第二位的，位于工作目标之后。约有12%的受评者称从未就培训和发展问题进行过讨论。受访者中的大部分人强调培训与发展是个人绩效考核过程的一种产出。所有的受访者称在访谈过程中讨论了他们自己的"个人发展计划"。然而，这常被认为是一种相对不集中的、模糊的讨论。诚然，在持续的探索中发现，少有受访者能够真正说出他们在个人绩效考核中的细节。所得的印象是，个人发展计划的题目即使不能成为现实，至少在理论上是指那些更加正式，更加注重细节的，极其宏大的培训与发展文件。许多受访者描述出一个很机械化的过程，并把培训和发展作为一个独特的，几乎是独立的问题加以讨论。评估者常常被认为在匆匆浏览访谈清单中所需要涵盖的问题。培训与发展只是其中的问题之一，培训与发展并不是通过对受评者绩效的深入讨论所得出的对培训需求的认定。大量的受访者认为，即便不使用个人绩效考核，正在开展的大量的培训与发展仍会进行。只是可能不会那么系统化，并且进展缓慢些而已。

管理者报告了个人绩效考核过程中的问题——尤其是与追求人力投资奖金的决定相结合——导致了受评者创造出培训与发展的"愿望清单"。面对不断紧缩的培训预算，最主要的困难是寻求培训资源，来资助昂贵的外部培训课程。对于学位和文凭课程的需求，一部分是由个人绩效考核的刺激所造成的，尤其是在医护职员之中。这给管理者维持在评估过程中对员工的承诺方面造成了问题，因为很少有员工会被以这种方式来支持。管理者们描述了这样一种应对策略，鼓励员工考虑其他花费少的、替代性的发展活动，诸如短期借调、工作跟踪和工作交流。受访者对于人事部门通过个人绩效考核过程来推出当前培训的"本月红人"是不满的。在我们进行研究的时候，这被称为机构内部运行与地方高校通力协作的国家职业资格管理项目。

奖金

个人绩效考核中的绩效工资既不受评估者的欢迎，也不受受评者的欢迎。然而对于个人绩效考核的总体观点是，大部分的评估者和受评者认为它是一种全面积极的经历，至少管理者和专业人士是这么认为的。他们所表达的观点多是有关绩效工资基本上都是负面的观点。收获绩效工资的人们持有一种强烈的观点，即为一点儿奖金要大费"周折"；奖金多是受份额影响，而非受绩效影响；基本不会起到鼓舞士气的作用，更多的是消极作用。绩效工资的下发不公平、任意武断、不公正、高度主观性、过于偏袒、低效且不利于达到专业水平、造成人际竞争的失调，并且削弱了个人绩效考核发展的重点。对于一些人来说，个人绩效考核与绩效工资之间的联系对个人绩效考核是一种"玷污"。好的受评者认为绩效工资在更好、更严格的指导方针下会起作用，因为在这样的指导方针下，绩效目标是明确的，并且更容易测量、评定并且不受打分的制约，那时他们会和他们的部门经理相处很好。然而，绩效工资也会确保评估被认真对待。许多这样的议题与不断增加的绩效工资文献中的"唉声叹气"相似。北部信托基金会认定的一个特殊的问题是，绩效高度依赖于团队努力，并且工作越来越趋向于被改组为团队合作，然而绩效工资确是以个人为基础的。通过将团队目标包含进评估过程的方法，部分地解决了绩效工资中团队和个人之间的矛盾。但是正如我们上面所讨论的那样，这在北部信托基金会中是无法实现的。因此：

> 为了实现我的目标，我必须依靠我所在部门的所有领导。我需要与我们部门以外的人合作或者采纳相关建议。即使我得到个人酬劳，那也是团队努力的结果，不是我个人可以决定的事情。

同样，那些没有得到绩效工资的人也不想受其支配。这看似是种矛盾的观点，绩效工资就像是一场婚外情，那些没有经历过类似事情的人认为他们错过了一些非常令人兴奋并且值得一做的事情；而那些参与其中的人所感到的只有痛苦。例如：

> 我不需要有人使用经济的指挥棒来告诉我如何做我的工作或者如何推动我自己。
>
> 绩效工资丝毫也不会影响我。几百英镑对我来说并不重要。

其中只有一位非绩效薪酬管理者担心没有绩效工资。从本质上讲，这源于他的信念，他认为，在其他人没有收到绩效工资的情况下，一些管理者（诸如他自己）收到绩效工资是不公平的，并非是他本身受什么强烈的欲望所支配：

> 个人绩效考核首先是为高层管理者引入的，并与其薪资相挂钩。随后他们将个人绩效考核带给其他管理者。但是当个人绩效考核开始被引入我所在的管理层级时，绩效工资彻底消失了，留下来的只有评估，这不是吃不到葡萄就说葡萄酸。

问　题

1.个人绩效考核在北部信托基金的应用是一种失败吗？

2.企业应该继续保留个人绩效考核制度吗？如果你建议保留，你会给出哪些改革建议？如果你建议废弃，你建议用什么制度来替换它呢？

3.根据Wright（1991），绩效管理体制的一个悖论是：有意义的几乎是不可测量的，可测量的几乎都是没有意义的。在北部信托基金会的案例中，有什么证据可以用来支撑这一批判？

4.对管理者而言，在绩效评估体制之下，测量个人绩效的关键在于对"真实"成就和"创造"成就的区分。危险在于管理者实际上测量的可能是员工"在戏剧意义上表现的能力，而非任务导向意义上的表现能力"（Randle and Rainnie，1997）。有什么证据可以说明在北部信托基金会案例中存在这个问题？如何能使"印象管理"的问题最小化？

5.有人认为，目前绩效评估体系所面临的关键挑战在于其升级、更新和重塑，使它们与商业环境更加协调。个人绩效考核与"新的、现代的、可靠的国民医疗保健系统（医疗部门，1997）"的商业环境相适程度有多高？

6.一些分析者表示国民医疗保健系统正在从一种官僚组织模式转变为一种网络组织模式。个人绩效考核实践的这种发展暗示了什么？

案例研究6.2　绩效评估与质量管理

绩效评估、绩效评定或者年度审查，它滋养了短期绩效，废止了长期计划，产生了恐惧，破坏了团队合作，并且助长了竞争与钩心斗角。

它使人感到痛苦、受欺压、受伤、受虐待、凄凉、沮丧、低落，感觉低人一等，有些

（员工）甚至绝望，在收到打分后几周内都工作不适。不能够理解为什么他们就那么差。这是不公平的，因为它完全可能是由工作体制所造成的差异却归因于团体中的个人。

（Deming, 1986）

使用任何一种绩效评估作为任何奖金的基础都是种灾难性的错误。这肯定是一条使员工士气消沉的道路。不要这么做。

（Scholtes, 1990）

问 题

假如你是一家制造公司的人力资源经理。总裁最近参加了一个会议，在这个会议中，他接触到Deming及其他人提出的关于绩效评估和质量提升的观点——参见上文。他认为公司应该终止所有的绩效评估实践操作。你将会如何回应这个要求？

第二部分

当代主题与议题

第7章

国际人力资源管理

Michael Dickmann

引 言

国际人力资源管理（IHRM）明显不同于纯粹的国内人力资源管理。Dowling (1999) 概述了一系列不同的变量，这些变量用于塑造 IHRM 和区分不同国家的管理方法。其中在不同的国家文化下，主要针对高复杂性组织的处理有所不同，需要嵌入不同国家的商业系统（Whitley，1992），并不得不面对距离、通信、控制和协调等更大的问题。在一个简单的形式下，IHRM 涉及将战略、结构、政策和流程用于多国经营的组织内成员。因此，在跨国公司（MNCs）、国际政府间组织（IGO）和国际非政府组织（IN-GOs）工作的人经常用这些变量来分析。IHRM 很大程度上不同于比较人力资源管理。比较人力资源管理是为了理解不同国家的人力资源管理方法，并且系统地分析和比较这些方法。如果说有重叠，往往涉及一些问题，例如以采用不同于标准化人力资源政策和措施的跨国公司为代表的不同国家人力资源管理的融合。

鉴于 IHRM 关注的是全球人才战略、结构、政策和实践，本章首先将探讨国际组织和人员的历史发展以及将会面临的挑战，呈现当前跨国公司的思维模式、战略性竞争因素和结构化的结果。紧随其后要讨论的是组织如何进行海外扩张以及借鉴他们的人力资源管理经验。这将引导我们进入 IHRM 模型，该模型描述了影响因素、IHRM 的选择和跨国公司的目标。本章将从平衡组织和个人的角度阐明一系列关于国际工作的主题。通过这样做，我们将提出一套针对国际员工的管理建议。

7.1 跨国组织的发展历史

早在几千年前，在海外地区就已发现组织的存在。例如，经常侵入其他地区的一些国际武装头体、宗教团体。4 000 年前，亚述人的商业组织就活跃于其他的一些地理区域，拥有海外子公司，并且雇用外国人。因此，很难说 IHRM 是最近才出现的一个现象。由于相距甚远、沟通困难、交通不便、规范观念多样化，因此，需要组织具有更为严格的控制和协调能力。纵观历史，这与现代跨国公司非常相似，可视为现代跨国公司的前身。

英格兰和荷兰的东印度公司或哈得孙湾公司通过地理扩张获得了巨大的经济实力和充足的人才。由于距离带来沟通和控制问题，因此公司通过派遣信任的员工去进行管理，并努力围绕母国社会规范和工作模式进行塑造。实质上，这种影响力被称为社会协调。但跨国公司还有更有力的控制机制：由总部设立目标，开展财务激励；明确关键绩效指标和既有的财务措施，如船舶装货损失、吨位资本比率等；实施严格的控制方法，如使用船上管事、派遣代理人去控制管理当地经理人，甚至阅读私人信件，而总部采用管理人员和专家来运行组织。控制机制的发展、良好的沟通、一体化的规范以及专业化的管理都与现代跨国公司有些相似之处（Carlos and Nicholas，1988）。

7.2　高层领导的思维方式

国际人力资源管理战略和结构与更广泛的商业文献以及许多方法密切相关。这些方法基于 Perlmutter（1969）、Hennan 和 Perlmutter（1979）的开创性成果。这些作者进行了分类，最初是为了补充总体战略的相关文献和迎合当时十分渴望融入国际人力资源管理这一趋势。他们的思想基于组织战略，结构形式则以行政管理和高级管理认知为前提。下面列出四种类型：

民族中心主义——"一刀切和总部最清楚"

在一个民族中心主义企业，高层领导人相信他们的产品和服务能够吸引国内外市场。事实上，基于本国的价值观、规范和经验，他们相信自己卓越的能力，因而不会调整企业出口的方法。总的来说，他们的竞争方式被锚定为所有权优势和大规模生产经营的规模效应。全球一体化产品市场的一个例子是计算机硬件产业。外国子公司的设立是由一个受信任和有经验的外籍人士在原产国设立的。民族中心主义公司将拥有一个共同的公司文化和综合管理的战略、结构、政策和实践。高级职业生涯模式必然与总部和原籍国的员工有密切的联系，他们最有可能占据关键位置。

多中心——外国市场不同，当地人都知道最好的

总公司的高层管理人员相信，在全球市场下他们的产品和服务各不相同。食品行业、公用事业和一些专业服务行业，可视为有一定程度的多元化。因此，多中心的公司试图尽可能地响应本地需求，这意味着需要有极具本地布局式的决策权。每个海外经营单位被视为一个独特的经济实体。这使得多中心公司开发（或调整）产品和服务以符合当地的习惯。此外，它可以对国家环境（文化、法律背景、关键机构）及其客户做出反应。通常情况下，建立和管理海外子公司的当地人也很少回归到创始国的总部。反过来，只有极少数的外籍员工到国外工作，如果他们这样做，他们往往会承担一个技术支持或财务控制的职能。

地域中心导向——地域不同，来自不同地区的专业人士在特定区域内最清楚，在区域内规模经济是可能的

地域中心导向型公司已开发出针对地区差异不同的管理方法——它反映了地理结构和全球实体经营策略。区域（如北美、欧洲、亚太、非洲）内就可以找到类似的产品和服务，并且能获得一些规模经济。区域经理在他们的地区可能已经带动了地域扩张和企业创业。人才主要在区域范围内流动，这可能会导致其流动到同一区域内的其他国家，而不是到其他区域。区域内有一定程度的自制权，但是很少跨区域任职，如欧洲的管理者很少会被调任到美国总部。

全球中心论——基于全球范围的办法，其中每个部分都有独特的贡献，能力不与国籍相关，整合和规模经济存在可能

全球中心论组织使得当地子公司能够自主适应需要并协调政策使之有益于公司。因此，它既认识到本地的差异和特殊性（并响应），同时又保证当地的产品或服务市场与世界各地整合（通过规模经济实现效率）。全球中心论认识到，每个子公司都可以做出独特的贡献。这意味着，等级结构是不重要的，在这个世界范围内，整合后的组织能力比国籍更重要。"最佳人才"无论来自于公司内还是公司外，都通过总部和外国子公司进行轮换。

整合和响应的二元性

高级管理人员不同的思维方式对一个组织的战略、结构、政策和实践具有强烈冲击。Prahalad 和 Doz（1987）开发出一种理论方法来发掘这些差异。这些作者将跨国公司结构的决策与协调企业活动、控制和规范（整合）局部变化与当地变化（反应）的压力联系起来。如果管理层的认知是正确的，那么企业在一个具有种族优越感的产品市场经营需要有高度的业务整合，以应对高度标准化的产品和规模经济的强大压力（如汽车行业）。此外，如果企业有许多跨国客户，而这些客户具有比较和评估世界各地价格和服务水平的能力，其战略协作的需求是很高的。如果公司是在一个高度多中心市场经营，就必须发展能够成功地应对变化的方法。例如，一个公司生产和销售肉类需要应对人们的喜好和宗教的影响（在中东销售猪肉，在印度销售牛肉等是很难的）。鉴于全球公司服务于不同的行业和它们接触到各种各样的压力很明显，似乎没有一种最好的方式来定位 Prahalad 和 Doz 的整合−响应网络。

7.3　竞争性挑战与国际人力资源管理的结构

另一个里程碑式的研究是由 Bartlett 和 Ghoshal（1989）所提出的：商业和人力资源配置——战略、结构、政策以及组织实践。他们的论点也是基于 Michael Porter 关于竞争优势的观点、Prahalad 和 Doz 整合−响应特性、Perlmutter 的类型学以及一系列其他战略的相关参考文献。Bartlett 和 Ghoshal 展示了九个有关大型跨国公司及其全球性战略结构和流程的案例。一方面，作者在探索有成本优势的高度整合企业遭遇的响应能力挑战。另一方面，在本地市场，高度响应的企业具备质量优势，却也被认为有成本劣势。鉴于许多公司在整合及响应方面具备一定的经验，他们讨论的核心在于如何克服全球化−本土化困境。这个困境暗含于 Prahald 和 Doz 的讨论当中，但 Bartlett 和 Ghoshal 通过引入一个新的维度——创新——拓展了他们的观点。Porter（1985）认为，竞争优势可以通过关注关键优势（如成本、质量或创新）获得。根据这些想法，Bartlett 和 Ghoshal 提出了四种方案：

多国化——多中心策略的分散结构、低水平整合与知识交流

多国化（也称为跨国）在母国总部和海外分支机构之间仅有松散的联系。鉴于市场和竞争环境变化明显，本土子公司拥有许多自主权。因此，整合水平——包括官僚控制和社会协调——很低，跨境交流也不温不火。这就导致国内很少或几乎没有国际人力资源管理和人事管理。此布局的特点就是本土响应和一些本土创新，但在全球的生产管理上几乎没有效率。跨界创新水平较低以及公司外部服务不够好，如果本国环境从根本上改变，公司从长期来看能够蓬勃发展（图7-1）。

全球化——种族优越感策略、结构及整合政策、实施、总部知识的强力转移

跨国公司基于这样一种理念，就是让原产国的一切遍布世界。产品和服务高度整合，企业中心开发了先进的协调机制和明确的控制机制。这意味着，外国子公司几乎没有自主权，恰恰相反的是，它们能够从总部习得先进的经验。所有关键决策（包括战略、产品研发、服务、财务、市场营销、人力资源管理）在企业里都处于中心位置。重要的人力资源

管理涵盖许多方面，如人才招聘、甄选、发展、国际任职或绩效管理。企业文化和交流比起多国化企业本身要重要得多。全球化公司通过规模经济和竞争成本效率能够取得巨大成功，母国能够研发很多创新产品。许多IT公司、计算机或工程行业（如戴尔、通用电气）都拥有强大的全球化特征。其风险就在于这是一个单向的创新过程，它会抑制本土的创新力和响应力。而这也可能就是2010年西门子宣布计划——在2015年其在印度出售的一半产品将在次大陆进行设计生产——的原因之一。

国际——密切关注全球创新力，引导高知识网络活动

国际化企业面向的是全球化创新，其特点就是通过外国子公司和总公司之间的网络进行高知识流动。这些企业公司的整合程度很少有确切定义（Dickmann & Müller-Camen，2006）。国际人力资源管理需要建立一种文化，在运营和体制方面为创新营造空间，以识别和开发产品和服务理念。因此，人力资源的作用就是从全世界任何地方引入拥有创新潜力的人才。3M公司就是拥有这类企业文化的一个典型代表。由于全球化公司高度自治并鼓励创新，因此它在压力控制方面可能就没有那么强。这种方式的风险就在于成本压力——某些国家竞争激烈、版权保护不足、知识交流发展受限导致更新时间短。

专栏 7.1　实践中的 HRM

整合与响应情况如图7-1所示。

整合与响应

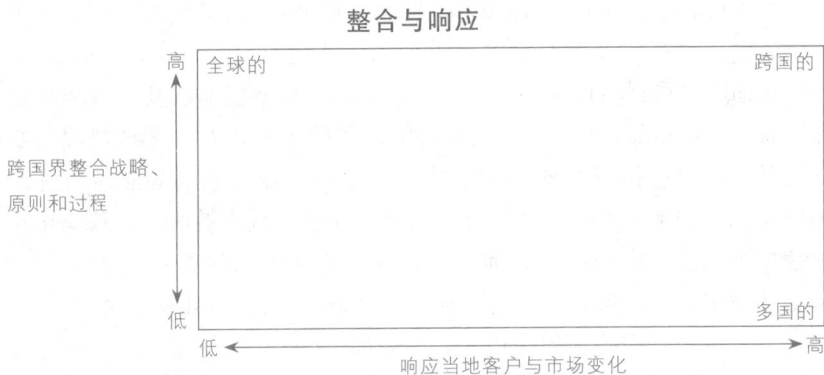

图7-1　整合与响应

问题　以你自己或你所熟悉的公司/组织为例：

1．它与哪种类型最相似？你考虑到了什么因素？

2．何种压力迫使你的组织进行整合或响应？

3．全球战略、生产、财务及国际人力资源管理之间存在差异性吗？如果存在，是何种差异性？为何会存在？

4．你认为你的组织的国际人力资源管理将走向何处？何种压力会加速这种改变？从改变国际人力资源管理方法中获得了什么？

跨国化——理想化网络化组织，在可能的情况下，能够高度整合、有求必应以及知识转移

多国化公司的竞争力在于响应（质量），全球化公司在于整合（价格），国际化公司在于创新（新产品新服务），而第四种即跨国化公司，同时实现了响应、效率以及全球创新

（表7-1）。Bartlett & Ghoshal的中心观点是，跨国公司想要生存的话，就需要一段时间来实现这一理想配置。延伸Porter的观点，就是任何公司都要有这三个方面的竞争力，如果没有这三个方面竞争力的保证，从长远来看，公司就不会繁荣。实际上，当前已有一些管理学家已经突破这个说法，加入其他一些因素，如社会合法性、顾客感知行为负责、团队压力，以及政府支持（Dickmann & Baruch，2011）。在跨国公司，跨境知识和资源流动广泛，包括员工频繁的国际化工作。互联网经营的跨国组织具有高度灵活性，总部属于领头羊，在网络中其他卓越的分支中起着相似的作用。表7-1中总结了四种类型的一些关键战略、结构以及流程。其中，国际人力资源管理在跨国组织中的关键作用就是通过创造并维持一个强大且共享的文化，进一步对企业做出整合。类似于地理中心化公司，在很大程度上跨国只维持在理想中，难以实现。目前有许多学者开始研究这些配置，他们的理念对公司具有很大影响力（如Harzing，2000；Leong & Tan，1993），公司都宣称希望成为跨国企业。批判Bartlett & Ghoshal的成果，是因为它轻描淡写了微观政治进程、权力以及个人机构（Edwards and Rees，2006）。

Dickmann & Müller-Camen（2006，2009，and Kelliher）发展了Bartlett和Ghoshal的观点，但他们关注的重点不是一般配置，而是国际化人力资源管理的战略、结构以及流程。为了达到其目的，他们提出了两个关键维度用来测量国际人力资源管理。第一，标准化，基于Harzing（2000：103）的观点，一方面整合（协调）全球化优势形成一个系列，另一方面，差异化（响应）本土优势也形成一个系列。事实上，它瓦解了整合-响应之间的区别，形成一个维度，来评估国际人力资源管理方式的"一致性"。第二，知识网络。它描绘了包括跨国公司的控制和协调在内的通信流。先进的通信与协调对于决策制定来说是很重要的，国际化经营公司需要对本土情况做出适当的响应，这样它们才能够进行标准化。此外，它还能够在基于母国和东道主国家的理念之上，进行全球化创新。Dickmann & Müller-Camen认为，国际化配置并没有得以充分详细的说明，并提出"认知同盟"。于是就有了国际人力资源管理2×2高低标准化和知识网络矩阵（见图7-2及案例分析7.1），本章最后会采用这些方法。

表7-1 四类跨国公司的战略，结构和过程

组织特性	多国化	全球化	国际化	跨国化
配置资产和能力	分散化和国家自给自足	集中和全球扩展	核心能力的来源集中，其他分散	分散，相互依存和专业化
海外业务的作用	感知和利用当地的机会	实施母公司战略	适应和利用母公司的能力	国家单位对综合贡献的区分 全球运营
知识的发展和传播	知识在每个部门内开发和保留	知识在中心开发和保留	知识在中心发展并转移到海外机构	知识共同发展，世界共享

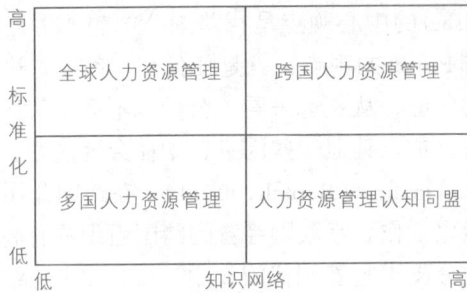

图7-2　跨国公司中的国际人力资源配置

Source：adapted from Dickmannand Müller-Camen 2006.

7.4　跨国公司的扩张及国际人力资源管理的影响

Adler和Ghadar（1990）的国际人力资源管理模型阐明了文化和人力资源管理政策与实施在不同阶段的产品生命周期时的变化作用。大部分讨论都集中于探索转移竞争压力和外派效果的影响。此外，这四个阶段说明了人力资源活动会对文化和产品需求变化做出相应的反应。

阶段一：母国化。在国内阶段，人力资源管理关注的是国内市场产品或服务。产品新颖独特，在原产国市场很成功。这意味着组织没有文化敏感方面的压力。如果有出口，产品或服务也不会做出大幅度调整。现有的一个例子就是英国的一家德国面包工坊生产的黑面包，由于其味道不同，含高纤维，吸引了很多德国的外派人员和一些高度重视健康的消费者。国内公司的人力资源专员更心系于原产国，极少有想被外派成为国际人力资源专员的，频繁的国际飞行以及跨文化交流也将没那么重要。鉴于总部处于至关重要的位置，其他外国分支机构不是主要的，国际工作被认为并不有利于个人职业生涯的发展。如果有海外任职者，产品或技术能力将是非常重要的。表7-2进一步概括了HRM的影响。

阶段二：国际化。随着时间的推移，母国市场的竞争加剧，国外市场则更具吸引力，于是就有了海外工厂及子公司，并设置部门结构。由于有大量的外国劳动力，对文化的敏感度相较以前来说就重要得多。然而，企业中心开发的人力资源管理方法致力于制定适合国际化经营的有效控制机制。有了先进的经验、生产技术以及流程，国际化组织同时也在朝管理知识向外转移的方向发展。因此，人力资源部门开始提供旨在提升文化敏感度及适应性的研讨会与培训。目前已经有更多的人接受海外委任工作，但它没有纳入到一般的职业生涯规划中，因此，他们重返母国的时候职业发展会遇到很多问题。

阶段三：多国化。产品或服务成熟时自然达到多国化阶段，其特点就是激烈竞争带来效率的高度集中。举例来说，许多计算机硬件公司从多种组件中引进标准化然后进行价格竞争。由于成本压力，导致规模经济增强，对文化敏感度的管理也就有所放松。因此，对资源、生产以及供应链的协调整合就变得极为重要。人力资源方法就是致力于创造一个强大的企业文化，让新进员工很快适应与母国之间的整合。海外业务越来越重要，领导力成为个人职业生涯发展的核心。对文化有着很好的敏感度的人通常能够获得海外任职的机会，而且在完成全球化工作后回归故乡也没上个阶段那么困难。

表 7-2　　　　　　　　　　　　　全球化和人力资源管理

	阶段一：母国化	阶段二：国际化	阶段三：多国化	阶段四：全球化
主要定位	产品或服务	市场	价格	战略
战略	国内	国际	多国	全球
全球战略	允许外国客户购买产品或服务	增加国际市场，向国外技术转让	原料、生产和市场国际化	获得全球战略竞争优势
人员派遣外籍人士	没有（很少）	许多	一些	许多
派遣原因	商务考察	考察控制或转移技术	控制	控制协调和整合
海外派遣人员		合格员工，销售人员	优秀员工	高潜能经理和高管
目的	奖励	项目或完成工作	项目和职业发展	职业和组织发展
职业影响	消极	对国内职业发展的负面影响	对全球职业发展很重要	高管的必要条件
专业再进入	有点困难	非常困难	减少困难	专业容易
培训和发展	无	有限	长	连续
谁来做	无	外派人员	外派人员	管理者
绩效评估	公司底线	区域底线	公司底线	战略定位
外派动机	金钱	金钱和冒险	挑战和机会	挑战、机会与进步
奖励额外的钱	外国困难补助		不太慷慨，全球包	
职业快速通道	国内	国内	国际	全球
高管护照	母国	母国	母国或者他国	多国

Source: adapted from Adler and Ghadar, 1990; Beardwell and Claydon, 2010: 659.

阶段四：全球化。这还只是个理论猜测。随着商业的日益全球化，竞争也愈发激烈，跨国公司必须同时运作前三个阶段，寻求应对全球化挑战的理想方案。因此，就寻求整合–响应适当平衡而言，它与地理中心化理念有一些相似之处。成功的企业需要构建精细的内外部网络，人力资源的工作就是围绕全球化战略竞争优势，识别、开发、部署并管理好那些远离母国的人才。这也是为了以较低成本迅速推动产品或服务设计的全球化响应。全球化企业将有很多来自不同国家且有很多国外经验的外派人员，这也成为管理职业生涯的关键。

Adler 和 Ghadar（1990）的理论框架有一些不足之处。首先，它过于专注外派人员，而不是在组织内或其他形式的国际组织工作的员工。其次，通过响应和创新建立竞争优势这个问题还值得更深入的探讨；国际化和多国化阶段之间的区别也应该更清晰；知识密集型企业的国际化扩张进程有时过快，并且在不同的国家同时发生。例如，一些公司在美国和欧洲同时进行它们的初始阶段，从而使得这样的阶段划分受到质疑。Milliman 和 Von Glinow（1990）考虑到现代企业已不仅仅是一种产品或服务，提出了一个组织生命周期模型。

7.5　跨国公司的战略性国际人力资源管理

Schuler 等人（1993）对何谓主流的国际人力资源管理提出了建议。他们的理论框架列出了影响跨国公司结构组成的内外部因素，描述了这些因素与 IHRM（SIHRM）战略、区分 SIHRM、SIHRM 功能、政策及实施之间的联系。该理论框架的优势在于其具有一定的广泛性，其概念方法将跨国公司所关注的问题和目标也纳入考虑范围。尽管有人批判该模型对总部与其海外分支机构的微观政治进程没有做探索性研究，但它提供了 SIHRM 和其他因素之间联系的广泛蓝图。1999 年，De Cieri 和 Dowling 简化了 SIHRM 框架，并补充了跨国公司战略架构的一些细微差别（图 7-3）。

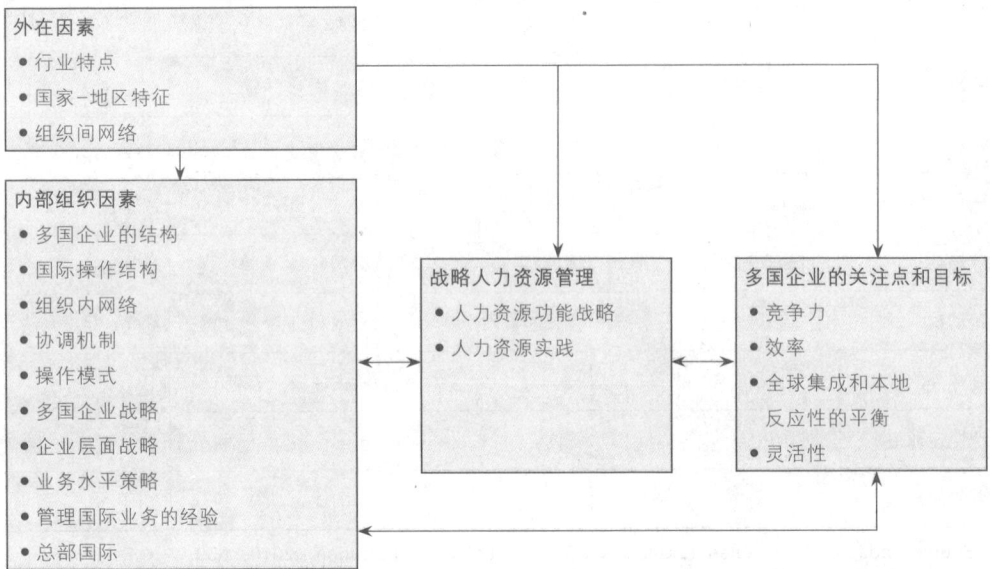

图 7-3　跨国企业中的战略人力资源管理模式

Source：adapted from De Cieriand Dowling，1999.

7.6　国际人力资源管理政策与实施——在海外工作

7.6.1　国际流动中的组织视角和个人视角

众所周知，国际化工作已不是一个新现象，在海外工作的现象普遍且多样（ECA，2010；GMAC，2009）。本书的其他章节将探讨日益全球化的市场和竞争活动以及背后广泛的政治、经济、社会和技术等因素。

Harris 等人（2003）提出用外派周期来概述国际工作初始至结束返程。Dickmann 和

Baruch（2011）在关注全球化职业发展时从两个方面拓展了这一观点。第一，他们的周期明确区分了个人视角和组织视角，体现了双向相互依存的理念。第二，随着时间的推移，他们的周期会超出立即返程的时间而覆盖整个职业影响。本章的其余部分将讨论该模型，它对国际流动性和全球性职业问题做了略微调整（图7-4）。

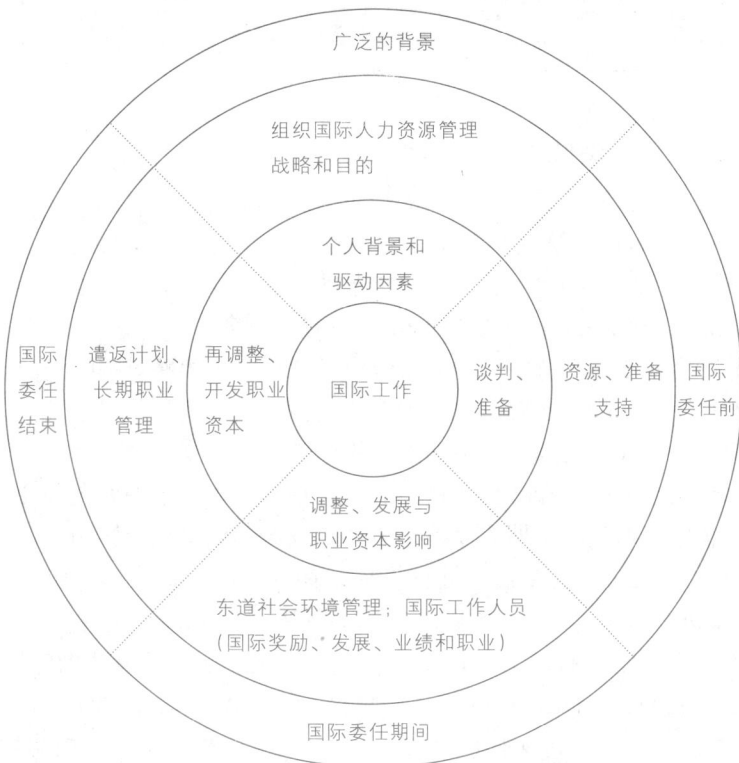

图7-4　个人和组织国际工作领域

Source：adapted from Dickman & Baruch，2011：171，Fig.7.2.

7.6.2　国际化工作的维度与模式

Peiperl和Jonsen（2007）认为，可以通过全球化职业类型的二维度矩阵来观察国际工作的变化。一个维度是个人远离母国文化和市场的时间；另一个维度就是在不同的文化和市场之间的相互作用。Baruch等（2013）认为还应该再加入时间和工作内容，形成七个维度：花费时间、国际交流程度（不定期外派到长期外派）、互动程度（工作相关或全方位）、法律环境（非法还是合法）、国际工作激励者（个人或组织）、文化差异（差异大小）以及特定角色差异（工作对本土文化的敏感度及理解程度）。这些差异导致有20种国际工作，相关文献的讨论详见表7-3。

关于如何筛选、发展以及管理外派人员，许多研究都已经从传统的工作委任/HRM主导的角度探讨职业国际流动性。然而近期以来，兴起了更多关于自我发起的外派论，以下讨论反映了这种信息的不对称。

表7-3	国际工作的关键类型	
传统，组织支持 长期离国（长于1年）	短期，组织支持，离职（不到1年）	侨民自愿到一个组织工作，而不是由雇主赞助
离职（组织支持，到总部）	国际项目工作	不定期（经常飞往不同国家）
长期合法/非法移民	国际休假	虚拟全球工作
跨境通勤	短期的自愿工作和工作经验	自发海外学习（学校或大学）

7.6.3 广泛背景：国际工作驱动力

工作中几乎没有什么领域是个人完全依赖雇主的，相反，对组织而言，员工绩效极为重要。这就是Larsen（2004）称这种关系为"双重依赖"的原因。组织关键的策略驱动因素包括控制协调、全球领导力发展目标、技能空缺填补和知识创新、传递和利用（Bonache & Dickmann，2008；Edström & Galbraith，1977）。

以上，我们对企业结构配置的许多因素做出了解释。下面将对国际资源质量运营动机（包括收购、开发和人才保留）、应对技能需求的速度、新举措的开展以及全球职业生涯管理进行讨论。但首先，我们将探索在国外工作的个人驱动因素。

主要的先决因素包括家庭和社会背景，如语言掌握能力，亲朋好友都会影响个人去往其他地方生活的意愿。而且，早期的海外生活经验或旅行经验也会影响其发展国际职业生涯的决定（Tharenou，2003）。最后，性格特征，如好奇心或韧性也可能会对成功人士在海外工作（Bird and Osland，2004）或者他们的前景造成影响。

个人去海外工作的动机有以下五方面。第一，职业生涯和发展动机与外派高度相关，通常也是最主要的驱动力（Dickmann et al.，2008；Stahl & Cerdin，2004）。人们往往看重的是获取全球商业的智慧、跨文化敏感度、海外经验以及对与众不同事物的学习能力（Tung，1998）。这些驱动因素对于公司的外派人员来说似乎特别重要，对于员工的自主选择海外工作也很重要（Doherty et al.，2011；Yan et al.，2002）。

第二个重要驱动力涉及个人兴趣、经历以及动机。这些因素对自主选择的外派人员而言尤其重要（Doherty et al.，2011；Inkson et al.，1997）。例如，渴望冒险、爱好旅行、改变生活（Richardson & Mallon，2005）、寻求个人挑战、渴望了解外国文化或在外国居住（Doherty et al.，2011）。

第三个驱动力就是组织因素，有时是公司提供外派的关键。组织性驱动力既包括财务方面的影响（Yurkiewicz & Rosen，1995），也包含非财务激励措施，如长期逗留、行政支持机制以及遣返安排（Dickmann et al.，2008）。

第四个决定性影响就是在家庭跟伴侣方面的顾虑，也通常被认为是国际流动性的障碍。例如，双重职业问题——当和伴侣有了他们自己的事业并且不希望中途放弃——变得越来越重要，因此作者认为是否决定外派应该考虑到伴侣或家庭的搬迁意愿（Harvey，1995；Sparrow et al.，2004）。然而，当家长认为东道主国家的教育环境更加优越时，家庭因素也同样能够成为迁往国外的一种激励（Dickmann & Baruch，2011；Richardson & Mallon，2005）。

第五，则是国家和具体地点也会影响个人是否决定去往国外工作。东道主国家的文化、历史、语言、气候以及安全等因素也在考虑范围之内（Black et al.，1992；Haslberger，2008；Yurkiewicz & Rosen，1995）。最近一些研究在分析特定城市时，还列出了具体位置的影响。Dickmann 和 Mills（2010）对伦敦以及 Haslberger 和 Zehetner（2008）对维也纳的研究显示，公民包容度或是城市商业信誉对外派人员来说都很有吸引力，也会影响他们是否决定搬迁。

上述讨论已呈现出个人为何去国外工作的各种原因。有时，我们会将自我选择的外派与组织提供的外派区分开来，但国际职业生涯发展形式仍然很多样。以下将继续探索。

7.6.4　临行前：资源配置、行政支持、临行准备

一旦下定决心要前往外国子公司工作，那么就有许多因素必须考虑。仅仅因该工作之前一直有母国外派人员来完成，并不意味着未来也将由外派人员继续下去。上面讨论过的关于组织性的驱动力，尤其是那些与控制、协调、技能填补以及知识转移相关的因素，能够为新任者提供一些能力指导。公司指定外派人员（传统形式）同时培养本土继任者这种现象已经很普遍了，而且在多数情况下，这种做法更具成本效益，并且能够减少本土人对外国人的不信任感，缓解本土员工对自身职业上限（玻璃天花板）现象的认知（Hailey & Harry，2008）。可以使用侨民降低外派高成本（因为这些往往是本地合同），降低风险（主要与文化冲突相关，见下文）（Howe-Walsh and Schyns，2010）。此外，还可考虑一些其他形式的国际工作，如不定期外派或虚拟领导。

假设我们采取传统形式选好了一个外派人员，那么为了确保海外任务成功会受到什么样的因素和组织方法影响呢？表7-5列出了一系列问题。在预分配阶段，包括这些工作：工作设计、筛选（协商及签订合同）、行政与后勤支持以及后续准备。在工作设计方面，促进外派人员适应本土文化的因素是很重要的。例如，给予个人自主决定权、满足其实际工作期望。当个人处于合适的职位时，调整也是有利的。例如，安排给他们与先前工作相似，符合他们能力的职位也能够让外派人士加快适应当地文化（Dickmann and Baruch，2011）。

文献当中对外派人员的筛选已有广泛研究。Dowling等人（2008）就甄选因素及最终决定的讨论做出了总结：技术能力、跨文化适应能力、家庭需求、国家/文化要求、语言及跨国公司要求。其中一些要求（如跨国公司驱动力）上文已做出讨论。跨国公司高度重视技术能力。但在国外，只有技术胜任力显然是不够的，对当地风俗文化的适应力也非常关键。此外，跨文化适应力也取决于个人特质。就此，Caligiuri（2000）提到了大五人格，还有一些学者提出文化移情、外交、开放以及适应性也会影响跨境工作（参考例子 Ang et al.，2007）。实际上，许多跨国公司在国际工作和调整甄选时并不会采用非常精细的标准。它们主要看重的是技术能力、个人表现、语言能力以及外派意愿（Dowling et al.，2008；Harris et al.，2003）。

国际流动性甄选系统可分为开放式/封闭式和正式/非正式（Harris and Brewster，1999）。

非正式方法对标准和措施的界定也就没那么明确，例如"咖啡机系统"（Harris and Brewster，1999：497），对外派人员的甄选这个系统侧重于机遇以及口碑。对于跨国性公司而言，打造国际化管理专家和全球化领导人具有举足轻重的作用（GMAC，2008）。如果组织善于挖掘他们的潜力并且热衷于管理全球化事业，那么封闭式甄选将成为一个新趋势。

就个人而言，明白自己为何要选择全球化职业并协商好经济和非经济方面的条件是很重要的。例如，外派薪水、社会和税收影响（参考 Dickmann and Baruch，2011，第 10 章和第 11 章有深入讨论）。除此之外，家庭支持（尤其是伴侣，是否存在健康问题）、安全、旅行以及一系列行政与后勤支持方面都应该清楚了解。最后，进一步对临行前与到达后的后续发展进行讨论。在许多情况下，对外派人员的家庭因素的讨论与协商是不可或缺的环节。我们可以通过一般的访问调查去了解他们的实际期望（图 7-5）。

个人		组织	
原因	个人动机	操作性考虑	战略动机
• 家庭和社会背景	• 职业和发展	• 资源质量	• 全球领导力发展
• 早期经验	• 组织因素和诱因	• 响应速度	• 知识创造转移和利用
• 个性	• 个人利益和驱动因素	• 控制	• 全球职业管理
	• 家庭和伴侣的考虑	• 协调	• 推出新计划
	• 国家和地点特定因素		

图 7-5 国际工作的个人和组织驱动因素

Source：Adapted from Dickmann and Baruch，2011：120.

7.6.5 国际工作期间：东道主国家环境、个人调整、国际员工的发展、职业规划和管理

社会环境与东道主国家的联络作用

东道主国家的同事对待外派员工的态度依赖于员工的自我调整（Huang et al.，2005；Toh and DeNisi，2007）。这就与东道主国家的作用联系起来：

收集信息能够帮助外派员工了解当地组织和当地文化（Toh and DeNisi，2007；Vance et al.，2009）。

社会情感支持能够帮助外派员工适应东道主国家的价值观和行为规范（Toh and De-Nisi，2007）。

培训和指导能够帮助他们提升知识转移能力（Toh and DeNisi，2007），并给予就业指导（Vance et al.，2009）。

一个好的中间联络人能够帮助外派人员尽量避免与东道主国家的交流冲突（Vance et al.，2009）。

这些作用很大程度上是靠东道主国家自愿执行，而不会在工作描述中具体说明（Toh and DeNisi，2007）。因此，Templer（2010）认为，东道主国家可以找到很多借口不去执行这些职能。一旦外派人员没有做出建设性的举措并对公司有所帮助，那么就会成为东道主国家排外的一个原因。

如何使不愿帮助外派员工这个问题得到缓解？Toh 和 DeNisi 建议，组织可以制定政策和激励措施，可以包括：组织文化价值观支持、对帮助外派员工的同事进行奖励、相对公

平的薪资水平。另外，跨国公司在挑选外派人员时可以研发跨境协调方法，适当调节外派人员薪酬与当地薪酬的差异，采用更透明的晋升机制，让东道主组织机构做好外派人员到来的准备工作（Bonache et al.，2009；Leung et al.，2009）。

目前对于国际职业和外派工作的培训与发展已有广泛的讨论（Dowling et al.，2008；Harris and Dickmann，2005），很多跨国公司给它们的外派人员提供跨文化培训（见图7-6），并且在一定程度上去帮助他们的家庭（GMAC，2008）。然而，在这些方面的投资仍然很少（Dickmann et al.，2006；Doherty and Dickmann，2012）。早在1987年，Mendenhall和他的同事想出了一种有针对性的跨文化培训方法，即依据当地文化的新奇性和互动性，培养他们的严谨性和持续性。他们认为，在文化延伸性低、停留时间短的情况下，信息提供就是很恰当的培训方式了。这些信息包括：区域和文化简报、东道国书籍阅读和电影观看、生活必备语言训练。而对于文化差异不大、计划停留一年时间的外派人员来说，提供的培训包括：角色扮演、关键事件的讨论、个案工作、文化同化训练、减压训练以及强度适中的语言训练，这些方式更加适用。在这些情形下，培训时间也将变长。类似于传统的外派，文化差异越大，停留时间越长，培训所需的时间也就越长。Mendenhall等人（1987）提出浸泡式方法，如评估中心、田间试验、模拟、敏感度训练以及广泛的语言训练。

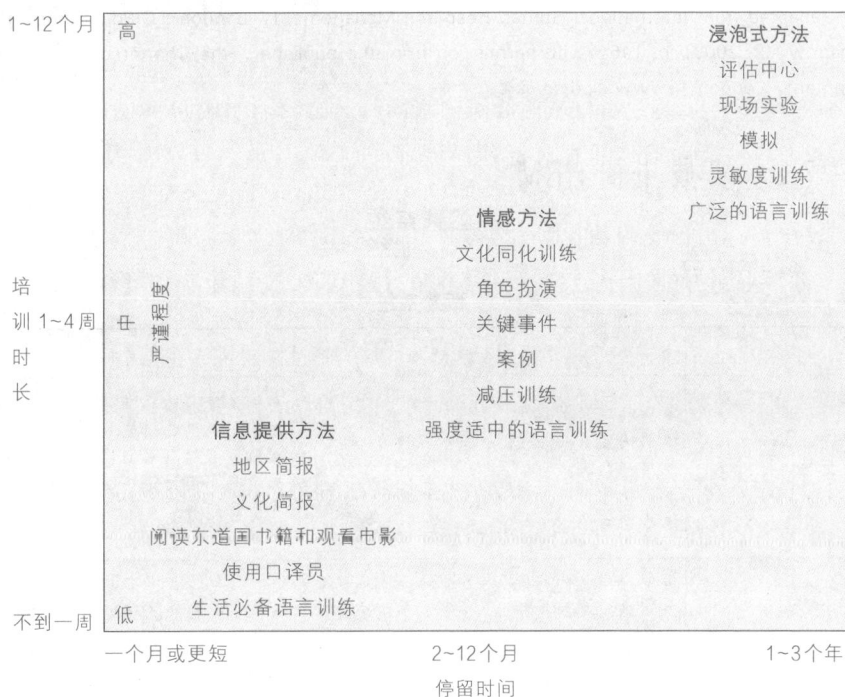

图 7-6　跨文化培训方法

Source：adapted from mendenhall et al.，1987：338.

显然，外派人员对其他文化的开放包容程度、行动意愿以及主动尝试适应新环境会对培训效果产生重大影响。出发前和抵达后的培训以及基本经验学习是外派成功过程中的第一步。而且，学习及适应文化是通过他人（如东道主国家的联络人员）监督和反馈而收获的一个过程。

外派人员在国外工作的一些优势和劣势见表7-4。

表 7-4　　　　　　　　外派人员在国外工作的一些优势和劣势

优势	劣势
• 高效协调	• 外派人员的适应性不确定
• 有效的沟通	• 选择程序容易出错
• 直接控制外国运营	• 成本高
• 在整个组织中传播核心价值观、规范和信念	• 在国外逗留期间难以持续指导
• 扩大外派人员事业和成长机会	• 复杂的人员计划程序
• 可能迅速替换外派人员	• 政府限制
• 不需要发达的国际内部劳动力市场	• 外籍人士的私生活受到严重影响
• 容易开展国际业务	• 减少当地人的就业机会
• 原产国创新	• 税收和福利的高度复杂性
• 对母国员工有吸引力	• 高失败率
	• 归国后很难利用职业资本
	• 潜在的本国-东道国摩擦
	• 重新整合可能很困难

Source: adapted from International Human Resource Management, London: CIPd (Harris, H. Brewster, C., and Sparrow, P. 2003) p. 146, with permission from the publisher, the Chartered Institute of Personnel and Development, London, (www.cipd.co.uk).

专栏7.2　实践中的HRM
甄选系统

甄选系统见表7-5。

表 7-5　　　　　　　　甄选系统

	正式	非正式
开放	• 明确定义的标准 • 明确定义的措施 • 培训甄选者 • 空缺的开放广告（内部／外部） • 小组讨论	• 较少定义的标准 • 较不明确的措施 • 甄选者的有限培训 • 没有小组讨论 • 空缺广告 • 建议
闭合	• 明确定义的标准 • 明确定义的措施 • 培训甄选者 • 小组讨论 • 仅提名（网络／声誉）	• 选择器的个人偏好确定标准和度量 • 没有小组讨论 • 仅提名（网络／声誉）

Source: adapted from Harrisand Brewster, 1999.

问题

1. 你的组织／你熟悉的组织使用什么甄选方法？

2. 为什么使用它？

3. 有什么优点？有什么风险？

7.7　本土环境适应性

　　一个人生活在异国他乡时进行新文化学习的这个过程，我们称为调整或文化适应。从某种意义上来说，它又有点类似于文化融合。由于个人高度调整或适应可看作是工作良好的一种表现，所以文化适应在全球流动性文化中是个很重要的概念（Bhaskar-Shrini-vas et al.，2005）。Black（1988）及其同事（1992）提出了一个调节模型，该模型由三部分组成：互动调整、一般调整、工作调整。与当地人进行成功的社会交流属于互动调整的一种。应对一般生活上的方方面面，如气候环境、健康供给、银行、购物、休闲娱乐等都属于一般调整。成功地履行工作职责，达到工作要求，则属于工作调整。尽管这个概念在学术界掀起了一阵热潮，却饱受 Thomas 和 Lazarova（2006）的批判。他们认为，Black 等人提出的概念不能充分地扎根于理论，具体而言，就是那三个调整的操作性定义过于松散，并且维度有部分重叠，它可能忽略了适应性的其他一些方面，并且它也只假定成一个单维概念。Haslberger（2008）利用这些观点，提出了关于调整更细致入微的看法。他将调整的三个维度进行了区分。首先是对东道主国家文化理解的认知信心。举个例子来说，Akpos，一个在英国的外派人员，已懂得对人彬彬有礼，如何避免与人起冲突（Fox，2005）。甚至当他在伦敦地铁上踩到英国人的脚时，对方反而会道歉。但当 Akpos 赶时间，试图插队上公交车时，他的自信心就会减少。令人愤怒的反应使他重新审思自己并调整自己的行为举措。经过一段时间之后，他才开始明白，在英国文化中，特别看重公平，而不排队恰恰犯了大忌。Haslberger 区分了 Akpos 的认知的自信心（不太理解插队后人们的反应）和行为有效性（不再犯同样的错误）。调整曲线图如图 7-7 所示。

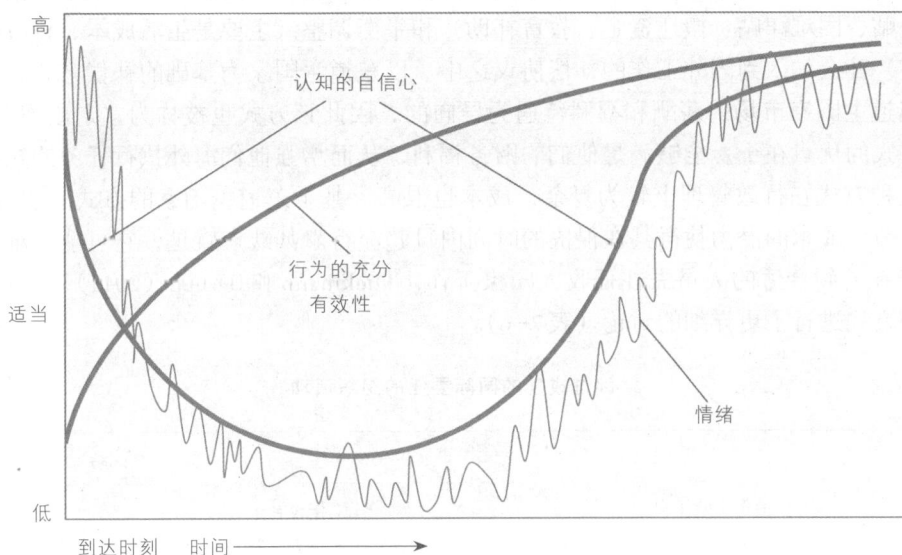

图 7-7　文化休克适应曲线

Source：Haslberger，2008.

其次，Haslberger 表明，从情感曲线的 1/3 开始通常会出现"蜜月期"（Oberg，1960）。然而，随着时间的推移，生活在陌生国家的新奇感、激情甚至异国情调，都会逐渐消失，并且每天都要应对所不理解的差异，这会消磨情绪。最后，人们克服"文化冲突"，情感和认知信心都可能得到提升。并不是每个人都必须经历文化冲突，事实上，如果有人最近深度体验了东道主国家文化，那么他们避免文化冲突的可能性就会很高（Takeuchi et al.，2005）。整体而言，个人之间的调整模式可能有很大差异，个人特征（Caligiuri，2000）、特定经历、家庭影响以及东道主国家的各方面都与外派人员的调整息息相关。

7.8　国际薪酬管理

关于国际薪酬和绩效的看法，众说纷纭。本节我们主要将目光放在个人和组织问题上。员工薪酬及更广泛的福利待遇会影响人才引进、绩效管理、人才保留以及公司成就（Beardwell and Claydon，2010）。为了增加积极且高效的国际外派机会，Suutari 和 Tornikoski（2001）提出，国际委任需要精心设计薪酬奖励项目。跨国公司在设计国际薪酬方案时有很多选择。组织通常都希望在国际员工团队中实现一致性、可比性和公平性。其他考虑因素有：全球转移的成本效益以及系统管理的便利性（Dowling et al.，2008）。如前文讨论过的国际工作驱动力中，外派人员通常都会寻求资金保障、居住舒适以及财务发展。

目前薪酬方式共有七种，即协商/特别设定、资产负债表、本土化、包干、自助餐式、区域系统化及全球化（Briscoe and Schuler，2004）。其目的都是为了能够有效平衡冲突压力，节约吸引高端人才外派的成本。专业服务公司安永会计师事务所认为，许多公司越来越倾向于基于母国或东道主国家的方式。以母国为基础的方式主要围绕着工资、福利以及在其当前工作的国家个人的其他报酬。为了减少外派人才的流失，一些激励措施（如住房补贴、困难津贴、搬迁资金、教育补助）和平衡调整（主要是生活成本、税收和福利的调整）都会纳入到国外工作的补偿协议之中。以东道主国家为基础的补偿方式，由于其是以东道主国家市场的薪酬和福利待遇为导向的，因此该方式也被称为"走出率"。基于母国方式的优点在于，能够满足他们的财务福利，从而增强他们海外执行任务的意愿。然而，这种方式在行政管理上较为复杂，成本也很高。基于东道主国家的方式其优点在于，由于其节约成本的潜力使得其在很快的时间内日趋流行。其缺点就是，它可能很难从高收入国家寻求到合适的人员去往低收入国家工作。Dickmann 和 Baruch（2011）对多样化国际薪酬方式进行了更详细的讨论（表7-6）。

表7-6　　　　　　　　　　　　　促进成功的国际委任的组织活动

领域	组织措施	比较有益的特征
出发前工作设计	● 在工作中给予自主权 ● 明确工作的期望和责任 ● 就个人、家庭和东道国之间的工作目标达成协议 ● 与现有工作人员接触，以方便"平稳着陆" ● 明确任何与绩效标准、工作、工作环境等相冲突的期望	工作设计选择： ● 在大多数情况下，海外派遣工作任务仅仅是一个小的延伸。调整适应一个新的团队和新的文化却是一个挑战 ● 对于特定的高层领导者，延伸的范围可能更大。这可能包括改变部门、职能甚至是工作内容

领域	组织措施	比较有益的特征
出发前 甄选和谈判	• 复杂的甄选因素，需要分析人格因素、软实力、绩效和潜力 • 让外派人员的伴侣参与选择，并考虑扩大的家庭责任 • 使用心理测验和其他工具，并向候选人和伴侣提供关于跨文化优势和弱点的反馈 • 将候选人的资料与组织和国际空缺的跨文化工作需求相匹配 • 提供现实的工作、本地团队和国家预览（以及"实际访问"）	个人特点： • 自信心 • 愿意了解不同的文化和商业环境 • 人际取向 • 良好的沟通能力 • 愿意批判性地审查自己的价值观和标准 • 开放
出发前 行政和后勤支持	• 在国际流动、补偿和福利方面提供有效的行政支持 • 在移居国外、住宿（国外和国内）、健康保险、银行、学校教育、回访等方面提供良好的高质量的后勤支持 • 尽可能保证安全，并在高风险地区提供保护 • 监控自己和服务提供者的活动，并通过获得外派反馈加以改进	行政问题： • 设置任务结束日期，以避免"拖放" • 定期考虑任务目标是否已实现，因此，保持早期退出的选择 • 通过公司赞助商、导师和教练定期与外派人员接触，提供支持
委任期 社会环境	• 鼓励当地本国员工向新外派人员和家庭提供支持 • 收集和提供有关社会、宗教、体育、文化组织的信息，使外籍人士及其家人能够加入这些组织 • 建立社会支持网络 • 为经历文化冲击的人提供员工援助计划（EAP），并培训当地管理者识别症状	社会便利： • 考虑为外籍人士和伴侣建立本地"好友"纽带 • 支持外派人员的伴侣为自己塑造有意义的角色 • 设计组织措施，鼓励东道国国民将外籍人士视为"内部人"而不是"外部人" • 引荐和介绍充当联络角色的当地人
委任期 培训与开发	• 依据更多的工作需求提供严格的培训；完美地与组织配置相关联 • 提供跨文化培训（出发前和入职后）和语言课程 • 在培训中包括外派人员伴侣 • 与新团队一起提供团队建设倡议 • 向当地雇员提供（在有用的情况下）有关外派人员的角色和职能的简报 • 提供与该区域或领域外派归国人员的接触机会	培训与开发注意事项： • 区分当地定位要求、全球或国际控制，协调和创新责任 • 区分一般交际能力和个人个性发展 • 区分工作和社会环境
委任期 薪酬奖励	• 提高工资透明度，避免本地人和外籍人士之间的薪酬差距 • 了解个人驱动因素，将补偿和激励措施与这些因素联系起来 • 尽量减少个人和组织的不安全和税收风险 • 了解各种社会保障和税收制度，找到平衡组织和个人需求的解决方案	设计注意事项： • 尽可能透明 • 外派人员可感知的公平 • 平衡需要吸引高能力个人与成本节约压力 • 尽量减少个人风险（税收、社会福利） • 最小化组织风险（如公司税） • 确保管理低复杂性
委任期 职业发展	• 将个人的长期职业规划和组织职业管理相结合（避免"看不见，不在乎"综合征） • 培养获得知识的能力，知道为什么，知道资本在哪 • 设计支持机制，如商业支持、正式和非正式网络、影子职业规划	职业规划： • 个人和组织的相互依赖性特别强 • 在国际任务期间，有一个更长期的职业规划更容易留住外派人员 • 不要考虑出路在哪，相反，应积极考虑在遣返之前如何促进工作 • 考虑外派到卓越的中心公司，以及在回来时在工作中应用见解和使用社会资本的方式

Source：Based on dickmann and Baruch 2011：194 - 5 future developments.

7.9　外派期的职业资本

在海外工作，其中最主要的一个目的就是推动个人职业发展。为了评估这一点，许多学者的探讨已经不仅仅是职位晋升而是侧重于外派人员的整个职业发展。DeFillippi 和 Arthur（1994）从以资源为基础的角度出发，概述了如何表现才能获得职业资本。职业资本论支持者 Inkson 和 Arthur（2001）认为，个人将受益于他们的技能、知识、能力（懂得如何做）、社交（认识谁）以及自己内心的驱动力和动机（知道为什么去做）。国际外派对了解个人、组织制定战略以及实施干预措施以增加职业资本这三种方式有实质性的影响（Dickmann and Doherty，2010）。

这一概念也被称为智能职业生涯（intelligent career），个人在海外工作期间，很可能会获得新技能、新知识以及新能力，并且改变自己对生活的期望（与个人身份定位并清楚为什么有关），海外工作社会资本效应可能不太积极（Dickmann and Harris，2005）。外派人员通常都能获得更多的国际社会联系，并且一定会从东道主国家获得更多的联系。然而，他们经常会"关闭雷达"，其结果是，他们与母国的网络联系可能会受到影响。对于职业系统很不正式的公司而言，当外派人员远离总部，前往海外担任主要职位的时候，这样的做法对其职业极具破坏性。同时，对他们的职业生涯长久发展以及回国时的职业"摇摆"也有一定的危害性（Doherty et al.，2008）。因此，设计相应的支持机制也许能够帮助外派人员拥有更积极的体验和遣返。此外，影子职业计划明确承认并认可外派人员与母国联络的需求，能够帮助委托组织降低风险（Dickmann & Doherty，2010；Harris & Dickmann，2005）。

然而，总体而言，绝大多数外派人员在采访调查中表示，他们已获得职业资本，并且自信能够为组织创造更多的价值（Dickmann et al.，2005）。而他们的雇主开发使外派人员增加职业资本的系统，是因为它对当前的绩效和组织内长远的发展是有积极作用的（Dickmann & Doherty，2010）；对于个人和组织而言，它也是至关重要的，外派人员即使回归到祖国，也能继续使用他们所学到的新技能，开发他们的新见解，利用他们新的社会网络关系。

国际工作后的遣返、保留和长期职业问题

遣返有时被视为"最艰难的任务"（Hurn，1999），其原因主要是个人和组织在外派人员面临归国时所发生的一些困难，目前已有一些研究对此做过详细调查（Lazarova and Cerdin，2007；Stahl and Cerdin，2004）。

组织的角度

在经济困难或增长缓慢时期，人们对归国就业和晋升并不看好（Huang et al.，2006），特别是几年前很多国家面临银行和主权债务危机使得归国者的前景不太理想。此外，一些公司的规划较差，分配的职位对该国的外派人员来说并没有什么吸引力。Dickmann 和 Doherty（2006）概述的案例中，烟草公司有40%的外派人员流失率，这可能会加剧企业结构重组进程。相反，许多外派人员在离开他们的组织后，反而在市场上变得更炙手可热，并很有可能去寻求新的挑战。为了解决这些问题，Lazarova 和 Caligiuri（2001）向人力资源管理者提出了11种实际解决方法：

1.离岗前简要概述遣返后的期望

2.职业规划课程

3.签订外派遣返后的工作职位的保证或协议

4.分派任务时进行项目指导

5.有关公司变化的重新定向计划

6.遣返后的情感反应培训研讨会

7.财务咨询和财务/税收援助

8.外派人员遣返后生活的援助以及变化咨询

9.与母国总部的持续沟通

10.公司重视国际经验的明确信号

11.与总部进行遣返过程中的细节沟通

实际上，许多组织都承认，它们并没有对遣返计划和支持提出有效措施，所以很多外派人员都在考虑离职（Dickmann et al.，2005）。然而，如果个人回国后留任时间超过一年，那么之后两年他们的留职率会非常高，几乎不会有任何流失（Doherty and Dickmann，2012）。成功留住外派归来的员工的公司，一般都采取了类似 Lazarova 和 Caligiuri 提出的11种措施，并且将国际流动性与一般职业系统、了解如何管理和使用以及社会资本整合起来（Dickmann & Doherty，2010；MacDonald & Arthur，2005；Riusala & Suutari，2004）。

个人角度

在理想的情况下，遣返人员都期待着"回归"，并且能够将他们在海外所吸取到的知识运用到母公司总部来。然而不幸的是，现实总是与之大相径庭。最为普遍的一个现象就是文化冲突。外派人员到海外之后，无论是文化背景还是公司发展，所有的一切都在发生改变，于是就产生了文化冲突。此外，结束海外工作后回到母国，财务、社会荣誉等方面的一些福利损失，以及从"小池中的大鱼"变成"大池中的小鱼"这之间的落差，也会令外派人员产生挫折感。那么，怎么才能回到"蜜月期"，重新结交朋友呢？对当前工作的担忧、对发展机会的担忧、对财务和社会挫折感方面的担忧等，这一系列的担忧都令环境变得更复杂。在面对文化冲突，个人在应对这个阶段时有一些相似之处。一些学者认为，与逆向文化冲突同时发生的"职业摆动"可能会在很多人身上持续一年左右（Doherty et al.，2008）。

那么，个人能够做些什么来增加他们将两边的公司重新整合成功的机会呢？一种方法就是提升自己对雇主的吸引力，同时建立自己和他人之间的现实期望。Dickmann 和 Doherty（2010）概述了一系列职业资本活动，以增长外派人员的知识、技能、能力和见解。在早期阶段（甚至在预分配阶段和规划阶段）就应该重新探索如何在外派人员回归时应用这些活动。例如：利用卓越中心项目，让自己变得对组织更有价值。国际工作人员和归国人员应该对自己的社会资本有深入的了解，并且与那些能够在自己归国后帮助获取职业发展的关键人保持联系。此外，关于个人的现实期望和归国后的职位安排，需要好好与指导人员、上级、人力资源管理者以及其他一些利益相关者讨论。

表7-7列出了外派职位保留的一些较好的做法。Dickmann 和 Baruch（2011）在 Lazarova 和 Caligiuri（2001）的建议基础上进行了拓展性研究。该表主要基于组织的措施和外

派人员成功归国后的一些个人活动。

表7-7　　　　　　　　　　派遣结束之后留住外派人员的有效措施

领域	政策和措施举例
组织战略和结构	• 清晰、有吸引力的国际化战略 • 现有国际化的吸引力 • 高层管理宣称的和实际情况之间很小或没有显著的差距 • 充分的组织配置 • 国际工作的高标准
国际流动政策和做法	• 人员配置政策被认为是公平或有利的 • 甄选考虑一系列因素，包括回归时调整和自我调整有关的人格因素 • 归国前职务的准备 • 返回后持续支持时间 • 回国前的长期规划 • 网络机会 • 与母国的持续沟通
职业生涯	• 长期职业规划 • 重新规划 • 职业发展 • 导师系统/国际工作支持系统
开发	• 系统性开发专业技能 • 个人技能的系统发展 • 系统性发展领导技能 • 关于情绪反应的研讨会 • 回国后的财务和税务咨询、建议和帮助
工作	• 工作挑战 • 能够使用新获取的全球性技能 • 没有减少的责任和自主权
财务影响	• 追求国际任务的奖励 • 奖励发展国际视野 • 奖励发展全球网络 • 奖励发展全球技能能力和知识
个人驱动和期望	• 预先返回和返回后就管理预期进行对话/建立实际的归国预期 • 简介和更新组织结构、目标、政治和新位置的变化
家庭	• 帮助外派人员伴侣找到有意义的活动，如重返工作和事业岗位 • 帮助家庭重新定居
个人活动	• 努力保持社交网络的更新和有效 • 参与归国后工作地点的相关任务，保持知识的更新和期望的现实 • 理解个人/身份变化，以及回归后对生活意味着什么 • 预期财务和状况变化 • 努力获得可转换的能力和/或与未来的外派人员联络，以交流见解 • 平衡感知的职业资本与组织预期规划的差距，并主动提前做好准备 • 通过归国过渡准备，指导和帮助家庭

Source：Based on Dickmann and Baruch，2011：234.

7.10　总　结

本章提出了国际人力资源管理的关键因素。第一，它对 IHRM 进行了定义，与 HRM 进行了比较，探讨国际化组织用于管理员工的 IHRM 配置——战略、结构、政策和实施——是否能够起到盈利作用。第二，从竞争优势、资源的角度看，我们明确了多种类型的跨国组织。本章主要探讨在不同维度下如何创造竞争优势，重点对成本（整合之后的全球化效率）、质量（本土对产品服务差异化的响应）以及创新（全球知识网络）方面进行了研究。第三，本章以图表的形式介绍了 IHRM 模型。第四，本章将视角更多地转向了国际化工作的操作性方面，将任职前、任职中和归国后组织如何管理全球流动性员工进行了区分。很重要的一点是，我们还从长期海外工作者的角度出发，概述了他们的担忧、情感、行为、身份以及能力的一些变化。关于如何管理国际工作人员，以及作为全球化职业人士该如何表现，本章都给出了一些相关介绍。

案例研究 7.1　加强对跨国员工的管理，以达到认知同盟式的国际人力资源管理水平

MICHAEL DICKMANN

创新公司（InnovationCo）于 19 世纪后半期在德国创立，主要生产快销产品，其产品种类在国际市场上达到上千。20 世纪早期，该公司在瑞士创办了第一家分公司。随后，到第二次世界大战前，为加大出口，创新公司相继在欧洲的 7 个国家建立分部。1950 年，产品生产遍布欧洲、南美、非洲的不同国家，并且尝试在亚洲销售。久而久之，国外产品生产额不断矿大，公司也逐步趋于国际化。在 20 世纪初，海外员工比例占总员工的 2/3。在产品生产过程中，创新公司采用平衡战略，将全球一体化与当地化经营结合起来，引发了公司改变原有模式以便趋于一体化这一现象。产品标准化关键取决于尺度效应与效率优势。从公司的发展史、管理特点、产品的生产技术以及客户洞察力来看，该公司有实力进行全球化创新。

国际人力资源管理标准化

创新公司的员工遍布于世界各地。将当地资源优势与德国发展策略结合起来，是该公司的人力资源管理理念。董事会成员强调在国际人力资源管理政策下，接纳当地管理的同时，两种不同理念要和谐相处。该整合理念规范了国际领导方针，由人力资源主管提出并全票通过。总之，国际人力资源管理原则和大目标是高度标准化的。然而，创新公司仅在少数地区得到落实，但他们认为区域方针更有利于发展（见表 7-8、表 7-9）。总而言之，根据区域重要性、对公司所做的贡献以及总部想要变更政策的意图这三个方面来决定是否整合。公司的宗旨是尽可能给予当地分公司发展的自由，于是出现了在总部可接受的范围内，不同的人力资源管理方法。

国际人力资源管理知识网

在国际人力资源管理政策的运用过程中，总部和分部之间进行紧密的磋商和合作。该合作通过每年一次的全体人力资源主管会议和六次全欧洲范围内的最高行政官会议体现。旨在收集各地区的观点，从而能在全球范围内得到应用。这种知识交流是多边的，并且提议来源广泛，遍布在公司的任何地方。

　　然而，这种开放性、集中性的特点，导致总部很难抵制来自国外分部的联合对抗。事实上，总部的高级人力资源经理强调：没必要做梵蒂冈，即在跨国创新中出现明显的分层界限。同时，这种制度局限性表现为：高水平的知识网并不意味着能够更简洁、更有效地进行跨境控制。在缺少高效的国际控制下，需要更加随意的、复杂的整合机制。至少就国际人力资源管理而言，创新公司并未实现在跨国主义下所制定的目标。取而代之的是，一些管理部门的高层经理并不提倡认知同盟的方式。例如，他们想要一套更加完整的发展理念，却遭到了分部的抵制。

表7-8　　　　　　　　　　　　创新公司的国际人力资源管理：理论／原则

理论/原则	
标准	
一般 HRM	领导阶层：国际原则及指导方针 安全性：指导方针需在良好的工作环境下进行，工作稳定性由标准工作合同体现 其他方针：根据国际合作原则来选择最好的理念和学习方法
招聘与甄选	寻求全球最优人才
培训与发展	为强化员工培训水平，双重职业培训应在地方分部中体现
职业生涯管理	职业前途理应国际平等化，体现国际分配政策
绩效管理	国际原则与指导方针
工资	与任务完成情况和绩效津贴有关
知识网络	
一般 HRM	发展和回顾：人力资源兼顾国际发展原则，人力资源战略的多国发展以及分部在执行过程中的反馈 控制与协调：人力资源预算的国际合作不多，地区分部的人力资源预算编制与审核不在总部，只向总部汇报结果（如职工总人数），一次全球会议，每月一次的多国性会议，经常到访
招聘与甄选	针对资源长期利用召开国际会议，不存在全球委员会（除董事会成员外）
培训与发展	根据未来领导者的发展，自定义的文化基石而组织跨国间的合作
职业生涯管理	顶级的职业决定者由总部选出，职业原则需由欧洲人力资源组正式讨论提出，通用国际绩效管理原则由各国讨论提出
工资	总部人力资源管理部门制定指导方针

Source：Based on Dickmann and Baruch，2011；Dickmann et al.，2009.

表7-9　　　　　　　　　　　　创新公司的国际人力资源管理：运营层面

运营层面
标准
一般 HRM	能力框架
招聘与甄选	利用当地实际资源，采用多种标准
培训与发展	部分跨文化研讨会与顶级管理发展的整合，双重职业培训在有些地方并未得到实践
职业生涯管理	上中层管理融合在一起（4种最高层级）；潜在高层次人才（由某些地方单位选出）
绩效管理	四种管理方面的规范过程与形式（管理层评估和目标对话）
工资	Hay的五种上层标准的整合，当地管理层低一些，适当地因情况而变
知识网络
一般 HRM	每隔两月，由欧洲人力资源主管就总体系统和工具的问题进行明确的反馈，全球能力框架由欧洲公司确定，多次召开国际人力资源会议
招聘与甄选	多种甄选工具的国际讨论
培训与发展	部分国际人员研讨会讨论总部设计与国际审查；极少数分部清楚其文化目的
职业生涯管理	潜在高层次人才的跨境数据交流；在国际方面，与至少1%的海外员工进行合作
绩效管理	不执行国际绩效评估
工资	由中央薪酬委员会评定薪酬；正式的跨境讨论的实践

Sources：Based on Dickmann and Baruch，2011；Dickmann et al.，2009.

问 题

1.你认为创新公司为什么在国际人力资源方面采用具体的标准化和知识网络两种方法？对此你有什么其他观点？

2.创新公司的国际人力资源管理政策，优缺点分别是什么？

3.思考一下你熟悉的国际机构组织，在人力资源管理方面，与创新公司有哪些不同点？

4.对创新公司的经理来说，在全球职业发展方面，可能会有哪些影响？国际人力资源职位将会是什么样的？

案例研究7.2 为我准备好，我要来了：印度跨国公司中雇主在人力资源方面所做的准备

DHARA SHAH

TechIn是一个以印度为总部，提供信息技术服务的跨国咨询公司。该公司在44个不同国家分别创办了子公司，其年营业额达到13.3亿美元，拥有32 000多名员工。公司以印度、北美、阿拉伯联合酋国、英国、匈牙利、埃及、新加坡、马来西亚和澳大利亚为发展中心。受过分依赖单一市场和美国对信息技术工作者签证面谈限制这类不断升级问题的影响，该机构试图在新加坡、马来西亚、澳大利亚建立新市场，以改变其发展战略。

利用信息技术领域人才的高需求这一特点，TechIn公司在19世纪80年代末投入运营。90年代末，公司出于质量保障，同时提供软件咨询和其他服务。海外顾客提议在不同国家建立子公司以迎合他们的具体需求。为使新市场达标，派遣特定的软件人才到客户服务中心进行技术性操作、获得海外支持和留住客源是非常有必要的。因此，派遣出国的软件专业人才对公司的发展是功不可没的。但是，与其他大型的信息技术跨国公司相比，信息技术专业人士的流动率对TechIn公司是价值不菲的。该公司同时还存在定制客户端项目延期、产品质量降低、生产成本提高等一系列问题。因此，留住信息技术专业人才对组织来说是极其重要的，但也不能忽略国际人事政策和公司实践。

高层经理指出TechIn采用地心式战略，但在澳大利亚的分公司内超过85%的员工来自印度。经理表示在澳大利亚市场中，面临的挑战之一就是要广招人才为其公司服务，因为在这里并未建立良好的品牌市场，同时原产地公司（印度）要负起责任来。这就意味着要从印度引进员工到澳大利亚工作，而这些员工对TechIn的发展至关重要。因此，公司的关注点之一就是要留住这些IT专业人士，并为他们提供专业技能和与客户相关的知识。

与此同时，TechIn想要创办一所象征性的全球公司而并非传统上的印度总部。为迎合其市场日益增长的需求，提高其竞争力，印度高层经理表明TechIn公司极尽全力做到没有等级分布而是倾向于员工彼此独立的分散机构，同时子公司有权决定是否接纳当地的人力资源管理政策。但是，澳大利亚的经理察觉到，由于大多数员工来自印度当地，因此在决策过程中有时会受到文化冲击。文化和交谈方面的局限性导致很多印度IT人员在交谈和理解过程中存在问题。因此，对TechIn印度IT员工来说，在澳大利亚分公司工作会有哪些体验呢？

IT人员把TechIn的移民过程看作简单的客户驱动，同时在任务选择方面也表现得很匆忙。针对大部分员工花费不到一周所准备的项目来说，由于顾客回应不理想，只能将其

取消。出境和定居在印度的 IT 人员看来是两个棘手的难题，澳大利亚公司方面不为他们提供课程培训和全身心投入项目准备的机会。于是这些员工认为在刚到澳大利亚的日子里，对他们来说并不轻松。

IT 移民感到东道国为他们所做的准备工作不够充分，关键是技术能力。所以，如果客户提出要求，那么将会派出一个符合客户要求的有此项技术能力的人去胜任，而并不在意他们是否有潜在能力去适应新的环境。一个移民说道：

我觉得若组织能为我们这些外籍员工提供适当的训练、给予支持以及规划好相关项目的发展前景，那么，对我们来说，初始阶段会发展得更好，不然的话，只会感到亚（压）历山大，并不断地自我贬低和迷失。

Ranbir

Ranbir 和其他员工认为，由于对东道国相关文化知识的匮乏以及未能充分理解其目标，导致他们在初始阶段很难融入集体。在语言、口音、文化差异和交谈方面所存在的问题让这些外籍员工惴惴不安，有时会表现得格格不入，从而引发与东道国管理者的冲突。在移民进入东道国的初期，机构给予的支持很少。TechIn 公司只提供为期两周的住宿，随后这些 IT 外籍员工需搬到自己找的住处。机构同时希望他们在到达澳大利亚的一两天之内就能投入到工作当中，这便加剧了员工在东道国生活的艰难性。

对第一次到澳大利亚工作的外籍人员来说，在客户需求中定位自我、适应外国的陌生环境、寻找住处的难题以及开立银行账户、组织电话签约等一系列事务他们感觉压力很大。一篇报道提到：

精力全部放在工作上就很难处理好其他事情。我在网上找房子，这意味着只有周六一天的时间去实地考察住处。没有车，我只能步行穿梭于巷子之间。因此在一天的时间内，你最多只能看两处房子。在悉尼，若你没有租房经验，那你是很难租到房子的。租房是我们所有人都必须面对的难题。

Raj

有一个有趣的例子：外籍员工在工作初期，由于很少得到他人的支持赞许，从而极有可能转变其工作态度。获得组织支持对新入境的 IT 工作者来说是非常重要的，有利于适应东道国的环境。否则的话，只能给他们的生活徒增烦恼。很多应答者表示，其所在公司忽视他们的存在，认为只有离开公司才能一展宏图。IT 工作的本质特点，对生存条件的需求以及面对陌生的文化背景缺少充分的准备和很少得到其他员工的支持等一系列因素，都会影响到外派员工对公司所做奉献的多少，甚至决定是否要继续留在公司工作。

问　题

1.在上述案例中，对于国际人力资源管理有何影响？

2.根据本章的文献，IT 组织能从该案例中得到哪些启示？

3.对于将要去国外工作的员工来说，他们在准备和支持方面存在哪些问题？

4.对那些工作在澳大利亚的外派员工来说，能有足够的时间来解决存在的问题吗？是否有更大的问题需要考虑？

第 8 章

在变化环境中理解和管理职业生涯

Dulini Fernando，Laurie Cohen and Amal Ei-Sawad

当我的孩子长大后，我希望他们有一个职业生涯，而不是一份工作。

（前首相托尼·克莱尔访问谢菲尔德职业中心，Sheffield Star，
1998年2月5日：1，引自 Mallon 1998：48）

职业生涯是一个制造分裂的词，这个词把普通生活和职业生活分割开来。每个人都应该有他们喜爱的工作，这和职业生涯这个词所描绘的不同。职业生涯是说我将花许多时间追求某个东西，这个东西我们可能感兴趣也可能不感兴趣，来讲述我剩余生命中的另一个故事。

（Gracey Paley，from Bach & Hall，1997：228）

生活就是当我们忙于做其他计划时发生在我们身边的事情。

（John Lennon，"Beautiful Boy（Darling Boy）"，1980）

引 言

这一章是关于职业生涯的：我们如何理解职业生涯的概念，以及我们如何管理自己和其他人的职业生涯。学者们通过一系列的方式调查了职业生涯：从心理学和社会学的角度、从客观现实和主观结构出发、从个人和组织的视角观察。同样，在日常用语中，职业生涯有许多不同的含义，也被用在各种各样的环境中：足球运动员、官员、政治家或病人的职业生涯、职业教育、职业中断、职业指导。如果我们分析以上每一种情况下职业生涯意味着什么，我们大概会看到一个丰富多样或者是模糊不清的画面。尽管存在多样性，但许许多多的例子却有一个共同点：他们都是个人与组织之间的关系。这种关系的本质是人力资源管理中的根本问题。

这一章有七个部分。第一部分关注职业生涯的概念，考虑一些学术上以及普遍的定义和用法；第二部分从传统的心理学和社会学方法，以及从解释的视角来探讨学术界对职业生涯发展的思考。职业生涯的一个重要方面是对职业成功的关注，因此第三部分探讨个人如何理解职业成功。第四部分探索了有关职业生涯关注个人遇到的一些边界的争议。第五部分讨论了职业生涯中的性别因素，介绍了一些已经开发并逐步发展的框架来帮助女性用特定方式规划自己的职业生涯。第六部分探讨了老龄化对职业生涯的影响。最后一节将会讨论职业生涯管理中的组织干预，将会讨论这些在职业生涯变革领域的最新争议点。

8.1　对职业生涯的不同理解

"职业生涯"这个术语使人联想到一组图像。我们可以用它来代指政治人物从政的整个周期，或者像法律、医学这样专业化的职业。同样，我们也可以谈论一个职业体育人这种更加短暂的职业生涯。在过去的岁月，"职业女性"被用来将有偿就业的女性和家庭主妇区分开来。我们可以谈论一个吸毒者、一个病人或罪犯的职业生涯。同样，我们也可以谈论一个学科的职业生涯。例如，组织分析的职业生涯。总之，这毫无疑问是我们每天在各种情况和环境下都在使用的一个术语。但职业生涯实际上究竟是什么意思呢？它是有偿就业的另一种表达方式吗？是不是任何工作都能被描述为职业生涯，或者它仅仅是一个特定类型的职位？另外，什么样的工作，如果有的话，包含在职业生涯的定义之外？职业生涯的理论分析及管理显然需要考虑这些问题。

Wilensky（1961：523）对于职业生涯的经典定义：

让我们从结构方面来定义职业生涯。职业生涯是人们在有序地追求威望层级中（或多或少可预测）所经历的连续工作的总称。

这个定义中隐含的是职业生涯作为有偿工作的观点。"威望层级"的概念来源于对政治环境的参考。值得注意的是，Wilensky将职业生涯描述为一种结构现象，也就是说，它似乎是独立存在的个体。这一观点意味着职业生涯是真实的事情，以特别设置的方式供人们参与。这种将职业生涯与管理层级混为一谈的概念（隐含层次结构和稳定进步的概念）一直到20世纪中后期仍被广泛接受。确实，路径和梯子都是谈论职业生涯时常用的比喻。路径表明职业生涯是通往最终目的地的旅行，而梯子则通过图像形象地表明职业生涯是阶梯式的，并最终通往目的地。其他常见的对职业生涯的比喻包括轨道和箭头（当然，更多的是讥讽激烈的竞争）。

与之相对的一些关于职业生涯的定义超出了有偿就业的领域，而是以一个人的人生经历顺序作为参考的。有趣的是，虽然这个更具包容性的职业生涯的概念正变得越来越流行，但它的起源却可以追溯到20世纪30年代，是由芝加哥社会学家Hughes（1937：413）提出的：

一份职业客观上是由一系列不同的身份和被明确定义的办公室组成的。主观地说，一份职业是从一个移动的视角看人们这一生中各种属性、行动以及发生在他身上的事情的意义。

虽然承认职业生涯在结构及客观层面的定义，Hughes的定义也强调了职业生涯在个人层面，也就是主观层面的定义。因此，它不单纯强调人在规定的职业模式下的情况，而是将自己的职业生涯与他们的社会、经济和文化背景动态地联系起来。Hughes的研究极大地推动了学术界对职业生涯的研究，已延伸到社会的方方面面：从丧葬承办人到结核患者和大麻使用者。Goffman（1961）进一步拓宽了Hughes对职业生涯的定义，颠覆了前者将职业生涯等同于职业发展的常规定义。近些年关于职业生涯的定义，特别是那些由人力资源管理和职业指导方面的学者所下的定义，倾向于体现这一更广泛、更具包容性的做法："一个人在一生中的学习和工作发展"（Collin & Watts，1996：393）。有趣的是，Savickas（2002）认为，这一主观要素不仅仅是一种理解职业生涯的方式，而是职业生涯概念中的根本元素。用他的话说："最关键的一点是，职业生涯指的是一个人在他的职业行为

过程中的反应，而不是职业行为本身。"（2002：384）

专栏 8.1　实践中的 HRM

职业生涯官方概念的一个挑战

传统上，"职业生涯"这一术语是预留给那些希望从事受人尊敬的职业的人。然而，近些年职业生涯这一术语的使用面逐渐变得广泛，可以用在任何人整个生命周期中的社交链。这样的职业生涯不再用来表示杰出或差劲，成功或失败。这一概念的价值之一是它的两面性：一面与个人因素相联系，比如自我形象和身份感知；另一面关注官方立场、法律地位和生活方式，是可为公众认知的一部分。因此，职业生涯的概念允许一个人在个人和公众之间，自己和社会之间来回移动。（Goffman，1961：127）

- 如何将这一定义与迄今为止的其他定义做比较？
- Goffman 是否把重心放在确定的几种职业生涯上？
- 学者应该如何研究职业生涯的两面性？

最后，学科不同会导致或者通常在解释职业生涯的定义上存在变化。例如，经济学家们可能对职业生涯解释为"通过一生的教育和经验获得的人力资本积累"。然而从政治的学科而言可能会把职业生涯理解为"一系列的努力去实现自身利益最大化，通过不断地尝试去获得权力、地位和影响力"（Adamson et al.，1998：253）。

然而，尽管职业生涯的概念是"弹性"的，但其不同的组合都是从特别的元素中选取的——文化的、组织的和职业的背景，甚至来自不同学科的观点，我们同意 Savickas（2002）的观点，他认为这些都是核心概念在这段时间的不断发展与演进。

8.2　社会学和心理学方法下的职业生涯研究

职业生涯可以从一系列的观点入手。从传统上而言，学者们尝试通过心理学或社会学定义来研究职业生涯。心理学定义的职业生涯着重于个人。从心理学的观点来看，职业生涯理论可被分为职业性属性和发展性属性（Gunz & Peiperl，2007）。职业性属性对于职业生涯而言是以"代理"的概念为基础（例如个人的行动能力）。基于以上的观点，个人应该发现其自身的能力以及与之匹配的职业。Holland（1973）研究——个体和环境匹配——是这个观点中的一个经典例子。

专栏 8.2　实践中的 HRM

个体和环境匹配（人职匹配）

Holland 指出，每个具有人格特征的人都可以找到适合自己的职业，而个人的职业与其个性相匹配时会得到更高的满意度，带来职业成功，并愿意长时间做这份职业。反之两者不匹配的时候，个人将会改变职业以符合其个性。

Holland 将个性类型和职业环境的关系划分为六个类型：实际型、研究型、艺术型、社会型、企业型与传统型（经常被缩写为 RIASEC）（见表 8-1）。

表8-1   个性类型和职业环境

	描述	职业范例
实际型	这种类型的人是通常具有很好的劳动技能，但是可能很难表达自己的感受或者难以与别人交流他们的感觉。他们喜欢户外工作，与工具和机器打交道。他们喜欢处理事情，而不擅长创意或者与人打交道。他们喜欢用自己的双手去创造，他们更适合做技工、机械师和工程师等	农夫、木工、技术工程师
研究型	这一类型以科学和科学活动为中心。这种类型的极端是以任务为导向，他们不是特别擅长与周围的人一起工作。他们享受解决抽象的问题，而且渴望了解物质世界。他们擅长思考问题多于解决问题。例如，人们喜欢模棱两可的挑战和不喜欢高度结构化以及具有许多规则的情况。他们享受为研究性学习提供机会的职责	化学家
艺术型	这种类型是艺术导向，喜欢在提供许多自我表达机会的艺术环境下工作。例如，有些人对高度结构化或者需要明确技术要求的问题缺乏兴趣，他们更喜欢解决那些可以通过在艺术媒体上自我表达的问题。研究型更倾向于独自工作，而艺术型更需要自我表达，并且他们通常对自己的观点和能力不太自信。他们把自己描述为独立的、有独创性的、非传统的、有表现力的和热情的。他们享受给他们的机会去运用他们的想象力和创造力，如写作、艺术创作或者戏剧表现等职务	画家、作家
社会型	这种最纯粹的类型是善于交际的、有责任心的、有人文主义情怀的和关心他人的福利。这些人通常能很好地表现自己而且善于与人交往。他们喜欢关注并且追求让他们接近团队中心的情形。他们更喜欢与别人一起讨论来解决问题，或者通过安排或重新安排其他人的关系。他们对需要技术活动或者使用机器的情形不太感兴趣，例如一些人形容他们是开朗的、受欢迎的和成功的，并且是好的领导。他们喜欢通过社会参与来提供帮助或者与他们相处机会的职责	社会工作者、顾问
企业型	这个类型的极端是有着很好的语言表达能力，特别是在销售、控制和领导方面。这种人通常从事销售工作。他们认为自己是有活力的、热情的、敢于冒险的、有自信的和有控制力的，而且他们更喜欢社会工作，在那里他们可以担任领导者。他们喜欢说服他人同意自己的观点。他们对精确的工作或涉及长时间智力成果的工作会不耐烦。他们喜欢权力、地位和物质财富，甚至享受在奢华的环境下工作。他们喜欢挑战性的、能促进组织或个人成长和进步的事业	销售代表、创业家
传统型	这种类型的极端例子会偏爱高度有序的活动、语言和数字方面的，这就是办公室工作的特点。人们在适应一个大的组织上能得高分，不过他们不寻求领导力。他们会遵从权力，而且会在完善的指挥系统中舒服地工作。他们不喜欢模棱两可的处境，更喜欢准确地知道期望他们做什么。一些人会把自己描述为传统的、稳定的、高度控制的、可靠的。他们对技术要求高或者要求与他人关系非常密切的问题缺乏兴趣，但在充分解释的任务下能高效率地完成。他们重视物质财富和地位。他们喜欢组织和日常的职责，包括对数据的操纵，并且喜欢遵循既定的政策和程序	审计员、文员、银行家

Source：Based on from Holland，1973.

Holland指出，个体通常会表现出不止一种上述描述的类型。然而，他认为通常多数人都有一种人格类型表现得更明显。同时还支持人职匹配模型作为一种有用的方法去思考个体如何对环境做出反应。有些学者对个人类型和职业类型的匹配程度是否可以作为一个有效预测职业结果（如工作满意度）提出了质疑（Tinsley，2000；Arnold，2004）。Holland之后又强调个人职业预测较大程度地基于其自身的理论，把年龄、性别和社会经济地位都考虑在内的综合变量（Holland & Grottfredson，1992）。Holland理论因个体性格会长时间保持稳定、缺乏容许个人改变的余地而受到了批判。此外，学者们也指出Holland没有关注其他生活角色对个人职业带来的影响等问题。（Brown，1987）

发展型心理学为职业提供了一个视角，其作为一个动态的和变化的过程会随着时间变化进行演变和发展（Gunz & Peiperl，2007）。这个视角以微观社会为焦点并强调个人发展以及自我实现。Donald Super的职业生命周期理论可以作为一个例子。Super（1980）认为职业发展的发生贯穿一个人的整个职业生涯并且因此把它分为五个阶段：成长阶段、探索阶段、建立阶段、维持阶段和衰退阶段。

Super认为不是每个人的职业发展进程都会在相对应的年龄中，或者以同样的方式经过以上五个阶段，在每个阶段以其具有的能力成功地完成当前阶段要求的职能，同时为下一个任务做好准备。例如，在进入维持阶段之前，好多人在这个过程中会思考关于人到中年的问题，"在下一个20年我是否想做这个工作？"甚至决定要不要坚持或放弃。如果他们决定坚持，他们将进入维持阶段。如果他们决定放弃或者更换工作、公司或职业，他们要重新回到早期的阶段，重新确立职业发展目标，并且从这里开始前行。对于那些坚持的人，他们保持已拥有的并且更新他们的技能和知识。Super理论中一个主要原则是人们所寻求的职业满意度是通过那些他们可以表达自己观点和实现发展其自我概念的工作角色（个人对自我的理解）来完成。因此他认为自我认识是职业选择和工作满意度的关键。

Super的模型被批很少关注社会和组织变化的影响（Cohen & El-Sawad，2009），而这些对个人的职业生涯有潜在的影响。此外，它忽视了一个影响女性职业选择的因素。例如，国内劳动力的性别分化，经常强迫女性中断职业生涯或者采用兼职或弹性的工作以便平衡家庭和工作（Arnold，1997）。然而，Super的理论对我们怎样看待职业生涯实践有着很大的影响。除了职业生涯生命周期阶段的划分，Super理论还指出个体可以扮演不同的角色：工人、家政工、公民、闲人、学生等。他认为任何一个角色可能占据大多数人日常生活中某个时间段（Arnold，1997）。人们可以使用Super的模型作为一个框架去思考在特定的职业发展阶段，面临生活中不同的角色时个体怎样分配他们的时间。

从传统的角度而言，社会学视角的"职业生涯"基于"职业生涯"是客观和外部个体的观念（Gunz & Peiperl，2007）。根据这个观点，个人的职业生涯受多种类的因素限制，所以这是社会结构的表现而不是个人来补充（Inkson，2007）。早期的职业生涯理论是着重于社会结构影响职业选择，如社会阶层背景和父母的职业成长这些角度（Gunz & Peiperl，2007）。根据这一观点，即使有才华或有动机的个体，他们的职业发展可能被超出他们控制的更大力量所限制。另一个观点是如果他们愿意这么做，个体是可以超越社会边界的。事实上，很多学者采用这种方法去研究职业生涯，不仅关注社会结构限制个人职业生涯，而且关注人们如何认识和接触这些结构。Stephen Barley（1989）的结构化模型第一个尝试关注职业，专注于个人和社会之间复杂的相互作用。根据这个模型，这不是一个环境决定人们的职业，也不是人们拥有自由的意志，而是职业如何引领人们的社会结构。

最近，学者们发展了 Barley（1989）的研究并且使用他的方法去研究个人的职业生涯。Duberley 和他的同事（2006）将 Barley 的职业结构化模型用于他们在英国和新西兰的研究，学者们探讨如何在组织和其他环境的背景之下开发其职业生涯。他们经研究发现，有五个情景因素会限制或促进职业的发展：技术、职业、家庭、政府和民族文化。学者们提出了两种参与方式：转换导向和维持导向，他们的受访者采用管理感知环境来约束自己的职业生涯。例如，一些学者曾致力于与运动团体合作，扩大妇女获得科学事业的机会，其他人更倾向于在现有结构下通过诸如在市场上提供的机会发展符合行为准则的行为来工作。学者们发展了 Duberley 等（2006）的框架来研究跨国界发展的英国学者（Richardson，2009）以及自发移民到法国的黎巴嫩技工的职业生涯（Al-Ariss，2010）。这些研究有力地证明了各种社会环境会影响到个人职业，而且职业参与者通过不同的参与模式及影响来克服环境壁垒。

另一个社会学方法则探索职业，即场域理论（field theory）的应用，灵感来自于已故的法国社会学家 Pierre Bourdieu。场域理论最初的发展涉及社会阶层，包含三种成分：领域、体质、资本。领域是个人所处的社会背景。习惯指的是思维、感受、提升、演讲和表现的方式。个人根据所处环境会不断地修改他们的"习惯"（Duberley & Cohen，2010）。领域和体制处一个圆形结构中，它们会不断地相互影响和成长（Iellatchitch et al.，2003）。资本是在一个特别的领域中有效的资源（Mayrhofer et al.，2004）。当应用到职业生涯研究中，领域成为个人职业发展的社会背景和他们的职业动向。职业领域和组织是典型的职业生涯领域。"习惯"是在职业领域上思考和行动的框架（Duberley & Cohen，2010）。然而资本是指在一个特定的职业领域中成功的个人资源。在场域理论中大多数职业学者关注的是资本维度（见表 8-2）。

表 8-2　　　　　　　　　　　个人在不同阶段所具有的特征

阶段	年龄	特征
成长阶段	14岁之前	形成自我概念，发展能力、态度、兴趣和需求，形成一个对职业的基本理解
探索阶段	15~24岁	
形成期		通过实验和错误形成对一般领域的工作观念
过渡期		将发展中的偏好转化为职业的选择
尝试期		制订计划然后进入
建立阶段	25~44岁	
稳定期		适应职业，包括生活方式
巩固期		使自己所选职业安全，证明其价值和贡献

续表

阶段	年龄	特征
促进期		提高收入和责任的水平
维持阶段	45~64岁	
坚持期		在面对变化的环境和竞争中保持地位
上升期		一个比坚持更积极的说法，跟上工作需求的变化并适应目标
创新期		寻找新的视角和方法去完成类似的任务
衰退阶段	65岁以上	
减速期		减少工作压力和节奏，可能会授权（他人）
退休计划		就财务和生活方式而言
退休生活		了解没有工作的生活

Source：Adapted from Super, et al., 1988.

专栏 8.3　实践中的 HRM

职业资本

Pierre Bourdieu区分了四种类型的资本：经济、社会、文化和象征性资本（Mayrhofer et al.，2004）。经济资本指的是可兑换的货币资源，社会资本包括基于社会关系和/或团队成员/关系的资源（Mayrhofer et al.，2004），而文化资本是教育和文化的结果，从个人和/或祖先开始进行积累的（Iellatchitch et al.，2003）。最后，象征性资本是Bourdieu引进的比较晚的概念，它是前面三种资本的结合，它是社会认为合法的（Mayrhofer et al.，2004），每个人在特定职业领域中有可能拥有独特的资本组合。

个人的遗传因素和所拥有的社会背景会形成其拥有的职业资本（Mayrhofer et al.，2004）。然而，个人也可能通过教育、专业发展和社会关系而获得职业资本。Bourdieu认为经济、社会和文化资本是相互转换的（Bourdieu，1986）。很少有研究对此进行详细调查；然而Postone等（1993）认为经济资本最容易转换为文化资本，社会资本和象征性资本则很少见。

学者们认为职业资本的开发有着不同的方式。Duberley和Cohen（2010）的研究从性别的视角探讨了职业资本概念的一些缺失。在他们以科学工作者为对象的研究中发现，女科学家经历社会资本赤字主要是由于被男性主导的社交网络所忽视。研究也关注除了Bourdieu提出的职业资本的其他形式，如性别本身是一种职业资本的形式，在职业生涯中男性比女性对于他们的性别更有优越感（Duberley & Cohen，2010；Huppatz，2009）。同样，"国内环境"，或者有一个理解和支持的合作伙伴，可能是女性职业资本的重要形式（Duberley & Cohen，2010）。职业阶段也是一个职业资本的形式，在相对较晚的职业生涯阶段个体可能经允许获得授权并合法地去做他们早期职业生涯上不能做的事（Duberley &

Cohen，2010；Fernando and Cohen，2011）。另外，Al-Ariss 和 Syed（2010）认为对于在巴黎工作的黎巴嫩技术移民，国籍也是一种强大的职业资本形式。他们展示了个人如何拥有双重国籍，如黎巴嫩人拥有了法国或者美国国籍，在面对法国移民程序时会相对于只有黎巴嫩国籍的更容易。

总的来说，在这一节中我们介绍了通过心理学和社会学方法去研究职业生涯。在心理学中，我们讨论 Holland（1973）关于个体和职业环境的匹配理论，关注个人的行动能力，以及 Super（1980）职业生命周期理论，强调个人发展和自我实现（Super et al.，1988）。在社会学方法之下我们讨论结构化模型（e.g. Barley，1989）和场域理论（Mayrhofer et al.，2004），尝试去研究职业如何通过关注个人和社会之间复杂的相互作用获得发展。心理学和社会学的观点（和它们的结合）继续被广泛地用于当代的职业生涯探索研究中。

8.3　叙事主义

最近，学者们对职业生涯这一主题越来越感兴趣——也就是说，人们如何看待、解释和体验它们的职业生活。这些解释的观点认为职业是开放的过程，不同的"个体"、不同的听众、不同的背景以及不同的时间有着不同的描述。正如 Inkson 指出的，"当我们讨论我们的职业时，我们是在讲一个关于自己的故事，任何职业本质上是一个故事"（Inkson，2007：277）。从叙事的角度考虑职业可以有很多有价值的地方：第一，它使研究人员能够理解一个人的职业生涯的变化和连续性；第二，它阐明了个人发展所固有的矛盾、不一致性和模糊性，使研究人员能够理解个体与他们的社会环境相互关联是特别重要的，因为个人不是在社会真空中构建他们的故事（Cohen et al.，2004）。第三，当人们思考自己的职业生涯时，协调家庭和工作的关系是一个新兴的主题。事实上，学者们表示如何划分家庭和工作领域的界线正变得模糊，我们发现它难以界定一个领域的开始和另一个的结束（Cohen et al.，2009；Nippert-Eng，1995）。由于不同生活领域的相互联系，我们无法使人们的职业与他们的生活领域相隔离。根据 Savickas 等（2009）的研究，所有职业干预应允许个人讲述自己的职业与生活的连贯性和持续性的故事。

与职业研究上"叙事"转变密切相关的是，学者日益有兴趣通过社会构建的方法发掘通过其他角度难以触及的职业的某些方面（Young & Collin，2004）。社会建构主义基于"现实"不存在，"在那里"作为一个客观实体，如果有正确的工具，是通过社会互动主观构建的（Burr，2003；Gergen，2001）。从这个角度来看，职业生涯不是一组固定的职业、角色或者职位，而是一个动态的、"弹性的"概念，由人们随着时间和空间的流动，通过他们的社会关系建立起来的（Cohen et al.，2004）。社会构建主义观点下的职业生涯研究有三个启示。第一，通过社会建构主义来解释职业生涯，强调个人和社会是如何深深地互相关联、不断更替和相互影响的（Young & Collin，2004）。职业生涯涉及多种社会背景，它嵌入了如组织、家庭和更广泛的社会文化背景。因此，个人的职业会受到他们所处的环境的激发或限制，需要根据社会环境去思考职业的意义。第二，鉴于其说明了个人代理和社会结构的相互作用，社会建构主义有可能去解释个体通过职业生涯规划对其所处的环境如何维护和／或重新定义，做出相应的贡献。第三，社会建构主义需要一个批判性的立场去面对这种想法并试图去理解这个过程，这种理解被看作是"自然的"（Young & Collin，2004），因此，鼓励研究人员质疑传统（官僚等级）定义的职业（Gowler & Legge，1989；cited in Cohen et al. 2004），以及有关可行的职业路径和可接受的职业行为的相关假说（Cohen et al.，2004）。

Fern 和 Cohen（2011）用社会建构主义探索斯里兰卡女性的职业生涯。他们的发现强调女性如何受到组织文化元素的限制，如理想工作者规范（Gambles et al.，2006），这需要员工一直在组织中出现并且可见。学者们确定八个策略帮助样本中的女性克服认知语境的影响并晋升到管理阶层：适应、妥协、操纵、欺骗、解释、交流、抵制和退出。他们的发现也展示出女性如何通过她们的职业生涯致力于维护和／或重新定义组织的元素。例如，一些女性已经适应了按照组织要求进行长时间工作的生活方式。然而，这些女性面临的较长工作时间（参看 Lyng，2010），最终限制了女性职业生涯的发展（参看 Bolton & Muzio，2007）。同时，女性由于家庭责任，很难投入更多的工作时间，在组织内其职业的发展会受到挑战。

从叙事的角度来看，职业生涯是一个开放的故事，它可以根据叙事的人以及他们的文化环境而不一样，有不同的说法。随着越来越强调倾听个人的声音以及广泛地认识到我们不能将职业孤立于他们的生活世界（Savickas et al.，2009），通过叙事和建构主义的方法来研究职业生涯变得愈加流行的原因。

8.4 职业成功

职业成功可以被定义为"在一个人的工作中的任何时点实现期望的与工作相关的成果"（Arthur et al.，2005：179）。职业成功的文献可以被分为两个脉络（Arnold & Cohen，2008）。第一条线关注职业成功的预测因素，如工作时间、社会资本、政治知识和技能等（Ng et al.，2005）。然而，有一点值得疑虑的是，一些预测职业成功的因素本身也是职业成功的结果。例如，通过个体在组织中的层级发展，一个人可能获得政治知识和技能（预测职业成功），这也是职业成功的一个结果（Arnold & Cohen，2008）。因此在实践中相当难厘清变量间的区别。

第二条线的研究侧重于职业成功的文献解决了个人用不同方式将职业成功概念化和它们彼此相关的程度（Sturges，1999）。在职业成功的概念中，区别主观性和客观性的职业成功经常被提及。客观性的职业成功被定义为"从一个外部的视角描绘一个人的职业状况的或多或少的真实指标"（Arthur et al.，2005：179）。可核查的成就，如工资、晋升、工资增长率和层级水平在组织的体现。主观性的职业成功则相反，它定义为个人在任何对他们重要的维度上对其职业生涯的评价（Van Maanen，1977；cited in Arthur et al.，2005）。然而客观性和主观性的职业成功区别在第一次看时可能并不清晰（Arnold & Cohen，2008）。例如，尽管客观性成功的标准通常被描述为实际指标，很容易观察得到，但事情的真相是并不总能轻易观察或测量，通过询问人们的看法可能有不同的结论（Arnold & Cohen，2008）。因此只有在个体受到社会影响，认为这是他们成功的标志时，客观测量的职业成功，如晋升和工资增长速度才可以作为一个成功的标志（Burr，2003）。研究也强调了男性和女性对职业成功的不同理解。

专栏 8.4　实践中的 HRM

是否明白男性和女性不同的职业成功

我认为慷慨和善良是非常重要的品质。人们往往忘记了这些，特别是在这个时代，女性想要平等，有时候以男性的成功作为范例，我认为这是错误的。这些美德通常是女性特有的。这将成为一种重要的新的成功。成功的定义不是公司赚取多少钱，你销售出多少产品，而是在长时间内会有一些明显不同的东西。当人们从这些角度考虑他们的生活时，有激情，有自我指导和奖励，那就是成功的。

（Amy Tan, Academy of Achievement, 1996）

研究表明，女性理解的职业成功包含多种概念。例如，她们工作的有趣性和挑战性的程度，还有她们的努力是否得到认同（Cornelius & Skinner, 2008; Lirio et al., 2007; Sturges, 1999）。相反而言，男性理解的职业成功受到层级发展的限制（Cornelius & Skinner 2008; Sturges 1999）。研究发现也表明，女性在理解职业成功时往往承载道德价值（Lirio et al., 2007）。例如，Cornelius 和 Skinner（2008）的研究发现，在英国大多数女性高级人力资源经理强调做值得做的工作的重要性，对不惜任何代价获取升职不感兴趣（也见 Sturges, 1999）。然而，在这个研究中男性则被认为对"为了升职不惜任何代价"非常感兴趣。值得注意的是，这个研究表明相对于男性，女性的职业成功也是建立在平衡的工作状态下，并没有受到家庭和工作关系的困扰（Sturges, 1999）。

专栏 8.5　实践中的 HRM

理解职业成功——文化影响

研究表明，对于南亚人来说，阶层发展是职业成功的一个重要标志（Budhwar et al., 2005; Cohen et al., 2009）。例如，与女性所在的西方经济发达的国家相比，印度希望在其组织架构中女性专业人员和管理人员达到尽可能高的水平（参看 Budhwar et al., 2005）。

学者们也认为女性重视工作与生活的平衡，认为是职业成功的标志也是有文化背景的。例如，Lirio 等（2007）跨国研究发现，在高成就倾向的加拿大、阿根廷和墨西哥，阿根廷和墨西哥的女性并没有像加拿大女性一样有较强的意愿实现工作和家庭的平衡。作者认为这可能是在加拿大，由于缺乏相应的帮手，很多人作为父母和工作者双重角色的冲突在加大（Lirio et al., 2007）。

有趣的是，在 Lirio 等（2007）的样本中一些墨西哥女性提及上帝在其生活成功中起重要作用。在西方有关职业成功的研究还没有涉及"上帝"。但事实上，这些发现突出了个人职业受社会和文化的影响。

8.5　职业的性质在改变

这已经是一个共识，在当今以多样性、灵活性和短期关系为特征的多变世界中，职业的特征是不确定性和多变性——关于组织、角色、同事和所需技能。然而变化的结果和程度仍然是当今世界关于职业生涯激烈争论的主题。学者们认为，传统的层级基础的职业不仅被视为不太可能，而且他们也认为不那么有吸引力。在很多探讨职业的最新文献中，组织频繁地被描绘为"阻碍个人的积极性和创造性，在工作中诱发不健康的组织依赖行为"（Cohen & Mallon，1999）。鼓励个体削弱他们与组织的联系，并且发展以短期合同和财务协议为基础的关系。

学者们主张为了适应变换的环境应该采用更宽泛的职业概念并发展无边界的和多样化的职业（Arthur & Rousseau，1996；Mirvis & Hall，1996）。我们就差异的主要方面进行简单讨论，认为职业是一个典型的周期性而不是线性的，是包括运转和变化的持续学习和发展。尽管无边界的概念和多样化的职业有时会按同义使用，特别是职业不符合官僚规范时，作为描述新型职业的一种方式（Briscoe & Hall，2006），但在许多学者最近的文章中可以找到这两个概念明显的不同。关于无边界职业生涯，首次引入了 Arthur & Rousseau（1996：6）的观念，认为应该包括六个关键组成部分：

1. 跨越不同雇主的边界的职业；
2. 从现有用人组织之外描述有效性和市场性的职业；
3. 由外部网络维持和支持的职业；
4. 通过组织层级制度挑战关于职业发展和转变的假想的职业；
5. 由于个人或家庭原因，个人放弃晋升机会的职业；
6. 基于从业者自身的理解，可能认为是无边界而不受结构限制的职业。

这个观点的中心是职业生涯变得不那么依赖于单一的组织，更多的是靠个人自我掌控去开发适合自己的职业生涯。

然而无边界职业生涯被视为涉及生理和心理两个维度，多样性职业生涯则更强调后者——个人构建自己的职业生涯，引导他们的个人价值体系和主观观念的成功。Hall（1976）指出，多样性职业生涯（Briscoe & Hall，2006；Briscoe et al.，2006）描述职业生涯中的"个体的控制因素，而不是组织的，核心价值观是自由和发展，主要的成功标准是主观的（心理的）而不是客观的（职位、工资）"（Hall，2004：4）。

虽然无边界和多样化的职业生涯已经广为认可，但也出现了一些对相关概念的质疑。例如，一些学者们提出这些职业生涯的概念将组织责任排除在外，而直接把责任转嫁给员工来承担（Arnold & Cohen，2008）。此外，其他问题还包括（e.g. Bagdadli et al.，2003；Cohen & Mallon，1999；Gunz et al.，2000；Mallon & Cohen，2001），认为职业生涯没有完全无边界的，在人们的职业中选择和约束共存。

从无边界到边界的概念重建

有趣的是，在过去几年中一些学者的注意力开始转向对个人职业生涯产生限制的各种因素上，还有边界的问题，而不是无边界的概念。这可能是对上面批评的回应，而且在当前的经济条件下，强调几乎不受约束的乐观情绪，这似乎是无边界概念的特征。职业边界是当人们面对职业转换时遇到的障碍或限制。例如，在组织中，当具体的工作经验对于向上晋升和跨越特定组织的层级是必要因素时，可能遇到分层和/或功能转换的边界。此外，在企业招聘时，那些就读于名牌大学或属于特定种族的个体可能在尝试进入特定的组织时会面临边界问题。借鉴心理学和社会学的观点 Gunz et al.（2007），认为职业边界首先是"在职业所有者的头脑中和 / 或与他们互动的群体中。这里有一个引人注目的例子是一个英国 BBC 广播节目（"今天"，英国广播公司 2012 年 1 月 4 日，上午 8：45）在神经外科医生的讨论中，医科女学生认为手术是男性的职业，从而认为自己是"不合格的"的成员。

　　在认可了边界有可能塑造个人的职业时，我们遇到的问题是如何理解它们。Gunz等（2007）利用Freud心理分析学概念中"自我"和"改变"来理解边界。然而"自我"涉及职业拥有者，"改变"包括那些与自我相互作用的群体，如组织和职业的决策者，个人或专业联系网络以及招聘顾问（Gunz et al.，2007：477）。根据Gunz和他的同事的观点，"自我意识中不愿意考虑给定的选项，也许是因为他或她不知道它存在，把它作为某种缺乏吸引力的原因，或者将其视为高不可攀的"（2007：482）将产生一个"不愿移动的边界"。同样，当改变的是组织决策者或不愿意选择的职业时，"不愿意选择"边界发生。雇主对雇用中年人或者没有特定工作经验的人的犹豫是这种边界"警戒"的例子。

　　对于"自我"或"改变"，越不愿意考虑转换或做出特定选择，主体边界在他们心中越不可渗透（Gunz et al.，2000）。当思想在许多行为者之间共享和改变时，最初出现在"自我"和"改变"的主观边界变成了客观边界，社会接受的模式作为结果成为劳动力市场和职业的重要塑造者。

8.6　性别和职业

　　对主流职业生涯理论的持续的批评主要是排他性——它的中心思想是传统的职业项目中的特权（Sullivan，1999）：白人中产阶级和通常以男性为主导的职业群体。因此，职业理论被批评为有效地建构女性偏离主导模式（Marshall，1989）。关于性别，学者们注意到女性在主流的职业标准中受到排斥，他们努力开发相关理论更好地理解和反映女性生活。在近几年，关于性别和职业的研究都集中在这一系列的问题上，包括职业成功的构建（Höpfl & Hornby Atkinson，2000；Perrewe & Nelson，2004；Sturges 1999）；家庭角色和责任（Hakim，2006；Hite & McDonald，2003；Huang & Sverke，2007）；女性职业生涯的管理（Kottke & Agars，2005；Wajcman，1996；White et al.，2003），职业转换的经验（Mallon & Cohen，2001；Terjesen，2005）；工作和休闲职业（McQuarrie & Jackson，2002）；女性参与"非传统的"和新的职业（Belt，2002；Whittock，2000）；职业决策（Smith，2011）。这些研究针对女性在发展职业的时候面临的一些日常问题提出了有趣的见解。

　　关于职业生涯发展，当代学者们开发了特别针对女性的职业模型。这些模型是为了响应关于职业发展的经典年龄/阶段模式的新共识而开发的。例如，Donald Super（1980）生命周期模型指出，传统心理学职业模型之下的职业生涯发展模式并不适合女性，因为它们是基于男性生活的循环模式（参见 Gallos，1989；Marshall 1989；O'Neil et al.，2008；Woodd，2000）。Super（1980）的生命阶段模型也受到了质疑，因为这个理论中职业是线性的，由一系列时间组成（Pringle & Dixon，2003），遵循彼此，只涉及向上攀升（Mirvis & Hall，1996），这意味着职业只是一种雇佣关系下的不间断就业，而不考虑工作和家庭角色之间是否存在冲突（Arnold，1997）。这些特性被批评为不适合解释女性职业，因为它是变换的和非线性的（Pringle & Dixon，2003），而且以多元化职业模式为特征，而不仅仅是向上流动（Huang & Sverke，2007）。因此学者们呼吁开发职业女性模型来应对这些问题。Joan Gallos（1989）是第一个发起挑战的。他认为传统的职业发展模式，是建立在男性工作模式基础上的，成功和发展的成熟信念以及个人赋权要求与其他人分离（Levinson，1978）。而女性并不这么认为，她们则支持成熟和个人能力是形成持续维系与他人关系的要素。Gallos（1989）的基本观点是女性发育不同于男性，并且这个想法应该应用于职业生涯的研究。她的观点受到女性心理发展在她们的生命周期概念的影响，特别是发展心理学家 Caroll Gilligan（1982）研究的影响。当代女性的职业发展模式，突出了女性在职业生涯阶段的职业年龄（参见 Mainiero & Sullivan，2005；O'Neil & Bilimoria，2005；Pringle & Dixon，2003），已经从关注女性的心理发展的想法发展到关注她们整个的生命周期。

在本节中，我们将讨论两个使用最广泛的女性职业生涯模型。

8.6.1　万花筒式的职业生涯模型（KCM）

万花筒式的职业生涯模型侧重于考虑特定的女性生活方式。这个模型是基于这样一个想法：女性转变职业模式通过在新的方式下扭转她们生活的不同方面来安排角色和关系，这是一个类似万花筒式的方式。转换时会出现变化的形式（Mainiero & Sullivan，2005）。万花筒式的职业模型包含三个参数：真实性、平衡和挑战。Sullivan 和 Mainiero（2008）指出，这些参数不同水平的重要性取决于其发生在一个女性生活中哪一个特定的时间点。作者认为从事具有挑战性的工作可能是女性在早期职业生涯中的主要目标（Mainiero and Sullivan，2005），女性在中期职业生涯将主要关注平衡，而在女性职业生涯后期渴望真实性则会成为职业和生活决定的主导，尽管她们对以自己的方式来应对挑战很有兴趣（Sullivan & Mainiero，2008）。

万花筒式的职业生涯模型意味着当她们渴望工作时可以转变职业生涯模型。然而，研究表明女性的选择往往受制于国内的（参见 Crompton et al.，2005）、组织的（参见 Gambles et al.，2006）和劳动力市场（参见 Burke & Nelson，2002）结构。然而就万花筒式的职业生涯模式所描述的而言，我们意识到个体的力量，但还强调女性不能总是按照她们的意愿平缓过渡到工作。值得注意的是，研究突出了女性频繁地将自己的职业发展与承诺增加的报酬相联系（参见 Fernando & Cohen，2012）。因此职业不仅涉及经济增长、发展和学习，而且涉及物质奖励。值得注意的是，有关万花筒式职业生涯模型的文献中的职业并不是指谋生。更多的是与工作相关的发展任务，如教育、培训和工作经验，这是个人展开职业生涯的核心和她们取得职业成果的关键，而万花筒式的职业生涯只是有限的存在。我们认为，这些实践需要整合到模型中使之能更广泛地应用。

8.6.2　O'Neil 和 Bilimoria 的女性职业发展阶段模型

O'Neil 和 Bilimoria（2005）同样不同意以男性为主的主流职业生涯发展模式，并且提出了充分关注女性价值观和利益并贯穿其生命周期的模型。在这个年龄相关模型的三阶段中第一个阶段（理想的成就）包括了早期职业女性，年龄在 24~35 岁。第二个阶段（务实忍耐）包括中期职业女性，年龄在 36~45 岁，她们被认为具有较深的关系背景而且承担大量管理职能和职业责任。O'Neil 和 Bilimoria（2005）认为女性在这个阶段会面临生育还是职业承诺的选择。最后的阶段（重新创造贡献）包含了大部分年龄在 46~60 岁的职业女性，期望她们在正义等问题上持积极态度，将她们的职业作为学习和改变其他人的机会。

O'Neil 和 Bilimoria 模型的基本假设是女性在一个相似的年龄组中兴趣也相似。在一定时期一定情况下确实如此，因此我们提出了大部分问题是以年龄为基础，女性的兴趣大幅度改变一般是当她们跨越到另一个年龄段时才会发生。我们认为这不是女性的兴趣和价值观改变她们的生活，而是由于组织和自身的限制使得家庭和工作的协调变得困难导致她们关注点的改变。更重要的是，这个模型和万花筒式的职业生涯模型一样很少关注"职业生涯发展"，因为它缺乏关注与工作相关的可以改变工作结果的开发性任务。这个模型对如何解释事业起步晚或者在职业生涯中期或晚期时改变职业的现象也存在问题。

在反思关于女性的现有职业发展模型时，我们强调三个方面，我们觉得值得进一步探讨和整合。第一，我们认为这个关于女性职业发展的模型必须加入不仅是女性的关注和兴趣，还要有实际的与工作相关的发展任务，如教育、培训和工作经验，这些会塑造妇女生活中的职业序列。第二，尽管这些模型突出了女性生活和事业的愿望，但它们没有充分阐释女性在实现其职业愿望方面面临的物质和意识形态的挑战。第三，这些模型似乎忽略了组织和职业部门（参见 Kaulisch & Enders，2005）、劳动力市场（参见 Burke & Nelson，2002）和经济环境对女性职业发展的影响。

8.7　职业生涯和老龄化

20世纪学者指出在职业生涯末期，劳动力退出职场，但随着法定退休年龄的废除和许多人超过65岁依旧工作，老年员工的职业经历已经成为一个高度突出的问题。一系列研究强调老年员工相对于年轻员工被定型为低能力、低积极性和低效的（参见 Ali & Davies，2003；Cuddy & Fiske，2002；Kite et al.，2005）。此外，年长员工也被认为难以接受培训、抗拒变革、低适应性和缺乏灵活性，导致的结果就是他们在工作场所中所获得的培训和发展的机会很少（Ali & Davies，2003；Hedge et al.，2006）。基于个体年龄的刻板印象和歧视的结果（参见 Walker et al.，2007）的确是一个值得关注的议题。研究表明很少有证据能够证实随着员工年龄的增长工作绩效是下降的（参见 Ferris & King，1992；Reio, et al.，1999），而且关于刻板印象的有效性几乎没有研究证明老员工更难以改变和比年轻员工缺乏灵活性（Posthuma & Campion，2009）。就个体而言，Clarke 和 Griffin（2007）的研究关注老年女性员工如何在美化自己上投资来对抗基于年龄的工作歧视。

然而西方研究表明，年轻就是一种职业资本（Mayrofher et al.，2004）。对个人而言，一个关于在斯里兰卡工作的女性高级技工的研究显示，年长员工在南亚的情况是截然不同的。例如，Fernando 和 Cohen（2012）调查显示，由于在职业生涯晚期女性员工的较高社会地位使得她们免除处于早期和中期职业生涯的女性员工面临的繁忙的工作和工作时间后的义务。Fernando 和 Cohen（2012）的研究强调了在斯里兰卡组织中以尊重和遵守上级规范为特征，而早期和中期职业生涯的女性则必须遵守这些规范，经常为了推进自己的职业发展而讨好她们的老板。年长员工在组织的特权地位可能是由于斯里兰卡强调尊重长者的文化造成的（Perera，1991），不管是什么原因，至少表明年长员工数量的下降不是一个普遍的现象。

8.8　组织职业生涯管理

职业生涯管理是一个持续的过程，包括准备、开发、实施和监测职业规划和战略，由个人单独管理或与组织的职业生涯系统相协调（Greenhaus et al.，2000）。人力资源管理文献强调管理员工职业发展的重要性，突出了个人发展是开发组织力量和能力的代名词（Sutaari，2002）。一些学者认为职业生涯管理的传统方法是基于终生雇佣的概念和层级发展，但这已经变得过时了。其他学者则认为，应该持续重视促进员工职业发展的管理措施，而且现有足够的证据支持这一观点（CIPD，2003），很多组织试图干预个人的职业生涯发展。从一系列的文献中可以确认这些干预措施的存在，见专栏 8.6（e.g. Baruch，2004；Derr，1986；Noe et al.，1996；Watts，1989；Wils et al.，1993），Kim（2005：52）。

专栏 8.6　实践中的 HRM

职业生涯发展的干预措施

人员分配系统	
接班人计划	系统地识别并向高潜力员工开放某些关键职位
职业生涯路径	构建一系列工作或职位，与特定职业目标相关，如管理或技术职业生涯
职位招聘 / 职位匹配	在外部招聘工作之前，内部宣布空缺的工作岗位与内部员工的偏好相匹配
晋升 / 向上调动	晋升的职位伴随着更多的薪水、挑战、责任和权力
向下调动	转移到新的职位伴随着责任、权力减少，出现开发技能的机会，满足个人需要或利益
工作轮换 / 横向调动	随着时间的推移，系统地将员工横向转移到另一个功能或区域，不一定涉及责任或薪酬的增加
员工评估系统	
评估系统	评估和收集员工的数据，以发现他们的绩效和潜力，反馈给员工
培训 / 开发系统	
指导 / 培训	分配导师或教练（通常是主管或上司）给员工，帮助他们发展自己的职业生涯
培训 / 开发机会	提供职业信息研讨会或培训事件的机会去处理职业规划或转换，自我评估或其他职业问题，或支持个人努力学习和发展
职业发展支持系统	
职业咨询 / 讨论	提供信息服务和职业导向（外部或内部机构）或主管 / 经理来满足个人职业生涯的需求
职业信息系统	建立一个系统，共享有关就业机会的信息，如各种职业规划或职位空缺，通过各种媒体提供项目和福利
员工薪酬 / 福利系统	
个人薪酬系统	采用识别系统评价个人对组织的贡献（如绩效工资、个人激励、股票期权）
灵活福利计划	允许在福利 / 奖励计划方面有多样化、灵活的选择（如保险或退休金、退休计划、弹性工作计划、兼职、育儿福利、产假和陪产假）

Source：Adapted from Kim 2005：52.

职业生涯管理干预措施的好处包括提高员工承诺、满意度和动机、提高生产力、绩效和人岗匹配、识别高潜能员工、识别与组织相匹配的员工、开发符合组织需要的员工并帮助员工融入组织文化（Arnold，2002：127）。然而，为了实现上述优势，正确实施职业生涯管理干预措施是很重要的。人事发展特许协会（CIPD，2004）认为，有效的职业生涯管理应坚持的原则：在关于职业和职业管理的信息中具有一致性和连贯性；积极主动性；雇主和员工之间的合作以及活力，"随着时间的推移，组织和个人情况不断变化，需要灵活性和妥协，意味着每一方都想从雇佣关系中获取不同的东西"（2004：8）。

Arnold（2002）指出，保证职业生涯管理的干预措施顺利进行，每个人都应该参与其中。经理应该了解他们部门如何通过干预个体员工的职业发展受益，而员工应该了解他们如何在间接的干预下受益，如通过职业咨询以及职业信息系统。Arnold认为组织应该关注那些"充分利用组织资源和组织文化相一致的并使得雇佣双方均受益的"有限干预措施上（2002：128）。

值得注意的是，干预措施需要留有足够长的时间去建立。此外，这些流程的管理和交付方式是至关重要的。在实践层面，管理者应该根据职业干预的程度对工作绩效进行评估，高层管理层也应该积极支持这些措施（Mayo，1991）。职业生涯管理项目被视为组织的日常工作是非常重要的，并且符合其更普遍的战略导向。最后，至关重要的是，职业生涯管理干预措施应该不仅仅是一个特例（Tomlinson，2004），而是组织针对所有员工包括少数群体采取的措施。

鉴于当前不断变化的职业理论，在职业生涯管理中采取人力资源管理干预措施很有必要。正如之前所说的，传统的职业生涯管理建立在组织内存在并认可的终身制和组织、个人应该建立默契这两个理念上。在这样的情况下，人力资源管理人员变成了定义职位要求，选拔出能够满足这些职位要求并协助组织内其他成员取得成功的人员。然而，关于新职业的讨论将职业定义为个人的适应性，关注于个人的选择、自我发展和就业技能。从这个角度看，职业生涯管理是契约导向的，界定了核心竞争力、核心员工以及短期性。Templar和Cawsey将两种导向分别定义为以职位为中心的和组合式的职业发展程序。尽管职位中心观点认为人力资源管理者在员工的长期性培训和发展中起重要作用，组合式思维者更倾向于对自己的培训和职业发展负责。在这种情况下，人力资源管理人员必须确保员工具备履行合约期工作的技能。

从上面的两种视角，我们可以思考专栏8.6里的干预措施应该出现在哪里。尽管特定干预（例如职业规划研讨会和工作分配或者轮岗）涉及组织和员工的长期关系，但情况并不总是如此。以培训和发展为例，这些程序是组织提供给员工准备晋升之用。但是，另一方面员工选择参与特定的培训课程进而提升自身的知识和技能，可加强自身综合实力。因此，干预措施是否显著并不重要，重要的是措施是否被理解并且行之有效。

更需要关注的是应该意识到一些非正规的职业推动因素。换句话说，在管理理论中同事、朋友、亲人在员工职业生涯里的作用往往因为一些组织规则而被忽略。

专栏 8.7　实践中的 HRM

非正式的职业推动因素

根据对英国28个非管理人员的亲身经历总结，Boseley等人界定了五类正式和非正式的职业推动因素：建议者、信息传递者、目击者、决策者和中间人。

建议者：提供建议、参考意见的人。这一群体一般包括专业职业咨询师、管理者、同事、家庭成员以及朋友等能够帮助员工认清职业发展方向或者采取措施追逐梦想的人。

信息传递者：信息传递者并非有意地告知职位空缺和对职位的见解。信息传递者通常是朋友、亲人、管理者、同事以及培训师。只有极少的一部分专业职业咨询师会涉及这个身份。

目击者：目击者提出他们对于参与者的技能以及个人质量的看法，不论长处、短处。尽管培训人员、同事、家庭成员、人力资源管理者也可能扮演这个角色，但目击者一般是管理者。目击者会表达他们对于参与者的职业思考，也会在一定程度上影响参与者的自我职业思考，进一步影响参与者的职业方向或者职业欲望。例如，参与者在接受与之前职业期望不同的角色时所表现出的对能力的自信，提高了参与者的自我职业期望。

决策者：决策者有权力确定员工的录用、提拔等发展机会。积极主动的决策者通过工作机会、晋升等接触参与者，并在这一过程中影响参与者的职业期望。决策者会积极地或消极地应对工作中的帮助需求，塑造参与者的职业行为。决策者同时提供给参与者尝试和修改以及追求自我职业理念的机会。典型的决策者是上司、管理者、领导。

中间人：中间人通过另一个人（通常是决策者）释放影响力，因为中间人缺乏决策的权力。中间人的影响力来自于社会或组织中的职位，一般通过非正规的方式施加影响力。同事和顾客一般为中间人。

8.9 结 论

本章节以三个引用为开端，同时提出什么是职业？个人和工作-生活之间存在什么样的关系？职业锚定和在多大程度上能控制职业锚？本章并不在于提供准确的答案，而在于对问题进行探讨，尤其侧重于变化的职业的讨论以及这些讨论对人力资源管理的实践意义。

本章开始我们讨论了一系列关于职业生涯的定义和应用，与此同时围绕职业的学术性思考展开。之后介绍了职业成功的理念并探讨了职业不断变化的特性，关于变化的准确性和程度仍旧是一个开放性的问题，而且我们认为在职业思考中考虑选择和限制是很重要的。同样，我们进行了职业性别角度的思考。例如，女性如何发展自身的职业并且从前人的经验中理解职业。最后的部分，考虑到在当前商业环境下不断变化的职业，我们将组织干预纳入职业管理的思考中。

案例研究8.1 了解职业生涯并反思职业经历

BRADLEY SAUNDERS

1.当人们谈论职业生涯时，人们谈论什么？

2.在你上一题答案的基础上，提出一个职业生涯的定义。为什么你认为在目前这是一个适当的定义？与本章提出的其他定义相比如何？

3.做出你的职业生涯到目前为止的"时间线"。选择合适的形状，涵盖重要事件、决定、人物转换。是否应该包括个人生活方面？志愿活动或社区活动、教育、培训进展如何？谁是你职业发展的主要利益相关者？

4.考虑本章中介绍的时间表方法。

✓你认为自己的职业生涯是客观性的还是主观性的？谁主导你的职业生涯？

✓社会学/心理学方法在多大程度上揭示了你的职业经历？

✓探讨现场理论的相关性。这种方法在你自己的职业经历方面有什么优点/缺点？

✓你的事业在多大程度上可以被描述为无边界的？

5.描述你经历的任何职业干预（根据你自己的职业，或在管理他人的职业方面）。严格考察这种干预对个人和组织的明显优势/弱点。

6.根据你的经验和观察，你认为职业生涯发生变化的程度和方式是怎样的？这些变化对个人和组织的影响是什么？

7.使用自己的和一些其他相关的概念，探索你在职业生涯中遇到的边界问题。

案例研究8.2　进入未知的旅程

BRADLEY SAUNDERS

Steve，36岁，单身，来自纽卡斯尔。大学毕业后，他加入了一家大型零售商，担任里兹的实习区域经理，他描述自己的工作是"过山车式的情绪波动"——每周至少六天的工作压力。仅仅几年后，他就对"像落水狗，要不拼命游泳，要不就沉下去"的工作状态感到沮丧，他要求请六个星期的假。"这样的要求是闻所未闻的，朋友警告我不要痴心妄想，但我已经在崩溃的边缘。幸运的是，组织答应了我的请求，但没有薪水。"

Steve决定使用他的常客飞行里程去尽可能远的地方。在新加坡短暂停留后，他乘船去印度尼西亚的苏门答腊。因为船的发动机出了问题在海上漂了几天，Steve与其他乘客呆在一起，但他们不会讲英语。

抵达后，一个家庭负责接待他，他感受到了他们的热情。有一天，他正路过一幢建筑物的时候，听到有人在说英语，于是他走进了一个幼儿英语班。当天结束的时候，Steve接受了一个职位，在那里做英语老师，每月25美元的薪水，外加机票和住宿。他回到纽卡斯尔卖了所有的东西，然后出发，他决定在海外寻找类似但薪水更高的工作。"我知道我想要一个新的开始，但我意识到不能仅依赖新鲜空气而活，我习惯了一定水平的收入。"

Steve决定在日本从事教英语的工作。工作之后不久，他开始相信教学绝对是他想做的事业。"回头看，我很高兴我退出了老鼠赛，而且我做到了。教英语让我有时间旅行，观察其他文化，亲自感受它们，做一些比零售管理更有价值的事情，而且对世界来说也是有价值的。

在接下来的几年里，Steve逐渐意识到自己缺乏相应资格，使他不能获得更好的工作，"所以我就读了一年硕士学位。他非常喜欢这一年的学习时光，但也有相当多的学生贷款需要偿还。他没有返回日本，而是决定前往中东，因为他听说那里的薪水要高得多。他在Riyadh的一所大学里找到了一个教男学生的工作。他喜欢教学，但不太喜欢该机构的行政机制。"他们扼杀了你的创造力。他们不在乎你教得怎么样，只是关注你是否完全完成了教学任务。"

Steve很快就恢复到良好的财务状况。两年后，尽管有续签合同的机会，但他还是回到英国，花了一年时间在那里教授自由职业者。"在沙特被管理限制这么久以后，我做了决定。我想要一点自由。我过得很愉快，但是不够稳定，而且我厌倦了要花费大部分的时间和精力找新的工作，而不是关注于如何成为一个更好的老师。我想念中东的生活方式，因此有一天我决定在迪拜的一所大学申请教职。

Steve 很快就开始了他的新工作。"首先，作为老师，在学校让你期待的是学生的态度。在这里我的学生是厉害的。他们努力学习并令人尊重。虽然他们不是天使，但他们确实想学习。"他还发现，职员的国际性意味着他需要面对各种各样的人。"你知道吗，这个大学雇用了 32 个族裔的员工。我有来自世界各地的朋友和同事。这真是太棒了！"然而，他不喜欢短期合同。他解释说，有时他会担心以后是否需要每三年更新一次合同。"我相信我现在的合同将在明年续约，但我真的想多一点安全感。然后我就想如果我因为任何原因失去了这份工作，我总是可以在别的地方找到工作，而且很快乐。"

Steve 发现迪拜是一个有趣的地方。"虽然这是一个大都市，拥有都市中所有的一切，仍旧可以几分钟内享受到和平与安静。我喜欢在周末去沙漠。它更靠近一些我一直想去的地方——去年我看到了金字塔，这是我一直以来的一个梦想！我可以找到我想要的东西，从最新的大片到电视里的纽卡斯尔联队。这里广泛使用英语，所以没有学习一门新语言的压力。

Steve 经常思考他进入教学领域的不同寻常的路。回首过去，他想知道"当我的一生主要愿望是帮助需要帮助的人"，为什么会选择零售管理。他认为这个决定部分是为了"让我的父母为我感到自豪"的愿望，并补充说他是他的家庭中第一个去上大学的人。

"奇怪的是，"Steve 解释说，"即使我原本不打算长时间离开英国，十年里，除了特殊的访问，我在英国只呆了两年。在可预见的未来，除非我的父母遭受严重的健康困扰，我没有计划返回那里生活和工作。"一个原因是，他会发现，如果他回到英国从事英语教学，会遭遇财务困难。"我不想做任何其他类型的工作——尤其是零售管理！作为一个老师，要不就必须挣扎于完成任务，要不就要像自由职业者一样不断换工作。但钱不是我想留在这里的原因。我不想回到英国的真正原因是，在海外生活我学到了更多。当我在英国时，我觉得我错过了一些东西。"

Steve 有时想去另一个国家，如土耳其，去找教学工作，但是他知道，在那里赚的钱远远少于东部。因此，他希望未来几年留在中东，因为他在那里有很好的经济回报，甚至能够开始思考他的退休计划。"我真的不知道我能在这里呆多久，或者是未来的 10 年。但是，真的，我感到很幸运，因为我有自由去做我想做的事情。我知道现在我正在做我想做的，我需要做的，我希望在我年老时，一切将让我满意。"

问　题

读了 Steve 的案例后，请考虑以下问题：

1. 你认为 Steve 的职业生涯可以说是一个"无边界的职业生涯"吗？

2. Steve 似乎在重建职业界限，而不是打破它们？

3. 在你看来，Steve 的职业生涯应该被描述为外部的、客观的还是内部的，Steve 自己主观构建的？

4. Steve 的故事更多地体现了职业的变化性还是连续性？

5. Steve 如何界定职业生涯的成功？

6. 从案例提供的信息中，Steve 适合 Holland 职业倾向的哪一个类型？Holland 个性和职业之间的一致性概念是否适用于 Steve？

案例研究8.3　斯里兰卡对职业女性的看法

DULINI FERNANDO

Devika是学校的明星。然而，她选择退出大学，并与她的男朋友结婚。六年后她是两个孩子的母亲。当她的女儿们在Colombo（一个著名的私立机构）开始她们的学校生涯时，Devika意识到这里大多数母亲是专业人士。事实上，这与她上学时有所不同。用Devika的话说：

> 感觉很糟糕，我自己没有什么可说的。这时候我开始考虑拿学位的问题。

经过仔细考虑，Devika决定参加特许管理会计师公会（CIMA）考试，相当于本科荣誉学位。她之所以决定这样做，是因为CIMA只需两年就可完成，而不是三年制学位。此外，CIMA在斯里兰卡非常受欢迎，相关领域大多数工作需要CIMA会计师资格。Devika完成了CIMA考试，并决定进入正在成长中的融资行业，因为成长中的融资行业职业发展路径比传统的管理会计短。用她的话说：

> 在管理会计行业中，作为一名实习生工作约两年，然后在担任财务经理之前，另外作为会计师需要四到五年。在融资行业中，职业发展是扁平的，这对于后进入者是有利的，一开始是作为项目经理，根据你的表现晋升到高级项目经理。我想尽快成为一个经理，因为我已经32岁。

Devika通过一位认识一家名为EFCC的领先的融资公司CEO的叔叔，谋得了一份项目经理的职位。根据Devika的说法，斯里兰卡的大多数工作都是通过口头宣传和以个人接触为基础获取的。作为项目经理，Devika参与评估潜在商业想法并为他们推荐贷款。在一年内，她被晋升为高级项目经理，并调到公司在Colombo的总部。作为高级项目经理，Devika与该部门的助理总监保持密切的关系。作为回报，他让Devika负责重要的项目。她在EFCC工作的第三年，Devika来到了职业生涯的转折点：

> 在我到EFCC的第三年，他们资助了一家生产软饮料的工厂——结果倒闭了。EFCC必须决定是否清理工厂或自己经营、开发并以更高的价格出售。无论如何，EFCC要组织一个团队来评估这个项目。我也被分配到这个团队。我建议我们自己经营这家工厂，而所有其他人建议清算。通过与几个人交谈，我发现业主多次没有按时支付工人薪水，所以大多数技术工人已经离开。实际上，由于缺乏有经验的人员，他们经历了低效率、延误和生产订单损失——这是我以非正式方式与一些工人聊天后获得的一些重要结论。我在一份报告上写明了这些，CEO对我的总结很感兴趣。虽然我的建议是相当危险的，但他批准了。不久之后，EFCC组建了一个跨职能团队去扭转这个局面。我是团队的成员。开始我不是项目经理，但我最终接任了这个角色。我们在这个工厂花了九个月的时间，把它卖了，赚取了利润。CEO立即让我担任特别项目的经理，并让我负责公司重组——这个职位是为我设置的。

Devika在进入管理阶层后，开始上研究生课程，因为这在斯里兰卡对职业发展至关重要。她在两年内完成了这个课程，然后在职业生涯中遇到另一个挑战。EFCC接管了DEK银行，Devika被赋予了整合两个敌对机构的任务。

> CEO任命了一个特殊的整合团队——我成为团队的领导。一开始，我们只是专注于了解DEK中的人，试图让他们接受EFCC的理念，但他们不同意我们提出的任何东西。

他们对EFCC有很多不满——我一直在倾听他们的诉说。我让DEK团队以他们想做的方式做很多事情——给予他们更多的超出我们认为恰当的自主权。无论如何，这会让DEK团队与我们合作。他们不像被征服国的公民，对征服深为痛苦，他们慢慢地开始相信我。我们终于提出了两家公司共同的理念——不是EFCC或DEK银行——而是Nautica哲学。现在这是成功的。虽然与EFCC的哲学并没有太大的不同——这个名字有很大的区别。我们慢慢地通过名字Nautica建立公民意识——我们制作了Nautica T恤、钢笔、袋子等众多的东西分给大家。我参与了这个项目近两年半的时间。

尽管面对三个十几岁的孩子和婆婆的大量要求，Devika仍旧出色地完成工作。当她在工作时，Devika通过电话解决她的婆婆和女佣之间的日常冲突，并留意小女儿遇到的问题。她也经常回家工作。她的努力被认可。团队整合结束后，CEO向她表示了祝贺，Devika被任命为特别项目的主管。Devika目前担任EFCC的董事会主席，而她只有46岁。

问 题

读了Devika的案例后，请考虑以下问题：

1.现有的女性职业生涯模式，如KCM和/或O'Neil和Bilimoria（2005）的模型可以在多大程度上解释Devika的职业生涯？

2.Devika如何定义职业成功？她的定义在多大程度上与西方女性的研究相一致？

3.在斯里兰卡，个人职业发展中重要的职业资本有哪些？

4.从Devika的职业生涯发展中，在你看来最合适的理论视角是什么？证明你的观点。

第 9 章

工作-生活平衡：国家制度、组织政策和个人选择

Gill Kirton

引 言

在发达国家，有偿工作在大多数成年人的生活中占据了一个核心的地位。显而易见的是，有偿工作为绝大多数人提供了一种谋生的手段，同时它在社会中也有助于增强个人认同感、自我价值感和实现感（Parent-Thirion et al., 2007）。事实上，虽然政府的政策往往反映了这种期望，然而这似乎看起来是讽刺的，我们的工作变得更差并且收入和工作都变得缺乏安全感（McDowell, 2004）。同时，越来越多的有偿工作也被认为损害了家庭和个人生活，人们的生活常常是不平衡的，导致了个体只有很少的时间和精力留给有偿工作以外的其他活动。

工作-生活平衡涉及工作、私人生活和家庭生活三者之间的平衡。虽然生活的许多方面可以包括在工作生活平衡中，如休闲、社区和公民活动，伴随着核心家庭的衰落，在劳动力市场妇女数量的增加以及双职工家庭的普及，这推动了个人、组织和政府对工作-生活平衡问题的日益关注。妇女是工作-生活平衡政策关注的一个重点，因为她们更可能肩负家庭和家庭生活的主要责任，并且她们有需求获得合理的工作安排以便能够更好地承担工作和家庭责任。然而，许多工作-生活平衡论述背后的目标是鼓励男士在家庭中扮演更多的角色，分担更多的家务。

本章首先讲述了工作-生活平衡的相关理论，然后探讨了国家背景下的工作-生活平衡问题，接下来讲述了工作场所和工作-生活平衡，最后讲到了个人选择和工作-生活平衡。

9.1 工作-生活平衡理论

虽然人们普遍认为理论可以影响实践，进而影响整个世界，但是更重要的是我们要认识到理论和实践不是同一件事情，它们之间有一个差距。随着全球化进程的推进，工作-生活平衡议题便进入了很多非工业化国家的政治议程。

曾经被称为弹性政策和后来的"家庭友好"的政策现在均归于国际化的工作-生活平衡理论中。理论和政策的转变是有趣的。工作与生活的平衡理论起源于新自由主义，尤其是在美国和英国有政策通过简化制度来致力于提高竞争力（Lewis et al., 2007）。从英国的角度来看，Fleetwood（2007）认为，在20世纪90年代末，弹性工作的理论和实践彼此分离。在20世纪80年代末和90年代，与弹性模型相关的理论和实践开始出现以应对高失业率。Fleetwood（2007）指出雇主为了减少所谓的以"员工不友好"为特征的劳动力市

场僵化推出的各种弹性工作方式，主流理论都反映了这一点。例如，工会游说和反对"临时工作"。临时工作就是建立临时的、固定期限的工作和就业保障制度。

在20世纪90年代末，在劳动力市场紧张的背景下，雇主开始提供兼职工作，并将之作为一个特殊手段吸引女性员工，特别是母亲，反对"人口定时炸弹"论，并进行人才争夺战以保持竞争力。

政治上也开始强调雇员，或更具体地说强调弹性工作的家庭友好特性，认为这是一个双赢的局面。Fleetwood（出处同上）认为尽管弹性工作的效果，通过政治论述和公共论述变为积极的，但实际的做法中仍然在很大程度上存在员工不友好，在目前的兼职工作中，兼职工作并不一定是时间灵活的，也并不一定与家庭承诺相吻合。

20世纪90年代末，家庭友好实践和理论演变成工作-生活平衡问题，直面或侧面对抗关于"家庭友好做法仅仅针对于有孩子的妇女，而排除男人和没有孩子的女人"的批评。现在，工作-生活平衡的理论完全是积极的，而政策则更多地混合了员工友好和员工不友好的因素，这意味着目前工作-生活平衡的理论与现实并不完全相匹配。甚至工会也倾向于采用工作-生活平衡的积极理论，而淡化弹性工作做法的负面影响（Fleetwood，2007）。

此外，工作-生活平衡表述上的语言变化体现了性别平等，但现实实践中仍存在很大的性别差异。尽管"工作-生活平衡"的要求，不论对于政府还是雇主，都是针对"每个人"的问题，但很多政策措施还是主要针对妇女，尤其是母亲，和/或那些首要责任是照顾孩子的母亲，就像"家庭友好"策略是一样的（Lewiset，2007）。然而，新理论的倡导者认为，在"妇女问题"丛生与家庭友好理论不流行的贫民区中，有关工作-生活平衡的讨论没有太大的意义。这种观点认为，无论劳动力市场状况如何，工作-生活平衡成为大家关注的一个问题，雇主也将始终对此表现出很大的热情。在国际范围内，我们始终面临一个明显的性别工资差距，它将继续对大多数家庭产生影响，认为男性由于其职业而享有特权，因此对能否在女性问题丛生的贫民窟推行家庭工作-生活平衡的理念仍存有疑虑。毕竟工作-生活平衡的理论和政策无法解决结构性的性别不平等，如种族隔离和薪酬差距，进而导致物质的不平等，从而促使妇女更多地承担家庭责任，而男性更多地从事有偿工作。

当代的工作-生活平衡理论不仅影响目前的雇主政策和实践，也影响流行趋势。

Pocock（2005）指出推动工作-生活平衡的四个方面：

- 商业角度——促进优秀员工的招募、留任和提高生产力。
- 社会角度——对工作-生活平衡感到满意的工作者可能是幸福的社会公民、服务人员、父母。
- 政治角度——工业化国家都依赖于女性的有偿工作和有家属的员工。
- 个人角度——增强个人的幸福感。

工作-生活平衡的这些情况反映在政治和流行理论中，也反映在国家和雇主政策与实践中。从政治角度讲，工作-生活平衡典型地代表了一种双赢的情景——雇主得益于更大的员工弹性，而员工可以通过合理安排他们的工作、私人生活和家庭生活的方式以适应他们自己的情况。推而广之，员工在工作-生活平衡上获得了满足，也会推动社会和政治目标的实现。

虽然在某些方面，工作-生活平衡理论的卓越成果似乎代表了一种进步，代表了更大的性别平衡，但是它也有一个更消极的影响。工作-生活平衡理论包含了家庭、产假以及弹性工作计划，对于个人的某个阶段的生活来说，政策使得生活变得更加容易，这些政策并不挑战文化和制度，男性依旧投身于长时期的工作中，而女性享受工作-家庭平衡。相反，工作-生活平衡理论更多地倾向去保护处于组织边缘状态的女性，因为在工作-生活平衡的实践中，她们被认为是需要特别安排的。随后，我们将在案例研究9.1中了解到，采用弹性工作和其他的工作-生活计划对于女性职业生涯有消极的影响。

在政治角度上工作-生活平衡理论倾向于关注全体职工，这被认为是理想的典范（Bonney，2005）。也许Bonney的看法会引起争议，认为全职工作的弹性工作安排和支持兼职工作已经是解决家庭工作冲突的一个令人满意的方法，尤其是对于有孩子的父母（主要是母亲）。他认为在大众传播媒介的报道中，兼职者和他们的生活经验常被忽略，媒体和学术界普遍认为对所有人来说全职是最合理的形态。然而，在大多数有兼职工作的国家里（下面要讲述的话题），不能忘掉的是，目前兼职工作要面临职业生涯的局限性和有限的经济效益。

9.2　工作-生活平衡的国家背景

毫无疑问，国家机构的设置——包括福利、就业和性别制度——都与工作-生活平衡相关联。对工作-生活平衡支持可以来自国家、市场或家庭或这几种资源的组合。广义上，有的由国家提供支持，如在欧洲中部的瑞典、保加利亚和匈牙利。在保守的福利型国家（德国）和南欧国家（西班牙、葡萄牙），家庭提供了支持，而在英国，市场被认为是工作-生活平衡的主要支持者（Abendrothand den Dulk，2011）。市场（雇主）策略（稍后讨论）被置于国家制度中，虽然有些雇主可能会提供超过法律最低规定的帮助，但其他的雇主只按照法律规定来进行。然而，有证据表明政府支持工作-生活平衡政策，可促进雇主对工作与生活的支持，因为国家政策可以使雇主对这些问题产生敏感性，并鼓励他们提供支持（Abendroth and den Dulk，2011）。和国家的福利体制同样重要的是对于政府来说作为一个警告是重要的，一些证据表明工作场所的一些变化如支持工作-生活平衡并不总是符合Esping-Andersen（1990）被广泛引用的福利制度学说。例如，尽管一些国家有强大的政府支持传统，但在保加利亚和匈牙利工作场所支持被认为是相对薄弱的。

自由生育是几乎所有国际的公开政策，在一系列政府约束和支持下，个人结合自身的工作、家庭和个人生活做出他们的选择。例如，国家和雇主提供的儿童照料和老年护理时间、服务社会和工作场所的时间、在家里和家庭中的性别角色，都影响个人如何整合他们的工作和非工作方面。不同国家这些机构设置有很大的不同，并且也没有具体到细节，一些例子强调了工作-生活平衡一定要超越组织和个人层面延伸到国家层面。

9.2.1　国际福利和雇佣制度

影响工作-生活平衡的主要政府政策包括税收、福利制度、产假制度和儿童保健条款。

个性化的税收系统，如两人一起工作比一个人工作支付较低的税率，这使得双方都工作在经济上更具吸引力。然而，不工作的另一半或者家庭援助的税收免除制度解释了该制度潜在地减少了对于两者都参加工作的财政激励。大多数经合组织国家都运行这两个系统。带薪产假的长短对于父亲和母亲能否很好地平衡工作与家庭有一个明显的不同，产假长短有两个极端：一种是三年之久的带薪产假（例如，奥地利、捷克共和国、芬兰和匈牙利），另一种是很少或者几乎没有带薪年产假（如澳大利亚、美国）（OECD，2008）。对这些明显的国家差异的主要解释是，一些国家（即高福利国家，如美国、英国和澳大利亚）认为照顾是个人的家庭责任，而不是作为一个国家的问题（Craiget al.，2010）。这是不言而喻的，国家或雇主补贴儿童保育设施，帮助父母平衡工作和家庭，国家和国家差别依旧很大。在大多数新的高福利制度下照顾孩子的成本很高（如澳大利亚、英国），即使有各种税收优惠并且这些国家有很高程度的非正式的孩子照料体系，例如依靠祖父母。然而，越来越多的有儿童家庭会利用正规的儿童护理。例如，1996年，在澳大利亚3~4岁的儿童中有22%接受正规的儿童护理。在2005年，这一数字上升到46%（Craiget al.，2010）。

然而，总的来说，在美国、澳大利亚和欧洲的一些国家目前有一种趋势，向着新的高社会福利制度迈进，强调市场主导的规则，放松管制和减少普遍福利（Craiget al.，2010；McDowell，2004）。在美国，由于典型的新的高福利和就业体制，工作-生活平衡被列入"智库"的议程，但是，联邦和州政府的少而不完善的法律意味着对解决工作和家庭冲突以及帮助个人实现工作-生活平衡的员工权利来说严重不足。联邦或州政府的法律没有要求所有雇主提供带薪病假（只有50%左右的工人在美国获得带薪病假），这一点远远落后于英国，欧洲其他国家保障工人至少有一些机会来平衡工作-生活责任（Bousheyet al.，2008）。美国是唯一一个没有父母休假政策的经合组织国家，尽管一些州提供带薪休假（OECD，2011）。针对目前弱势群体机构支持工作-生活平衡，美国智库的流动性议程建议，政策制定者和雇主采用四个最低工作-生活平衡政策：

- 保证所有工人带薪休病假
- 支付家庭和医疗休假费用
- 有权要求弹性工作
- 调度的灵活性

在其他一些国家，上述的一些政策被视为是理所当然的，在许多欧洲国家，如有很多法律要求这么做。在欧洲工作-生活平衡制度的支持远远大于美国，它是欧洲就业战略政策辩论的一个关键领域。在过去的20年中，欧盟层面上的讨论集中在使工作安排更加灵活，促进缩短工作时间，确保人们能够实现更大的工作-生活平衡。在女性和男性平等的规划中，欧盟用工作、私人和家庭生活的活动来实现性别平等，这也是欧盟六个优先活动领域之一。规划确定了行动的三个主要方面：（一）对男性和女性的弹性工作安排；（ii）增加护理服务；（iii）对男性和女性更好的调节政策（如产假、兼职工作）（CEC，2006）。专栏9.1显示的是经济合作与发展组织为国家政策提供的几条建议。专栏9.2是OECD对所选择国家的建议。

尽管在欧盟层面工作-生活平衡是重要的，但在欧洲实际的国民保健服务和调和政策是高度差异化的。例如，瑞典备受称赞的儿童看护补贴和拥有产假权利的政策。不断进步的产假政策中，挪威做得非常好，请假的父母以社会福利的形式获得全额工资。事实上，从整体而言，工作-生活平衡政策实施范围最广的地区是在斯堪的纳维亚（Abendroth and den Dulk，2011）。然而，最近的改革中，德国成为最慷慨的实施带薪产假的经合组织国家（OECD，2011）。

专栏 9.1　实践中的 HRM

在工作-生活平衡方面政府应该做些什么？OECD的建议

- 建立雇佣保护制度，保证父母带薪休假。
- 政策往往有助于父母在孩子出生时进行照料，有时提供一些学龄前的支持。但大一些的独立的孩子父母也面临一些障碍，他们要求继续予以支持。政府的问题是在家照顾孩子是否应该给予补贴。
- 为更好地照顾儿童提供财政支持。
- 在许多国家，儿童看护规定已存在，但家长们不一定负担得起，也不一定总是与工作时间相匹配。有些国家要求给予儿童看护更多的财政支持，不论是通过儿童设施的资本投资，还是直接给父母。除了有关学龄前的规定，还有必要规定充分的课外活动时间/条款。
- 保证员工有权利要求弹性工作时间。
- 这个建议强调雇主和员工双方一起决定对彼此适合的工作时间。它扩展到那些几乎没有弹性或自主权决定自己的工作时间的低收入员工。

专栏 9.2　实践中的 HRM

促进政府对家庭的支持——OECD对所选择国家的建议

澳大利亚
- 拓展儿童看护项目

加拿大
- 加强在正规儿童看护方面的投资
- 改善儿童看护的可负担性
- 减少低收入家庭儿童看护的成本

法国
- 鼓励通过改善产假规定来更公平地分担家庭内的无报酬工作
- 通过税收福利和产假政策设计来降低年轻的或家庭人口多的母亲进入劳动力市场的门槛

德国
- 支持儿童看护服务
- 改革税收/福利系统以鼓励有孩子的家庭夫妻双双工作

荷兰
- 改善儿童看护设施使女性能够全职工作

新西兰
- 更多地帮助有小孩的父母
- 提供更高的产假工资支付率
- 通过提供优质的儿童保育服务支持单亲家长全职工作

西班牙

- 改善儿童课外看护服务
- 鼓励更公平地分担家庭内的无报酬工作

英国

- 提供负担得起的优质的本地儿童看护
- 为全职父母提供符合实际的儿童看护额外费用

即使一些国家的全职工人每周工作时间都有所下降，工作周的长度仍然是工作-生活平衡讨论的一个重要问题。以欧盟为例进行的研究揭示，虽然工作周的平均长度从 1991 年的 40.5 小时下降到 2010 年的 37.5 小时，但是欧洲总工作人口 12%（其中有 18% 的男性和 8% 的女性）继续长时间工作（每周超过 48 小时）（Parent-Thirion et al.，2007）。同时，澳大利亚每周工作 50 小时或更多的人占总工作人口的比例排在第四（20%，2000），而在欧洲，工作周的平均长度下降，澳大利亚超时工作的人却越来越多（Pocock，2005）。针对这一工作时间的背景，一些国家已针对灵活的工作安排开始立法。在荷兰，企业有十名工人或更多的工人无论什么原因都可以要求改变他们的工作时间（OECD，2008）。在英国如果员工有 16 岁以下的子女（或 18 岁以下残疾儿童）和有需要照顾的成年人（生活在同一地区），有法定权利要求弹性工作安排（包括转到兼职时间），帮助他们平衡工作和照顾责任。雇主要有合理的业务理由，才能拒绝这样的请求。主要是妇女行使这种权利。

一种灵活的工作形式——兼职工作是广泛的。在所有的发达国家，女性比男性更容易从事兼职工作。欧洲的兼职平均水平是女性占 30%，男性占 7%。在英国，43% 的女性兼职，相似的还有瑞典、挪威和奥地利，但是远低于荷兰，76% 的女性兼职。兼职工作在有需要抚养的子女的女性中很普遍，很多女性也就不再从事全职工作。虽然很多女性兼职的原因无疑是多而复杂的，但是清楚的是这并非一直是一个简单的个人选择问题。兼职工作不同于全职，兼职工作一般存在于特殊的行业且集中在低收入、低层次的工作中，大多数女性既缺乏经验又缺乏技能，因而无法从事全职工作。尽管它（性别化的兼职工作）可以提供一个短期的工作-家庭冲突的解决方案，但是这种性别化的雇佣模式对收益具有深远的影响。例如，在英国性别化的兼职薪酬差距——拥有全职工作的男性和兼职女性的付费标准不同——大约是 35%，男性全职与女性全职相比薪酬差距大约为 12%（EHEC，2010）。在荷兰，一个有两个成年子女参加工作的母亲的平均收入不到其他女性员工收入的 1/2（OECD，2011）。因此，在个人层面以及制度约束下，家长如果全职工作会导致困难重重，在许多国家兼职工作似乎像一个解决工作-家庭冲突的方案，但在短期和长期内，它对女性的工资和收入水平有相当大的负面影响。当然，考虑到长期收入时，从长远角度来看，女性的付出似乎是对工作和生活平衡问题的临时解决方案。在美国，兼职工作通常没有美国工人所依赖的健康保险（美国提供的只有很少的公共资助的医疗保健）。因此，在美国即使从短期角度来看，兼职对解决工作和家庭冲突也不是一个相当普遍的选择（Lyonette et al.，2011）。

9.2.2　性别制度

有人认为，一个国家的许多方面对工作-生活平衡产生影响，性别平等的程度对工作-生活平衡产生的影响特别明显。这主要是指国家文化支持女性的发展和成就，并认识到女性在生活的各个方面的重要程度。家庭和家庭中的性别角色的分配是代表国家的性别制度的象征，在家庭中就可以反映出国家对于妇女参加就业、经济独立和妇女的平等方面提供更多还是更少的支持。虽然研究发现，在有偿和无偿工作中男性和女性趋向于更加平等，国家开始从不同方面努力去做这件事，但是在人们的观念中，男人与女人始终有着他们各自的角色（Craig et al.，2010）。在一些国家中，女性和男性的性别角色非常不同（如男性养家，女性作为家庭主妇），而在其他国家，性别角色更相似或重叠（Lyness and Kropf，2005）。性别制度的观念继续渗透到国家和组织对于工作–生活平衡的认知中，更具体地说是工作与家庭的制度中。

尽管在反对女性在劳动力市场的参与度增加上有一些变化，但世界范围内的证据表明男性和女性家庭责任的传统分工在某种程度上仍然存在（EOWA，2008b；Parent-Thirion et al.，2007）。职场中的女性比男性仍旧花费更多的时间做家务和照顾家人（例如，照顾儿童和老人）。与非母亲和男人相比，这种情况在身为母亲的女性身上更为明显。来自欧洲的证据表明，男性通常在其有偿工作中花费更长的时间，然而在家中无偿工作和有偿工作相结合的工作上，女性比男性花费更长的时间。

男人的工作一般只局限于自己的有偿工作，而女性则用她们较短的有偿工作以外的空闲去做家庭工作。这种不平等的家庭责任和家务工作，意味着妇女通常"缺乏时间"，显然有较少的时间做其他非工作活动，包括休闲或社区活动。当男性养家和女性是家庭主妇的模式更为普遍时，对于女性来说，工作–生活的平衡是工作–家庭平衡，并且孩子的存在往往更强调劳动的性别分工，有了孩子后家中的情况比以前更加复杂。例如，Craig 等人（2010）的工作研究表明：1992—2006 年间，在澳大利亚，作为父母的女性和男性双方的总工作量增加了，但母亲的工作时间增长更多。在这段时间内，母亲们花了更多的时间在有偿工作和照顾孩子上，相应地也花了更多的时间在家务琐事上。父亲花在有偿工作和育儿上的时间也增加了，但很少做家务。显然，孩子的存在会产生额外的家务（购物、打扫、洗衣、做饭），但一般是女性承担这些额外的工作。

此外，传统的家庭性别制度的延续不可避免地限制了女性的带薪工作情况，这个在某种程度上也能解释在一些国家女性兼职工作的人数过多。因此，在我们看到女性的兼职工作水平较低的国家（如北欧国家）则性别更为平等。由妇女平等工作机构（EOWA）在澳大利亚进行的一项调查显示，近 1/3 的妇女说，如果她们的另一半从事工作量较大的工作，她们的工作时间也会延长。同样，有证据表明，男人想花更多的时间与家人团聚。在同一调查中，60% 的澳大利亚男子说，他们的工作使他们错过了作为父亲的乐趣。报告强调指出，不仅仅澳大利亚有很多人都存在这个问题，其他国家的很多男人也是陷入养家糊口的角色和女人成为家庭主妇的角色中，尽管女人也有类似男人的职业理想，男人也有和女性一样想照顾家庭的观念（EOWA，2008b）。这进一步强调了就业和性别制度之间的相互联系。

9.3　工作–生活平衡和工作场所

9.3.1　商业案例

这是一个关于工作–生活平衡政策被政府广泛采纳，以鼓励雇主提供一些工作–生活平衡政策的案例。我们首先要问为什么需要有一个成功的商业案例，即在经合组织和欧盟就业战略下需要国家立法鼓励。这说明，雇主得益于工作-生活平衡的政策，包括改善员工的招聘和留任，更少的员工健康欠佳、缺勤和相关成本的降低，更高效的劳动力，进而获得更好的财务、业务绩效（Bousheyet al.，2008）。然而，研究发现，用人单位往往会介绍工作-生活平衡的政策，以吸引和留住工人，然而却没有一个明确的认识——哪些具体政策对他们实际的和潜在的员工更有吸引力。

证据确实表明企业通过更多的实践措施去平衡员工的工作生活可能会带来更大的员工满意度，这很可能对雇主产生非常积极的影响。例如，虽然工作时间长可以有一系列的负面影响（包括健康和安全），但研究发现，工作时间长带来的最大负面影响是对工作-生活平衡的影响。在美国18%的工人不满意他们的工作-生活的平衡现状（Eurofound，2010）。美国报告中，近一半的员工在工作和其他责任之间有冲突，超过他们的上一代人（Boushey et al.，2008）。欧洲不同国家的员工对于工作-生活平衡的满意度有很大的不同，挪威和奥地利满意度最高，希腊满意度最低。在所有的国家中，更长的工作时间更加有可能导致员工对工作-生活平衡不满（Parent-Thirion et al.，2007）。满意度也有性别差异，欧洲男人在职业发展中期（他们的年龄在30~49岁之间），由于最可能有孩子需要抚养，也就最可能对职业不满意。27%有16岁以下孩子的男性和18%的女性，他们的工作时间并没有与对家庭（和社会）所承诺的工作时间相符合（Parent-Thirion et al.，2007）。

女性很少对工作-生活平衡表示不满，但是她们在工作-生活的整个生涯中不断经历着这种不满。考虑到女性依然把家庭作为主要的责任再加上有偿工作和家庭的结合，对于工作和生活平衡不满的较低水平的报道似乎是不合常理的，但是，在这种情况下，女性很可能去转变她们的工作模式来承担家庭责任。这也正是弹性工作安排和兼职工作存在的主要意义，雇主工作时间政策对女性是至关重要的。

9.3.2 雇主政策

员工的工作-生活平衡政策通常包括安排亲子和照顾父母的假期、压缩时间、轮班制、兼职工作、弹性时间、在家工作、儿童看护和服务。虽然对于一系列不同生活状况和不同生活阶段的人来说，这些潜在的安排对于工作-生活平衡有了更大的弹性，但它们非常明确地针对女性，尤其是寻求工作和家庭结合的女性。在美国的一项研究工作-生活平衡对招聘影响的评估中发现，儿童照料福利比弹性工作时间、远程办公或老人看护福利更能影响人们接受一份工作的意愿。此外，儿童看护是最吸引女性的（Thompsonand Aspinwall，2009）。

有证据表明，公共部门和大型企业倾向于提供最广泛的工作-生活平衡的政策。（Abendroth & den Dulk，2011；Lyness & Kropf，2005；Pocock，2005）。然而，非常重要的一点是，如果在一个国家里，国家法定要求越低，雇主提供的工作-生活平衡的政策就可能越少（Lyness & Kropf，2005）。虽然许多企业给予员工的福利超越法律的最低要求，但从整个世界范围来看，如果国家法定的福利水平低，私营企业也并不会提高员工的福利，特别是当涉及探亲假和儿童保育（Hardy and Adnett，2002）。在许多情况下，雇主对工作-生活平衡及其重要性的陈述高于实际行动（Pocock，2005）。

有一点需要指出，在商业模式下，工作弹性即使不是作为工作-生活平衡政策一揽子计划的一部分，也通常会出现在雇佣的条款里以适应雇主的需求。兼职工作和弹性工时是典型的灵活时间安排，符合许多雇主在工作时间和工作繁忙时期的特殊需求。对澳大利亚的研究发现，到目前为止，最常用的提供工作-生活平衡的方法是兼职工作（95%的组织主动提供）和弹性工时（88%）。还有一些安排虽然适合更多员工，但提供的比率却大为减少，如在家工作（59%的组织提供）、工作分担（57%）和压缩时间（40%）都不能给雇主带来相同的利益。只有12%的组织提供更昂贵的儿童看护和服务的政策，但97%的雇主愿意提供假期（EOWA，2008a）。英国最近的证据表明，自20世纪90年代后期以来，提供工作-生活的平衡安排，特别是有弹性工作和带薪休假的企业增加了，现在大量的雇主提供法定最低限度以上的休假安排。70%参与调查的组织主动减少工作时间，但是提供弹性工作时间的企业（弹性的开始和结束的时间）刚超过1/3（35%）。而令人担忧的是，有相当大比例的员工（16%~37%）不知道是否有这样的安排提供给他们（Walsh，2007）。

Walsh（出处同上）质疑工作-生活平衡安排在英国是否真正满足各种各样的员工工作和家庭的需要。例如，照顾老人的假期仍然是一个相对罕见的条款（6%的工作场所提供），工作场所内的托儿所（3%）以及育儿补贴（6%）仍相对少见。同样，在澳大利亚EOWA指出，因员工的异质性而有不同的弹性需求，如孕妇或哺乳、员工照顾责任、单身父母、员工生活在农村和偏远地区、熟练工人和残疾工人。鼓励雇主考虑这种多样性，设计和实施工作-生活的平衡政策，将政策扩展到更大范围的员工，同时也避免了弹性工作安排使得女性在职场中被印象化以及与工作质量较差相联系的风险（EOWA，2008）。来自英国的其他证据表明，雇主在工作-生活平衡行为上通常有积极的态度。当被问及关于工作-生活平衡的一般态度问题时，在一项政府调查中，92%的雇主认为当员工能平衡他们的工作和他们生活的其他方面时，员工能工作得最好。67%的雇主同意，每个人都应该能够用他们想要的方式平衡工作和家庭生活。然而，当被问及在工作场所的实际经验时，73%的雇主也同意，如果可能对生意产生消极影响，员工不应指望可以改变他们的工作模式，67%的人承认容纳不同工作模式的员工不是个简单的问题（Hayward et al.，2007）。

不仅是利用正式的雇主政策帮助个人平衡工作和家庭，组织支持和工作文化也很重要，以鼓励员工获得弹性工作安排和其他提供给他们的政策（Callan，2007；Lyness & Kropf，2005）。许多工人没有受益于工作-生活平衡政策（超出了法定最低要求），但有证据表明，他们没有意识到自己的合法权利，或害怕采用弹性工作安排对他们的职业生涯有影响（EOWA 2008a；Walsh 2007）。员工的普遍理解是，弹性工作安排是一种针对特殊群体（无法承担刚性时间和长时间工作的人，如女性）的特定援助计划（Lewis et al.，2007）。因此，即使看似慷慨的雇主政策也不能保证工作场所文化真正地充分转化为个人所需的弹性，他们似乎不想扰乱他们心中理想工人一直持续的那种工作模式（Callan，2007）。

部分原因可能在于一个事实，即弹性工作安排并不总是考虑工作-生活平衡，尽管事实上它们通常是在工作-生活平衡政策下推出的。弹性能被雇主利用以适应他们的业务和业务需求，也积极帮助个别工人以满足他们的个人和家庭需求。有固定的、定期的、白天工作时间的工人往往会表现出最大的工作-生活平衡的满意度。实行强制的弹性剥夺了选择性，或者破坏了工作时间的可预测性，工人通常并不喜欢这一点（Parent-Thirion et al.，2007）。不可预测和强制实施的弹性对于那些需要照顾家属的人显然是特别有问题的。McDowell（2004）通过在2003年英国航空公司扰乱女性育儿安排的罢工这么一个非官方的例子来解释说明了这一点。灵活性增加了工人的可选择性，更受工人的青睐，但自相矛盾的是，那些学者在组织的工时报告中指出：这些人对工作-生活平衡安排极为不满。这也许是因为那些获得最大的自主权的人往往需要工作最长时间（如个体工商户和一些专业职业），因此弹性时间并不受青睐。来自澳大利亚的证据表明，相比管理人员，非管理人员更可能有弹性工作，尤其不同的是压缩工作时间、工作分担和兼职工作安排最有可能被那些有育儿责任的人采用。弹性和非弹性工作这个层次的区分是有问题的，因为管理者关于弹性工作安排需要"言行一致"，否则弹性有可能被视为实际上损害职业潜力。最终的结果是，弹性工作安排始终保持强烈的性别化。同样的研究发现，当求职时，83%女性和73%男性偏爱支持工作-生活平衡的组织，表明会偏向一个无性别化的工作模式。然而，17%的女性和21%的男性认为，他们的雇主没有提供任何灵活性（EOWA，2008a）。

近年来，某些弹性工作安排促进了技术的进步，特别是互联网，允许一些人在家工作或在家和工作场所的结合，以适应工作以外的承诺和活动。虽然在个体层面，这种弹性可能使父母，尤其是母亲，继续全职工作，但消极的一面是，发达的通信技术（电子邮件、宽带互联网、手机、智能手机等）也会使工作影响个人生活，用以前无法想象的方式模糊了工作和非工作的时间和空间界限。许多人，尤其是部门经理、主管面临大量非工作场所的加班，延长了工作时间、打扰了家庭和休闲时间（Parent-Thirion et al.，2007）。现在有众多的网络博客甚至书籍上所谓的"黑莓现象"，即沉迷于浏览智能手机的人。从这个角度来说，技术并没有促进工作-生活平衡，技术似乎刺激了对于有偿工作的更大投入度和一种非工作时间的出勤方式。因此，尽管通常对于弹性工作安排的作用是肯定的，它并不总是被用来去解决工作-生活平衡问题。

9.3.3　工会行动

在英国，2004年的WERS分析发现，存在工会的工作场所更容易有家庭友好政策（Kersley et al.，2006）。然而，这个协会本身并没有证明，工会直接参与了工作-生活平衡决策的制定。就是说，从国际角度来看，即使争取平等参与的过程步履艰辛，但许多国家的工会正考虑在提供工作场所的工作-生活平衡政策中去扮演一个重要的角色。在澳大利亚，许多工会都在寻求在企业中延长带薪产假，并取得了一定的成功。澳大利亚工会理事会期望：延长无薪产假至24个月，兼职工作享受更好的权利，有机会购买"额外的年假，并且父母有权利改变工作时间来满足照顾孩子的需求（类似在英国）（Pocock，2005）。英国工会大会两年一次的平等审计同样提供了一个相当积极的工会行动的图景。它发现，65%的工会对于弹性工作和工作-生活的平衡有最新的指导或政策。更重要的是，44%的工会表示在这个问题上谈判取得了成功。此外，58%以上的工会对于有工作的父母和照顾者有最新指导或政策，51%的工会说在这个问题上谈判取得了成功（TUC，2009）。

在欧洲，融合了联盟策略的背景下，Gregory和Milner（2009）认为，有三个机会会促进对于工作-生活平衡问题在工会运动和集体谈判中的转变：

- 妇女联盟成员和领导人的比例上升
- 国家的工作时间制度
- 特定组织中的联盟管理关系

在第一个机会中，有人认为，传统上男性占主导地位的工会没有意识到工作和家庭之间的关系是一个联盟需要关注的问题。女工会谈判代表说，如果工会中女性占很大比例，最有可能引起女性特别关注的如工作－生活平衡问题拿到桌面上谈（Kirtonand Healy，1999）。第二个机会来自国家的工作时间制度，对于工会来说在弹性工作安排上可以提供一个开放的谈判机会，如在欧洲国家工作时间会被严格限制。联盟的管理关系是第三个机会，涉及一个互惠互利的问题，工作－生活平衡的问题促成工会与组织的合作。这使工会在目前相对较少的会员和较弱的权力时代，在管理层和工会之间利益一致的问题上取得一些进展（Rigbyand O'Brien-Smith，2010）。然而，Gregory 和 Milner（2009）的研究揭示了工会在法国和英国实施工作－生活平衡政策的过程中，这些行动是相对边缘的，最重要的是因为工会现在由于其权力基础被削弱被迫进入防御阵地。然而，他们找到实际的案例，在英国早期的工会在政策制定方面有一定的影响力，并且在法国有关工作时间的谈判中，已经有工会进入工作－生活平衡的谈判。相比之下，Rigby 和 O'Brien-Smith（同上）对英国媒体和零售行业工会的研究发现，工会对工作－生活平衡的问题相当积极主动。工会部门既没有全心全意地接受所谓的共同利益，也没有使工作－生活平衡概念化。在媒体行业几乎没有共同期望的利益，工作－生活平衡被认为主要关心的是长时间的工作，而媒体行业就是需要长时间的工作，这也表明了行业工作的特殊性。零售业的主要工作－生活平衡问题是弹性工作安排，这种做法不符合双方共同利益，因为雇主想要获得更多的利益，看似很好的国家政策往往被无情的销售经理破坏。尽管工会在工作－生活平衡政策的制定和实施的影响力方面会有变化，但是，相当清楚的是工会在很多国家中是可见的和活跃的。

9.4　个人选择和工作－生活平衡

虽然工作－生活平衡通过个人选择可以忽视结构和制度的约束以及支持功能，但仍值得考虑的是个人如何实现工作－生活平衡，避免成为政府和雇主政策的被动接受者。就个人选择而言，这是特别重要的，自主性和责任往往贯穿于个人工作－生活平衡的所有论述（Kirton，2011；Lewis et al.，2007）。

尽管如此，如前所述，现代工作－生活平衡理论超越了有偿工作和家庭责任之间的协调，重点是在工作与家庭之间建立一个连接点。毫无疑问，对于个人，尤其是女性，在他们成为父母时，会变得更加专注工作－生活平衡。如上所述，女性仍然在很大程度上承担家庭责任，改变她们的职业理想，以协调工作和家庭（Windebank，2001）。在许多国家，在双职工家庭，甚至高素质的女性一旦有了孩子都会优先考虑男性伴侣的职业和赚钱潜力。此外，这些家庭家务的传统性别分工仍然很明显，女性承担着大多数照顾的责任（Windebank，2001）。为什么会这样？

有很多可能的解释，但 Dunca 等人（2003）提供了一个引人关注的解释。他们认为，人们做出如何育儿的决定可能结合有偿工作和"性别道德合理性"：基于性别道德和社会协商观点考虑什么样的行为是对的，什么样的行为是恰当的（不只是参考可以得到儿童照顾和带薪产假）（Duncan et al.，2003：310）。虽然对于个人来说，公认的是性别关系到工作-生活平衡，一些研究还发现，诸如阶级和种族/族裔身份的其他方面也与之有关。例如，研究表明，对那些强调更强的家庭责任的亚洲社区而言，其需要寻求工作和生活之间的压力平衡，这使得亲属关系和社区关系在这里面显得尤为突出（Dale，2005）。

Duncan 等人（出处同上）的基于英国的研究，包括以非洲加勒比女性为背景的研究，发现在理解母亲身份和有偿工作相结合的问题上种族提供了一个"主要的断层线"。非洲加勒比的母亲，尤其是那些从事专业和管理工作的人比白人更可能把大量时间花在就业上，努力工作是作为一个好母亲的组成部分，这么做并不是一个忽略孩子的母亲。同时，与其他种族的女性相比，孟加拉国和巴基斯坦母亲更容易做全职家庭主妇。然而，这种不同只发生在受过高等教育的英国籍孟加拉女性和巴基斯坦女性身上，她们更可能参加工作，不太可能和比他们学历低的人结婚和在年轻的时候有孩子（Dale，2005）。此外，在另一个关于年轻人的英国研究中，只有少数（族裔）的女孩说他们会很乐意留在家中照看孩子，而不是有自己的事业（Bhavnani，2006）。

也有一些证据表明，不同国家对于"好母亲"的观念有一些差距。法国案例研究认为，由于比较完善的幼儿照顾政策的支持，法国女性对于全职工作的母亲在社会规范下是"好母亲"这一概念不觉得惭愧，和法国不在一个福利水平的其他国家则并不赞同（Guillaume & Pochic，2007）。此外，"好"父亲的观念也在发生变化。而占主导地位的养家糊口的概念仍然是普遍的，也有自我实现和慈爱父亲的一些发展概念，这样即使父亲比母亲平均工作时间更长，他们也没有放弃其他一些工作之外的活动，去花更多的时间陪伴孩子（Bruegel & Gray，2005）。父亲身份的概念变得更复杂，Bruegel 和 Gray（同上）发现了一种影响，如果男性接受过更多的教育，工作是管理岗位或专业岗位，他们比其他人似乎花更多的时间照顾孩子。Kirton（2011）对在英国毕业的年轻黑人、少数族裔（BME）毕业生的研究中强调，男性养家糊口的身份会继续延续，但同时一些男性受访者认为家庭生活（除了核心家庭）和宗教义务同样是生活重心，希望并期待生活和工作能够相适应。男性采用弹性工作方式被认为是挑战传统性别标准和平衡工作-生活政策合法性的有效方式。从对家庭、照顾和亲情方面的责任和义务来说，Kirton 认为少数族裔男性将会在这个方面领先。

9.5　结　论

关于工作-生活平衡的争论已经得到许多国家的关注并体现在政策制定中。本章的目的是想强调，尽管存在一个全球化的氛围，国家的环境依旧影响并冲击雇主的工作-生活平衡的政策以及个人工作-生活平衡的定位和选择。国家福利、就业、性别制度和它们的相互联系提供了寻求有偿工作与其生活其他方面的结合的可变性。当涉及工作家庭冲突时，性别制度是尤为突出的，这也是工作-生活平衡政策制定的核心。尽管全球化下实现工作-生活平衡双赢是不确定的，但所有的工业化国家正在走向政策与实践的融合。个人工作-生活平衡的选择变得更加复杂，我们考虑的不只是产假和育儿等政策的有效性，也考虑养育子女的"性别道德合理性"，将性别、种族以及种族身份与它们的交叉点带入到研究框架中。

案例研究 9.1　工作-生活平衡政策与文化：对 PharMerger 和 Eng-Corp 两个企业的案例研究

SAMANTHA CAllAN

PharMerger 是一家制药公司，是跻身全球六大洲、业务遍布 45 个国家的著名企业。它在英国有两个研究和开发分支机构，其中之一是本案例研究的对象，它有 14 家商务和生产基地。这个分支机构的历史可以划分为三个不同的时期，而这在很大程度上形成了这家分支机构当前的文化。它始建于 20 世纪 70 年代，在 80 年代末被一家外国企业接管，接着又于 90 年代中期被这家 PharMerger 英国全球巨人企业并购。

然而，这个分支机构还没有明确地推行家庭友好的工作文化。资深的人力资源管理受访者在描述这个分支机构的家庭友好时强调："逐步成长，而非一蹴而就。"80 年代早期，员工有灵活的工作时间安排，但与制药巨人企业 PharMerger 合并后不久，具体明确的家庭友好型员工政策才被引入。员工们认为这些政策是大型企业希望控制并使工作模式系统化的表示。尽管员工们认同 PharMerger 比原先的公司更为家庭友好型，但主要是由于时间的流逝，而非两家公司有不同的方法。任何公司想吸引并留住最好的员工（正如 PharMerger 所做的），现在应比以前几十年提供一个更为家庭友好型的环境。

对人力资源专业人员的访谈显示，在一定程度上，制药行业竞争者一系列雇佣政策包括高水平的家庭友好条款，这为 PharMerger 政策的持续改进提供了动力。（正如在其他行业所见到的；McKee et al.（2000）发现石油和天然气行业的雇主相互竞争时，会通过一些非正式和正式的业内人际网络收集和了解的情况来制定政策。）人力资源专业人员代表了公司的观点，即他们普遍认为公司是慷慨的，已经超出了法律的要求，员工们应该感到满足。

经理们也比较认同，尤其是管理几个员工的，而不是只负责一两个员工的。其他研究检验了经理们在执行政策中扮演看门人角色的作用（Bond et al.，2002；Dex and Scheibl，2002；Yeandle et al.，2003），这项研究证实了以前的调查结果，即管理人员实质上享有自由裁量权。受访者经常描述是如何"尽职尽责"的，以及他们如何执行政策，并指出公司自身在这些政策的实际执行能力上已经达到了极限。经理们形容说感觉在一定程度上受到了政策的约束。主要在于企业在政策实际执行时对员工过于慷慨。如果政策执行得过于彻底，那么员工们在不太灵活或者目标稍高的工作上，便会面临执行能力缺失的威胁。

很多为人父母的员工，其工作时间能够适应孩子学校的作息时间。弹性的工作政策可使他们提前下班，傍晚再继续工作。这些机会广泛适用于女性，对于行政人员来说，通常是更高级别的行政人员，具有符合法规要求的正式兼职能力，如果需要这种水平的弹性，不予处罚。他们也得愿意将工作带入他们的家庭生活（如希望他们远程收邮件并随时接听电话）。个别员工也需要达到规定的工作目标，因此在某些情况下，这使他们无法较好地利用该制度。一位科学家偶尔要带残疾孩子到医院，因而要求给予方便，她报告说运用政策来达到目的遇到了很大的阻力。她的首选是用年假代替。然而目标的压力最终迫使她下定决心离开这家公司。这位员工挑战了 PharMerger 文化的关键因素，如"理想型"员工，这在文中有描述，在 PharMerger 和 EngCorp 都存在这样的情况。

理想型员工与职业精神密切相关，即维持着自我的界限，使工作的地位高于家庭生活

（Kerfoot，2002：93）。符合这一类型的员工工作日和家庭责任没有明确的界限，更侧重于"工作的完成"而非严格遵守固定的工作时间。受访者表示接受这种观点，即要想事业更上一层楼，就需要适应这种工作，并表现出愿意为了工作迁居、出差，以及即使在工作时间之外也有求必应。这种工作是劳动力同质性的来源之一。在 PharMerger（比 Eng-Corp），更明显，但这两个企业的共同点是政策似乎并没有因此而发生变化。这是因为：（1）组织的生存依赖于此；（2）这种工作与理想型员工形象密切相关，员工们希望其他人如何看待他们和他们喜欢的身份，以及他们又是如何看待自己。（Hatch and Schultz，1997；Whetten and Godfrey，1998）

值得注意的是，女性管理者对于公司的家庭友好的主张也表示异议，理由是采用这种制度，阻碍了事业的发展，比如稍微缩短了的工作时间。对于以事业为重的女性而言，工作时间会经常受到关怀责任的影响（例如，以她们做兼职工作或有灵活的工作时间为前提），认为她们必须尽量减少对家庭的付出才能符合前面提到的"理想型员工"。这表明这种结构在一定程度上与传统的"男性"特征有关。——尽管在 PharMerger，许多男性员工也经常有弹性评估要求，以便他们能承担即便是有限的照顾责任。

另外一个案例研究关注了 EngCorp 工程公司，它也是一家国际性企业。这项研究中包括的两个企业的全球总部都位于同一个城市。EngCorp 这家公司在周边享有"人文关怀""以人为本"的卓著声誉。许多受访者认为，就员工待遇来看，是他们从业以来所从事的最好的工作。并不是所有的人都熟悉"家庭友好"这个词，然而，大多数人选择弹性工作，这是为 EngCorp 工作必不可少的条件，并再三举例说明了公司对员工们在家庭责任方面的体谅和理解。父母的休假政策使父母可以协商九天两周假期（使用无薪假），而年化的小时安排可使他们在学校放假时不工作。

产假政策也使父母们可以（通过利用不带薪休假）协商出两天休九天的工作安排，并且年假的工作时间安排允许他们在学校放假期间有更多的时间休息。受访者们有很强的公司形象意识，而且许多受访者在形容公司存在的明确又普遍的公司文化时，认为这应归因于大家公认的价值观。在此，很有必要对"源文化"与其产生的"发展价值"做一下区分。文化的"主位"或者说是内在视角逐渐融合并混淆了这两个概念。不过，研究者对此案例进行分析的目的就在于辨别这种无意识和潜在的设定，也正是其决定了内部员工鲜少意识到的价值观。正如 PharMerger 案例研究所发现的，几位个别员工在同多数人看待公司的态度上明显存在异议。管理者与员工之间对于政策执行方面的看法也有些不同，而且女性员工的经历与男性同事的经历形成鲜明的对比。

该公司自称为"男性主导"，并认为其家庭友好的政策是一个重要方面，用这种慎重的方法来吸引和留住女性工程师。（这一点与 PharMerger 所意识到的需要维持足够高水平的家庭友好规定来保持其在全球人才市场上的竞争力是类似的。）然而，如果她们没能按照理想型员工的标准工作，而采取不同于相同职位男性员工的方式工作，尽管有政策，但对职业生涯怀有雄心的女性员工可能会有阻碍。从对这两家公司员工的访谈来看，公司内部采取这种做法，如果工作与家庭责任（和担当家庭主要照看者的男人，如鳏夫）有冲突，即使工作干扰他们的家庭生活，也不成问题，特别是如果他们从事兼职工作。

Source: based on Callan, 2007.

问　题

1.在这个案例研究中，如果企业真的要履行承诺，要实施工作-生活平衡政策，应采取什么样必要的文化变革？

2.在这两个企业中，工作-生活平衡文化在哪些方面与企业的政策相左？

3."理想型员工"的概念如何解释了工作场所中存在的工作-生活平衡文化？

4.请论述工作-生活平衡政策与文化对于女性和男性事业，以及家庭劳动重新分配的意义。

案例研究9.2　在工作-生活平衡问题上，劳资双方谈判时面临的问题

Gill KIRTON

下文是在西班牙背景下遇到的问题。讨论目前所面临的问题从一个国家扩展到其他工业化国家的程度。

- 绝大多数的集体谈判委员会的成员是男性。
- 公司层面的工会文化根植于传统的"父权制"价值观。
- 在实现工作-生活平衡的过程中，有时会受到员工的阻碍。自从一些员工，主要是女性员工希望在此领域中得到升职的机会后，当公司在其剩余劳动力中重新分配工作量时，就引起了剩余劳动力的纠纷。这种情况在女性员工占据高比例的职场较为明显。
- 在谈判中雇主们不愿意引入工作-生活平衡机制，是因为他们觉得可能会干扰工作组织结构、工时和工时本身的概念。
- 雇主们认为工作-生活平衡通过休假来安排可能会导致劳动成本的增加，特别是在以女性为主的部门，如零售业。
- 员工临时合约的高比例弱化了工会在谈判中的地位。

案例研究9.3　英国年轻黑人和少数族裔毕业生对待工作-生活平衡的态度

Gill KIRTON

本案例以年轻的、英籍黑人和少数族裔商科毕业生对未来事业的认识和期许作为研究的一部分，研究要求参与者谈论他们对未来的工作-家庭平衡的看法。下面是访谈节选。

Amer——英籍巴基斯坦男性：

……前十年你拼命工作，因为那时你还单身，是赚钱的黄金时期。比如，21~30岁这一阶段，你尽可能多赚钱。投身一家好公司工作，攒钱，赚尽可能多的钱。一旦你到了30岁，当你真正明白这一生中你想做什么，开始自己的事业时，你可能就会有更多的时间给自己。我的意思是头几年你要自己经营企业……这个过程肯定辛苦，但是你可以平衡好。因为这是你的地盘，你自己做主。所以就会有更多的时间留给孩子，达到事业与家庭的平衡。在孩子需要你的时候花更多的时间和他们在一起，等他们睡觉时你工作，是这种意义上的平衡……所以我想这不失为一个绝妙的长久之计。我认为花大量的时间与孩子们在一起很重要。如果我在一家大公司奉职，就没有时间和孩子们呆在一起，我想我要重新寻觅一份合适的工作。

Mohammad——英籍巴基斯坦男性：

我知道我说了很多关于金钱如何重要，但我觉得最最重要的是花时间和家人在一起。我想回家和孩子们呆在一起。我不想晚上工作到八点，九点才到家，而我的孩子们都已经睡觉了。我想花更多的时间和他们在一起。我愿意做出经济上的牺牲。

Hamad——英籍孟加拉男性：

如果有一天，我经营着自己的公司，而且公司业务增长稳定，那我就会有更多可以灵活安排的时间，不用去工作。一周工作几天，然后选择……有几天照顾孩子，妻子在照顾孩子方面做得更多，但是分担一部分是基本的。但是，一定要为他们（孩子们）腾出时间，否则他们最终可能会成为瘾君子之类的人。

Sarina——英籍印度女性：

生活如此艰难，而孩子是第一位的……我的意思是，你要成为一个超人，必须事必躬亲。所以我的志向是尽我所能，和我的丈夫一起努力奋斗，无论是共同经营还是一起做些工作……这是非常棒的，等我们有孩子时会有足够的钱，而不用长时间工作，在有孩子前我们先工作。我想给孩子们……我觉得我现在想要一个孩子，但是，我无法给我的孩子很多时间，因为在这个时代，这是非常困难的，你也知道的，工作上的事会长时间地占用自己的私人时间，你也知道这时候肯定也顾不上孩子的问题。我的意思是，尽管现在有这些惠工政策，像产假啦、薪酬等，可是……

Shahida——英籍孟加拉女性：

从根本上说，我希望凭自己的经验和能力成为会计师，并且我觉得，一旦我达到了这个目标，有资格成为一名会计，我会有更多的灵活时间可以支配。你可以根据自己的需要决定工作时间，然而因为我现在还不够格，所以我就不得不整天工作。不，我觉得有些我想做的有价值的事就是教育自己的孩子，我认为有些东西孩子们从幼儿园的环境中学不到。但后来我的侄女和侄子都去幼儿园，他们真的都在那儿上完幼儿园，真的很聪明。如果我把孩子送到幼儿园，他们可能也会非常聪明。我的意思是我不知道……

Monira——英籍巴基斯坦女性：

我认为我现在没必要去做兼职教师，等你的工作时间和照看孩子的时间大致相同时再考虑要孩子。假期时你和孩子呆在一起，在照顾孩子方面会获得很多帮助，我妈妈会照顾孩子，所以她也会帮忙，我认为这对我来说真的不是一个大问题。我丈夫也有他自己的事业，正如我以前所说的，所以只有在我妈妈不在的紧急情况下他才帮助我照看一下孩子。这方面我们已有默契。

问 题

1. 上面的叙述揭示了什么样的育儿态度？

2. 文章揭示了工作-生活平衡，以及劳动力性别角色分工方面的一种什么样的导向？

3. 你发现年轻黑人和少数族裔毕业生所面临的任何紧张形势或者是困境了吗？

Sources：Kirton，2009，2011.

第10章

裁　员

Tom Redman，Adrian Wilkinson and Alankrita Pandey

企业正在重组——这是最好的时代（对于股东来说），这是最糟糕的时代（对于员工来说）。

（DiFonzo and Bordia，1998：295）

引　言

在这一章我们首先介绍组织裁员，讨论的主题是管理不善时可能导致的问题。近年来，组织重组的广度和深度在工业化经济体中一直都很明显。其次我们审查裁员的方法并考虑一些能替代它的策略。再次我们考察裁员的过程，特别是裁员的咨询、选择和对被裁掉者的支持，以及裁员后的幸存者。最后我们判断如果裁员仅仅是"增加压力和减少工作保障"，那么裁员付出的成本是否值得？(De Meuse et al.，1997：168)

10.1　裁员：人力资源管理的现实？

裁员是"计划以减少组织现存的劳动力和提高公司业绩为目标的政策和实践"（Datta et al.，2010：282）。自20世纪80年代以来，裁员已经成为合法的战略选择（Boone，2000；Cameron et al.，1991；McKinley et al.，2000）。事实上，对美国（Baumol et al.，2003，详见自1990年以来美国管理协会的年度调查）、英国（Chorely，2002；Mason，2002；Rogers，2002；Sahdev et al.，1999）和日本（Ahmadjian and Robinson，2001；Mroczkowski and Hanaoka，1997）的裁员研究表明，裁员被认为是扭转组织效益下降、削减成本和提高组织绩效的首选方法之一（Mellahi and Wilkinson，2004）。然而，裁员的影响是相互矛盾的：一些研究揭示它对组织产生积极的结果（Baumol et al.，2003；Bruton et al.，1996；Espahbodi et al.，2000；Wayhan and Werner，2000）；一些研究显示裁员有负面影响（Cascio，1993；Cascio et al.，1997；Caves and Kreps，1993；Lee，1997；Palmon et al.，1997；Worrell et al.，1991）；还有些研究表明裁员对组织业绩没有影响（Cameron et al.，1991）。因此裁员在组织中是一个复杂的现象，应该深入探讨。

裁员和重组往往交替使用，但组织可以重组而不缩减员工规模，反之亦然（Budros 1999）。在英国裁员一直被视为一种补救管理问题的简单方法。

由于劳动力市场缺乏保护、工会逐渐衰弱以及私人和公共部门面临提高盈利能力和效率的巨大压力，使得裁员像流行病一样在传播蔓延。(Hutton，1997：40)

Hutton的上述评论反映了裁员已经成为英国人力资源管理实践的一个核心环节。同样，Guthrie和Datta（2008：108）观察到在过去的20年里数以百万计的美国工人通过裁员的方式被解雇，这一趋势丝毫没有减弱的迹象（Mishra et al., 2009）。然而，熟读越来越多的人力资源管理教科书之后，读者大抵认为人力资源管理实践在很大程度上反映了组织积极善良的形象。为了赢得组织和他们的员工双赢的目标，人力资源管理者专注于招募、培训、制定战略、奖励、职业生涯管理、员工参与、改善员工关系、解决问题等。大部分管理类书籍关注于人力资源管理的积极方面，很少涉及裁员活动中令人不愉快的方面。裁员导致的变革完全被视为"铲除惯性"的一个积极过程，是可以促进效率和创新的。只是这种变革不是逐步实现而是通过"大飞跃"实现的（Hamel，2000）。裁员在 Dilbert 的书中、Doonesbury 漫画（Anfunso，1996）里和 Michael Moore 的新闻（Moore，1997）中更是如此（Adams，1996）。当管理者在讨论裁员时往往使用很委婉的语言来表达（见专栏 10.1）。然而，在过去 10 年左右的时间管理实践中，不难发现组织精简过程中人力资源管理的阴暗面。2000 年，Worral 等人指出，在英国每年超过 200 000 名员工被裁员；Cascio（2009）指出，美国的裁员数量为 900 000 人。当我们看到在日本利益相关者价值导向由股东价值取向所取代时，社会对于裁员的可接受性在增强，虽然在不同的文化下可能采用不同的词语来表述，如在韩国，冗余被称为"光荣退休"——符合这个国家的文化。

专栏 10.1　实践中的 HRM

解雇的代名词：解雇已经不再流行

冗余和解雇是人力资源管理的专业术语，会令人不快。人力资源管理经理经常使用一些委婉的说法。

衰减	精简/裁员	再造/重组
职业重新评价	退出	释放
压缩	员工人数减少	重新估量
把……调离重要职位	自愿辞职	结构改建
未被聘用	解雇	整顿
失去工作	放手	规模优化
减裁结构层	无留任	遣散
减量	安排新工作	减肥
无选择	工资调整	机构改革
开除	合理的说明	解约/解雇
紧缩范围	调整资金组合	损耗

也许由于劳动力需求的大规模减少，汽车制造业似乎经历更多的裁员，也更善于使用委婉语言来描述裁员。例如，通用汽车谈及一个工厂关闭时会描述成"有关的生产计划大范围调整"，克莱斯勒则会采用"职业选择强化项目"的说法，而日产汽车则启动"分离程序"。两个汽车行业的人事经理在采访中谈到精益生产的影响时指出，可以加快那些不能适应新系统的员工从组织退出和解放的速度。也谈到了纠正先前未被发现的招聘错误。相比之下，在生产车间使用的语言就更为直接了，包括被解雇、开除、走人、失去工作、失业等等。

尽管裁员的重要性日益突出，人力资源管理的课本很少涉及这方面的内容。那些承认其存在的书籍重点也通常是讨论如何避免减少裁员时可能遇到的法律陷阱，或者试图简单量化它的使用。很少有人探讨人员过剩的性质、重要性和后果。这种忽视是一种非常严重的问题，而且有些令人费解。Chadwick 等（2004）指出，裁员后需要人力资源部门继续推高员工的工作热情与努力程度，保留有价值的人力资本并重建组织的价值结构。

这个问题被忽视的一个可能解释是，裁员在人力资源管理实践中被认为是一个孤立的和令人不愉快的元素，仓促实施并容易被遗忘，即所谓的"黑手党模式"裁员（Stebbins，1989）。英国的统计数据显示冗余和解雇虽然令人不快，但裁员并不是一个孤立的事件；相反，它已经成为人力资源管理实践的核心方面。这里尤其令人担忧的是大量处于正常利润水平的组织也在裁员。Cascio（2002）指出，那些存在问题的组织想通过裁员自救，而良性发展的组织试图通过裁员增加收入。组织的大小不再是衡量企业成功的标准。西方管理者似乎有一个解雇员工的倾向。例如，被称为"中子杰克"的杰克·韦尔奇，总是致力于精减员工，只留下完好无损的建筑物（Haigh，2004；Welch，2001）。"电锯"阿尔·邓莱普（Al Dunlap）设法在两个月内解雇了 11 000 名员工，相当于大约35%的劳动力。股东价值导向导致了裁员的频繁发生（Lazonick，2005：594）。

一个触发对裁员越来越大的兴趣和关注的原因在于当今的裁员与过去相比规模更大、范围更广，Sennett（1997：18）指出："早期裁员主要针对蓝领工人，而现在组织缩减规模和再造工程对中产阶级来说是突如其来的灾难。"因此有效地进行裁员在人力资源管理实践中越来越重要，不只是因为它规模更大、频率更高，也因为管理不善会导致潜在的严重负面影响（Thornhill & Saunders，1998；Wilkinson，2004）。裁员的管理不善可以对组织的招聘和商业信誉造成重大损害。解雇工人影响雇主品牌，可能严重影响一个组织的吸引力并无意中影响潜在的员工（Dewettinck and Buyens，2002）。同样，坏名声导致客户担心该公司可能面临倒闭，或产生连续性的产品质量和服务等相关问题（Love and Kraatz，2009）。

也有越来越多的组织关注裁员过后岗位缩减对组织有效性的影响。组织宣称裁员可以带来一系列积极的影响，如节省劳动力成本、快速决策、更好地沟通、减少产品开发时间、增强员工的参与度和增强对客户的响应能力（De Meuse et al.，1997：168）。然而，一些学者关注的是"强迫"追求裁员达到"自我禁食"的程度，过度削减成本会导致器官衰竭，员工处于心理恐惧之中会进一步导致效率低下。因此"修剪"和"收紧腰带"应该提到议事日程（Tyler & Wilkinson，2007）。

研究表明，裁员对"企业声誉"会有一个负面影响（Burke，1997），员工士气低落（Brockner et al.，1987）、破坏社会网络（Priti，2000）、增加劳动力流动率（Trevor and Nyberg，2008），并导致组织知识型员工的流失（Littler and Innes，2003）。因此，裁员可能严重损害组织的学习能力（Fisher and White，2000：249）。更深一层，你会发现裁员通常都是关注削减成本：给员工提供更少的培训、招募更少的外脑，并减少研发预算（Mellahi and Wilkinson，2010）。因此，裁员可能严重削弱公司的技术能力（Littler & Innes，2003：93）。比如一个令人深思的案例，英航在 2004 年夏天出现了很多问题，如愤怒的旅客、在机场露宿等。工会的解释是自 2001 年以来有 13 000 名员工被裁掉，导致很多关键领域工作人员短缺（Inman，2004）。

一个很矛盾的现象是，体现在股票市场上重组被视为企业活力的标志。巴克莱银行宣布削减 6 000 名员工后股价飙升（Garfield，1999）。Haigh 的观察（2004：141）指出，裁员仍然是一个 CEO 用来消除问题获得好感的最快方法，好像在陈旧的壁炉上刮掉一层锈。在全球金融危机期间美国的失业人数在 2007 年第四季度至 2009 年第四季度上升了 800 万人，增加了两倍多，欧盟的滚动失业率增加了 600 万人（Peetz et al.，2011）。同样值得注意的是，组织面对下降的需求可选择——解雇多少员工、储备多少员工和重新部署多少员工（Peetz et al.，2011）。人力资源就业决策也可有不同的方法。例如，在美国，他们有一个自由雇佣的理念。与欧盟相比，劳动力更容易被替代。Peetz 等（2011）曾指出，在裁员上很多组织的行为很大男子主义。例如，欧洲跨国汽车设备（European automobile equipment multinational）寄信给 1 120 名被解雇员工中的 600 名，提供在突尼斯每月 137 欧元薪金的工作机会，他们认为这符合员工在公司内调动的法定义务（soyoutv.com，2010）。然而，也有一些其他雇主使用灵活的工作时间或实行工作分担制，同时减少薪金，由公共基金弥补额外损失（如在意大利的菲亚特和意黛喜，瑞典的斯堪尼亚和沃尔沃，德国的戴姆勒和 Schaeffer，丹麦的丹佛斯和格兰富）。还有一些组织通过劳动力的调换集中于内部重组（如意大利的动力技术和意黛喜）。一些组织的重组也借助培训（例如法国标致和意大利电信）（Glassner and Keune，2010，Peetz et al.，2011：194 – 5）。

对爱尔兰在全球金融危机期间管理措施的研究显示，企业并不仅仅包括旨在削减它们的人力成本和提高生产力的"强硬"人力资源管理政策，也包括"柔软"的人力资源管理政策，旨在通过加强与员工交流以及努力提高员工敬业度来维持员工承诺和组织忠诚，保持人力资源管理措施计划的公平，惠及组织内所有员工。Roche 等（2011）认为人力资源经理似乎试图平衡"硬实力"和"软人才管理政策"，以解决短期成本压力而不损害员工的工作激励和承诺。

组织冲突和员工阻力（如通过罢工、静坐抗议、当班罢工示威等）也是一个出现在紧缩时期的潜在问题（Contrepois，2011；Cullinane and Dundon，2011；Gall，2011）。例如，法国企业正经历一场"岗位的回归"，一拨又一拨的企业关闭工厂（Jefferys，2011；Peetz et al.，2011）。然而，可能更令人吃惊的是劳动力削减到前所未有的水平，而纠纷总体水平相对较低。这可能不仅反映了工会和工人的权利的削弱，而且表明冗余对企业来说司空见惯，在激烈竞争时期被认为是一个不可避免的后果（Turnbull and Wass，2004）。因此工会对于裁员的抵制也转化为试图通过协商机制、遣散费以及就业支持措施等就业保障协议而获得最大利益，与此同时罢工行动已经是一个很少使用的最后手段。

可能裁员的负面影响并不局限于那些离开的员工，对留任的员工也有很大的影响。这类员工对于现在的雇主更重要，在裁员的情况下却经常被忽视。裁员的影响对于剩下的员工来说就是现在学者所谈论的"幸存者综合征"（Brockner，1992）。这包含一系列的后续反应，如积极性不高、士气低落和组织的忠诚度降低、压力增加以及对组织的怀疑增加，在组织重组过程中也会有类似表现（Doherty and Horstead，1995）。研究还显示，裁员后幸存员工的健康状况明显恶化（Kivimaki et al.，2000）。

Cascio（2009）表明，只有在两种情况下，裁员可能是必要的。第一种情况是公司发现自己背负着不良资产或子公司持续亏损。他指出，企业应该考虑把这些子公司出售给可以更好地利用这些资产的买家。然后，员工与这些资产或相关子公司转移到新买家。第二种情况是当工作依靠的技术不再具有商业价值。例如，计算机排版出现后，在报纸行业排版工人不再是必需的。

10.2　裁员的复杂性

图10-1显示了裁员的复杂性。在组织的经理和高层管理团队做出裁员决策后，组织缩减规模对经济或政治力量的反应，也可能是对市场和技术变革的反应。裁员的影响主要体现在对组织和个人的影响上。裁员直接减少了组织的人力资本，也影响人力资源实践，比如甄选和培训，对人力资本产生间接的影响。裁员会对那些被裁掉和留下的个人产生公正感、信任感和承诺感方面的负面影响，因此通过它们——个人和组织的绩效——影响自身角色和外部角色行为。显然，许多组织裁员试图减轻这些负面影响。

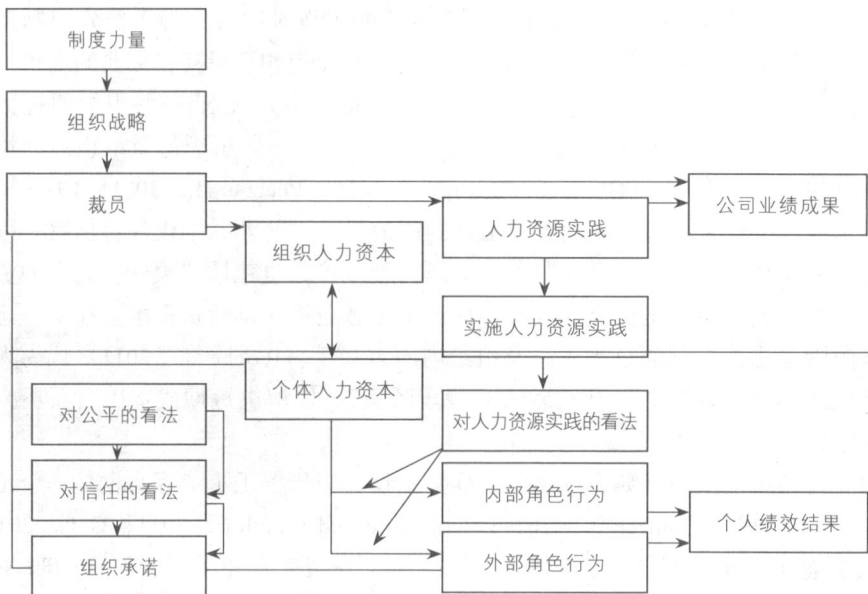

图 10-1　裁员对绩效的影响

Source：McMahan et al.，2012.

10.3　裁员的方法

组织有很多方式可以减少劳动力的规模。在本节中，首先，我们讨论雇主使用最多的策略。这些包括自然减员/耗损；自愿离职；强制裁员和提前退休。其次，我们考虑一系列解雇工人的替代方法，尤其是重新部署和降低工资。

10.3.1　自然减员/耗损

自然耗损通常是首选的、最积极的和人道的减少劳动力的方法。它被视为让个人自由选择是否离开或留下，从而减少员工潜在的冲突和无能为力的感觉。证据表明，它不能完全等同于劳动力的正常流动。在冗余的情况下，员工离职的频率和属性都会发生变化。早期研究报道，在紧缩的情况下劳动力流动率增加（Bulmer，1971；Wedderburn，1965），但是这可能更多地反映劳动力市场的性质，在此期间更容易获得新的工作。这种形式的劳动力减少给管理带来的问题是无计划的和无法控制的。一些证据也表明，它比冗余方式更挫伤了员工士气。自然耗损由于其渐进性的特点也很难遭到员工和工会的抵制。

10.3.2 自愿离职

这种方法越来越变成大多数组织更愿意接受的缩小公司规模的方法。但大多数人认为这种方式成本是比较高的，而且一些为公司长期服务的员工认为它是有吸引力的，一些最好的工人很有可能会离开，在其他地方重新获得需要他们工作技能的机会，然而比较差的员工则会留下来，因为他们的劳动力价值不高。这里没有更多的证据来证实这个观点，但Hardy的调查则表明实际情况却相反。组织中的边缘者很有可能接受主动裁员机会，因为他们担心以后的日子会遭遇没有任何经济补偿的解聘或者其他形式的离职。Savery在1998年的报告说明频繁缺勤和低承诺的员工也更倾向于接受主动离职的机会。主要的好处就是，在一定程度上，员工至少有选择的机会可以体面地失去工作。尽管自愿离职相对于强制性裁员是一种员工更愿意接受的形式，但有时候会被工会视为"出售工作"。

然而，有相当一部分证据表明自动离职经常不是员工自愿的决定，有很多报告指出是管理者强加于目标员工的措施，导致他们跳槽或者被逼离职。例如，一个有关老师解雇的调查指出，管理者会找一大堆不正式的和威胁性的方法来使个别的员工自动离职。在一个案例里，这包括了如果员工不自动离职的话，管理者用他的婚外情的事情来威胁他。（Sinclair et al.，1995）

10.3.3 强制裁员

强制裁员就是员工没有任何选择性地被解雇，这通常是组织最后一个决策手段，被视为最难被接受的缩小公司规模的形式。然而，因为它是管理者的决策，在商业需求方面，它给了组织一个设计和执行标准的机会。强制性裁员同样是组织面临大规模裁员和濒临倒闭的时候经常用的措施。根据WERS数据，实施强制性裁员也是私人部门比公共部门多（Cully et al.，1999；Kersley et al.，2006）。然而，也有人指出由于主动离职和提前退休计划的有效性有限，公共部门强制裁员的使用在增加。

10.3.4 提前退休

提前退休计划常被作为裁员等方法的辅助性措施，但事实上有时候它本身就可以达到精减人员的目标。它很少被视为是裁员的一种方式，更多地会被视为逃避的一种方式。关键是这个计划不同于其他的方式，员工选择提早退休可能是因为他们不想再寻找工作了。调查报告表示，这种提前退休计划的增多会预测到老年员工经济活动参与率在下降。

身体不健康是导致提前退休的一个因素，虽然在组织和国家层面上还有其他一些原因导致提前退休计划应用的增多。在近几年里，身体不健康已成为提前退休增多的一个主要原因。有一种为大众所熟悉的说法就是，这是工作力度强化和压力增大的结果，它们导致了更多人长期患病。

在美国和欧洲，为年轻人提供更多就业机会已成为一种国际化的期盼，同样也是其他工业化国家的期盼。从公司层面来说，就业退休金增多的政策和离职退休金标准的修订也已经成为促成提前退休减少劳动力的原因（McGoldrick & Cooper，1989）。优厚的提前退休福利使得它变得更吸引人了。虽然很少有证据证明：一些管理者却认为随着员工年龄的增长，他们的生产力和执行力都在下降。对老年人的歧视也出现在管理层的圈子里，它似乎成为一种流行趋势，有一些组织甚至有正式的"先进先出"离职政策，这个歧视老年人的情况已遍布欧洲，直到相关法律出台才受到抑制。在我们看来，老员工有专业的经验和专业的技能，他们是作为一个有价值的人而不是对社会不利的人，但这并没有被广泛认知（Clabaugh，1997）。高管可能是唯一的例外。因为高管年龄的增长已经引起了一些问题，那就是应该为这个群体设计一个"最迟销售"日期。

提早退休有一系列的好处（"有尊严地降低公司规模"，Barbee，1986）；特别是对比其他形式的裁员，它是更少地背负骂名的一种方式；对比起"裁员"，"退休"是一个更被社会接受的词汇。然而，它同样也有一系列的缺点。在上一次衰退中，选择"后进先出"作为裁员标准，用特权来保护一些老员工，在雇主的裁员政策下，他们极易受到强迫提前退休的影响。现在人们的寿命延长但退休却更早，如果想要避免员工对组织过强的经济依赖则需要完善的财政保障制度。因此需要一些财政政策来避免这些问题。因此这种提前退休福利的充分性现在是越来越被质疑。还有一点可以清晰地说明，尤其重要的是因为在一些国家不能确认退休金的维持能力和合适的退休年龄界定，过去提前退休的趋势将不会再继续，例如在英国。在欧洲有关于老年歧视和强制退休的政策法律在改变，这将彻底改变提前退休的趋势。

10.4　裁员的替代方法

管理者通常被鼓励去考虑用其他方法来替代裁员，裁员特别是强制性裁员，会被视为最后的一种手段。裁员的替代方法有很多种，包括部门调动、停止招聘、不签劳动合同、其他可调换的工作岗位、减少加班、借调员工、离职期，还有采用更灵活的工作方式，比如工作分担和兼职。

然而，在英国，这些裁员的替代办法却没有得到广泛的应用。有一些评论指出，英国的管理者可以不考虑任何其他可能性就辞退他们的员工。Turnbull 和 Wass（1997）则称，法律不健全、管理松散导致裁员或者欧盟所说的"集体解散"，比其他形式的劳动力精减更容易实施。这导致了解雇程序会更复杂持久。似乎其他国家更强调避免裁员。日本和北欧国家有更完善的员工保护政策，会通过分级来降低成本。拿日本来说，这些方法包括部门调动、重新安排职位、重新培训、转岗，甚至停止发放奖金和降低高层管理者的工资。Turnbull 和 Wass（1997）的研究指出，英国采用的完全是相反的方法，高层管理者通过减少奖金和津贴来鼓励通过裁员的方法追求自己短期的利益提升。

Cascio（2009）指出，有关这些裁员替代方法对于组织的经济影响以及对于员工个体的影响的研究非常有限，并没有太多的例子可以证明其内在关系。他把这些方法的使用归于高层管理者的人力资源思维模式。根据他的研究可以把思维模式分为两种：一种是一些组织把员工视为需要降低的成本；另一种是更少数的组织认为员工是宝贵的资源，需要去增值。从这里我们可以看出，他们在组织结构重组时采用的方式大为不同。

- 员工作为成本需要削减——负责裁员的人。高层管理者不断地问自己，我们运营这间公司最少可以用多少员工？做生意所需的核心员工是多少人？
- 员工作为资源需要开发——负责任的重组。他们不断地问自己，怎么去改变我们的经营模式，使得我们目前聘用的人更有效率呢？

Cascio研究指出，负责裁员的人会把员工看作商品，像夹纸用的回形针或者电灯泡，一个又一个不断地更换。这是一个"插件程序"的心态：当你需要他们的时候就"插入"，当你不再需要他们的时候就把他们拔掉。相反地，负责任的重组者会把员工视为促进和再生的资源。他们把员工视为扩展生意的潜能。有一个关键的问题就是人力资源是怎么影响这些人的心理想法和实际行动的。随后我们将对一些裁员的可能替代措施做一个简单的讨论。

10.4.1 降低工资

降低工资作为裁员的替代方法，尽管在英国等其他国家和地区长久以来一直被使用，但是现在应用得越来越少了。美国曾采用一种特别的退让方法，为了有更稳定的工作保障，让员工放弃追求增加工资。在英国，由于美国恐怖袭击引起了经济暴跌，2011年 Thomas Cook 削减了1 500个职位，并跟员工说要削减10%的工资。高级员工也被削减了15%的工资，那些工资超过1 000欧元的员工也被削减了3%~10%的工资（McCallister，2001）。

在经济理论中可以通过雇佣调整使得工资"黏性"下降，劳动力市场需求下降。Sullivan 和 Hogge 提出"工资固定/就业弹性"的政策就是为了让管理者面对经济衰退而广泛建立的，寻找方法去控制劳动力成本（通过裁员等），提高生产力，维持他们的职业荣誉和员工的士气（Sullivanand Hoggie，1987）。其运行机制是要调整雇佣而不是降低薪金。无论是管理层还是工会均不会通过谈判来降低薪金以维持现有雇佣水平，因为这将损害工人和管理人员之间的"隐性合同"。还有一个可能选择是减少工时，大众汽车公司早在1990年就尝试过，这涉及大的文化变革，与管理层级扁平化、团队工作方式和提升技能水平有关（Pfeffer，1998：189-92）。

10.4.2 职位调动

尽管组织应确保劳动力队伍的灵活性已经成为讨论的焦点，有限弹性和员工职位调动却很少得到关注。在美国，职位调动或者"安置"制度已经充分建立起来。在20世纪70年代经济衰退时，日本企业需要维持400万人的雇佣水平，即使没有足够的工作可以给他们做。职位调动使得这个问题更容易解决，因为员工可以跨越不同的行业领域来完成工作（Hill，1985：51）。即使在20世纪90年代，当日本经济的弱点被暴露出来后，也很少关闭和出售工厂。在经济衰退期间，尽管日本的处理方法使得它很难突然转好，但它意味着组织仍然有资源去迅速扩展。

职位调动对于管理层来说并不是一个容易的工作。它要求一个公司里面不同区域、工厂、部门之间相互配合，并不间断地执行。一个最基本的要求就是被调动的员工要重新参加培训，重新获得技能。重新安置职位可能会产生相应的差旅费用。一个关键的因素是对被调动员工的薪资保障。职位调动的真实情况是大部分的员工被调到更低级的工作岗位。在指定时间内许多组织会保护职位调动员工的目前收入。职位调动对于员工来说也是有疑虑的，最重要的是辅导，帮助员工克服失落感会对这种情况有帮助。

专栏 10.2　实践中的 HRM
人力资源管理实践

心理测试在裁员过程中的应用一直是个具有争议性的方法，特别是通过性格测试决定谁去谁留。这种测试在白领裁员中广泛应用，尤其在 Anglian Water, Southwark & Brent Councils, Coventry Healthcare NHS Trust 和 Wyeth Laboratories。它们的运用已经在员工和相关的行会引起相当的关注。

在Anglian Water大概1/3的员工（大概900名）被解雇了。除了那些仍然在职的员工，其余的员工做了设计好的性格测试，以考察他们的思考方式、创新方式、团队合作、自主权、人本导向和灵活性。这个测试据说是会影响最终的解聘决策的30%，但工会认为它的影响力更大。无论这个测试在最终解聘决策中占据的权重有多少，但是其不够客观的本质导致了这种测试变成了员工怨恨的焦点。Unison（公共服务工会）声称，组织通过测试确定员工的胜任能力，但是并没有确认完成工作实际所需的技能和特质。那些被遣散的员工为此丢掉工作感到十分不公平，他们会向法院提出不公平解雇的诉讼。因为这个测试而裁员和降级引起了人们对种族歧视的关注。在Coventry Healthcare NHS Trust工作的5名护士和他们的组织达成了庭外和解。一个相似的庭外和解同样也发生在Brent，53名员工在组织内因为做了资质测试而失去了他们的工作。这种特别的测试经常发生错误，因为他们无法判断不同的文化造成的影响。

由这个心理测试的应用引起了一系列更多的关注，这个测试已经被设计成带有其他特殊目的，如缩减规模的决定。最重要的是，有效的测试依赖于被测试者的真实性和开放性回答，当一些测试的后果是裁员和调到更差的岗位时，这种真实性是很难达到的。忽略这些问题，以裁员为目的而去做的测试仍在继续。似乎管理者都喜欢把这个不受欢迎的裁员决定归咎于"科学"和个别员工身上，而不是他们自己的责任。

10.5　裁员的程序

裁员管理时常是很糟糕的，不管是管理者已经执行了还是迟点再执行，都带着很多消极的后果。在某种程度上，这种情况通常是由于缺乏正式的裁员程序导致的。大部分组织并没有一个统一的和书面的裁员程序。近些年来员工关系管理已经开始关注这个方面。有一些已经在就业协议中增加禁止强制裁员的条款。

有一个人性化的、有计划的和战略的裁员措施是非常重要的（Wilkinson，2004）。根据Cameron（1994，1998）的说法，裁员的实施方法比裁员本身重要得多。他指出了三种裁员方法（见表10-1）。

表10-1　　　　　　　　　　　　　　　　3种裁员方法

	劳动力减少	工作设计	系统化
焦点	总人数	工作，分层，单元	文化
削减	人	工作	维持现状
执行时间	迅速	稳健	延长
报酬目标	短期收入	稳定收入	长期收入
禁止的事情	长期适应性	短期投资回报	短期节约成本
例子	消耗	职能相关联	包含所有人
	裁员	合并单元	简化所有事情
	提早退休	重新设计工作	从细节到总体的改变
	全面收购	消除阶级分层	隐藏的目标成本

Source：Cameron，1994.

减少劳动力的战略主要集中在减少总劳动力人数上,通常通过一个组织自上而下的方式和快速的方法完成。然而,用这么一种方法去缩小规模就相当于把一个手榴弹扔到一个拥挤的房间里面,然后关门,期望这个炸弹可以清除一定数量上的劳动力。这很难准确预测出谁会被清除,谁会被留下来(Cameron,1994:197),但它马上会引起现有劳动力的关注。因为这个快速实施的政策和劳动力减少政策有关,管理人员不会有时间去仔细考虑这个策略,也不会很好地和员工沟通。这会导致一个低"感知的分配公平"(Brockner et al.,1987)。因此,这种裁员导致的高压力和高不确定性会消极地影响组织,进而导致员工的低组织承诺、减少工作投入和努力。

工作重新设计的战略是通过重新设计工作任务、减少工作时间、合并工作单元等方法,努力减少工作(除此之外,或代替、减少员工的数量)。然而,这些都很难迅速地执行,因此,它会被视为中期的策略。

系统化的战略主要更显著地改变文化、态度和价值,而不仅仅改变劳动力多少。这包含了

> 重新将裁员定义为一个持续进行的过程和一个持续改善的基础,而不是一个程序或者目标。缩小规模意味着简化组织的各个方面——完整的系统包括供应、分类、设计、生产方式、客户相关事宜、市场和销售支持力度以及其他方面。(Cameron,1994:199)

再者,这个策略比简单要求减少劳动力有更长远的考虑。

Sahdev(2003:72)建议人力资源的主要焦点应该是在裁员的执行程序上,包括被裁员者的公正选择和离职者的支持服务等。当这与组织公正相关联时,需要管理者做出战略决策的时候考虑到这些措施对留用者的影响。他建议人力资源管理者从战略和操作层面施加影响,从而有效率地管理留用者并维持组织的持久竞争力。

在现实生活中这些建议是否得到了关注呢?由于决策者和接受决策者之间存在着一种低水平的信任,导致了一系列的问题。裁员本身是必要的,也要求一定程度的规划。"好的人力资源实践"建议,裁员进程有三种因素是具有决定性的:和雇员磋商、裁员甄选决定、对被裁掉员工和留用者的事前与事后支持。我们需要一一处理这些问题。

10.5.1 磋 商

裁员强调最多的是和工会以及员工磋商。员工需要明白裁员的根本原因,也要明白这个进程是怎么管埋的。没有沟通会被视为做事阴险,也会带来谣言(Kettley,1995)。和工会磋商关于裁员程序或者偶尔谈及的裁员人数可以使得裁员本身有所不同(Edwardsand Hall,1999)。裁员的进程一般会被刻上保密和迅速执行的特征,因此组织也经常出现计划不周和小范围执行的情况。在一定程度上,组织不情愿进行沟通和协商,是因为裁员被视为是一种根深蒂固的管理特权,这种特权认为组织有权雇用、辞退和结束营业。在Clayton县,有警官、警司和狱警被新上任的州长 Geogia 遣散的个案。这个州长是幸运的但并不是每个人都这样。那些自认为已被邀请去宣誓就职的员工到了以后,他们的徽章、枪支和车钥匙被收走,被遣散回家(在警车里),当时情况就是怕他们"其中一人变得情绪化",所以安排了狙击手在屋顶监视他们(Younge,2005)。在英国,裁员的管理特权特别受法律的限制(CIPD,2011)。然而,有证据表明,大量的磋商和员工的参与会使得裁员执行起来顺畅一点。美国的研究表明,在裁员的进程中与员工深入沟通并让他们参与

其中有助于改善裁员造成的紧张关系。（Cameron，1994；DiFonzoand Bordia，1998）

10.5.2　裁员甄选

无论用什么方法达到裁员的目的，公平和"组织公正"的概念都是关键性要素。决策过程的公正与最终裁员结果的公正一样重要。关于员工的公正感知调查发现，雇员感知的公正与怎么进行决策、他们在进程中有多少话语权有关。总的来说，相比于组织想增加利润、降低成本等原因，当组织的裁员是由合理合法的原因所驱动（例如，因为销售量下降，日益激烈的竞争等），员工感知的消极和行为会更少。在裁员甄选程序的选择上，能够有效增强雇员公平感知的其他重要因素还包括程序本身应该是清晰的和运用恰当的。

在裁员甄选的标准当中，有一些值得注意的大趋势。第一就是明显不看资历，减少使用"先进先出"的原则，裁员甄选应该是以技能和绩效为基础的（CIPD，2011；IRS，2004）。虽然"先进先出"原则有其有利的一面，ACAS认为它是一个"客观的、容易申请的、容易被理解的和被广泛接受的"标准，但现在它只被用作更广泛的选择标准的一部分。然而，随着年龄歧视立法的引入，那些服务较少的人往往更年轻，所以这是一个危险的方法。在它的应用上，还会导致公平性问题。组织用生病缺席来作为一种判断标准进行裁员，在工会当中引起了很大的关注。最重要的是，雇员会因为担心被裁掉，而当真的生病时也会利用休息时间来工作。在IRS对那些把出勤率当作裁员判断标准的企业调查中发现（总样本的60%），企业并不区分有原因的缺勤和无故缺勤，在作为裁员标准时基本上是一样的。大多数员工（81%）认为带上医生开出的证明而产生的缺勤在裁员时不应该被考虑，而87%的受访者支持无故缺勤是可以作为裁员甄选标准的（IRS，2004）。

虽然在裁员选择标准和机制上存在客观原理，但是事实上管理者在裁员过程中也存在造假的可能。管理者利用裁员来获取高承诺员工，有意识地淘汰"麻烦制造者"并定期处理"朽木"。在新的管理哲学中，麻烦制造者会有不同的定义："懒骨头"、工会积极分子和不值得相信的人。例如，Co-Street Sheerness（一个加拿大所拥有的在英国生产经营的钢铁工厂）的人事部门主管讲述了他们怎么处理不喜欢新"团队文化"的员工，工会也意识到：

当有一些员工越来越不喜欢我们的新管理哲学时，他们的命运就注定了，在进行裁员的时候，他们被提前上了子弹。大概有5%~6%员工是被决定的了。（Guardian，6 September 1995：19）

10.5.3　员工支持

有很多不同的裁员援助方案提供给被遣散的员工。有相当一部分证据表明，这样的支持会在裁员管理上以相对低廉的成本对组织有非常积极的影响（例如 Guestand Peccei，1992）。这种形式的支持包括再安置中心、创业建议、培训和贷款、重新培训、新职介绍、退休前教育、资金建议、求职帮助和辅导等。

裁员辅导和压力管理强调帮助员工去克服自尊心受挫、失败感、自信缺失、士气低落、焦虑、受背叛的痛苦感、精神萎靡和迷失感。很多个人、社会、经济问题都源于裁员。有关裁员辅导和援助机制的调查指出，有些员工会重视它，但某种程度上它真实的收益还没有得到证实。

被裁掉的高级员工更容易获得这种裁员支持。虽然服务本身是提供给所有的被裁员工，但高级管理者在就业安置上往往可以获取一些特殊安排，而低级别的员工会被安排到家政服务。有一些就业安置的调查报告指出，从美国20世纪70年代中期开始引入这种就业支持，而它在英国的应用则增长迅速（Doherty，1998）。然而大部分公司表示，在裁员的情况下，它们会提供更广泛的职业发展支持。其核心就是通过提供实际服务（比如办公支持、特定辅导和建议）帮助员工找到新的工作。遇到高级别员工的情况，它通常都是一对一提供的，包括心理测试和职业辅导，而为其他级别的员工提供简历撰写课程并提供寻找工作策略。

对于员工来说，最大的支持是来源于依据法律允许他们请假一天去寻找工作。有一些组织还会在国内报刊上为被裁员工刊登求职广告，用这种方法去促进就业。这种对寻找新工作的支持是真正需要的。特别对这些被裁的员工来说，他们最需要的是一份新的工作，而在找工作的过程中可能会饱受折磨，这种现象被称为"柠檬效应"（Turnbull and Wass，1997）。在这种情况下，组织会开始关心它雇用到的员工是否被另一个招聘者所放弃。组织会假设这个被裁的员工肯定是素质和潜能都比较低的。未来被裁的员工被贴上差的标签会越来越多，因为雇主会更偏向于绩效指向标准，而且会远离年长者。那些被裁的员工重新就业很有可能面临的不是一条坦途。

10.5.4　解雇费

颇具争议的是，关于解雇员工的支持应该是补偿性的财务支持还是"遣散费"（Guardian，1989）。有一些公司提供给被解雇的员工的支持很少。例如，金钱导向的Hanson Trust不会采用重新安置工作的方法，但会采用"用钱来止血"的慷慨方式来处理。比起法律要求的底线，大部分雇主会提供更好的离职补偿条款，但高管和公共部门除外。在某种程度上这反映了英国雇主的家长式作风，但同样也会诱使员工接受自愿离职。解雇赔偿通常是一次性支付，而不采用分期付款，目的在于促进"无火花解雇"。关于遣散费在劳工市场的作用有一些争论。在英国，解雇赔偿政策引入的核心是确保被裁的员工在劳动力市场里有足够的时间找到与自身的技能和能力符合的工作，而不会由于经济压力被迫接受第一份工作。调查指出解雇赔偿对劳动力市场可能会有消极的影响，比如失业率上升和劳动力市场就业率下滑（Lazear，1990）或者一个更中立的影响（Addisonand Teixeira，2005）。

10.5.5　幸存者

那些经裁员后幸存的员工的需求似乎经常被忽视。例如，一个对金融服务业的调查发现，79%的公司给离职的员工提供重新安排工作的服务，但不到一半的公司会给留下来的员工提供这种支持（Doherty and Horsted，1995）。现在还有不断上升的证据表明这类被遗忘的员工经常需要支持和辅导。例如，有相当一部分的证据表明，当同事都被解雇后，留下来的员工会感到惊讶、对管理层产生怨恨、对未来感到恐惧并对仍然在职感到羞愧。这种感觉对他们的影响是不难预测到的。这一类型的员工很可能士气低落、压力水平上升、生产力低下、忠诚度降低，甚至会有辞职的想法。Sennett称，留下来的员工会表现得像"他们靠借来的时间来生活，感觉到他们幸存下来是没有理由的"（1997：125）。事实上，进一步裁员的威胁会导致那些最容易重新找到工作的人陷入困境。再者，员工可能会被叫去做他们没有受过培训或者没有资质去做的工作。

　　有很多经历过裁员的公司已经意识到这些问题，它们通过给管理者设置有关减少裁员影响的培训课程提供辅导和帮助。一个研究发现，幸存者的反应与裁员过后的处理方式相关（Brockner et al.，1987）。当幸存者得知他们的同事在裁员过程中被消极对待和获得很少的赔偿时，他们也会表现得消极。

　　Devine 等指出，当公司裁员时，面对职业压力，职业控制显得很重要（同样参考Niehoff et al.，2001；Spreitzer and Mishra，2002）。比起在裁员时的"幸存"，被解雇和获得新的职位不一定是完全消极的，因为被取代的员工在获得新的职位之后，会有一种操控的感觉，随后，消极的感觉会越来越少。而由于目击了同事被解雇以及不知道他们是否会成为下一个被裁掉的员工，幸存者的操控感则会更少一些（Devine et al.，2003：121）。Van Dierendonck 和 Jacobs（2012）指出，对幸存者和被裁员工来说，公正和情感承诺有着积极的相关关系。

10.6　结　论

　　在很多工业国家里，在过去的几十年里企业大多经历过人员过剩。大部分的组织已经通过某些形式进行裁员，然而，关于裁员的一系列关键问题仍然存在。这些不仅涉及裁员的本质或裁员对被裁掉员工和留下来的员工的影响，而且主要集中在裁员过后无论组织还是整个国民经济是否处于良性发展。这些组织裁员后，机构是精简了还是人手不足并患上了厌食症？裁员会促使企业更有竞争优势吗？驱动组织继续裁员的动力是什么？

　　一个越发流行的观点就是，裁员的影响等同于一个工业化的原子弹战争：

　　在主要的管理者和他领导下的人力资源部门支持下，有一系列的公司差不多像被原子弹炸毁的建筑。进程和结构都尚在，但不再有活力了。（Caulkin，1995：29）

　　有越来越多的证据证明，裁员的各种形式全部都不是好的。正如 Pfeffer 讲述的，"裁员在短期内可能会减少劳动成本，但长期来看它会腐蚀员工和客户的忠诚度"（1998：192）。通过利用各种管理工具，裁员可能带来一些没有意识到的结果从而限制了可能的积极结果，如降低成本、解决结构冗余问题和股东获得更高的收益。调查已经表明，裁员对绩效有多重影响（Cascio，2002），一般不具备长期财务回报。平均而言，在股票市场上，在裁员后的6个月，其股票价值会领跑于市场平均水平，但很少有证据显示减少工作职位对长期的绩效和证券价格有提升的作用（Hunter，2000）。Said 等（2007）最近的研究对经济性裁员的合法性提出了质疑。

　　在这个过程当中，人力资源管理确实起到了一个很重要的作用。事实上，Chadwick等（2004）明确指出，伴随着强化人力资源实践对财务目标实现的贡献，裁员更可能是有长期作用的（例如大量的沟通、对被裁员工的尊重并关注留下来的员工对职业安全感的焦虑）。Trevor 和 Nyberg（2008）也发现人力资源管理的支持起到了缓冲的作用，特别是在裁员的影响下员工的一些消极态度和行动的后果方面。

　　对组织缩减规模和经济效益之间存在的负相关关系，Hamel 和 Prahalad（1993）通过资源生产率（包括资本和人力）分析组织竞争优势给出了一个可能的解释。他们建议由两个方法去达到：第一是缩小规模，第二是拉伸和杠杆作用。后一种方法就是去寻求现有资源利用的最大化。他们的观点是，杠杆手段最能激发人的活力；然而裁员却是恰恰相反，导致管理者和劳动力士气低落。用专业术语来说，追求经济利益的裁员正在使组织偏离正常的组织规模。策略决定者似乎已经忘记了成长策略的好处（Stephen Roach，摩根士丹利的首席经济学家）。裁员专家现在已经否定了大幅裁员和组织重组的实践（Carlin，1996）。根据 Roach 的说法，"如果你通过建设来竞争会有未来……但如果通过缩减规模来竞争不会有未来"。

毫无疑问，不同的行业有很大差异。缩减人员规模可能会对需要较多人力资本投入的研发部门或者知识密集型行业更有破坏力。

既然组织裁员导致的是一幕冷酷残忍的画面，为什么管理者还要继续下去呢？一系列的解释已经讨论过了。首先，越来越多的人认为，管理者简单地对缩小规模变得沉迷，是因为精简和瘦身是一种流行的思潮。根据 Brunning（1996）的研究，缩小规模已经变成了组织的流行病和董事会的"卡洛因"。Farrell 和 Mavondo（2004：396）建议：

管理者依靠缩小规模是因为它是简单的，在组织中产生一定程度的"声音和关注"，可能会被一些管理者视为他们"强有力的领导能力"的有形证据。然而，追求重新定位的管理者必然面临如何调整组织的艰巨任务，并伴随着构建相关的支持，达成承诺和发展共同愿景的挑战。

其次，虽然裁员不是个"令人接受"的、恰当的方法，但是企业现在更加追求效率或有组织性，而企业过于官僚化和人员冗余，面临对市场上短期利益的追求，管理者通常会被逼这样做。令人觉得沮丧的是，似乎在市场中裁员被当作是运行正常的标志，表明管理者一切都尽在掌握中，可以把所有事情处理好。

最后，Hitt 等（1994）指出，在20世纪的几十年中，"愚蠢的"裁员引起的愤怒（禽兽行为）是和狂热的合并、收购相关联的，因为管理者尝试去解决和收购相关的问题而不是任其发展。收购策略促使管理者制定保守的短期目标，因此，裁员是作为一个解决方案而不是作为人力资本投资。事实上，有一个具有更大的内部灵活性的实例（如提供更广泛的就业机会），这样外部灵活性可能就没有更多的必要性（如通过裁员），员工据此可以更巧妙地调节和改变自己的目标。在各种政策下让员工有安全感是非常重要的。如果员工们感觉他们没有危及同事的工作，则更有可能去提出想法和建议，雇主和员工也更有可能认为在培训上投资是值得的。

因此，虽然在冗余的时代，很多员工经历过裁员的痛苦，但很少有证据证明其水平和严重的长期效应，也没有充分验证无度利用裁员带来的经济问题。通过裁员已发现有意义、待遇高的和稳定的工作是很难找到的，而留下来的员工在患厌食症的组织里面，是越发瘦弱的，担心他们的安全并顶着相当大的工作压力。考虑到裁员是否会提高绩效并不是很清楚，拿着高额奖金和额外收益的企业高管也会被问及相关问题（Haigh，2004）。最后，似乎人力资源管理者声称，人是一个组织里面最有价值的资源，但是很难去维持。如 Guthrie Datta（2008）指出，组织宁愿变得贫穷和跛脚，也不愿意变得贫穷和低劣。Lepak 和 Snell（1999）认为，不同群体的影响对不同的组织会有不同的效果，这使得战略和非战略群体的区分变得很重要。所以在这种情况下，如果裁员的对象不是核心的员工，对组织的破坏会少得多。总的来说，如 Zatzick 等（2009）所说，没有"绝对正确的"缩小规模和降低成本的方法，组织已经采用了不同类型的实践方法去削弱被裁掉者和幸存者在裁员过程中的消极影响。

案例研究10.1　Avia航空公司的裁员

ALANKRITA PANDEY

"如果人是你最重要的资产，你为什么要摆脱他们？"

西南航空公司前人力资源主管

作为美国最古老的航空公司之一，Avia航空经受住了时间的考验。它成立于20世纪40年代，收购其他几家航空公司形成一个集团，成为美国航空业的重要形象代表。在早期，Avia航空管理层与飞机开发商合作，能够开发和获取一些最好的客运飞机。Avia航空通过收购其他航空公司，将其业务扩展到欧洲。然后通过子公司扩展到中美洲和拉丁美洲。Avia航空建造和经营了几个机场，与好莱坞建立了良好关系，让其免费使用飞机，并受到持续欢迎，很快成为世界上最大的航空公司之一。

Avia航空公司持续发展壮大，通过海岸到海岸的不间断航班，扩展到喷气机旅行。然后开发了第一个电子订票系统，就是今天使用的在线订票系统的基础。它开发了计算机预订系统和常飞行旅客忠诚度计划。它率先使用辐射状交通系统，在美国不同的机场建立枢纽。20世纪90年代，燃油价格低迷，经济环境非常好，Avia航空的利润高于平均水平。在政府干预下，飞行员工会关于低工资的争端得以解决，甚至在航空公司放松管制导致其竞争对手股价下跌和破产时，Avia航空发展依然良好。

在21世纪初，Avia购买了几乎破产的加拿大Worldway航空和它的枢纽，这是一个有争议的合并，一些来自世界各地的初级飞行员受到波及。超过50%的Worldway飞行员处于Avia的资历名单底部。来自世界各地的高级飞行员被整合进与Avia以往聘用的资历相同的队伍中，但是，Worldway飞行员薪水很快超过Avia飞行员，Avia也继承了Worldway大量债务。这次合并之后，2001年9月11日世界贸易中心遭到袭击，Avia开始亏损。由于Worldway飞行员的大规模离职，原来的Worldway中心很快就由Avia管理者组成。Avia将Worldway客舱乘务员放在资历名单的底部，他们也被放弃了。CEO Doug Jenkins试图与工会谈判达成利益协议，但因为同时有高管薪酬奖励方案导致谈判停滞。这种局面严重破坏信任，前Worldway中心规模严重缩小。

Avia试图在保持规模的情况下通过标准化来降低成本。它向客户提供中间级别的服务，也在几个市场特别是在亚洲市场开始扩张，在2006年之前获取了一定利润。这时候，在员工平等方面它甚至达到了100%评价———一直以来保持的评价。

然而，2008年给Avia航空带来了进一步的灾难。4月飞机大规模停飞，燃料价格上涨。到5月份，Avia仿效其他航空公司，将行李托运费增加到第一件15美元，第二件25美元。国内预订时增加了150美元的收费。它们还宣布将退还几架用于区域运输的喷气机。

但是在初夏，削减成本的措施似乎没有起作用。Avia决定放弃在得克萨斯州约1 000名乘务员并停飞了一些航班。它们取消了几个中心，减少了航班数量。同时开始把它们的修理工作集中在一个枢纽，削减了其他人的修理工作。因此受到影响的是Frontiersville市当时提出了升级维修设施，条件是航空公司保留600个工作岗位，但是基地在第二年关闭。

大约一年后，Avia公司被指控他们有至少20架飞机出现维护问题，包括错误的紧急滑梯、不正确的发动机涂层、不正确的钻孔以及其他不正常的维修工作。据称，压力舱壁的裂缝也没有修理。这是一个严重的失误，因为破裂的舱壁可能导致机舱减压。联邦航空管理局声称，一架飞机已经到了退役期，不应该再继续维修了。

到 2011 年年中，Avia 航空再次遇到麻烦。一份报告显示航空旅行数量下降，货物减少。有人担心世界经济疲软。此外，有一个公告指出 Avia 航空退休的飞行员是正常数量的十几倍，这是一个信号，他们害怕运营商不会持续很长时间。Avia 股价下跌了 33%，达到了 10 年来的最低点。股票显示了这样的波动，交易停牌了几次。与其他行业股票下降了约 41% 相比，Avia 的股价在今年下降了约 75%。此外，它是那年唯一亏损的美国航空公司。

分析显示，Avia 有特别沉重的债务负担。它们的劳动力成本约占总成本的 30%。与其竞争对手不同，Avia 从未进行过重组。它们还面临成本较低的竞争。因此，试图通过降低票价来处理这一问题。虽然其他传统航空公司利用破产重新谈判劳动合同以削减成本，Avia 则坚持增加借款并保护所有的资产。然而，它们现在正面临一个更狭窄、更平均的市场，以前的竞争对手现在通过合并成为强大的竞争对手。公司求助于工会，与之讨论解决方案。他们想改变与飞行员、服务员和机械师的合同结构，但是当飞行员工会没有就该方案向其成员发起投票时，会谈中断了。

11 月，Avia 航空申请破产。美国破产规则允许公司拒绝与员工签约，所以从这一点上来说，Avia 认为它可以更好地与工会谈判。它们的目标之一——比竞争对手劳动力成本降低 30%——太高了。他们还想通过重组和削减其他成本以继续经营。

其他运营商也走了类似的路线。成本削减最好的形式一直是用支线客机（RJ）替代更大的飞机，如 737、A320 和 MD80。这在飞机燃料成本上节省了资金，因为这些 RJ 的乘务人员薪资较低，乘客会发现这些飞机更加狭窄、不舒服。航空公司也试图减少其枢纽的航班数量，没有盈利的航线被取消，在负荷较高的繁忙航线上维持较少的航班，而比较受欢迎的航线有可能不受影响，较冷门的路线可能完全消失。

随后 Avia 提出了一个计划，以减少员工成本约 20%。2012 年初，它们宣布将裁员 1.3 万名工人，占整个劳动力人数的约 16%。它们还将减少现有员工和退休人员的健康福利。它们说，这些削减将每年减少约 20 亿美元成本，其中 12.5 亿美元直接来自员工削减。CEO 声称，这是他们考虑过去的竞争，在重组时唯一可以做出的明智举动。因此，改革失败的航空公司不再具有运营上的可行性。

工会很生气。它们认为 Avia 不顾协议中的规定，失去工作的 13 000 名雇员包括约 4 600 名机械工人、4 200 名地勤人员、2 300 名乘务员和约 400 名飞行员。在管理和支持服务上约 1 400 个职位将被削减，虽然没有给出具体数字。其他建议涉及伙伴关系和更有效地使用 Avia 飞机。工会官员认为，公司正在淡化它们从员工身上实现的数额。在削减健康和退休福利的同时，像空姐这样的员工将面临减薪高达约 18%、工作时间延长的问题。总的来说，员工每年可能回报公司约 30 亿美元。

分析师指出，Avia 已经改变了内部维护其飞机的政策。它们决定将维修工作外包给海外，因为它们的竞争对手已经这样做了，实现了大规模的成本节约。例如，在亚洲维护的一个多年期合同可能会让它们节约数亿美元。但是外国修理站仍然存在不能严格遵守美国安全标准的问题。然而，首席执行官认为，这种"短期"的削减痛苦将使一家航空公司再次拥有统治天空的机会。

Sources：Barrett and Farahany Justice at work Blog，2012；De La Merced，2011；Mouawad，2012；Perkins，2005；Peterson，2012；Schlangenstein，2012；Velotta，2009.

问　题

1. Avia 航空每次裁员的原因是什么？比较和对比这些原因。

2. 与其他航空公司一样，Avia 航空除了裁员还有其他选择可以降低成本。它是否可以通过降低客户服务和期望来留住员工？裁员是否应该伴随着其他变革措施来扩大其效应？

3. 你认为 Avia 建议的裁员会有效吗？考虑它们提议的劳动力变革，它们从过去的经验中学到了什么吗？它们能改变计划吗？

4. Avia 航空与工会存在争议。它们能否改善关系，工会能否帮助它们更好地解决问题？

5. 裁员对员工可能产生的长期影响有哪些？讨论幸存者对裁员决策做出怎样的反应，强调他们的恐惧、关切、感觉和长期生产力。Avia 航空作为雇主的声誉会受到损害吗？

第 11 章

员工参与

Tony Dundon and Adrian Wilkinson

引　言

员工参与一直是人力资源管理的核心。在不同的国家中，各种实践通常是在不同的政治、经济和法律环境下完成的。在情境因素中，通过使用各种机制影响着需求（员工和工会之间），也影响参与的欲望（经理和雇主之间）。不同国家的员工参与和介入可能意味着不同的事情，对于术语的使用，往往缺乏清晰的条款和使用规范。对于介入、参与或者交流这些词在使用上也变得更加混乱，就好像一些方法（如团队简报或质量管理小组）倾向于和其他手段共存或者有重叠（如联合工会协商委员会或集体谈判）。在欧洲背景下，集体的声音在某些国家中依然重要，特别是德国和瑞典。然而参与并不排斥工会，这些国家的员工参与越来越反对不断演变的监管（而非自愿）制度。

在考虑这些问题的时候，本章首先定义了参与的概念，并且考虑了文中随着时间的推移，参与的定义会随之发生改变。然后我们通过回顾一个框架来评估员工的参与度，它被用来解释在实践中使用的方案类型。接着考虑的是意义和可能对组织绩效和员工福利产生的影响。最后，我们回顾当前在员工参与领域的一些影响和政策选择。

11.1　参与的定义

参与的定义在文学大环境下可能是混乱的（Heller et al.，1998）。一些作者把介入当作参与，而另一些人则认为授权或沟通往往没有充分提取概念的关键含义或差异就在实践中使用（Wilkinson et al.，2010）。例如，在一个组织中，术语"参与"可能被用来确定某些做法，而在另一个组织中则被视为"参与性的"。在考虑到国际术语"员工参与"时，可能会有更深层次的问题。例如，在欧洲一些国家，政府政策和立法规定在某些地区的工会和非工会机构之间有一种法定的参与权。然而，在其他国家，如美国或澳大利亚，大趋势是较少强调与员工参与有关的法规条款，而是依赖于管理者和工会的偏好，因而形成了一个个人和集体参与到许多组织中的复杂局面。同时，甚至在同一家公司，员工的参与程度也有所不同（Wilkinsonand Dundon，2010）。分歧是否更加复杂化在于工会是否存在（Bensonand Brown，2010）。非工会公司使用术语"授权"或"沟通"的情况不少，甚至当它们利用如欧洲工作委员会等代表论坛时也会使用（Ackers et al.，2005）。在英国，WERS调查表明，大多数管理者（72%）喜欢直接与工作人员商量（Cully et al.，1999：88），仅有不到一半的企业会使用代表参与，如工会、联合咨询委员会甚至非工会员工代表（Kersley et al.，2006：132）。

使条款有弹性的一种方法是将参与看作是一个类似保护伞的术语，涵盖所有用来吸引员工的提议。然而，在参与的本质背后存在两种独立的意识形态。第一，工业民主的概念（来源于工业公民的概念），将参与看作是给予工人组织管理决策制定的控制程度的基本民主权利。第二，经济效率模型认为，它对企业促进更高的参与度有着重大意义。通过允许员工参与工作和商业决策制定有利于产生更多的理解，因此会很敬业。虽然这是对员工参与的两种不同观点，但它们也并非完全对立。正如 Cressey 等（1985）经常会让我们想到的，没人想要一个"破产的民主"。这个观点也有助于我们随着时间的推移而改变一些模式和安排。更重要的是这些做法对参与者有什么实际意义，这样的方案是否可以提高组织的有效性和员工福利（Dundon et al.，2004）。Brannen（1983：13）在这方面采用一个广泛定义，他将参与定义为"个人或团体可能会影响、控制、参与、行使权力，或能够干预组织内的决策"的过程。结合一系列机制，我们根据 Boxall 与 Purcell（2003：162）以同样的方式将员工参与定义为"授权给员工，使员工在公司可以直接或间接地参与决策"。由于这一章还涉及说明什么是不同的参与计划，我们还将评估各种实践会使员工的组织决策权达到何种程度。有时，这种发言的程度是边缘性的、肤浅的、受管理控制；在其他时候，它可能会更广泛地嵌入一个组织中。员工与上层经理之间的非正式对话对于有效参与是非常有意义的。事实上，非正式的沟通会成为将正式参与计划联系在一起的黏合剂（Marchingtonand Suter，2008）。

11.2　员工参与的背景

员工参与在大多数西方经济体国家拥有悠久的历史，尽管已经简单化，但依旧可以追溯到许多不同的阶段，用来帮助在当代和国际背景下扮演参与者身份的人们。20世纪60年代人们经常忙于寻找具有工作丰富化并能够强化工作动机的职位，管理目标倾向于关注员工工作技能的获取和工作丰富化，尤其是在英国和美国。在英国，典范公司包括具有半自治工作组促进技能多样性、工作自主性的英国化学工业公司和英国煤炭公司（Roeber，1975，Trist et al.，1963）。在美国，参与式管理计划作为同样关注员工动机的一个结果，而不是一个允许工人有关于组织决策的发言的一个系统（Budd et al.，2010）。

20世纪70年代，人们见证了一个有关工业民主转变并且强调工人权利参与的重要转折。参与度达到顶峰是在英国，1977年的布洛克报告报道了工人如何有可能出现在董事会这一层面来解决工业民主的问题（Bullock，1977）。这份报告出现在一个具有强大的工会谈判力量以及工党政府与"社会接触"的时期。布洛克报告是由部分联盟发起草拟的，通过工党并且基于集体主义原则来看到工会所发挥的关键作用，即便它不是毫无争议的（Brannen，1983）；特别是员工权利的一般原则建立在法定的基础上（Ackers et al.，1992）。有工人董事加入的实验开始于邮政局和英国钢铁公司，虽然伴随着布洛克报告本身的发展，但也很快就放弃了与新上任的撒切尔政府1979年签署的关于新自由主义的议程。早些时候，在美国，集体的声音通过工会参与《瓦格纳法案》的制定获得了某些合理性（1935），旨在保护寻求工会代表的员工。然而，在实践中，雇主会竭尽全力避免集体参与，经常利用工会顾问分裂工会，并通过管理导向的行动绕过集体参与渠道（Logan，2006）。

20世纪80年代出现了一个不同寻常的参与议程。事实上，词汇几乎在一夜之间改变了。"参与"这个词变得更加时尚，并且和管理措施相联系，为了能够引诱员工做出承诺。在20世纪80年代，政治气候成为一个削减工会权力的因素，并且更加强调个体，反集体主义者哲学在撒切尔执政的英国被激发，在美国是从里根和布什执政开始产生，而在澳大利亚则是从霍华德执政开始，它们被用于去尽情地支持更大的工业民主和新一轮的金融自由化，对员工进行个体和自信心管理，而不是以工会为中心的沟通渠道。Wedder-burn总结了当时的局势：

> 那些反对新政策的人越来越多地冒着成为不被看好的辩论和妥协的批评者的风险（至高无尚的多元论者的美德），但作为一个国内的敌人，他们必须被打败（引自政府发言人）。矿业纠纷无法解决，它只是赢了而已。（Wedderburn，1986：85）

自20世纪80年代起，企业参与环境便以一种独特的管理模式发生了改变。员工参与这一原理加强了员工与员工之间的直接沟通，这样一来反倒把工会参与形式边缘化了。这种新的管理模式旨在通过提升员工敬业度，改进业务和增强市场竞争力（Ackers et al.，1992：272）。许多国家纷纷削减公共部门的员工，伴随着大规模制造业向私营服务业的转化，企业逐渐私有化，促成了员工参与管理模式的兴起。众多员工对这股员工直接参与管理的浪潮并不感兴趣，也无权直接干预管理。实际上，这是员工参与管理的时期。

20世纪90年代见证了员工参与企业管理的不断加深。面对竞争日益激烈的市场，企业面临着管理上的问题，吸纳员工的想法，并结合他们的隐性知识绘制企业蓝图，是一种好的解决方案。从某种程度上来说，这是由于全球化和市场自由化趋势，也是由于客户日益增长的需求，他们需要更多的选择、更好的质量和更优良的设计。以灵活的专门化、精简的结构来定制产品被视为获得竞争优势的新途径，这意味着作为一种资源的劳动力越来越受到关注（Piore and Sabel，1983；Wilkinson，2002）。在美国发展起来的人力资源管理最佳实践和高度承诺管理的模式中，许多特定的机制已在这样一个劳动力资源中落实（Becker and Huselid，1998；Huselid，1995；Pfeffer，1998；Wood and De Menezes，1998）。这样，员工参与的目标可以看作是一种方法上的集权，领导者经常带着说教的语气，并在设想的基础上预言说"所有对业务有利的，也一定对员工有利"（Marchington and Wilkinson，2012）。21世纪见证了员工参与的另一个阶段。

与20世纪90年代的管理导向型员工参与相比，21世纪也看到了加强国家监管的形势，特别是在欧洲的标准上。根据Ackers et al.（2005）的观点，这种形势出现的重要意义引发了一个连续的（通常是复杂的）政策的辩证，而这种政策辩证使员工参与管理的选择定型。如今的大背景看起来似乎更支持获得工会的认可、个人就业权利以及新兴的集体式的监管，如欧盟关于员工信息和咨询的指令（Ewing，2003）。可以说，21世纪已经迎来了一个重新制定法律的时期，这些新的法律规定可以分为两类：一类是直接影响员工参与（例如欧洲指令）的政策；另一种是由员工参与产生间接改变环境的政策（人力资源的管理竞争环境和组织战略）。

11.3　分析员工参与的框架

概述各种员工参与方案前，本节首先介绍了一个框架，这一框架可用于分析各种方案中员工的实际参与度，尤其是在与其工作相关的事宜上，他们是否有发言权。重要的是能够剖析其企业宗旨、文化以及对员工参与的后续影响（Dundon et al.，2004）。由此，可采用一个四层框架：包括在企业实际管理中，各种参与计划的"深度"、"水平"、"范围"和"形式"。（Marchington and Wilkinson，2012）

　　第一是"深度"，员工对组织决策有一个发言权（Marchington and Wilkinson，2005）。也许当员工不论以直接或间接的方式，影响那些通常为管理层保留的决定权时，深度会进一步加大。连续体的另一端可能是一个比较浅的深度，很明显，当员工只是被告知时，决策已经做出了（见图11-1）。第二是"广度"，是员工参与发生的地方。它可能会发生在一个工作组、部门、工厂或企业层面。对一个组织重要的是，它所采用的计划是否真正发生在一个适当的管理水平。比如，在一个团队会议中做出对于未来的战略发展的决定在大多数情况下是不恰当的，因为大多数团队领导人没有权力重新设计组织战略。第三是员工参与的"范围"，这是有关员工可以做出贡献的主题。这些范围从相对次要的和无关紧要的事情开始，如从停车位延伸到其他更具实质性的问题，如未来的投资策略或工厂重新定位。第四是员工参与的"形式"，这当中可能包括直接和间接的组合计划。直接计划通常包括书面和电子交流、员工和管理者面对面会议等个人手段（如质量管理小组或团队简报）。相比之下，间接参与是通过员工代表或工会代表，或雇员工作委员会代表来咨询管理。还有一种形式的参与是基于任务（或解决问题），员工对他们的工作做出直接的贡献，无论是通过焦点小组或是态度调查。也有通过可变薪酬或奖金计划的财务参与，如利润分享。

　　总的来说这个框架允许的不单单是更精确地描述类型的介入和参与计划的使用，但不包括他们对员工的授权与否（Marchington and Wilkinson，2012）。图11-1不仅仅是一个从没有参与（信息）到有员工广泛参与的简单连续体（控制）。这说明了一点，计划是可以重叠和并存的。例如，使用集体谈判和共同磋商并不意味着放弃电子交流手段管理。对于这种参与的核心理解在于雇佣关系中的权力所在，区分所使用的方法（直接或间接的分类），或是参与发生的水平（个人到董事会级别），以及在何种程度上的任何特定的手段是否以员工或管理为中心（Wilkinson and Dundon，2010）。

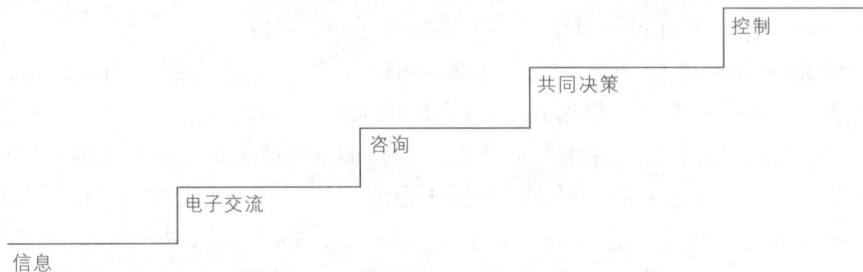

图11-1　员工参与的深度

11.4　员工的实践性参与

　　在20世纪80年代后期，使用不同的员工参与和参与计划的进程开始加快，似乎也成为90年代中所说的更加具有嵌入性和整合性的组织实践（Marchington et al.，2001）。沟通和参与的最系统的形式之一是通过指挥管理链。例如，管理者和员工之间的定期会议已经超过了过去十年的增长量，并对方案和简报也给出了相关建议（Kersley et al.，2006）。证据显示员工直接参与是典型的通过管理层和员工之间的面对面的会议来进行的（占据英国所有工作场所的91%），简报（45%）、建议方案（30%）和解决问题等质量圈（36%）。只有14%的英国机构建立了工作场所层面的联合咨询委员会（Kersley et al.，2006）（见表11-1）。

表11-1	员工参与方式	
	占所有工作场所的百分比	
	1998年	2004年
管理层和员工之间的面对面会议	85	91
建议计划	31	30
定期简报	40	45
解决问题的小组（例如质量圈）	28	36
使用一个或多个员工股份所有权计划	15	21
工作场所层面联合咨询委员会	28	14
任何形式的代表性声音	57	49

Source: Kersley et al.，2006: 94; 127; 135; 191（all workplaces with ten or more employees）. The advice of the WERS 2004 Information and Advice Service（www.wers2004.info）is acknowledged in the compilation of the above figures.

为了达到解释和后续分析的目的，把使用中的计划范围打破并且分为五大类是有用的：沟通、向上解决问题、基于任务型的参与、团队合作和代表参与。

沟通是一种弱性的参与方式，但是通过与员工共享管理信息，不乏是一种有效手段，包括书面备忘录、电子邮件或非正式的面对面交流。这些方式都在最近几年大幅增加，并经常被视为更深层次的员工参与的初期形式（Marchington and Wilkinson，2012）。当然，沟通实践在频率和强度上有所不同。有些公司依靠自己的内部简报来报告一系列的问题，从利润、新产品、内部福利到员工发展主题。Marchington等人（2001）发现更复杂的方法包括利用电子媒体，如电子邮件、公司内部网和高级管理层在线论坛。

作为一种参与形式，沟通的主要问题是缺乏客观性。鉴于信息往往是政治和权力的中心，信息管理者寻求与工人的沟通可以用于加强管理特权。信息沟通的方式也可以是无效的，正如许多直线经理负责传播企业信息时缺乏有效的沟通技巧，或是以一个不合时宜的方式传达信息（通常当坏消息传递给员工之前已经被媒体知晓）。

向上解决问题的手段寻求比沟通更深入一步的原因是它探求员工的改进意见。由于有了沟通方法，解决问题的做法已有所增加，经常受到来自日本工作制度的启发，鼓励员工提出意见（Wilkinson et al.，2010）。向上解决问题的实践旨在增加可用于管理的想法以及鼓励更多合作性的劳资关系。特定的手段既可以来自个人也可来自集体，从员工的建议方案、焦点小组或质量圈到员工态度调查（Wilkinson，2002）。这些实践和沟通方法的根本区别在于它们是向上（从员工到管理人员）而不是向下（管理人员向工人）传播信息。

关于分析前一部分员工参与的框架，很明显，向上解决问题的手段比管理沟通深度更深。但是，它们也被大力批评为一厢情愿（Sewell and Wilkinson，1992）。例如，工人的态度调查中给出的反馈基本上是基于管理议程的信息要求，它们往往由雇主设置。此外，在组织中质量圈已被引入，然而却发现员工缺乏积极性（Collard and Dale，1989）。

实践的第三类是基于任务型的参与。这里的目标一直关注的是实际工作，而不是参与的管理过程。这些实践寻求应对工作的退化和相关员工的疏离有一个漫长的过程（Proctor and Mueller，2000），其中许多计划在20世纪60年代和70年代形成了一系列工作心理学实验的一部分（如塔维斯托克研究所，美国和瑞典工作生活计划质量）。最近，通过员工承诺和激励，基于任务型参与被认为是持续的组织绩效的根源。实践的类型包括工作扩大化、工作丰富化、使员工能够承担更广泛的任务以及拥有更大程度的工作自主性。批评性的任务参与结果常常导致工作强度加大而不是工作丰富化。可以说，将越来越多的责任赋予员工会使他们的压力增大。换句话说，员工只需努力而不是更聪明（Delbridge et al.，1992）。

第四类是团队合作。Pfeffer（1998）的七个最佳实践的通用列表包括：除其他外，自我管理团队作为整体来实现更好的组织绩效。然而，团队精神往往是最不精确的介入和参与实践之一，经常以一个乐观和不加批判的方式加以描述。例如，在WERS98调查中，65%的管理受访者表示，他们已经在他们的组织协同合作，再在这个数字降低到3%时进一步探索这些团队真正自治的程度，如决定如何执行任务和任命团队领导（Cully et al.，1999：43）。其他评论家报道的团队合作更具颠覆性的一面，形成了同行监测和控制（Barker，1993；Sinclair，1992）。例如，符合群体规范和满足生产目标的压力经常通过同事和管理层的一并监管来管制（Gearyand Dobbins，2001）。

最后一类是代表参与，其中包括共同协商或者通过工会，或是现今更典型的，通过非工会员工代表（NER）形式。特别是，在最近几年的西方世界，工会参与形式明显减少。例如，在英国，工会的建立比例大大下降，只有30%承认工会的地位（Kersley et al.，2006）。在美国这个数字甚至更低，只有20%的员工加入工会（Dixonand Fiorito，2009）。重要的是，联合咨询的使用往往会因公司规模和特定的组织环境因素，如市场压力或技术密集型产业而产生差异。只有少于25名员工的极少数企业拥有工作场所层面的联合咨询委员会（Kersley et al.，2006：126）。

被广泛认可的是，集体谈判意味着通过管理层和员工代表（工会）之间的谈判行为，在组织决策中，实现更深、更广泛的参与（Pateman，1970）。然而，现实却不是这样的，当管理者越少牵涉工会时，工会合法的参与渠道就越少（Ackers et al.，2005；Geary，2003）。

这可能表明，有代表性的参与不一定依赖于工会的存在，但要通过非工会员工代表系统来调解（Dundonand Gollan，2007）。代表参与的双重或多重机制表明雇主动机的日趋复杂；特别是在同一组织系统内，同时使用两个工会和非工会（Willman et al.，2003）。在Marchington等人（2001）对员工声音和管理者声音的研究中，发现非工会协商委员会分别比10年前更普遍。此外，这些非工会员工代表论坛是因一系列的组织问题，包括工作条件、资本投资支出和纪律程序出现的。同时，有人评论说，非工会员工代表这种方式往往在力度与程度上比较弱（Dundonand Rollinson，2004；Gollan，2007）。

然而，舆论仍然关心非工会员工代表（与单一的工会渠道有关）的作用，以及是否作为组成部分或替代工会参与的职能（Dundon et al.，2005）。而一些学者认为，参与的管理动机是根据控制员工行为的欲望来决定的（如Ramsay，1977）。非工会员工代表也许由于其他原因在实际当中行使职责（Cullinane et al.，2012）。事实上，将非工会员工的声音视为一个单一的参与范畴，可能是错误的，而这仅仅取决于管理权力的使用。Gollan（2007）认为非工会员工代表可能是工会渠道的补充，而他们的作为，平均看下来，往往弱于参加工会的一方。

证据表明，非工会员工代表在范围和覆盖面中相当多样化（Kaufman and Taras，2010）。他们受到了相对较小的审查，但是他们的双重激励参与却增多了（Cullinane et al.，2012）。双轨制的前身可以追溯到美国的建筑业（Lipsky and Farber，1976）。该实践的目的是排斥工会的影响力，通过设工会的工厂与只有工作合约的非工会工厂竞争。目标是授予劳动力成本最低的工厂，通常是非工会工厂工作奖励（Donaghey et al.，2012）。研究表明，双轨制的参与形式在全球有所增加，特别是在不同的行业和国家经营的跨国组织。比如，美国（Verma and Kochan，1985），加拿大（Rose，1986），澳大利亚（Bamber et al.，2009），英国（Beaumont and Harris，1992）和爱尔兰（Lavelle et al.，2010）的制造业和交通运输业。Donaghey等人得出结论，双轨制安排虽然可能在代表参与领域的类别上有增加，但还无法评论它的影响，特别是单个组织参与制度中工会和非工会之间的相互作用。

不可避免的是，在某个特定实践中设法找到明确的边界往往是有危险的。一些方案往往是含糊的、模棱两可的，有对结构和程序的机械描述，也有塑造态度和行为的手段。其他手段限制了员工对正规的机构和流程的参与，如商谈、特定的非工会员工代表委员会或者共同协商，而日常员工和管理层之间的互动可能会产生更多非正式维度的参与，特别是在较小的、没有许多正规化的人力资源系统的工作场所（Wilkinson et al.，2007）。同时，人们会有疑问：在缺乏正式结构的情况下将独立的员工参与作为可行机制的这种非正式性是否可以存续，尤其是市场条件或者高级管理哲学发生变化时（Wilkinson et al.，2004）。正是这些危险和不确定性，我们需要考虑参与对组织利益相关者的影响与意义。

11.5 参与的意义和影响

上面提到了许多有意义的问题和方案计划。例如，在一些拥有完善机制的组织，无论其是直接的还是间接的，这些手段都可以被同时使用，而在其他公司，只有一两个手段可以被使用。我们没有理由去证明更多的就是更好的。将特定的现象归因于截然不同的做法是一种很常见的现象（Wilkinson，2004）。例如，联合咨询委员会在工厂层面每月召开一次例会，参会人员有高级经理和商店管理员，相比欧洲工作委员会每年一次的例会，前者可能对决策产生更重要的影响，虽然两者在本质上都具有协商性和间接性。有一种可能性是后者被参与者认为栓在了其他组织的实践中，在现实中基本不具有任何内容以及意义（Marchington and Wilkinson，2012）。

可以说，在一个特定的组织下，使用各种参与计划调查证据得到的推断告诉我们，这种手段的影响和广泛性很小（Cox et al.，2006；Marchington，2005）。但这也并不意味着某些计划入侵员工的生活不受欢迎。例如，Geary和Dobbins（2001）指出，团队合作会导致重申管理权威，但这并不总是以一种残酷的胁迫形式而存在。Geary和Dobbins（2001）发现，团队参与伴随着自治和自由，它可以以一种更平静的控制形式给予员工一定程度的自主权，最终得以保护管理层的利益。Diamond 和 Freeman（2001）的一项研究表明，员工会对参与一些事务感到满意，如工作节奏；在一系列实质性的就业问题上，存在一个更为广泛的参与差距是显而易见的，如工作时间或者加班费。Donaghey 等人（2010：63）用不同寻常的方法测试员工可能会有多少保留，也解释了为什么员工经常保持沉默。他们通过设置议程和操纵非工会员工代表来强调管理，可以产生一条无声且能够有效管理员工的参与渠道。当然，管理层不会脱离现实解释员工的参与计划。Dietz 等人（2009）表示，当员工们只把参与看作是管理修辞时，员工眼中的信任和其他所谓的好处就会很快消失。在许多方面，员工参与会和其他人力资源策略脱节，并被看作是一种固定的形式，这取决于最新的时尚潮流。

　　模糊性和对参与计划的意义缺乏信任对于该手段声称的具有提高组织绩效的影响是显而易见的（Dundon et al.，2004）。首先，将因果隔离开来并证明出勤可以带来更好的组织表现是不可能的。例如，员工离职率可能会受到其他工作机会、相关工资水平以及具体出勤计划的有无和深度的影响。其次，这种担心与参考基准有关：评估日期的前后对比。这个日期应该是新参与机制（质量圈或者咨询委员会）引进到组织的日子。或者应当是一个稍早或者稍晚的日期？比如，那些质量圈通过新的劳动实践节约成本的呼声并不考虑此类想法之前可能已经通过不同却更好的途径开发过了。这也导致了第三个难题，那就是评估影响以及根据谁的要求来施行。评估是不是与那些有发言权的员工有关（例如评估过程）或者因为员工的参与事情如何被改变？如果是后者，那么谁才是赢家呢？事实上通常是经理决定参与度和参与计划的水平、深度以及适用问题（Wilkinson，2010）。

11.6　员工参与与欧盟

　　最近有关员工参与的一个问题是欧洲社会政策的影响。正如早前所提到的，这种趋势对于具有"直接"性质的雇主主导模式是最显著的，尤其是自20世纪80年代以来。然而，欧洲委员会正开始提倡一些东西，这些东西看起来是有利而"间接"（更集体主义）的员工参与途径。例如，欧洲工作委员会指令将重新进行调整，以使得一些机构中的员工代表获得与管理层商议的权利，这些机构的员工数为1 000人或以上（在两个欧盟成员国中该人数为150人或以上）。另外，欧洲公司法为一些想要利用欧盟法规（这些法规赋予公司有利税率）的公司提出了一个双层级的参与渠道，包括工厂委员会式的讨论会和董事会层面的员工代表。这些类似于目前在其他欧盟国家中常见的一系列员工参与模式，如德国、丹麦、瑞典和荷兰。具有特别意义的是针对员工信息和协商的欧洲指令（2002/14/EC），该指令替代了英国2004年通过的《员工信息与协商（ICE）条例》。

　　这些欧洲法规对成员国提出了制定员工信息与协商的永久法规。这种净效应使欧洲国家的工人有这样一种合法权利，他们有权获得一系列业务和就业问题的信息并对这些问题进行协商。在像英国和爱尔兰这样的国家里，这标志着极大背离了劳资关系的传统唯意志论体系（Gollan and Wilkinson，2007）。在英国，有这样一种重要告诫：合法权利不是必然的或是普遍的。对于员工人数少于50人的机构，这些机构中的员工被排除在外；对于那些在规定机构（如50人以上）中的员工，他们必须通过要求管理层实施信息协商体系来"触发"这种机制。

　　指令将"信息"定义为由雇主向员工代表传递信息，以便员工能够了解内容。"协商"表示为了达成一致，在员工代表和雇主之间交换观点并进行对话。值得注意的是，在指令中明确提及了"员工代表"，这是一种明确的偏好间接介入和参与形式的倾向（集体主义）。但ICE法规考虑了直接的员工信息和协商实践，如团队会议。参与机制也不需要联合或包含工会，因为代表是定义为从劳动力队伍选举出来的"员工"（他可以是或可以不是工会代表）。ICE法规可能引起争议是由于一部分员工加入了工会或加入工会的员工很少。多数员工加入工会的公司很可能已经确立了共同协商安排，这些安排根据规定是足够的。类似地，在完全非工会的公司中，管理层和员工有余地设计并实施符合规定的信息协商机制，而不存在工会/非工会的分歧。存在更多问题的是部分员工加入工会的机构，因为它没有明确是否有必要进行工会和非工会员工两个讨论会，尤其是如果现有的工会代表认为代表非工会成员的利益是无法接受的。法规还规定，对于三个一般领域，组织必须告知员工（无论是工会和/或非工会）并与其协商：组织的经济状况；就业的结构和可能的发展（包括任何对就业的威胁）；对可能导致工作组织或合同关系变化的决策进行告知和协商（ICE法规主要特征总结见专栏11.1）。

专栏 11.1 实践中的HRM

2004年《员工信息与协商（ICE）条例》

- 这些规定适用于在英国拥有50名或更多员工的企业。将对北爱尔兰实行等效立法。
- 告知并与员工协商的法律要求不是默认的。正式请求必须由雇员或由启动议程的雇主（雇主通知）提出。
- 雇主必须在员工提出有效请求的情况下建立信息和协商程序。此类要求必须由10%的雇员（以最少15人，最多2 500名雇员为限）以书面形式提出。
- 当提出请求的员工希望保持匿名时，他们可以将请求提交给独立机构，如中央仲裁委员会（CAC）。
- 雇主有机会组织一次雇员投票，以支持或拒绝初始请求。雇主可以继续依据事先已有的信息和协商安排，但前提是此类安排已在员工书面要求前商定，并且：
  （i）协议是书面的，包括与工会的集体协议；
  （ii）该协议涵盖企业的所有雇员；
  （iii）该协议订明雇主如何提供资料及寻求雇员的意见；
  （iv）该安排已获雇员同意。
- 如果已提出有效请求（或雇主通知），但没有达成一致意见，将适用ICE第18条标准信息和协商条款。
- 如果适用标准信息和协商条款，雇主应安排投票选出员工代表。第19条规定，每50名雇员或其一部分应有1名代表，最少2名，最多25名代表。
- 应进行协商，以便就决定达成一致意见。
- 信息必须在指定的时间内，以适当的方式和内容提供，使信息和协商代表能够进行充分的研究，并在必要时准备磋商。
- 未能遵守中央仲裁委员会所作仲裁的最高罚金是75 000英镑。
- ICE条例第25条和第26条规定对I&C代表提供的敏感信息保密。
- I&C代表和提出请求的员工受条例保护，不受歧视/不公平解雇，以行使其在ICE

条例下的权利。

● I＆C代表应得到有薪假期以履行其职责。

Source：DTI，2006（see www.bis.gov.uk/files/file25934.pdf）．

关于条例中的员工参与，目前存在一系列争论（如见Gollan and Wilkinson，2007）。欧盟指令的第6（1）条规定员工代表（和可能对其进行协助的专家）应保守机密，不得披露提供给他们的保密信息。第7条规定，每个欧盟国家必须保证，员工代表在履行职责时受到足够保护免遭报复。考虑到员工代表可能得不到工会的支持和保护，这可能尤其重要。在英国，依据ICE条例，中央仲裁委员会负责确保公司的合规性，有权对不合规行为实施总计高达75 000英镑的罚款。依据条例，管理人员和雇员代表有机会界定和协商符合自身意愿的安排，这些安排可能与法定的模式不同；有一种原则与欧洲工厂委员会指令中包含的自愿安排没有太大不同。

ICE条例在许多重要方面不同于原有的欧盟指令（Dundonand Rollinson，2011）。首先，欧洲指令对信息和协商的定义与ICE条例中所包含的不同。前者对通过选出的员工代表进行"间接"员工参与的表示比较明确，而ICE条例的措辞暗示直接的信息和沟通渠道是可接受的。其次，重新提及本章前文分析员工参与深度的框架，与ICE条例暗示的相比，欧盟指令针对的是员工参与的更深、更广形式。已经表明的是，工会可能变得更加边缘化，因为ICE条例适用于员工代表，并有意识地不提及任何工会的官员（Gollan and Wilkinson，2007）。最后，员工利用这些新参与权的触发机制会在非工会公司中导致一些工人感到恐惧和受到威胁，这些工人无法加入独立的工会，要求这些新权利的员工可能面临管理报复。

由于雇主、员工和工会都已经适应日益规范的员工参与环境，并对这种环境做出应对。似乎这些法规已经形成了Hall和Terry（2004）所称的"合法迅速的"员工参与形式。在这种情形中有人建议，法律可以鼓励雇主通过制定其自己的员工信息商议模式而变得更具有创造力，而非依赖于ICE条例合法实施的员工参与模式。另一种可能是，经理人通过遵循最低纲领主义策略来寻求避免员工的参与面扩大，在这种策略中采取了合规态度，经理人除了勾选所需的方框之外不再有所作为（Dundon et al.，2006）。

11.7　结　论

在这一章中，我们回顾了过去数十年里不同国家员工参与的背景，并且指出通过持续性监管从而达到欧洲水平的未来发展方向。我们也考虑到管理选择的变化框架以及公共政策，然而各种参与方案往往是程度不同的和复杂的。虽然员工参与会受各种环境变化的影响且在不同的国家实施，但显而易见的是，一系列的计划往往可以共存于一个组织，而且不同形式的员工参与要么是互补的，要么就是排斥其他的管理策略和行动。很大程度上取决于参与计划的范围和深度，以及它们是否被看作固定于现有的安排。此外，我们强调，对这些计划的含义和解释要比所采用的手段的类型或数量更重要。重要的是，参与机制的深度与其他组织的做法相匹配，使得员工有一个真正的发言权，这超过了影响的范围以及参与发生的水平。

这些因素现在正通过管理选择施加影响并成形，也（在欧洲的背景下）为员工参与添加了一些规定。在20世纪60年代和70年代工业民主的背景下，让位给了新自由主义的意识形态受制于全球经济的压力，并假设国家基本上不存在雇佣关系。这种影响可能是复杂的和参差不齐的，用来掩饰某些国家监管和管理之间简单的二分法选择参与计划。20世纪80年代，公共政策既不代表支持管理层明显参与的延续，也不是一个回复到工业民主的理念。相反，一个新的监管辩证因素开始出现并有着自己的动态（Ackers et al.，2005）。

从某种程度上说，目前的参与实践比十年前显得更深入、更广泛（Wilkinson et al.，2004，2010）。随着时间的推移，人们一直在尝试统一并整合不同的介入和参与机制（Marchington et al.，2001）。在某些情况下，随着新一代工会代表愿意且能够在联合商议讨论会中与非工会员工代表平起平坐，现场关系的对立性质似乎在一定程度上有所降低。在其他情况下，尤其是在跨国机构中，两个层级或两面参与的机会已经绕过了工会并使其边缘化（Cullinane et al.，2012；Donaghey et al.，2012）。20世纪80年代直接（个人）和间接（工会）的分离参与渠道的二元性似乎更加与在不同层面上重叠和共存的一系列模式相混合。

按照Willman等人（2003）的观点，20世纪60年代前选择员工声音（话语）权的雇主在一些情况下是这么做的，在这些情况下基于工会的参与体制是常见的范本，因有规范和模仿的压力，避免了非工会的唯一体制。规避风险的选项是话语的双重渠道。但随着时间的推移，以及从生产到服务和对内投资的转变，非工会范本已经变得更加陈腐（Dundon and Rollinson，2011）。在有工会参与的情况下，很可能有一部分存在双重渠道话语权（Bryson et al.，2007）。至于选择，雇主可以通过人力资源专家来"制造"话语权，或通过工会"收买"话语权。随着人力资源管理专家变得普遍，声音体制选择的默认选项已经随时间转变为受非工会安排支配的选项（Kaufman and Taras，2010）。而随着（从工会到非工会和相反的）激进的转变，转变成本使得参与选项具有"黏性"（Willman et al.，2003）。

综上所述，这些发展表明，对于参与而言，目前的政策环境具有更好的前景，一部分是由于欧盟的更多监管，一部分是因为对于20世纪80年代参与主动性的脆弱形式和浅显性，管理层已经从这些不利的局限中吸取了教训。仍不确定的是，许多经理人认为欧洲的就业权利措辞无法接受，甚至与较新的组织文化相反，这些组织文化因萧条廉价的市场而形成。这种紧张态势是明显的，因为在将立法要求理解为工作场所的实践方面，经理人发挥了关键作用。就此而言，理解员工参与的最好形式不是从静态或连续体的特定手段或个别类型角度，而是从一系列复杂而不公平的意义和解释的角度，是由于外部监管以及内部利益相关者对更多选择和话语权的期望而形成的。这结合了与正式化结构和机制一样多的非正式对话。面临的挑战是这种动态将在实践中如何逐渐发生的，现有的多种参与模式是否会整合，或者一种新的政策框架对于许多经理人而言是否会导致另一个"错失的机会"（Wilkinson et al.，1993）。

案例分析11.1 对小型家族企业的员工进行身份重构

TONY DUNDON

半岛酒店是一个小型精品酒店，靠近昆士兰的大堡礁；离国家热带雨林不远，去附近的海滩也很方便。它是一个三星级酒店，有85间客房，1个酒店餐厅，1个小酒吧，以及配套的宴会和会议设施。半岛酒店目前有70名员工（全职和兼职），其中包括3名高管，16名监事人员（如客房、餐饮、婚礼、酒吧等）和运营职工。工会不代表员工的权益。

这家酒店是家族式经营，两年前新增了休闲中心，并将酒店打造成一个精品婚礼场地，为婚礼市场提供一揽子服务。

新增的休闲中心被老板称为"败笔"。该中心建立的同时正逢推出新的人力资源计划，吸引并招募员工。然而，当家族企业所有者试图引入一个新的系统对管理者进行专业化培训，并在员工中注入客户服务的新文化、新理念时，许多员工辞职，这其中包括工作已久的高管，他们对这种变化非常抵触。此外，在该地区一个重新命名的大型连锁酒店加入了竞争，从而导致半岛酒店在与婚礼承办和休闲市场占主导地位的大型酒店的竞争中承受越来越多的经济压力。

在考察了全世界范围内的其他精品酒店后，高层管理团队决定通过提供一个独特的、有别于其他酒店的服务来提高竞争力，而不单单依靠价格优势。这便涉及一个新的员工参与计划的设计与引入。参与战略确定了四个"核心"要素：第一，引进新的沟通渠道，这能为员工提供有关休闲、旅游和酒店活动方面培训的可能性信息，员工会被告知并鼓励进行能力以及相关工作资格的培训申请；第二，员工通气会，让所有员工了解酒店的工作计划、有更改变动的事项，以及当地附近发生的特殊事件；第三，引进新标准操作程序，每周记载故障日志、客户意见和支持管理链条发展的员工想法；第四，重要信息附到个人工资单上。

附加系统的开发会围绕四个核心参与元素进行。其中最重要的一个是功能区，会议和简报被作为一个双向的沟通渠道需要每周举行。由于工作人员有着不同的换班模式，所以会议记录会被张贴在公告板上。不参加会议的员工需要签字说明他们已经知晓会议内容并阅读了会议记录。

高级管理层还推出了"自主指导"的团队合作系统，覆盖了七个关键领域：客户服务、人才培养、维护维修、成本控制、质量、技术和环境。各功能区的员工可以加入一个团队负责七个关键领域中的一个，通过管理确保所有领域均有员工代表。之后该小组将开会讨论，交流想法和改进措施，每个月都会为提供最好想法的员工颁发奖金。根据两个月以来的基本情况来进行一个半天时间的研讨会，因此员工有想法能够向高级管理团队汇报，并提出建议。将员工理念付诸实践的例子包括：新的无麸质餐厅和酒吧菜单；使用新型环保技术打扫房间；每周更新员工信息卡，为客人提供当地游览或活动的最新信息。

半岛酒店的拥有者和高级管理人员认为他们已经开始了一种提高参与度的新文化，这是之前在员工当中不存在的现象。目前业务有所回升，据传通过口碑推荐已经出现了新的业务。然而，员工使用新的培训方案的比例微乎其微。此外，虽然员工提出了大量新想法，但只有很少一部分被高管采纳并实施。对于员工来说，酒店有历史悠久的非正式对话和沟通的传统，一些员工认为新战略对于一个小型家族经营的酒店来说过于结构化。

问　题

1.为什么你认为一些员工对于半岛酒店正规化的员工参与计划持消极的态度？

2.你如何描述本案例中所谈及的半岛酒店中员工参与的框架（如深度、层次、范围、形式）？

3.你认为半岛酒店的规模从员工参与的本质上来说是一个重要因素吗？

4.读完半岛酒店的案例，说明为什么在员工参与和组织绩效之间建立联系很难？

案例研究 11.2　参与度评估

TONY DUNDON
关于是否支持员工参与的案例讨论

在第 11 章中，我们回顾了员工参与政策的变化，特别是员工参与的管理方式和近期协商权利管理之间持续上升的紧张关系，如欧洲法规。你的任务是准备一个"支持"员工信息和协商的合法案例的论据，你需要同一位"反对"你立场的同学进行辩论并陈述自己的论点。

建议员工参与

想象你是一个管理顾问。你最近为一个有着 7 000 名雇员的跨国大公司（2 800 人分布于英国的四个地区；3 200 人位于德国的两个工厂；1 000 人位于意大利的一个区域）服务，提供 2004 年《员工信息与协商条例》的内容报告。该公司已经有一个欧洲工作委员会（EWC）和存在于德国且适用于英国其中两个区域的工会协议，其余的是非工会协议和不同的非工会员工代表机制。管理层想让你考虑：

1. 简单解释《员工信息与协商条例》。

2. 双轨制（工会和非工会）的员工参与计划是否可行，以及英国工厂应用双轨制计划的潜在缺点。

3. 针对该公司自身特点提出特定想法与观点，解释并评判你在报告中所涵盖的信息。

案例研究 11.3　跨国组织中双轨制的持久性

TONY DUNDON
引　言

在过去的 20 年中，员工参与在人力资源管理中起着核心作用。它被看作是人力资源管理最佳实践和高投入管理的重要组成部分，能够提高组织绩效。同时，工会的参与度下降，而非工会员工代表组织的参与度提高。工会和非工会的双重声音受到了学者和研究人员的广泛关注。有些人认为非工会员工代表组织是一种避免参加工会的方式：这是一个仅代表自己利益，意图绕过工会并取消雇员对工会需求的机制。而同时，有人认为非工会员工代表组织是工会的补充，与工会并存。本案例研究了大型跨国组织中的双轨制（double-breasting），改编自 Cullinane 等人（2012）。

公司简介

BritCo 前身是公共事业机构，在 20 世纪 80 年代于英国实现私有化，现在是业务遍及170 个国家的跨国组织。此处讲述的故事是该公司如何进入爱尔兰市场并针对员工参与继续实施双轨制策略。BritCo 通过商业收购的方式进入爱尔兰共和国的市场，其中还包括一个非工会公司。确立市场地位后，BritCo 管理层决定公司以全岛为基础进行经营。这意味着将其在北爱尔兰的举措（高度工会化、中心化，是英国管理结构的一部分）与南部（爱尔兰共和国 BritCo）的（极度非工会化、分散的、基于不断更新的收购方式）措施进行合并。

基于全岛信息对 BritCo 进行结构化的决定并非没有困难。首先，BritCo（NI）有着悠久的集体代表历史，并且之前还有过国家垄断经历。BritCo（NI）中有两个工会，工会人数占企业人数的90%，主要通过英国产业关系制度和在伦敦进行的集体谈判来运行。相反，BritCo在爱尔兰共和国中是非工会形式的，且该关系更区域化而非中心化。当一些功能从南方（爱尔兰共和国）过渡到北方（北爱尔兰）的时候，对贯穿全爱尔兰岛的BritCo合并体造成了一些负面影响。最显著的是，裁员在南方引起条款和条件方面的问题比那些在经过集体协商的北方要少得多。事实上，BritCo（NI）中不存在对工会员工的强制性裁员协议，这是后国有化期间保留的一个传统。由于BritCo（NI）为员工提供了优越的就业条件，南部的一些员工煽动工会组织游行活动。与英国法律相比，爱尔兰共和国没有类似的可依法处罚的工会立法。针对爱尔兰共和国的工会活动，BritCo（NI）的管理层实施双轨制战略即针对工会代表，以及在爱尔兰共和国中独有的非工会参与渠道。

北爱尔兰BritCo的工人参与

在北爱尔兰，BritCo通过集体谈判和共同协商参与的方式已有很长的历史与传统，分别设有两个独立的工会来进行。与此同时，公司还有几个其他的员工参与的"直接"形式，如员工/团队简报、管理层每周快讯、常规的公司内部沟通的局域网，以及全公司范围的年度调查。近些年，员工直接参与的方式在BritCo（NI）有所增加，并且首席执行官支持直接和透明的管理沟通。例如，快讯为员工提供关于新业务发展以及公司是如何执行的信息。此外，局域网为员工提供了直接享受覆盖面广泛的人力资源政策（如养老金信息和其他公司程序，如规章制度等）。最近的两个员工参与计划也值得注意。一个是每周一次的公开电话，所有员工都可以"现场"聆听首席执行官谈论业务发展，除了聆听，响应和回复也是可以的；另一个参与计划是每年一次的"参与调查"，问卷中询问了一系列关于员工满意度和在全公司范围内参与度的问题。所得结果可以在地区间和不同业务单元间比较。

除了上述内容，还有其他的"间接"的集体参与形式，这在北爱尔兰地区有着更长、更深远的历史。公司有一个联合咨询委员会（JCC），成员包括首席执行官，一些主要领导（如人力资源、信息技术、财务、工程等部门主任），当地分店经理和店员，以及工会中的两个全职官员。在这些联合咨询委员会会议中，任何关于BritCo（NI）发展的财务事项和公司战略都会被讨论及考虑。工会官员或员工不会参与联合咨询委员会发展计划的制订，也不会在年度会议之前提前知晓将要讨论的问题。不过，工会代表可以在"其他事项"的环节中提出问题，事实上他们也经常这样做。除此之外，经常出现的其他集体机制包括两月一次的工会员工和高管之间的会议，用于讨论有关员工的任何紧急问题。正式运行联合咨询委员会及双月会议是"非正式的工会管理对话"，经常是临时性的。涉及纪律、疾病或员工不满等问题时，工会代表与管理者会在正式的参与机制问题解决之前非正式地或"私下"地讨论。

在执行过程中，Britco（NI）使用了直接与间接两种员工参与渠道，但这种关系也并不总是简单或平顺的。实际上，管理层说他们得"重新定义"工会的角色，然后它便可以为公司（以及公司成员）提高价值。新的角色包括，为了更灵活地回应客户要求如何应对工作模式的变化。同时，员工高度信任该项管理举措，因为他们知道工会官员能够也确实在必要时给管理层打电话报告。

爱尔兰共和国BritCo员工的声音

如在北爱尔兰公司一样，爱尔兰共和国BritCo为了让员工有话语权，既包含"直接"又包含"间接"的机制。在大多数情况下，BritCo（NI）和爱尔兰共和国 BritCo 均有员工直接参与（如公司局域网、简报等）方式。对于员工的间接参与，爱尔兰共和国 BritCo 中是另一番情况，替代工会方式的是非工会员工代表机制。其中主要包括"BritCo Vocal"——一个涵盖了整个爱尔兰共和国的非工会雇员的论坛。除此之外，还有都柏林工程师集团员工委员会——"南方工作委员会"（SWC），主要处理工作小组和工作地点相关问题。

几年前，爱尔兰共和国的 BritCo 为应对欧洲《员工信息与协商条例》设立了非工会员工代表机制，但由于缺乏管理，再加上员工不感兴趣而使非工会员工代表机制不太活跃。然而，论坛以"BritCo Vocal"的名义重新启动，作为爱尔兰共和国 BritCo 工会认可这一行动的回应。先前被管理层"选择"的员工代表是"选举"出来的。其中，选举人员来自不同的行业单位，因此论坛代表了所有职业群体。另外，员工代表根据员工提出的问题和议程项目，抽空回复他们（如使用电子邮件、内网信息和公告板的方式）。独立的组织——南方工作委员会会在需要管理层的情况下出现，可能因为该组工程师主导了 BritCo Vocal 的议程，或是管理层想要孤立他们所认为的支持有好战倾向员工的工会。简言之，南方工作委员会将工会同情者从爱尔兰共和国 Britco 的其余非工会劳动力中分离出并边缘化。

虽然正规非工会员工代表机制的存在很重要，但是有必要根据可用的磋商事项来评估这类员工参与的范围和深度。最紧要的问题是，与北爱尔兰工人相比，爱尔兰共和国 BritCo 的裁员条件相对较少有待修善。这种差异可以解释为北爱尔兰有长期工会协议，而爱尔兰共和国的雇员则没有。作为应对，管理层运用"BritCo Vocal"论坛重新审查该情况，并允许非工会员工代表重新确定裁员范围，制定裁员制度。

其结果是一份经过修订的政策手册，其中将北爱尔兰的裁员方案的关键要素包含在爱尔兰共和国 BritCo 中。虽然最初管理者和员工对"BritCo Vocal"以及员工代表在改革后的政策和实践中的发言权感到满意，但随着时间的推移，事情有所变化。"BritCoVocal"委员会的员工代表认为，一旦管理层试图解决一个问题时，员工利益便会减少。尤其是当工会示威活动达到顶峰时，管理层表示出对"BritCo Vocal"论坛更大的支持和热情。

因此，当管理层的支持减少时，一些员工代表失去兴趣并退出"BritCo Vocal"论坛会议。南方工作委员会在实践中的运行方式与之非常相似，虽然起初十分活跃，负责处理有关绩效管理的事务以及都柏林南部部门特定工程师的公司车辆的使用，但是当工会组织的活动未能保证爱尔兰共和国 BritCo 员工的权益时，活动在大约两年后逐渐减少。员工代表认为在南方工作委员会会议上处理的问题的重要性降低了，管理层负责的事情越来越琐碎，他们称之为"茶和卫生纸问题"。

总结：双轨制员工参与的持久性

像 BritCo 那样大型、复杂的跨国性、全球性员工参与组织运行并不够直接、清晰。北爱尔兰 BritCo 与爱尔兰共和国 BritCo 在不同地方、不同司法管辖区的员工发言权策略是不平等的，有时甚至是矛盾的。随着新的 CEO 以及员工参与、发声文化新理念的出现，直接参与的员工机制开始有了更强大、更深入的发展。虽然目前北爱尔兰 BritCo 支持、容忍工会发声渠道，但是爱尔兰共和国 BritCo 却竭力劝阻。

在某种程度上来说，这可能由于不同的员工参与规定使管理层远离这样的策略。事实上，爱尔兰共和国 BritCo 没有类似于北爱尔兰 BritCo 的工会认可立法。同样，爱尔兰和英国政府对员工信息和协商有欧洲条例的最低限度解释，这有效削弱了支持直接参与渠道的集体声音。从长远来看，这种双轨制战略的容忍性、广泛性如何，当然是一直有争议的问题。

问　题

1. 在 BritCo 的案例中，雇员代表的非工会员工代表参与形式达到什么深浅程度？

2. 双轨制参与策略（工会和非工会）是为管理层服务还是为员工利益服务？

3. 想象一下，爱尔兰 BritCo 董事会希望你提供专业建议和意见。他们希望你能简要介绍一项双轨制员工参与战略的可行性，其中有几个工厂设立了工会，而其他地方有独立的非工会员工代表参与机制。你会在 PPT 演示中包含什么内容，为什么？

4. 鉴于上述有关 BritCo 的情况，工会是否应该担心引入《员工信息与协商条例》？

5. 根据 BritCo 的案例，员工参与的意义是什么？

第 12 章

知识管理与人力资源管理

Donald Hislop

引 言

知识管理学科是伴随着论证而发展到相对成熟的学术专题的。自 20 世纪 90 年代中期开始，人们对于知识管理的兴趣一直持续到现在。这一章的重点在于知识管理与泛人力资源管理的联结。这绝非易事，因为有大量文献提及影响员工对于知识管理行动（knowledge management initiatives）的态度的社会文化因素，以及通过人力资源管理的实践来鼓励员工分享他们的知识和参与知识管理行动。

这一章的目的在于阐述为什么人力资源管理是知识管理的重要议题，并提出在文献中有关于至今两者联结的方法之概述。为此，本章将让读者了解现存的各种激烈辩论和分歧。在此之前，我们必须先定义"知识管理"这个词。如果把模棱两可的词——"知识"及"管理"分开，在某种程度上，这项工作很简单。当我们把"知识""管理"分开时，知识管理可以定义成：一个组织尝试去明确地管理、控制其全体员工的知识。然而，当该组织理解了有各种方法可达成该任务时，这个问题就变得更复杂。这可以用各种类型的知识管理战略的发展来说明其复杂性。其中最简单并众所周知的是 Hansen 的个性化战略和编码化战略（personalisation and codification strategies）之间的区别。个性化战略着重于人员间的知识共享，并与创造知识的经营战略有关。而编码化战略着重编纂各种与经营战略有关、可重复使用的知识。Hunter 与 Alvesson 发展出各种不同的类型。两者发展的各种类型中包括四种初级知识管理战略。各种知识管理战略的人力资源管理含义差别相当大，而且该差别也是本章论述的中心，并将在下面各个小节仔细讨论。

本章首先简短地检视大众对知识管理渐增兴趣的社会背景。随后的小节谈及如何定义知识工作，为什么激励人员是让知识管理行动成功的关键，何种基本因素影响员工参与知识管理行动的意愿，以及何种特殊人力资源管理实践可用来帮助说服员工参与该种行动。

12.1　社会背景：知识的重要性日益增加

可以用知识在现代各经济体的重要性来说明为什么 20 世纪 90 年代中期人们对知识管理产生兴趣，因此导致许多人（不管了解还是不了解知识管理文献）都声明我们活在知识社会中。因此 Littler 和 Innes（2003）暗示"知识资本主义理论"是 20 世纪 90 年代最有优势的两个学术论述之一。Tam 等人（2002）认为这是一种"传统观念"。

在某种程度上，支持此种声明的经验证据（由经验而得的证据，后面章节会再讨论）也是争论的一部分。知识对现代经济体及组织的逐渐增加的重要性可以用许多方法说明。

首先，自从 20 世纪 50 年代起，在许多经济体，知识工作者人数占劳动人口的比例增加。Reich 表明在 50 年代及 90 年代象征性分析师（"symbolic analysts" 指的是其他现代作者所说的知识工作者）由占劳动人口的 8% 增长到 20%。同时，其他经济体的证据也支持此种说法。

然而，批评者暗示此声明与证据只是对于工作性质的改变而产生的偏见与曲解，忽视了其他类型工作的增长，如低技术、例行的服务工作。这些作者暗示：当经济体里高技术含量的知识工作者与低技术含量、例行服务工作者同时呈双峰成长时，讨论双峰轨迹工作的现代演变还比较精确。但即使怀疑"知识社会"的说法，在某种程度上，也不能否认在现代的经济体里，知识的重要性不断增加。

可以说，许多尝试发展、落实知识管理倡议的组织是受到一个观点的激发，该观点就是它们的竞争力和创造力的产生与维持来自其知识管理的方法，利用并控制知识库。而如果忽视了知识管理，可能对组织绩效产生负面影响。

12.2 知识型工作的定义

有大量的文章已经阐述了知识工作者，而且知识工作者的日益重要性与知识社会的观点紧密契合。知识社会观点（我们刚刚讨论过）很明确地阐明，对于某些演进成知识社会的社会，其知识工作者的数量与重要性会急剧增加。因此，如已概述过的，其中用来衡量一个社会是否是知识社会的主要指标是知识工作者在该社会的比例。然而，定义何种形态的工作是知识工作绝非易事。因此在本小节对于该词提供了两种对比性定义（contrasting definitions）。

在谈到知识的文献中，对于知识工作者的主流定义是：一个人的工作实质上主要是智慧型的，需广泛、经常使用正式的、编纂的知识所建构成的知识体系。从这个观点，知识工作者代表职业精英；这些工作者守护知识经济；这些工作者对于他们的雇主的绩效有重大的贡献。因此，如同往后要讨论的，他们的雇主通常认为值得留住他们。

因此知识工作者的定义与传统职业（譬如律师、建筑师等）交叠，但除了传统职业外还会延伸到各种其他职业（譬如顾问、广告主管、IT 开发工程师等）。由于该工作在某种程度上涉及知识的创造和使用，有时候人们用"知识密集型工作"来特指这些知识工作。然而，"知识工作者"这个词由于词义模糊已经遭到批评，使得该词能让人随意阐释哪些工作是知识密集型工作。

然而，能被归入如此定义的知识工作是某些形式的知识的特权（如抽象性、理论性、科学性的知识），而其他种类的知识就没有此种特权（比如隐性的、情境式的知识）。对知识型工作者的主流定义有意见的批评者刻意圈定"知识工作者"指精英职业范围，而且争辩说，如果忽视所有形式的工作在某种程度上都牵涉到知识的应用的延伸说法，那么该定义并不严谨。因此，所有的工作都可以被定义成为知识型工作，这成为定义知识工作的第二个视角。

Hislop 借着重新定义 Frenkel 对知识工作的架构来概述该观点。Frenkel 的架构提供了检视所有工作的方法，并透过三个维度——知识、技能、创造力水平来确认知识工作。知识维度考查了工作中知识的主要形式，知识具有理论性或情境性。理论知识指那些可以编纂成文的概念与原则，这些概念与原则都有一般相关性。相比之下，情境知识大部分只可意会，是隐性的而且不具有一般化，只与特定适用的情境有关。技能维度考查了三种形态的技能：基于智慧的、社会的、行动基础的技能。基于行动的技能关系到身体的灵活性。基于社会的技能需具备激励与管理他人的能力。基于智慧的技能指有抽象推理、综合不同观点及创造性的能力。创造力维度（创造力被定义为问题解决的处理流程。独创的产品通过这一流程生产出来，即创造力是产生某种产品或劳务的基础）（Frenkel et al., 1995：779）认为工作中的创造力水平的不同按等级由低到高变化。

Frenkel 用这些维度将知识工作者定义为符合下列所有条件的任何人：（1）在工作上具有高水平的创造力；（2）广泛应用智慧型的技能；（3）使用理论知识而非情境知识。如此，概念化的架构可以兼容主流的观点及精英对专业知识工作的观点。然而，Hislop 提出，因为考虑到情境知识与理论知识，以及牵涉到工作的技能，而该技能透过定义知识工作为任何形式、牵涉到使用合理数量的理论知识或情境知识的工作，就可以很容易符合"所有工作都是知识工作的观点"。应用此架构可理解两种职业：一种为管理顾问，符合主流、精英定义的知识工作；另一种为不符合该定义的办公设备服务工程师（office equipment service engineers）。这些将在本章后面说明。

12.3　员工激励为何是实现知识管理的关键

随着知识管理相关文献的推演和发展，人们日益注意到加入社会文化因素到知识管理是这些倡议成功的关键。例如，有大量的证据显示社会文化因素如人际信任水平、人格、民族文化价值观与组织文化在塑造员工参与知识管理行动的态度中扮演重要的角色（Holste and Fields, 2010；Lam, 2005；Matzler et al., 2011；Newell et al., 2000；O'Dell and Hubert, 2011；Paroutis and Al Saleh, 2009；Teo et al., 2011；Tong and Mitra, 2009）。

有一部分文献解释说明了为什么不能假设员工愿意参加知识管理行动，是因为有超越个别组织的结构性因素存在，包括员工可以借由专业知识获得的权力和地位、雇佣关系的性质，以及所有组织中可能存在的人际/群体冲突。首先，不仅很多组织的知识有隐性与私人的特性，该组织的知识是由员工经长期工作累积而成，而且员工拥有知识也是借此在组织内取得权力与地位。单是这个事实就意味着如果员工觉得参与组织的知识管理行动是放弃他们的权力/或地位，他们就不愿参与知识管理行动。另一个影响员工参与知识管理行动的意愿是雇佣关系的性质，该性质导致员工与管理阶层的利益总是不完全相容。因此，关于知识工作者，潜藏着工作者与雇主之间谁拥有这一知识的冲突，以及如何应用的问题。例如，Currie 研究了施行知识管理行动的大型制药公司，发现这些公司同时也在精简知识管理倡议。许多有经验的管理人员不愿意共享知识，就因为担心一旦共享知识，将更容易使他们成为冗员而被淘汰，所以知识管理行动比较失败。

专栏 12.1　实践中的 HRM

基于 Web 2.0 技术的知识共享的影响因素

Paroutis 和 Al Saleh 检验了在一家跨国企业里影响人们是否使用 Web 2.0 技术进行知识编码与分享的决定因素。他们通过采访用户和非用户来了解他们的不同理由。首先，在非用户方面，他们没有使用 Web 2.0 平台来进行知识共享的主要原因之一就是缺少时间，因为他们认为使用 Web 2.0 系统可能会干扰人们的主要工作活动。第二，他们也对 Web 2.0 系统知识的质量（"它可能来自不可靠来源"）和数量（"太多信息"）表示担忧。第三，人们对技术的不熟悉意味着他们更愿意通过一直使用的传统方法来分享知识。

从 Web 2.0 平台的用户角度来讲，该系统有很多好处。首先，它被认为是向其他人传播知识的有效途径，也可以用来记录人们的知识和经验（如博客）。其次，它是追踪其他人最新观点的有效手段。最后，它被认为可以帮助人们建立和拓展社交网络（"我在全世界建立了专业性的网络，而这本来不可能存在"），巩固他们的地位（"帮助建立一定的可信度"）。

组织潜在的冲突还源自另一个结构因素：组织内不可避免存在的员工与群体各有真实的（或自认为）不同的利益。关于知识管理行动，如上述的事实，权力与知识密切相关，意味知识管理行动可以演变成为 Storey 与 Barnett 所指的微政治斗争。因此，员工在组织知识管理行动的态度和参与（或不参与）是由某些影响并关联到政治斗争的行为方式所塑造，而政治斗争是组织结构的一部分。

在本小节说明何以不能视员工的参与知识管理行动为理所当然。随后两小节将检视在组织内的特定因素，该因素影响员工对知识管理行动的态度，以及考虑可以利用何种人力资源管理政策来鼓励员工参与该种行动。

12.4　组织环境与员工对知识管理的态度

本节继续讨论前面章节所讨论的主题——为什么人的动机是知识管理行动成功的关键，为什么不能保证员工会参与知识管理行动。然而，本节的重点将会从组织管理阶层在某种程度上无法控制的结构因素，转移到管理阶层在某种程度上可以控制的一般组织氛围的因素。如同前面的概述，有大量证据显示社会文化因素将是塑造员工对知识管理行动态度的关键。本节提供这份文献的摘要。然而，这份文献识别出很多不同的因素，这些因素影响员工态度，可以归纳成三大类（见表 12-1）。

表 12-1　　　　　关于影响员工对知识管理活动的态度的组织因素研究数据

影响工人参与知识管理过程态度的因素	支持性证据/分析	结论/发现
在同事中存在相互信任和良好的工作关系	Zhou et al.（2010）	对中国人的研究发现，信任与知识分享正相关
	Holste and Fields（2010）	对非营利组织经理人的研究发现，信任与分享并利用隐性知识正相关
	Cabrera et al.（2005）	对西班牙 IT 公司的调查发现，感受到同事的支持是影响员工对知识共享态度的三个关键因素之一
	Lam（2005）	对印度一家 IT 咨询公司一个提倡知识管理失败的案例研究表明，由于存在竞争、个人主义文化，员工不愿整理并分享知识
	Andrews and Delahaye（2000）	科学家之间的知识共享的案例研究表明，知识共享发生的必要条件是信任

影响工人参与知识管理过程态度的因素	支持性证据/分析	结论/发现
在同事中存在相互信任和良好工作的关系	Zhou et al.（2010）	对中国人的研究发现，信任与知识分享正相关
	Holste and Fields（2010）	对非营利组织经理人的研究发现，信任与分享并利用隐性知识正相关
	Cabrera et al.（2005）	对西班牙IT公司的调查发现，感受到同事的支持是影响员工对知识共享态度的三个关键因素之一
	Lam（2005）	对印度一家IT咨询公司一个提倡知识管理的失败案例研究表明，由于存在竞争、个人主义文化，员工不愿整理并分享知识
	Andrews and Delahaye（2000）	科学家之间的知识共享的案例研究表明，知识共享发生的必要条件是信任
在员工及其经理中存在相互信任和良好的人际关系	Li（2010）	在美国和中国的员工中基于IT的知识分享与公司内知识分享文化正相关
	Paroutis and AlSaleh（2009）	通过 Web 2.0 技术分享知识与组织支持的水平正相关
	Fong and Kwok（2009）	对中国香港建筑公司的研究发现，知识管理活动的成功与管理层的支持密切相联
	Renzl（2008）	对两家公司的调查发现，管理层的信任水平与员工知识分享的态度正相关
	MacNeil（2003）	认为生产线管理人员这一角色是促进基于团队/组的知识共享的关键
	Ribiere and Sitar（2003）	在成功开发适当知识文化中，关键领导者的作用：以身作则等
	Cabrera and Cabrera（2005）	分析表明，积极发展知识共享的一个重要途径是发展一种文化，即把知识共享作为一个规范
对工作成果以及利用个人知识的适当认可和奖励	Teo et al.（2011）	对惠普的一个分支机构的案例研究发现，在知识管理中形成参与意识的一个关键因素是对知识分享努力的认可
	Han et al.（2010）	对中国台湾的案例研究发现，知识分享与参与决策制定过程有积极的联系
	Robertson and Swan（2003）	对一个咨询公司的案例研究说明了如何奖励和认可愿意致力于参与知识管理活动的员工
	McDermott and O'Dell（2001）	知识管理活动应该与现存的组织文化兼容

总体而言，由证据导出的一般结论为：当整体组织氛围/文化公平且积极，员工就很可能愿意参与组织的知识管理行动。例如，当人们觉得他们的努力有公平的报酬，以及员

工间的人际关系、员工与管理者的人际关系有信任基础时。随后的小节将检视人力资源管理实践的方式，该方式可以产生此氛围，且因此可能帮助促进组织管理行动。

12.5 人力资源管理方法帮助实现知识管理

在考虑何种人力资源管理实践的方法可以帮助激励员工参与组织的知识管理行动前，需考虑组织可以用来管理知识的各种方法。如同先前的讨论，有很多作者发展出各种类型（typologies）去划分现存的知识管理战略范围。每一种特定的知识管理方法要求有不同的员工行为。因此，Hansen 的架构，一个编码式战略需要员工专注于他们的知识管理活动，并围绕 IT 系统来使用。在 IT 系统中，他们需要把他们的知识嵌入系统，并使用 IT 基础的知识库（例如可搜索的资料库）去搜索他们所没有的知识。然而，个性化战略需要员工愿意直接与他人分享他们的隐性知识。因此，如不同的知识管理战略需要不同的行为，他们的人力资源管理的含义也不尽相同。

多样化的知识管理战略的存在意味着无法发展出"一套最佳的人力资源管理实践步骤清单"供组织有效管理知识。最终，用于人力资源管理实践时，需要考虑特定组织所采用的特定知识管理方法。

12.5.1 人力资源管理方法协助知识管理

在本小节，会谈到如何用特定的人力资源管理实践来激励员工积极参与知识管理行动。

招聘与遴选

人力资源管理实践中可用来促进知识管理行动的方法之一，就是通过使用招聘和选择流程来尝试并确保新员工对组织知识管理流程持正确态度。文献提出两个方法。第一，用招聘与选择流程去筛选出价值观和态度与组织文化及规范相符合的新员工。例如，Swart 与 Robertson 发现，他们研究的知识密集公司的成功，是基于他们有能力去招聘符合他们的价值观（指知识共享与共管的价值观）的人员。Chen 在研究中国台湾的研发工程师时，也有如此的结论。

个性如何与知识共享态度相关是一个极少被研究的议题。然而，很多这方面的研究确实发现，个性特点明显地与分享态度正相关。因此，第二个方法使用招聘、选择流程来促进组织知识管理的努力，也就是透过倾向测验来选出对知识共享可能有积极态度的人员。虽然所有在这方面的研究皆采用五因素人格模型，但它们对于何种人格特性与积极知识共享态度有关有不同的研究结论。因此，Cabrera 的研究（该研究仅基于对单一的西班牙组织的调查）发现对于"对变化采取开放态度"（openness to change）的人格变量与积极的知识共享态度相关。相对地，Mooradian 的研究也是基于对单一组织的调查，发现亲和力与组织知识管理正相关。最后，Matzle 的研究发现亲和力、自觉性与组织知识管理正相关。由此可知，这方面的研究还在初期，没办法得到明确的结论来说明个性如何与知识共享态度相关。所以用性向测验来辨识积极知识共享态度的方法时要谨慎。

建立/维护适当的文化

文献表明最常见的用来支持知识管理行动的人力资源管理实践方法是借助创造、发展与支持的组织文化，该文化有利于知识共享/使用/发展。这样一种文化的一般特征是知识共享被视为一般规范，员工的知识共享的努力会得到同事的支持，人们会有强烈的集体认同感，认为组织过程公平，最后，员工对管理阶层有高水平的信任和承诺。然而，大部分文献的缺点之一，是并未表明什么样的组织需要去创造和维持这样的文化。

此外，在这方面的文献中有辩论，它反映了更广泛的文化管理文献。例如，出现一些新的认知，认为一些组织可能没有连贯和融合一体的文化，而且可能有塑造组织的知识共享流程的特色与动力的独特亚文化存在。例如，Currie 和 Kerrin（2003）对一个英国制药公司的销售与市场事务的知识共享研究发现，有亚文化存在的销售与市场部门，该亚文化阻碍了员工间的知识共享。Alavi 等人（2005—2006）观察一个以美国为总部的国际信息技术公司，想了解文化因素如何塑造知识管理实践，发现该公司对于不同亚文化使用某些不同的标准知识管理工具。因此，这个研究说明了使用文化管理实践去努力促进组织的知识管理需要考虑到组织中的亚文化。

工作设计

在工作设计方面，知识管理文献一致认为有最佳的方法去建构工作来促进已有的知识管理分享态度。基本上，工作必须具有挑战性与成就感，提供员工运用现有技能与知识的机会，同时也能持续发展他们的知识与技能（Robertson and O'Malley Hammersley，2000；Swart and Kinnie，2003）。因此在 Horowitz 等人（2003）对新加坡知识工作者与管理者的研究中发现，为员工提供挑战性的工作被评为帮助管理者留住知识工作者最重要的因素。

进一步说，目前能找到的证据说明，知识工作者认为在工作中的高水平的自主性，与本质上就有趣的工作一样重要（Khatri et al.，2010）。例如，Robertson 与 Swan 在对科学顾问的研究中发现，对于顾问（随机挑选达到目标年收入的顾问来做调查）以及延伸到他们各种不同领域的研究项目，发现自主性非常重要。这些领域的研究项目包括：顾问承担培训和发展活动的选择（确认自己的发展需求是顾问的责任，并募集资金来支持他们的选择）；工作时的穿着与工作模式（指有非常明显的多样性的工作模式、个性、服装风格，并开发和鼓励了异质性而不是一致性的文化）。

最后，Cabrera 和 Cabrera（2005）建议，如果工作是设计用来发展同事间的社会资本，则它可以提供一个方法去促进组织间人际知识共享。他们提出两种可以实行的方法：促进并利用以团队为基础的工作方式（特别是跨职能、跨学科的团队）以及鼓励沟通实践的发展。

培 训

前面的小节概述了工作中自我发展机会的积极因素在激励员工参与组织知识管理流程中扮演的重要角色。虽然可以通过安排工作来完成，但也可通过提供合适的机会进行正规培训来达成。研究证据显示，知识工作者认为雇主所提供的这些机会是激励并留住他们的至关重要的方法。

不少作者提出了一些特定类型的培训可以促进适当知识行为的具体方式。因此，Hansen 等人（1999）建议所提供的培训类型需反映组织所采取的特定知识管理方法。例如，以信息技术为基础的培训适用于追求编码化战略的组织，然而，提升人际技巧与团队工作的培训适用于个性化知识管理战略的组织。进一步来说，Cabrera 等人（2005）对西班牙公司的研究发现，自我效能感（self-efficacy，指个人相信自己可以完成特定工作的能力）与正向知识共享态度相关，也就是说着重发展员工其自我效能感水平可能有助于组织的知识管理。

薪酬与绩效评估

知识管理文献一致同意：奖励员工恰当的知识行为，并将与知识相关的态度及行为列入绩效考核流程，这体现了一个重要方法——使用人力资源管理实践去支持组织知识管理的成果。此外，文献也赞同，此种奖励制度应反映组织所采取的特定知识管理战略与知识流程类型。例如，Hansen坚决主张假如追求的是编码化战略，薪资报酬奖励制度里就要有确认员工编纂知识及寻求其他知识的努力。而如果追求个性化战略，薪资报酬奖励制度就该承认员工分享隐性知识的努力。

然而，再看细节就会发现有分歧。该分歧在于奖励制度如何准确地用来促进关于知识流程的积极态度与行为。某些研究认为着重个人表现的财务奖励发挥积极的作用。例如，Horowitz等人对新加坡知识工作者的调查发现，"高度优于同业的薪资方案"（2003：32）被列为留住知识工作者的第二个有效方法，但没有提及引起知识工作者流动的主要理由。

然而，其他人认为此种突出个人表现的奖励会阻碍知识共享，因为会产生对知识共享有目的性的态度。也因为该机制破坏人们团队意识与社群精神，减少人们共享知识的可能性。知识共享对于社群或团体有很大的好处（Fahey et al.，2007）。这些作者因此建议发展突出团体表现的知识共享，亦即借助与知识相关的奖励来奖励团体，而非个人（Cabrera and Cabrera，2005；Chen et al.，2011，Lam，2005）。这些作者又建议，如果没有更重要的促进、鼓励人们有适当奖励知识行为的办法，非金钱奖励如认可也有同样的效果（Robertson and O'Malley Hammersley，2000；Paroutis and Al Saleh，2009；Teo et al.，2011）。

专栏 12.2　实践中的HRM
整合人力资源管理以促进知识管理

Chen等人调查了一系列不同的人力资源管理方法如何影响中国台湾的研发团队分享知识的意愿。所有被调研的研发团队都属高科技行业（电子、通信、精密机械、半导体和光电）。他们分析了超过50个独立研发团队的200多名员工。总的来说，他们发现大部分人力资源管理的方法确实影响了人们的知识共享行为。第一，他们发现招募那些适合现有的文化和团队价值观的员工能够促进知识共享。第二，他们也发现人们分享知识的意愿与他们感知到的雇主关注他们长期职业发展的程度正相关。最后他们发现专注于个人的绩效评估抑制了人们在团队内分享知识的意愿。因此，在他们调查的这种团队环境中，以团队为中心，而不是关注个人的绩效评估有可能促进知识共享。

12.5.2　留住员工：通过建立忠诚度来防止知识流失

建立员工对组织的忠诚度，是组织努力促进知识管理另一个潜在的重要途径。因为之前所言的特点，知识工作者的高离职率对于雇主是个潜在的重大问题。首先，他们的知识是典型的高隐性的情境知识。如前所述，知识工作者拥有的知识来源之一是社会资本，他们对客户公司的重要人物的认知。因此当该员工离职时，对于雇主就会有客户流失的风险。其次，高离职率对知识密集型公司而言是个问题，因为知识工作者拥有的知识是该组织绩效的最关键要素。因此留住有价值的知识员工，与激励员工参与知识活动，与组织知识管理战略一样是重要的元素。因为组织知识具有隐性与潜在性，这意味当该员工离职时，该知识也随之而去。如同 Byrne（2001：325）简明扼要地指出："没有（员工的）忠诚，就没有知识。"

　　然而，有些分析显示，很多组织离职率很高并且很难留住他们的知识工作者。很难保留员工在很大程度上是因为在劳动力市场里，知识工作者相对稀少，于是产生一个对偏好跳槽的知识工作者有利的条件。Benson 和 Brown（2007）提出来自反例的资料，显示澳大利亚某个大型研究组织没有留人的困扰（见专栏12.3）。

　　Alvesson（2000）辩称处理离职问题的最好方法之一，是建立员工对组织的忠诚度，尤其通过提高他们对组织的认同感来建立组织忠诚度。Alvesson 区分了两大类型的忠诚：基于目的性的忠诚（instrumental-based loyalty），以及基于认同性的忠诚（identification-based loyalty）。Alvesson 辩称最脆弱的忠诚形态就是基于目的性的忠诚。基于目的性的忠诚指只要雇主给予特定个人利益，员工就维持对雇主的忠诚。用薪资与工作条件来诱导员工对雇主的忠诚是最有效的发展该忠诚的方法。Horowitz 等人（2003）的发现强化了Alvesson 的结论。如同表12-2所述，该表说明了知识工作者的有限组织忠诚度水平，而且知识工作者主要为了薪酬相关因素而换工作。

表12-2　　　　　　　　　　　　　**知识型员工离职的原因**

知识型员工离职的原因	组织所报告的最重要原因所占的百分比（%）
更好的薪酬和前途	39
个人原因	20
与职业生涯有关的问题	13
与公司有关的问题	13
市场因素	10
与工作有关的问题	5

　　第二种更强形态的忠诚是基于认同性的忠诚，该忠诚基于员工对于成为组织的一员的强烈认同感，并且认同他们的组织目标。有三种战略可以发展基于认同性的忠诚。首先是基于制度的战略。该战略为组织发展出知识工作者认同的特殊愿景或一套价值观。其次是Alvesson 所指的基于社群主义的战略。该战略认为，通过各种联谊与促进员工间的社会关系的社交活动，发展员工自主加入一个有凝聚力的团队。最后是社会整合战略。它结合了基于制度的战略与基于认同性的战略。Joo（2010）对韩国一家大型公司的承诺与离职意向的研究发现，出于认同性对促进员工对组织贡献的承诺起着重要的作用。当该研究发现人们的组织承诺水平与组织学习文化为正相关时，认同性对促进员工的承诺发挥重要的作用。此发现表明，只要知识工作者认为他们的组织存在支持知识与学习的文化，他们就会对雇主有贡献。

专栏 12.3 实践中的 HRM

澳大利亚知识型员工的忠诚度与承诺

Benson 和 Brown (2007) 报告了对澳大利亚一家大型组织的研究结果,比较了一些知识型员工和日常工作者的承诺水平以及原因。与他们的期望,以及其他对知识型员工忠诚度的研究结果相反,他们发现与日常工作人员相比,所调查的知识型员工拥有较高的态度性承诺。Benson 和 Brown 认为承诺的概念应包含两个要素:态度承诺和行为承诺。员工态度上的承诺与其相对雇主的身份有关,而行为承诺涉及他们的忠诚度以及他们为雇主工作的时间。关于组织承诺的文献表明,高承诺水平的员工离开雇主的可能性远低于承诺较低的员工。因此,高承诺水平有助于留住员工。

Benson 和 Brown 根据工作的三个特点来界定知识型员工。第一,知识工作多样化,通常是非常规的。第二,知识工作是高度相互依赖的,通常涉及与很多同事的密切合作。第三,知识工作者通常具有较高的自主权。

根据现有公开的研究结果,他们假设,第一,知识型员工拥有比常规工作者低的态度承诺水平。第二,知识型员工拥有比日常工人更高的离职意愿(较低的行为承诺水平)。

Benson 和 Brown 的研究是在澳大利亚的一个雇用近 7 000 名员工的大型"半政府""科学研究组织"中进行的 (2007:128)。其主要使命是辅助澳大利亚工业并鼓励工业科学知识的发展和应用。

他们分析发现,这两个假设都没有得到支持,而且他们的发现与期待的结果相反。关于他们的第一个假设,他们发现"知识工作者比日常任务工作人员的态度承诺明显更高 (2007:132);而与第二个假设相关的结果是,知识型员工的离职意愿相比日常工作员工较低(行为承诺水平较高)。

Benson 和 Brown 也调查了知识型员工和日常工作员工承诺水平不同的原因,发现每个类别有不同的原因。在检验的组织变量中,三个(角色模糊度、同事支持和上级支持)是知识型员工的态度承诺的重要决定因素,而只有两个对日常工作人员(角色模糊度和上级支持)是重要的。

他们认为,研究中的这个案例机构有一个特点,即拥有国际声誉,这可能是造成知识型员工承诺水平高于常规工作人员的原因。最后,对于组织承诺影响因素的研究结果表明,与同事的积极关系和来自于同事的支持严重影响了知识型员工的承诺水平。因此,发展良好的同事关系是提高知识型员工承诺的一个可行策略。

问 题

1. 员工与雇主之间在如何使用员工知识这个问题上的分歧是不可避免的吗?从管理的角度来看,如何尽量减少这种可能的分歧?

2. 在知识型员工的研究中主流观点是,雇主需要提供特殊的、优越的工作条件来激励和保留他们。这样做的好处是否会多于可能产生的损失,如造成其他员工的不满?

深入阅读

Chen, W.-Y., Hsu, B.-F.and Lin, Y.-Y. (2011) 'Fostering knowledge sharing through human resource management in R&D teams', *International Journal of Technology Management*, Vol.53,

Nos 2, 3, 4, 309 - 30.

Hislop, D. (2008) 'Conceptualizing knowledge work utilizing skill and knowledge - based concepts: the case of some consultants and service engineers', *Management Learning*, Vol.39, No.5, 579 - 97.

Hislop, D. (2009) *Knowledge Management in Organizations: A Critical Introduction*, Oxford: Oxford University Press.

案例研究12.1 家庭能源公司：支持工作团队的知识分享和利用

DONALD HISLOP

这个案例研究审视了管理与人力资源管理的方法用于支持那些地理区域分散和孤立无援，很少有机会面对面互动和沟通的组织员工们的工作和知识分享活动。

组织背景

家庭能源公司是一家英国公司，它的主要业务是为家庭用户安装、维修供热设施并提供服务。20世纪90年代，家庭能源公司管理层实施了一项大规模的成本削减和重组计划，并确信这项变革对于公司维持其商业竞争力很有必要。

这个案例分析是在2003年上半年的研究基础上提出的，由谢菲尔德工作哲学研究所的两位作者做的。这个研究调查了员工远程工作（其工作核心是广泛的信息使用和沟通技术）的特征、知识分享、沟通的动力。这项研究是小规模的，实际上是探索性的。而家庭能源公司则涉及范围更广，他们与六名员工进行了半结构式的访谈，这几位员工在林肯郡和南约克郡负责服务、维修和安装业务。

重组之前，把服务工程师的职责描述为远程工程师是不当的，当他们的工作要求其做地理位置上的移动时，工程师无需使用ICT（Information Communications Technology，信息通信技术），他们的操作自始至终远离中央补给站。在这个期间，当工程师要上门服务时，如果需要特殊的零部件，则他们每天从始到终不得不往返中央补给站，这就意味着工程师之间有着广泛的互动机会。以下从一位工程师的话可以说明问题：

我记得就在中央补给站，有一些外部技术顾问来看我们的培训，并且……他们所看到的最好的培训是非正规的，大家在更衣室中站着，有个人手里拿着零件，"噢，不要从右边拿，从左边拿更方便"。

从服务工程师到远程员工的转换

涉及重组的变革实质上是根本性的，涉及削减4 000到10 000名员工。下一步，项目要关闭在当时的英国算是大型的中央补给站450个，这些办公室和补给站要合理分流到地方补给站。作为这个过程的一部分，服务工程师失去了他们在补给站的大本营。这些员工再也没有自己的窝了。而从前他们要去补给站等待分配工作，在新系统下这个过程已无必要了。相反，每个工程师有自己的面包车和成套设备、手提电脑、移动电话，通过电子方式接收他们的工作指令。因而，从知识分享这个术语看，我们在开头所说的同事间互动和知识分享这类机会在工作实践中明显减少了。这个情况正如下面的一位工程师在访谈中所总结的：

"孤立"可能是一个问题。我想我们工程师现在口头上已经消失了一个词——晨会。它就像你在参加社会生活……许多工程师说他们所失去的主要事情就是与其他工程师联系有关工作的事。

正如我们将在下面要看到的，家庭能源公司已经认识到这些变革的后果，通过一些机制，开始应对这种有关非正式的成功分享知识的方式。然而，在受访的工程师中，很明显，这种通过组织的方式来支持互动、沟通和知识分享不一定完全符合他们的要求，他们当中很多人开发出自己的八小时以外的非正式方式，正如下面所说的：

我们一起去拿零件，在那儿有个小卖部，早晨我们三五个人一起去，要上一杯咖啡，闲聊一会儿——在上班前，我们彼此仍然能见个面，聊半小时一小时的。

对家庭能源公司服务工程师管理和人力资源管理方面的支持

家庭能源公司对服务工程师所提供的支持是相对成功的。尽管存在着这样一个事实：许多工程师感到他们的工作不再给其充分的机会与同事互动，但确实是被上面所描述的非正式会面所代替，这些受访员工对他们的工作相对感觉很幸福。更何况没有证据证明他们不愿意做这份工作，运用自己的知识，并在适当的地方与同事分享他们的知识。

要想对家庭能源公司管理员工知识的战略进行分类是很困难的，它并不属于现在的学术文献所发展出来的类别。例如，在 Hansen 等人（1999）的框架中，正如所看到的，既有出于整合战略的因素，其中电子方式被用于整合和消除条文框框；也有基于个人化战略的因素，即意味着用于促进和鼓励个人之间的知识分享。

为了能高效地做好工作，家庭能源公司要求运用三个广义的知识方法。第一，他们要使用和运用必要的知识。例如，诊断问题是一个他们要执行的重要任务，进入客户的家中，根据他们对问题的模糊描述，把问题找出来。第二，他们要继续获取新的知识。例如，学习如何安装和维修新型设备。第三，就像照相工程师一样（Orr，1996），要求工程师找到同事并与其分享知识。下面的小节概括了家庭能源公司管理层使用这些方法来促进和支持这些活动的范围。

培 训

由家庭能源公司提供的培训有很多，这些培训支持服务工程师的工作活动和认知过程。第一，有正式的学徒计划，这个计划是培训项目的基础，没有经验的新进员工都要学习工作的基本技能和知识。培训为期一年，采取在地方半学习半在岗培训的形式，最终学徒在那里走上岗位。在半在岗培训中，学徒跟着指定的工程师出外勤，通过观察工程师工作并亲身完成一些任务来学习。

第二，家庭能源公司培训计划的伙伴体制紧随正式培训计划而来，是工程师在岗培训的拓展和延续，新工程师全天跟随有经验的工程师。因而在这个时期，新工程师没有更高级的工程师带队是无法上门服务客户的。这个程序有两个目的。第一，它有助于新工程师发展其诊断技能，针对家庭的具体情况运用其正规学习的知识。第二，它也使新工程师发展与更多的有经验的工程师良好的工作和交往关系，有助于他们形成其所能接触到的人际网络，就像大多数工程师那样，有朝一日会需要他们的支持和建议。

第三，必要时给工程师提供机会提升技能和知识，有大量的移动培训中心到全国巡回培训，工程师们可轮流去。这些中心是客户订制式的、大蓬车式的，在英国共有八个。例如，当制造商开发出一种新设备，这个移动培训中心可能就会用上，它使工程师能亲手体验、观察并试用新设备。

第四，有一项针对员工定期提升技能的制度，编辑好的知识和信息会直接传到他们的手提电脑里。这一点将在下面"编辑好的知识"小节深入讨论。

管理层的支持

支持服务工程师体系的内在因素是由他们的经理提供的。工程师们按地区以30到60人为一组组织起来，每个地区由一个区域经理负责。小的地区工程师只有三四十人，区域经理可能责任比较单一。对于超过50个工程师的大区域来说，区域经理通常配一个经理助理，来为工程师工作。至于监控率，受访经理表示信任很重要。经理们通过电话联网、团队会议（见下面）、面对面会议（在客户家附近，或者到中央补给站拿零件）来支持和监督他们的工程师。然而，监督率意味着经理们通常一周只能面见或联系一次他们的工程师。因此，放手式管理是必然选择而非积极选择。经理们对工程师的日常业绩考核是通过现有的业绩管理系统实现的，它要求工程师一周一次以电子活动表的形式来描述他们都做了什么工作（见下面）。

团队会议/社交活动

另一种把工程师召集起来的机制是月例会，它给工程师提供机会面对面互动，让他们分享有关知识和信息，保持团队精神。这些由区域经理协调，通常是相对非正式和临时的性质。它为工程师提供了一个论坛，提出并讨论他们认为重要的问题。受访的员工也定期参加团队组织的社交活动，有组织地外出工作，但这都不是管理制度的正式部分，都是由区域经理自行组织的。

编辑好的知识

有大量编辑好的知识也被用于支持工程师们的工作。例如，针对大多数设备类型的多种维修方法，他们的手提电脑里有广泛的、进阶式说明列表，并有相关的绘图。因而，从理论上来说，无论客户的设备是什么类型（相当陈旧和过时的设备除外），工程师都可以通过手提电脑里的资源来帮助其维修设备。会有定期（按季度）的更新技术信息光盘送到工程师手里。最后，工程师也会从邮箱收到一些论文之类的技术信息。

技术支持

最后一种为工程师提供的支持是技术服务热线，如果他们遇到的问题是自己不熟悉的，或者是他们手提电脑里没有的，可以随时拨打技术服务热线。综上，有许多正规的体制来支持服务工程师们的工作，这些机制深谙他们工作中的孤立无援问题的实质，提供了必要时搜寻和分享知识及想法的机制。

工资/绩效管理

案例研究审视的最后一个问题是服务工程师的工资和绩效管理系统。服务工程师的主要任务以寻找、分享和有效利用知识为工作内容，所以没有直接与报酬相关的报酬或奖励。这些活动被认为是工程师工作的一个内在因素，因此不适宜为开展此类活动提供奖金。工资变动的主要方面是周末或节假日加班，并且工程师不得不加班。衡量和监控他们工作业绩的主要方法是工作质量和工作效率。因此，每个工程师必须填写一份每周活动表，详细说明他们所做的所有工作。他们能做的每一项工作都用了大量的时间，工程师们必须确保完成足够的工作，这样分配给他们所做的工作的时间加起来就等于他们在某个星期的工作时间。

案例研究12.2　办公设备服务工程师和咨询师作为知识型员工

DONALD HISLOP

引 言

Hislop（2008）重新定义了Frenkel等人的知识型工作框架，使之与"所有的工作都是知识型工作"的观点保持一致。使用修正后的框架通过运用描述和理解涉及两个不同工作的技能和知识来说明：管理咨询师和办公设备服务工程师。[①]工程师的数据收集是通过访问英格兰中部地区同一个城市的三个小型设备服务公司获得的，有关咨询师的数据则通过访问两家以人力资源管理业务为核心的小型管理咨询公司获得的，这两家公司分别来自英格兰西北部和西南部。这两个群体的员工都被归类为工作含有一定技术、知识和创造能力的知识型员工，他们的工作描述见表12-3。

表12-3　　　　　　　　　　　管理咨询师和服务工程师工作特征

		管理咨询师	服务工程师
	基本行为	低水平	中等水平
技能	社会型的（包括审美和情感） 智慧型的	中等水平 高水平	中等水平 中等水平
知识	背景知识 理论知识	重要水平 非常重要的水平	一般重要水平 低水平
创造力程度		高水平	中低水平

Source：From Hislop，2008：587，table 2.

办公设备服务工程师

办公设备服务工程师的日常工作包括：在一定区域为客户上门维修、服务和安装办公设备，如复印机、传真机、打印机和扫描仪。一般来说，每天上门服务的客户有2~7个不等的工作有复杂性。对服务工程师来说，事关其工作创造力的水平相对较低。这是因为大部分工作是进行相对重复性的、必要的简单诊断分析，即大部分维修服务工作涉及处理相似的维修和任务。框架中的技能术语范围涵盖了要求合理地利用这三种技能。首先，基本行为技能是必须具备的，因为大多数工作涉及一定的设备拆卸和重新组装。因而一位工程师将这类工作比作小汽车的例行服务。社会技能也是必要的，不仅与客户而且与同事进行有效的沟通。他们的工作实质是单兵作战，包括独自去客户那里并独自一人完成工作，需要借助手机进行大量的沟通。

工程师所承担的大部分工作很显然比较简单，让人以为用了一些智慧型的技能。这主要是因为这些技能大家心里都有数，是由经验积累起来的。一位工程师总结说：

你在培训时，他们会向你展示机械是如何运行的：你把它拆开。你站到机器面前时正

---

① 本案例研究所出现的所有引用都来自Hislop，2008。

是了解它的时候，很显然第一次你会犯错，并要花两个小时找出问题在哪儿，但当你下次碰到同样的问题时，因为之前已经解决过，所以会手到病除。

从知识这个术语来看，对工程师来说很少用到理论知识，但他们的工作确实涉及开发和利用背景知识。这包括随着时间的推移，了解客户业务需要什么样的办公设备（工程师有一定的地理区域分片，在一段时间内会多次拜访同一个客户），以及这些业务会影响这类问题一般会发展到什么程度。一位工程师描述说：

你会了解他们对机器的期望是什么，这可能完全不同于其他某个人对同一机器的期望。

因而，他们的客户使用办公设备的方法会影响设备出现的错误类型，了解了这一点就构成了工程师的背景知识。他们吸取了这方面的知识，并结合基本行为要求和所拥有的智慧型技能诊断、修复故障设备来开展工作。

管理咨询师

相比工程师，咨询师的工作要用到高水平的创造力。通过资格审核的咨询公司为客户提供招聘和遴选人才的有关人力资源管理的建议。从咨询师访谈中看出，他们的工作特征之一是使不同水平客户达到最佳满意度。对咨询师来说，没有哪两个客户的需求和要求是完全相同的，因而咨询师做的每个项目都不同，其中涉及根据每个客户的特定需求开发独有的解决方案。

在框架的技能方面，咨询师发展和使用基本行为技能可谓微不足道，他们的工作经常用到社会型和智慧型技能。同工程师一样，他们工作的两个特征要求其使用社会型技能，第一是应对客户，第二是应对同事。咨询师要花大量的时间与客户面对面交谈、打电话和发邮件，因为他们需要先弄清楚客户的要求是什么，然后一旦他们提出了一个建议的解决方案，则必须提交给他们的客户，如果客户满意，将帮助他们实施解决方案。同工程师一样，咨询师度过的很多工作时间都不是和同事在一起，与同事的"面对面"交流主要是通过电话和发邮件。

了解他们的智慧型技能的实质以及怎样运用到工作中，对于使他们将知识用于工作中很有用。这是因为所有的三项技能在咨询师的一些重要工作中已经一起使用了：设计方案已符合不同客户的特殊要求。

咨询师的工作包括利用理论知识和背景知识。从咨询师工作对理论和智慧特征的要求可以看出，所有的咨询师要有一定的受教育程度，大多数要求有研究生学历。咨询师发展和使用的背景知识与客户的需要和要求有关。每个客户都各有不同，通常也有不同的要求，咨询师的每个项目都要开发不同的客户背景知识，大部分要通过同客户谈话和阅读文件获得。咨询师工作中对智慧型技能的要求包括，根据客户的要求，运用他们的理论知识和背景知识为每个客户量身定制解决方案。因而，智慧型技能要求融合这两类知识。理论知识的实际应用通常是他们获得奖励的另一个特征。运用智慧型技能的过程是将理论用于特有的情形，正如一位咨询师所描述的：

我相信抽象的理论都很好，但实际上，你真正想要的是能用的东西。将理论用于实践是真正的好，希望对某些人来说会有所不同。

结 论

从主流的观点来看——前面所概述的对知识工作的专业性定义，只有管理咨询师可以被称为知识型员工。然而，考虑到工程师们工作中用到的背景知识和智慧型技能，那些认同"所有的工作都是知识性工作"观点的人认为，将这两个群体的工作都视为知识型工作是合理的。

问　题

1.由于服务工程师要用背景知识，所以他们被归类为知识型员工，你同意案例中所分析的原因吗？

2.如果知识型员工被定义为一个人的工作用到合理数量的理论和背景知识，你认为哪种职业不能被称为知识型工作？

第13章

职业道德

Peter Ackers

道德准则：对评判人类行为的道德标准的哲学研究以及影响此研究结果的规章制度。

（解释来自《柯林斯词典》，这也是我所想强调的）

引 言

职业道德作为商业道德的一个分支（参见 Chryssides and Kaler，1993；Crane and Matten，2004），包括常规的道德准则在管理员工薪水和待遇时的实际应用。可以说，职业道德与体育道德和医学道德一样，也起源于我们对人际关系和交往方式的关注。职业道德有两个层面：一个是我们在工作中遇到的私人道德问题；另一个是行业中更大的社会责任问题。前者告诉我们作为有责任感的人，应该如何与老板和同事相处，这可能就会包括很多方面。例如，在填写费用表时的个人诚信、使用公家电话和网络时的个人诚信（参见 Mars，1973）、抵制行贿诱惑时的个人诚信，或者仅仅是对同事的友好和关心。在一个没有个人道德准则的文化体系中，高标准的商业道德几乎是不可能存在的。因此，现在有很多企业都实行从业准则来规范员工的行为。然而这一章重点讲解的是另外一种情境，在这里，你是一个商业机构中的管理者。在这种情况下，如果个人决策权是有限的，那么你与员工之间的接触会受行业规则的严格约束。例如，当"公司"决定关闭整个工厂或商店，或者决定解雇一部分员工时，作为一个势单力薄的经理，不论你同意与否，你都得执行这个决定。

从这个方面来说，这一章主要是想引导学生理解和遵守职业道德规范，因为不论是过去还是现在，职业道德都用于真实的企业管理实践，尤其是在英国。众所周知，职业道德问题引发了全球对于公共政策的激烈探讨，人们对企业在社会中所充当的角色和承担的责任争论不休。近期英国关于银行家薪水和奖金问题的政治争论也是对这一问题的有力证明（参见 Peston，2008）。随着关于对企业施加道德准则的复杂性讨论的逐渐增多，各种各样的道德理论开始与现实生活中所存在的道德问题相联系。于是就业道德的议题随之而生，这个议题在广义的经济政治范畴中将看重市场自由的右派和看重社会规律的左派进行对比，这就相当于把中央集权拥护者和多元主义者相互矛盾的管理观念同时作为雇佣关系中的道德衡量标准。接着将对道德就业管理历史进行概述，同时引介一项近几十年有重大发展的评估体系——人力资源管理——作为一种劳动管理的新方式。这一章主要强调从职业道德中"内部"利益相关者的角度来改变人们近来对人力资源管理理论和实践所产生的一些误解。（参见 Flanders，1970）

然而，将个人行为的道德准则变换成企业惯例在最开始并不是那么容易的一件事。首先，正如我们看到的，企业道德同其他领域的道德问题决策一样，在执行初期会遇到难题，即事物的是非决定权掌握在非个人的组织手中，而并非哪个人手中。其次，在与其他范畴的管理活动比较后会发现，还有一个更加棘手的问题：那就是，道德是关于应该如何去做，而不是它本身是什么。简单来说，这其中包含的不仅仅是技术决策，更是价值判断和意见分歧。事实上，这一点对影响到人类几乎全部的组织性政策都是适用的，只有在一些冠冕堂皇的词语后面时，比如"效率"，这些价值判断才会被隐藏。正如 Fox（1966）曾说过的，各种雇佣关系总被看作是相互矛盾的参考体系，它们会对相同情境做出不同的解释。这样看来，"道德准则"应该被视为日常人事政策的重要组成部分，而不是一些完全不相关的行为规范。

职业道德仍然是一个引发热议的话题，原因有如下两个方面：一方面，虽然现代企业往往为了追求公共关系而寻找道德制高点，但怀疑者们仍抱着迟疑的态度，他们认为一般而言企业道德就是一种自相矛盾的说辞。毕竟在考虑包括员工待遇等因素后，实现利益最大化才是企业的主要目标，难道说现如今这一主要目标面临着非常窘迫的境地吗？另一方面，雇主与雇员之间的关系会变为一条根深蒂固的纽带，它能够唤醒人与人之间信任与忠诚的道德观念。有偿劳动占据我们大量的工作时间，还为生活带来一些机遇，人力资源管理理论认为雇员是企业可以培养、发展和续聘的重要资源（参见 Legge，2004）。有些人认为，良好的职业道德实际上就意味着优秀的企业，因此，善待员工和提高企业业绩之间不存在什么真正的冲突，对于一些企业而言，这种观点有时可能是正确的，但更多时候，遵守道德就是在私利与原则之间做出艰难的抉择。

当所有道德准则都开始用常识来伸张"正义"与"公平"时，我们不难发现，人们对这些词语的意思是众说纷纭的。因此，如果不指出我们所依据的道德原理，我们就不能评论一项就业政策道德与否。就业问题的核心就是员工报酬。试想一下如果我是一家企业的大股东和高级经理，一群手工业者要求涨薪20%来平衡他们的辛勤劳动以达到所谓的"公平"。他们的要求表达了一种道德主张，我虽想做得有"道德"一点，但我如何知道他们的要求是否公平合理？进一步考虑这件事，我们就会进入众所周知的"道德迷宫"。虽然这个例子的详细事实很重要，但是我们所选择的道德依据会引领我们沿着正义之路走下去，去解释整个事情。（参见 Chryssides and Kaler，1993：79-107；Winstanley and Woodall，1999）

13.1　道德原理：进入道德迷宫

一个最为人们熟知的迷宫起点就是利用涨工资来达到所谓的"道德标准"，由此，你就会慢慢走进"效果论"的迷宫中。几乎是进入迷宫的同时，我开始思考怎样去权衡分析这些效果。举个例子，加薪自然会使工人们获利，但同时也会削减我的工资，而且还有可能会减少我在购置机器设备方面、自我投资方面或者慈善捐助方面的支出。我如何知道哪种结果更好呢？其实到这里，我通向"道德迷宫"的小路已经转入了更加广阔的"功利主义"大道，之前的问题也能在此得以解决。在这条大道上，最讨人欢心或功用最大的做法会被人们推崇。与我个人相比，我的员工人数多且工资低，所以加薪看上去似乎是最符合道德标准的一种做法。如果给员工加薪导致消费者生活成本的提高或者打击企业家们（比如我）开展业务和创造就业机会的积极性，那么这种福利会在社会上产生什么样更广泛的影响呢？另一个问题就是我不知道这样做真正的效果会怎样，我只能靠猜测。比如，一方面，较高的工资可能提高员工绩效，减少劳动力流失，从长远来看，这有利于企业发展；但另一方面，高额的劳动力成本又可能会降低竞争力并且导致员工失业。因此，在就业问题上争议的双方都可以利用功利主义来反驳对方。然而，更令人担忧的是，这也许恰巧会成为一些雇主极力逃避社会责任的借口，当然，不包括我。

我有些泄气，便折回到了另一条更狭窄的道路上，这条路有一个令人反感的名字，叫做"义务论"。仔细了解后我们不难发现，"义务论"只要求我们履行职责并且不计后果地"做正确的事"。事实上，这条路由两个根本原则所支撑，引领我们走向"目的王国"的同时培养我们的责任感。第一个原则是，我应该准备好推行我的决定。如果我给手工业工人涨了薪水，那我就不得不考虑办公室员工是否拥有相同的待遇。第二个原则是，我必须尊重他人，把他们作为我行动的最终目标，而不是达到目标的一种手段。实际一点来说，就是我不应该为了实现企业和社会长久效益最大化而拒绝工人们的加薪要求，放弃自己目前对他们所负有的责任。其实这其中还涉及了另一个概念，即"人权"，它认为所有的雇员都有"权利"要求得到像样的薪水或者其他东西。这样看来，康德的责任道德观有时会表现得非常"高尚"，以至于在企业管理中根本不考虑经济因素，虽然这很可能会影响到公司的长期生存能力。再者，在康德的道德观中，我们只有时刻带着责任感去做事才能真正变成有道德的人。这种假设剥夺了我们考虑自身经济利益的权利。举例来说，如果我的动机是好的，也知道同意给工人们加薪可以解决公司的劳动力流失问题，那我会怎么做？我仍会遵守道德准则吗？

我怎么知道我的主要职责是对这些员工负责呢？带着这些疑问，我突然发现了两条不太显眼的路，它们都从"义务论"这条主路出发，但通向两个截然相反的方向。第一条路中，"股东"可以大胆地认为自己的主要职责是对那些建立公司并且对其投资的股东负责（参见 Friedman，1993）。事实证明，确实只有保持成本最小化、利润最大化并且返还最多的红利，他们才能保护好自己的财产权。而加薪，除非有一个说得过去的经济前提，如劳动力短缺或者产量增加，不然人们很难把它与之前提到的这些目标联系起来。由此看来，企业效益必须首先服务于股东。第二条路被称为"利益相关论"，它认为股东或投资者都只是企业法人代表的几个利益集团之一，除此之外还有员工、消费者、供应商和更广阔的人群。因此，我的道德义务就是平衡各利益集团之间的供求关系。如果员工近年来的薪水和待遇状况都没被重视，那么工资奖励就可能是一个合乎情理的"再平衡"方法。但如果相较其他公司，员工的工资已经像英超球员那样达到一个很高的水平，那么工资奖励就是不可行的。如何在利益相互冲突的利益相关者之间对他们的所有权进行符合道义的裁决？这是一个普遍亟待解决的问题。这时，许多道路就会开始融合或者重叠，可能从某个时刻开始，利益相关者就会开始趋向功利，股份持有者开始趋向人权。我逐渐明白，通向职业道德的路似乎并不好走。表13-1将结果主义和非结果主义进行了对比。

这时，一条叫作"正义理论"的广阔新路在迷宫的空地上出现，然而还没延伸出去多远，它就分出了两条方向完全不同的岔路。第一条路叫作"权利的正义"，但它最终还是汇入了我们之前已经去过的股份持有者的路（参见 Nozick，1993）。在这条路上，人们有权得到或自由转移他们的财产，但前提是这些财产是他们靠正当途径而不是欺诈和盗窃得来的。无论是政府还是其他权力机构都无权干涉这种自由公平的财产转移。这样看来，我的员工若想升职加薪，就应该私下和我进行私人交易并且还得接受现行的市场利率。我可

表 13-1　　　　　　　　　　　　　　　　把对应的道德原理连接起来

结果主义	非结果主义
功利主义	康德哲学
大多数人的幸福	人类尊严与底线
结果决定方式	普遍的道德规则
有关经济效益的论述	有关人权的论述

能会出于善良或者仁爱多付他们薪水，借用康德的话来说就是我的"不完全义务"或是一种无常的慷慨行为，并且按照市场利率来支付给他们是非常公平的。但如果我的员工联合工会，强迫我放弃自由选择的权利而偿付更高的工资，这就是不公平的，我有权拒绝他们的要求。这种所谓正义的观点忽视了雇佣关系中的权力不平等（参见 Colling and Terry，2010），并且为了保证员工的薪酬和待遇，而忽略了经营中的社会责任，这可能会导致巨大的经济不平等。这条路告诉我们，有些道德理论会与常识中的公平待遇的定义相悖。

　　另一条路叫作"公平的正义"。在这条路上，人们都蒙着眼睛围坐在桌旁，在对于自己未来可能的职业毫不知情的情况下思考，我们思考着可能会生活在一个什么样的社会中（参见 Rawls，1993，以及案例分析 13.2）。结果是我们都会选择平等待遇，因为这样可以避免因待遇不同而导致的利益差别。我们不会选择"权力的正义"，是因为害怕没有与生俱来的天赋和资源，最终穷困潦倒，流浪街头。对应我自身的处境，那就意味着，若索赔的工人都比我或者其他股份持有者甚至办公室白领穷得多，那我要么承认他们获利不平等，要么同意给他们加薪。我仅有的技能和责任也许会变成自我保护的正当理由。为了遵守社会契约的精神，我也许会从公司运营的角度给员工一些发言权。这就意味着要成立咨询委员会，选出工会代表、工人主管，甚至像约翰·路易斯百货那样，把整个企业变成一个全体员工共有的合作企业。一旦选择这些方式，我们就又会和"利益相关论"扯上关系。第一个相关点就是"社群主义"（参见 Etzioni，1995），用它解决贫困和不平等问题时，我们不仅要考虑经济资源的分配，还要考虑对社会凝聚力的影响。简而言之，提高手工业工人的工资真的可以让全体员工更加紧密地形成一个整体吗？

　　在迷宫里走一会儿你就会发现自己开始变得困惑和沮丧。有三条宽阔的大道从迷宫的空地延伸出来，它们都是通向令人满意的道德结论的捷径。在复杂的现代社会和职场中，把拥有不同信仰或者没有信仰的人召集起来不是一件简单的事，因为意见交换和劝说他人也是职业道德的一部分（参见 Fryer，2011）。简单地说，我大部分员工的宗教信仰和意识形态都各不相同，所以我一直寻找一种足够宽泛的对道德准则的论述，可以让尽量更多的人认同。

　　另一条路叫作"道德相对论"，与上一条路完全相反，它会安慰我意见相左这种事在现在这个后现代社会是在所难免的，还建议我不要去理会之前义务论者提出的普遍要求（参见 Smith and Johnson，1996）。这一理论建议我最好遵从于我自己特有的亚文化的共同观点。我跻身于不同的社交圈中，但是每个圈里的道德观念都不一样。因此我的商业伙伴作为股份所有者发表的观点就很难被我的员工们接受。最终，我遇到了一条名为"摆脱偏见的利己主义"的路，它消除了我的疑虑并表示我的顾虑太多了（参见 Pearson，1995）。从长远来考虑，令人满意的工资和待遇可以让员工更加忠诚且可靠，同时还有助于提高产能，给利益相关者们带来回报。这就回到了我们下面要讲到的人力资源管理（HRM）理论。但我仍然存有疑问，工资奖励到底可以起到怎样的作用？如果从短期考虑，效果会不会不一样？

13.2　职业道德议题

虽然各种各样的道德理论为道德就业政策的制定提供了很多种可能性，但是我们很难从中直接获取简单明了的解决方案。此外，普遍的道德理论可以从不同的方面进行阐释。也就是说，现在关于职业道德问题最大的争论就是国家或社会机构（如工会）有多大的权力可以规制自由市场以此来保证员工工资待遇。我们很快就能看到争议双方联手把上述的道德理论中的不同部分统一起来。

第一，右翼[①]经济地位强调自由市场的功利主义效益、对于股东的责任、能够公平地享有和自由地转移财产的权利以及开明的利己主义的家长式作风，这使得国家政策失效。第二，左翼经济地位强调了对社会无益的短期自由市场、员工权利、利益相关者、公平的正义等，他们对开明的利己主义持怀疑态度，因为确保良好的就业实践的前提是国家对其进行调控（表 13-2）。在美国，"自由"的民主党和"保守"的共和党在政治经济上的左右派的争论与上述的两个派别非常相似；反之在欧洲，基于其社会党和基督教民主党的政治传统，更倾向于左翼的观点。由此看来，什么是道德就业实践这个问题已经从本质上变成了另外的问题：就业应该如何被规范？规范的限度是什么？但在这之前有一个更重要的问题，我们现在讨论的是哪一类就业问题？

表 13-2		自由市场与正义理论及其解释	
	正义理论	企业责任	就业政策
右翼	Nozick（权利）	股份持有者（中央集权拥护者）	自由市场
左翼	Rawls（公平）	利益相关者（多元主义者）	受管制的市场

商业道德已经普遍成为大公司的主要议题。许多企业的宗旨和道德准则都是对诚信、公正、忠实这样的美德假装信奉，实际上他们都是只说不做，还设想会有很多的股东和员工。在一些事件中，人们对道德准则的高度关注都是由破坏公司或行业声誉的丑闻引起的。例如 20 世纪 90 年代银行销售养老金的不当行为、美国的安然事件、壳牌公司在尼日利亚的人权侵犯事件等。在另一些事件中，人们已经主动开始把道德准则当作一种营销手段。例如，美体小铺坚决反对在动物身上进行化妆品成分测试并且极力争取与第三世界国家进行贸易合作；英国合作银行也对客户反对皮毛动物养殖和其投资高压政权这两件事做出了回应（参见 Burchill，1994）。总体而言，这些公司非常重视外部的公共关系和作为股

---

① 在不同国家或不同时期含义不同——编辑注。

东的客户，因为他们认为利益相关者的工作直接提升股东地位。在整个环节中，雇员对于利益相关者们而言只是一些微不足道的人而已，因此这样的企业可以一面向客户夸耀他们的宗旨和道德准则，一面给员工支付很低的薪水并且大量裁员。无论何种职业道德议题都会围绕灵活不受监管的自由市场对工人工资待遇的不良影响展开。只要客户和股东可以从这种体制中获利，那么少得可怜的薪水只是高额的回报和低廉的价格足以忽视的代价，这也许可以从一个侧面体现出利益相关者之间的利益冲突。因此，职业道德趋向于利用左翼的观点驳斥自由市场。让我们简要地列举一下其中的四个观点。

第一个观点主要是关于公平薪酬的问题，因为现在公司管理人员和低薪的临时雇员之间工资和津贴的差距已经在不断地拉大。最近英国出现的一些对银行家奖金的争论就是一个很好的例子。欧洲其他国家和日本高层管理人员的工资没有英国和美国的高。如果想要证明他们的奖金是否"公平"，我们可以通过 Rawls 的测试对这些人"优势"和"需求"进行评估。同样，英国的一个道德评估系统提出了国家最低工资的概念，他们认为把"市场利率"作为标准是不公平的，需要国家出面干涉监管那些言而无信的雇主。在全球范围内，不仅我们在日常生活中需要"公平交易"，处于大型跨国公司供应链中的工人在工资和待遇方面也需要"公平交易"。由此引出另一个与弹性劳动力市场有关的问题，即与工作时间挂钩的个人与家庭福利。现在很多劳动者只是在做一些散工、兼工、临工，这样让他们连自己都很难养活，更别说拖家带口；然后那些工资稍高的工人发现他们已经很难将工作与生活划分开，没日没夜地工作，牺牲个人或家庭生活，这样又会导致家庭关系紧张，孩子也总得不到重视。从这些例子中不难看出，正如社群主义者所说，不公平的薪酬会让家庭关系破裂，甚至会让社会出现问题（参见 Ackers，2002）。在某些情形下，自由市场并不能使雇员和社会满意，所以欧盟（EU）工作时间指令基于一些特定的环境，规定了每周 48 小时的最高工时和最短放假时间。

另两个问题在本质上与经济没有直接联系。第一个问题主要是员工对公司经营的参与权或者工人（如果主要工厂关闭，就是当地民众）对此的话语权。由此可以延伸到公司治理，以及企业机构到底代表谁的利益这个更大的层面上来。成熟的利益相关者或者有组织的多元主义者推崇一种代表制度，那就是工人们可以参与公司决策的制定（参见 Ackers，2010）。过去，工会充当着这一角色；现在，在许多情况下，它们仍然扮演这一角色。英国立法机构对合法工会的承认突出了工会的地位。但是这始终回避了一个问题就是在那些大部分不存在工会的经济体制中会发生什么。在欧盟范围内推行的欧洲社会法案和其他各种指令努力提高员工代表制、信息与协商最低标准（参见第 11 章，员工参与）。

除了上述的积极权利，还有消极权利和公民自由的问题。在欧盟，对于公共部门的员工而言，这些问题已经与权利法案一起成了往事。如果说左翼思想的人总是低估个人自由对国家的威胁，那么右翼也同样无视了大型企业所造成的威胁。现行的法律和国家政策中，人们不论种族、性别、性取向、残疾与否，都可以得到平等的机会，并且，年龄歧视问题也得到解决。但是雇主是否可以因为肥胖、吸烟、戴耳环、文身或者是政治主张而解雇一个人？简单地说，一个正在建设企业文化的公司可以对其员工或潜在员工的私生活了解到多少？这时就有可能产生告密者或揭发公司不道德行为的工人。一个企业支付给员工薪水就是有道德的表现吗？它们是否应该对社会负有更高的责任？

这里要再一次提到多元主义者和利益相关者，他们认为需要以外部监管公司的形式来确保工人们的这些权利。一些开明的公司可能会通过自愿协议、程序或者行为规范来主动解决这些问题。但同时，企业作为一个整体是不能被完全信任的。一些不遵守雇佣惯例的公司可能会获得短时的成本优势，但同时也逐渐破坏了其他地方的高标准。上述部分案例中，工会和集体谈判在逐渐减少，很多势单力薄的员工不得不独自与位高权重的雇主进行正面交锋，对此，英国政府和欧盟管理部门已经采取了相应行动。此外，大多数雇主是无法自觉填补这个"道德空缺"的，这一点我们在下面将会讲到。也就是说，国家只是规定了最低标准，给公司和管理者留下了很大的发展空间，让他们可以给员工提供更高的工资和更优厚的待遇。现如今，这些待遇包含更多的内容，例如用于培训员工的丰富资源、类似延长产假与陪产假的"家庭友好"政策、弹性工时、托儿所等。

13.3 塑造一个道德的工作场所

如果职业道德意味着实践中的任何事情，那么我们就需要确认那些能够实施这些行动的组织或者机构。个人美德固然很重要，但还是远远不够的。因为很少有人能够独自解决职业道德上的难题，如之前提到的工资问题。毕竟，经济生活是非常复杂的，而且远远超出了个人意愿能解决的范围。只有国家或者社会机构才能强行把这些雇佣关系放到一定的道德模式中去。正如 Clegg（1979）的雇佣关系规则制定框架所指出的，有三个方面可以帮我们以道德的方式探寻经济生活的内部构造和过程：从上层来看，是公司和管理人员；就下层而言，是工人们形成的自助组织，尤其是工会；还有一股无形的力量是国家，它代表着社会的公德心。最近，研究人力资源管理的学者们都在寻找除了国家与工会之外的社会监管新方式，比如慈善团体或者来自民间的社会压力集团（Williams et al., 2011）。

让我们把视线转向现代雇佣关系中最常见的制定规则团体：雇主和代他们行事的专业管理人员。即使国家和工会在雇佣关系的规定中起很重要的作用，但是雇主和管理人员的用人风格还是会对员工工作经验的界定产生很大影响。虽然我们可以通过外部施压的方式在企业中推行正确做法，就像法律对种族歧视和性别歧视的禁止和对最低工资限度的规定，但毕竟魔鬼总是藏在细节中，"企业文化"会成为塑造道德工作场所之路的绊脚石。为了了解管理可以发挥何种作用，我会简要叙述管理实践的历史演变，尤其是其人事职能，然后着重分享人力资源管理的经验，即从 20 世纪 80 年代就开始在全球范围内广泛流行的一个管理理念（见第 1 章）。首先，我们要理解什么是管理，还要知道它为何可以确定企业的道德基调。

现如今，除了小型企业，几乎没有独资老板会亲身实践雇主法规。管理层是对一个阶层的人的总称，其中包括领域专家和技术工人，他们会代表雇主或股东每天与其他员工一起处理日常事务。随着企业的规模越来越大而变为现代股份有限公司，雇主的个人权力逐渐下放给其他个体或股东，管理人员就会变成雇主的左膀右臂。与现代法理权威和科学管理相一致，个体雇主拥有的广泛而不明确的特权会被专家管理等级制度所取代。在很多根系庞杂的组织中，管理部门主要根据横向比较员工资历和纵向比较工作职责来管理劳动力。公司高层中，高级管理者在总经理的带领下主要致力于制定经营策略；低层中，生产线管理人员或部门主管每天主要和普通员工打交道；高层与低层之间还夹着一大群中层管理人员，他们主要负责对这两个阶层的各种活动进行对接。站在管理阶层两端的大多都是普通人，但中间的这部分对接人会被分派到不同专业领域，比如市场部门、生产部门、人事部门等。而且，随着越来越多专业团体或个人的加入，这种管理的专业性会逐渐增强，这些专业人士可能是会计师，或者是更贴近我们现在所讲的人力资源和人事管理方面的人才。

现在很少有对管理一般概念的争论，因为人们更为关注管理人员到底对哪些人负责，以及他们的社会责任是什么？我们期待的是企业中的管理者可以参照我们所选择的参考体系，这一点与上面所提到过的相悖的道德原理相吻合。对于中央集权制拥护者来说，对管理人员的职能和等级进行划分纯粹是个技术问题，他们唯一的想法就是这种划分应该完全服从于股东的绝对权力。"股东"这个概念虽然和欧洲大陆的一些传统不太相符，但已经深深根植于英美公司法中。就像一位右翼经济学家弥尔顿·弗雷德曼（Milton Friedman）曾说的，一旦管理人员或者合伙经营人所要达到的目标或承担的责任让他们最终无法得到更高的回报，他们就可能背叛上司，把整个企业的未来置于非常危险的境地，而这其实就是资本主义的真实面貌。简单来说，不论是在企业之外绝对遵守市场原则，还是在企业内部绝对服从单一权威，都只不过是中央集权拥护者这枚硬币的正反面而已。

相比较而言，多元主义者可能更理解和接受现代管理者表现出的各种各样的忠诚和客观性，有两点原因。其一，单纯从社会学的角度来看，企业因不同阶层、不同职位的利益小组之间的冲突而变得支离破碎，这很符合它们的形象，这也是为什么公司高层董事都是董事会的成员，而生产线管理人员只能加入监管工会。就像英国医疗协会和律师协会这些专业机构一样，人事专员也已通过特许人事发展协会（CIPD）的课程和考试来获得专业地位和认证。其二，从更加规范的角度来看，管理人员的这种表现为他们独立的道德行为提供了一些空间，这也正是类似CIPD那样的机构制定道德规范的本意。他们不再只对利益相关者俯首称臣、唯命是从。相反，他们要对组织中的所有利益相关者负责任，这其中包括工人、客户、当地民众甚至整个社会。这时，很自然地，眼见的事实和价值判断会缠绕在一起。一些已经上市的大型有限责任公司的所有权和管理权逐渐分离，像Flander（1970）一样的战后多元劳资关系思想家们从中看到了希望，因为这为专业管理人员行使社会责任提供了新的发展空间。对他们来说，正式的所有权已经不再重要，因为事实上多元主义已经在各地盛行。比如在英国，公司法规中就没有提及所有权这一项。在这方面，它们已经被证实是错误的，因为1979年撒切尔夫人上任以后，自由市场体制卷起了国家保护和工会作用的毯子，露出了底下的短期股东模式。由于这些原因，管理者的道德职责必须与企业责任和社会定义方式紧密联系在一起。

多元主义者把股切的希望寄托在了人事部门、公司职能部门和专司员工及其代表问题部门的身上。这种雄心勃勃的管理人员似乎代表了社会对于管理的关注，因为在过去的观念中，人事部门经理就如同一位开明的裁判，他把管理阶层和工人阶层联合到一起，构建和谐的劳动关系。正如我们所见，人事管理的历史与社会福利工作的发展相似，初期以人们所关注的女性关怀职业为主。于是我开始思考，人事管理对人力资源的新称呼意味着什么？是像有些人说的那样，意味着重新发现其道德使命，还是意味着一种不可挽回的观念转变：从强调工人是一种社会存在到工于心计把他们作为经济筹码？但不论怎样，对人的管理从不是人事部门的专权。所以在整体管理风格确定的基础上为人事部门的能力范围做一个划定是非常重要的，大到企业，小到员工，从尝试塑造企业文化的高层管理者到与管理阶层和普通工人阶层联系最紧密的生产线管理者，都需要进行划定（参见Fox，1974）。

13.4　道德就业管理简史

在《历史与遗产》（1985：1-30）中 Alan Fox 提出，自 18 世纪以来，随着英国社会开始适应现代资本主义的雇佣关系，两种相互竞争的劳动力管理体系逐渐形成，每一种都是在国家的政策法规之下通过个体经营单位的策略来运作，直到今天全世界仍在沿用这些策略。第一种策略是家长式管理，是从工业革命前流传至今的，其中包括工人阶级的顺从和带有统治阶级社会责任感的严格的社会等级。因此在很长的一段时间里，法律保障工人们的工资和惯有权利只是因为害怕那些绝望的一无所有的穷人会向有权有势的人示威抗议。第二种策略是市场个人主义，它经常被打破半封建束缚的新经济秩序所影响，是一种对固有社会秩序的挑战。它注重个人政治权利，并将雇佣关系重新解释为一种私人经济合同。二者中的任何一种对于普通劳动者来说都是喜忧参半的，因为作为道德关怀和社会保护的代价，家长式管理会将工人永久禁锢在主从关系中；而市场个人主义则会恐吓工人们让他们居无定所并且失去生活来源，以此获得以更高的价钱和品质来自由售卖他们的劳动力的机会。

现如今，人们认为市场个人主义是一种正常的经济关系，而家长式管理则是一种显著的越轨行为。因此，这两种策略之间的平衡最起码在公司层面上已经被打破了（参见Ackers，1998，2001；Ackers and Black，1991）。而且，在管理策略中这种冲突依然存在，与之前列举过的左翼与右翼在道德和经济方面的观念差别有一定的联系。因此，企业应该如何管理员工？是把他们当作从市场上以低廉的价格买回来的商品，还是不考虑眼前经济利益尝试与他们建立一种长期的社会关系？在大多数情况下，解决方法都是市场与管理关系之间相互妥协的结果，因为就算可以脱离市场环境来雇用员工，员工最终还是要在社会氛围中工作。由此看来，尽管现在是市场个人主义在掌握着方向盘，但如果没有家长式管理坐在一旁陪伴，它还是没办法把车开好。总的来说，管理的发展，尤其是人事管理的发展让我们看到了管理并激励员工形成一个社会团体的必要性，这一发展带领我们跨越了两个主要阶段，来到了现在的人力资源管理时代。

第一阶段大约是从维多利亚时期开始到第二次世界大战结束，其间，英国许多大型企业都出现了一种的新型社会产物——家长式管理，其成形于早期资产阶级反社会的无政府状态时期（参见 Ackers and Black，1991；Greene et al.，2001；Joyce，1980）。因此，人事管理这个独特职业的出现似乎也合情合理，它有权威机构、行为规范、资格限制，与维多利亚晚期呼吁家长式统治下更具社会意识的用人方式的运动相似。当英国慢慢出现很多稳定的工作团体时，一些大型企业的老板受基督教关于社会责任思想的影响，尝试为自己运营的公司和带领的团队制定一个更强有力的社会标准。工业革命早期的许多工业小镇都只是被一些工厂和工人们的廉价住房包围，很像现在发展中国家的贫民窟，它们甚至没有像学校、污水处理系统这样最基本的设施，因此这些新兴工人阶级便很大程度上通过类似工会、合作社这样的自助组织开始创造他们自己的文明。

然而这中间也不乏开明的雇主提供重要帮助。雇主们都有着不同的目的，有人是为了做一些无偿的社会服务，有人是为了扩大个人权势，也有人是为了增强工作纪律和社会凝聚力。他们会通过政府的帮助或个人直接捐赠来资助建立一些公园、教堂、图书馆等社会和文化公共设施。在世纪之交，英国贵格·乔治·吉百利公司（英国著名巧克力公司）为它的工人和当地民众在伯明翰建立了巧克力工厂和伯恩维尔花园城市，那里的房屋舒适宜人，占地广阔，还带有漂亮的大花园，其中矗立着他们的样板工厂，工厂中有样板似的工作条件、宽阔的运动场和其他福利设施。伯恩维尔今天仍有这样让人印象深刻的景象，但吉百利公司还是逃不掉同类公司的历史命运，被美国的跨国公司收购了。

维多利亚时期大规模盛行家长式管理，但主仆关系中直接的私人联系逐渐减少，雇主们在寻找更多的机构组织来表达他们的道德责任感，人事管理由此诞生。根据 Torrington 和 Hall（1991）比较理想化的七级分类法，社会改革者会首先登台，尤其以贵格巧克力制造商的妻子 Elizabeth Fry 为先，她在厂外开展社会福利工作并且争取保护人们健康和安全的立法。接下来是福利官。在家长式管理在伯恩维尔境内全面盛行的时期，这位福利官通常会是一位女性，她在工厂内开展工业社会福利工作，从而会将社会关注引向以后会出现在大型工厂中的现代管理分工制度。因此在 1913 年，福利官协会于朗特里在纽约的巧克力工厂中成立。在这方面，人事管理与家长式管理的优秀代表一样有着关爱员工的崇高理想，并且与这些代表一起将他们的价值观从个人想法发展为专业领域，再从专业领域发展为职业机构。

然而，许多因素开始瓦解家长式管理，因此从 20 世纪 30 年代开始，一种新型的官僚主义企业开始出现，人事管理部门多了些科学性，少了些说教性（参见 Kynaston，2008）。工会在"人民战争"期间逐渐发展，并且逐渐削弱了工人们的顺从心理。同时，国家的全面福利政策也取代了许多公司的员工福利。从另一方面考虑，宗教的家长式管理逐渐消失的主要原因是业主经理及私营家族企业的消亡。这就体现了多元主义者拥护社会责任的一种自相矛盾，因为所有权和管理权的逐渐分离剥夺了个人和家庭行使道德责任的权利。企业所有者搬离了那个他们曾一手创建起来并且生活过的小镇，在完全由职业经理经营公司后，他们最终把手中的股份卖给了出价最高的人。而他们的孩子在高级学校接受了特有的教育，相比较管理一个乌烟瘴气的工厂或是经营一家忙乱不堪的商店，孩子们更愿意过上流社会的生活。由于新成立的股份公司的所有权下放给了众多被动的股东和养老基金，所以雇主只对他们的投资回报感兴趣，他们家长式管理的指导作用也会慢慢消失。这是许多员工所乐见的，因为他们知道公司所谓的一些善行其实就是想干涉并改变他们工作之外的私生活（见案例分析 13.1）。

在这个理性的崇尚法律权威的新时代，当专业管理者开始经营公司时，工会开始代表工人权益。教育行业、社会福利工作和人事工作的出现代表着不受价值观影响的社会工程学的新精神。在工作中，类似科学管理和人际关系等社科理论行为取代了道德理想主义。这时，很多雇主在企业和当地民众中不再扮演这一活跃的道德角色，因为国家福利制度和当地政府顶替了他们的这一早期角色。工人们开始变得独立起来，相比板球场、布道或者公司野餐，他们需要更高的薪水；相比工作的协商安排，他们更需要工会的帮助。尽管企业有能力为追求利益而逃避社会责任，然而从长远来看，这是要付出一定代价的。

Torrington 和 Hall（1991）指出在第二阶段人事工作的四个新兴且相互关联的职责。人性化的官僚主义者，即拥有选拔和培训技能的管理专家，首次出现在两次世界大战期间一些上市的有限责任公司中，如化工巨头 ICI。第二次世界大战后，公司劳资关系所占地位越来越重要。从 20 世纪 50 年代开始，与工会的集体谈判开始在企业中进行，呼吁能有这方面的谈判专业知识。这意味着公司谈判代表的出现，也意味着合同经理的诞生。合同经理是一个非常强硬的职位，需要有解决冲突的技能，毕竟谈判组织者不仅要关心员工福利，还要考虑到整个组织的效率，并且要通过其在管理发展中的作用把管理活动联系在一起。同时，人力资源分析师会开始通过测量劳动离职成本和规划劳动力供给来量化人力资源。尽管企业有了这些职位，人们依然担心员工得不到福利，即使这种担心从它本身，甚至从理论上都不是其最终目标。即使谈判达成共识，公司与员工之间仍存在距离，与工会代表之间也只是制度化的关系。就算人事管理的精髓没有了，似乎也多了一个公正无私的岗位，并且岗位上的人似乎都有与实践技能相关的社科知识基础。

在谈到当代人力资源管理的发展之前，有必要先说明一下英国商业历史的大致进程。像吉百利这样先进的现代企业与英国劳资关系历史中的标准差得很远，我们至今看到的都是这些企业为我们呈现出最好的一面。就像 Fox（1985）所说，因为市场个人主义仍然偏爱英国的雇主们，只有当不请自来的工会强迫企业通过制定详细的人事政策来直面雇佣关系中的集体性质时，这种个人主义才会被稍稍削弱。合格的现代雇主能接受这些工会，并把他们与工会的交涉当作对这种有组织的工人的短期务实的回应，但不会把这种状态当作雇佣关系的一种原则性的长期社会愿景。大多数劳资关系的时事评论家都会看到劳动力的双重作用，即外部市场商品和公司内部成本，这种现象导致了劳动力相对的低技能、低薪水和低素质，这就与像德国这样的欧陆经济体的做法形成了对比。许多人借用 Hall 和 Soskice（2001）的"资本主义多样性"框架来区分大量投资劳动力的"协调"经济体和英国、美国这样不进行投资的"自由市场"经济体（参见 Colling and Terry，2010）。也可以说，后者从内心否认了人事管理在企业组织中应有的地位，他们只是把劳资关系的捍卫者与地位低下的管理员混为一谈，而不是看作一个有影响力、凝聚力的事业（参见 Sisson，1994）。最终，这种观念会阻碍特有的道德就业政策的发展。

13.5 人力资源管理的出现

英国为这些理论提供了一个完美的实验场地，激进的保守党政府在 1979 年至 1997 年间彻底改变了人们的经济生活，将国家从协调经济转变为自由市场经济。就业管理发展的第三个时期恰逢英国吸收了一些美国式的管理理念。例如，人力资源管理、雇员参与计划等，在没有国家和工会的监管下，为企业提供了很好的机会表达它们对员工的关心。20 年的时间里，右翼的道德观念一直处于至高无上的统治地位，其间，管理层是社会变革的主要推动力，企业文化中的那些虚夸之词雄辩地表达员工的参与和责任，但却往往在公平和权利的问题上一反常态，默不做声（参见 Ackers，1994）。对于人事管理来说，人力资源管理是管理思想中一个庞大的新兴主题，它包含了各种各样的管理措施，对企业中的人员管理起到了建设性的作用。于是这才到了我们真正要讲的地方。迄今为止，人力资源管理方面的学术争论都在围绕"虚夸"与"现实"展开（参见 Legge，1995），换句话说，企业兑现了它们曾经的诺言吗？由此，我们从人力资源管理的理论主张开始讲起，继而探讨这些主张对雇佣关系的实际作用。

一些类似"员工是企业的第一生产力"这种措辞上的变化已经成为公司报告和简报中的惯例，并且经常被高层管理者挂在嘴边。CIPD 的杂志《人事管理》现在还有一个副标题叫作"人力资源专业杂志"。以前，劳动力是需要控制的成本，现在是需要培养的力量；以前，人事管理是一套管理例行程序，现在是企业提高业绩的人员管理制胜法宝；以前，劳资关系相互对抗并且差距很大，现在建立在双方达成共识且员工许可的基础上；以前人事管理总是觊觎人员管理的权利，现在一套人际关系学就可以解决所有问题。我们不能像其他人一样想顾及所有这些方面，我们应该把注意力放在人力资源管理的核心思想上，即让人力资源在企业中的地位相比几十年前有所提升，毕竟这是当代企业考评员工道德就业观念的重要依据。

Sisson（1994：42）对保守派在英国的自由市场实验做了研究与调查后，对此做出了权威总结："英国许多组织的人事管理都陷入了低薪水、低技能、低效率的恶性循环中。"他承认这一结果出人意料，因为人力资源管理做了完全相反的承诺，并且认为人是先进经济体制的关键竞争优势，而且对于这些先进经济体制而言，低廉的劳动力不是考虑对象。旧时那些刻板专制的管理权力应该逐渐示弱，屈服于那些尽心尽力、适应性极强的员工，他们愿意学习新技能，也有能力承担新任务。从表面上来看，英国企业开始对人力资源施加新的压力，这是一种可以在商学院学到的老套做法。然而，更多的人力资源管理调查则描绘出了一幅让人更为沮丧的图景。根据 Fox（1985）和 MacInnes（1987）的看法，这种现象说明企业文化加剧了雇主在短期内为削减成本而对员工采取的一种放任自流的态度，这种态度已经在英国雇佣关系传统中流行甚久。此外，据最权威的"企业雇佣关系调查"显示，人力资源管理实际上并没有被广泛接受（Cully et al.，1999；Kersley et al.，2004；Millward et al.，1992）。是的，一些类似员工参与的人力资源管理方法之所以在主流企业很普遍，主要是因为有工会的促成。然而管理部门现在对多数非工会部门的管理权都不受限制，因此"道德"的人力资源管理员工新方法似乎没有什么施行的迹象。

显而易见的结论是，工会代表和有效的联合监管是经常更换的，而且这种更换不是由新的开明的人力资源管理决定，而是通过一个艰难的"荒凉山庄"或"低端路线"中的雇佣–解雇就业政策来完成的。从这一层面讲，职业道德就是企业要和客户之间保持良好的公共关系，并且不触犯法律。因此，英美集团公司的股份或者"股东"模式主要关注由城市和金融市场决定的短期成本、利益和分红。就像过去一样，人们认为英国资本家在展望前景时总是考虑短期效果和成本最小化，因此他们不把员工作为一种资源来投资，所以管理层就一直依靠以前那些划算的按业绩付薪水的方式。在自由市场的体系中，职业道德基本没有积极发挥作用的空间，Sisson（1994：42-44）希望改变这种现状：

必须从根本上重新评价英国企业的运营方式……放任自流的管理政策不仅首先会给中小型企业一个错误的示范，而且还会让它们考虑不周，放任英国的许多企业去探寻"高薪水、高技能、高效率"的管理方式从而更轻松地超越它们。

他提出了以下对策：

大面积整改企业的规章制度及其与城市的关系；建立适当的培训体系；引进有关权利与义务的法律制度等，这些都可以帮助企业提高自身水准……这是我们的欧洲合作伙伴非常希望以社会宪章的形式引进企业的一种体制。

即使在"新工党政府"（1997—2010）的统治下又过去了10年，Sisson 和 Purcell 依然重申，以上对人力资源管理的分析实际上影响力非常大，这似乎使英国没有走向更极端的自由市场模式（参见 Colling and Terry，2010）。对此有两种反对意见：第一种认为这种分析过多忽略了一般情况，因为即使自由市场经济体制下有很多低薪雇用的情况，但仍有许多部门（如公共服务、金融服务、高价制造等）和公司把员工当作资源来看待，比如它们会和工会维持合作伙伴的关系（参见 Ackers，2012）。这就意味着很多公司和管理者确实仍可以具有道义地选择走上给员工高薪水和好待遇的"大路"。第二种反对意见认为，自1997年以来，英国和整个欧盟都在增设国家法规，虽然没有用 Sisson 所希望的方式去改变这个世界，但其创造出的法制环境还是更加偏爱这条"大路"。因此，国家最低工资为工资水平设置了标准；法定联盟对立法的认可和政府对企业与工会之间"伙伴关系"的鼓励使工会数量的减少变缓；关于探亲假和兼职工作的政策为雇员提供了更多的保护。

所有的这些都说明了人力资源管理仍旧需要转变成尊重员工的长久普遍的管理方法，并且要把员工当作一种资源。但是如果迄今为止现实证明人力资源管理是令人失望的，那么至少它为我们提供了一种有价值的思想。这就是我们想要说的。

13.6 结论：人力资源管理道德的三个谬误

之所以上述的分析都以人力资源管理的失败为前提，是因为本可以实现人力资源管理的英国机构阻止了管理改革的进行；管理哲学和人力资源管理的自身论述不会阻止任何想努力建设"道德"企业的人。很少有人会关心那些虚夸之词是否真的可以为我们展示一个美好而令人信服的世界，这个世界中有工作和管理场所（Hart，1993；Torrington，1993）。这让我们想起了康德提出的问题的核心：我们应该怎样对待人类同胞？我们是否把员工的雇佣关系看作是人类的内在价值，尽管它被经济体制操控着？我们是否把工人看作仅为完成经济目标的机器？在这里，人力资源管理的规范论述和它的实践成果一样重要——纵然这两者永远都不是互不关联的。

一些学者和工会主义者就是抱着这种心态开始接受人力资源管理的概念，他们认为通过不停重复"人是我们的第一生产力"这句话就可以要求管理部门完成那些承诺。纯粹务实地讲，就像我们在其他章节里讨论过的，在一个人力资源管理不可能凭空消失的企业环境里，这种方法还是很有用的（参见 Ackers and Payne，1998；Ackers and Wilkinson，2003）。另一方面，如果我们不跳出这种不可避免的机会主义的圈套，那就会有被人力资源管理的世界观束缚住的危险，因为一旦我们剥开人力资源管理那些虚夸之词的外皮，就会看到一个空心：里面是雇佣关系的已经穷尽了的道德愿景。这取决于三个道德谬误，我叫他们"金牛犊"、"开明的利己主义"和"幸福家庭"。

第一个"金牛犊"的谬误是假设所有人的价值都应该服从企业的考虑和评估。人力资源管理世界观的核心观点就是人力资源是一家企业最重要的资产。乍一看，这似乎是个高尚的理念，但其实很多雇主在对待自己的员工时都只是走了个形式。这种理念尤其说明了一种企业文化，公司为员工的长期发展作投资，而不仅仅把他们当作可以任受人摆布控制的成本。但是，这种道德愿景有一个很致命的缺点，并且这个缺点还与右翼道德思想这个更广阔的领域有关，它将拥有复杂的社会、精神和物质需求的人类重新定义为仅仅在理性的经济范畴内的客户或人力资源。这种论述的假设是企业和它的经济术语应该使人产生抱负和追求，而不是相反。从实际管理的角度来看，开明的就业政策都需要商业案例来支撑。道德准则不应该是经济自杀或嘲笑的配方。但是就像人力资源管理指出的那样，在你的脑海中，拥有长期的竞争优势不意味着让每一个决定都听从短期经济演算的指挥。对一个工人来说，他可以选择做公司中最有经济价值的资产，也可以做一个全面发展的人而被所有人尊重，用康德的话说，主角永远不会变为配角。这就对管理者的角色有了很严重的影响，因为他们被要求信奉错误的价值观，还被要求把自己的下属员工仅仅看作是达到经济目的的手段，并且还要算着成本去发一些福利。尤其对于人事管理来说，人力资源管理在企业文化中提出了一种浮士德式的协议，它宣扬的奖励是在企业组织里不断增长的员工影响力，而这种奖励的代价就是人事部的专业精神会被牺牲，同时它还无法完成高于一切利益相关者的高层管理者和大股东制定的目标。

"开明的利己主义"或者说是"商业案例"的谬误则更进一步地迈向了异端邪说。自恃企业考量对员工的照料已非常有效而无视国家或工会的外部法规。就像 Pearson（1995）认为的那样，一个企业为了发展壮大，需要与员工、客户和其他公司建立长期的信任关系，因此他们需要对所有人都做到诚实守信。人力资源管理原理促使人们接受了一个诱人的经济概念，即企业一旦坚持开明的利己主义，它们就是在为员工着想，并且单单因为这一点，他们不再担心员工会自我保护。然而从人力资源管理推行失败中可以看出，非常多的企业，不论大小，都是依靠短期的单边关系来存活的。也许就像 Sisson（1994）说的，这与英国公共有限公司的长期利益不符，但是尽管如此，还是没有足够的理由来说明为什么这种利己主义思想会把那些可随时调换工作并且报酬丰厚的现代企业主管禁锢了那么久。员工工资和待遇问题的重点是员工的利益完全与企业相关，企业成功，他们便也获利。如果投资人力资源可以获利，那么雇主就会毫不犹豫地投资；如果需要利用一次性劳动力并且破坏工会组织才能达到目的，那么他们也会不择手段。一个经济理论让员工的待遇完全由企业的便利来决定，并且还给人的尊严明码标价，这就是人力资源管理无情的世界观。

"幸福家庭"的谬误认为国家和工会都是和谐的集权雇佣关系中不受欢迎的入侵者。大多数美国式的人力资源管理理论从外表上看都是中央集权的，并且它们对工会等代表组织不是不予理睬就是针锋相对（Guest，1989）。这种人力资源管理方法要把与利己主义有关的家长作风和员工的幸福用一种更加牢固、更加精明的新方式联系在一起。然而，这种方式用所有的证据告诉我们，传统早已开始衰落，并且在战后时期就已消亡。开明的管理者通过类似家长作风的积极政策，仍可以为建设一个更加团结和具有凝聚力的就业体系做出重要的贡献（Johnstone，et al.，2009）。然而，只要是在我们能看到的地方，他们就会假装之前已经有过这样的政策并且继续制定。

人力资源管理概念的模棱两可也许会带来最大的道德问题，从而导致人们对其欺诈和不诚信行为的指控。弥尔顿·弗雷德曼（1993）支持后一种观点，他认为最好对这种要加强"社会责任"的虚假说法置之不理，并且还贬低了这种强大且不加掩饰的情况。右翼道德思想的确建立在商业、经济、社会的现实基础之上。我们大多数人都认为，功利地来看，市场经济制度的好处在于数不清的利己主义个体市场交易会提供对大多数人来说前所未有的生活水平。在我们的个人生活中，我们希望这双"无形的手"（Smith，1993 /1776）的自由度可以被适当限制，这样就可以确保我们的养老金跟得上通货膨胀的速度，并且让我们负担得起食物、住房和度假的费用；我们还希望可以尽可能自由地花我们自己的钱而不受国家的过分干涉。我们都会认为国家管控下的经济自由（包括更换工作的自由）是我们在自由民主社会中的重要权利，因此，当听到任何一个职业道德体系威胁要"杀死下金蛋的鹅"时，我们都无法接受。右翼道德思想的问题是，他们强迫这些真正的关心走向了极端，以至于只有像在合同中做到诚实互信这样最起码的个人道德准则才被认为是必要或可能需要的。他们否定长期雇佣关系的现实意义，并且把劳动合同当作是买一袋苹果一样的现货市场交易，就这样，他们把这样培养出的人力资源管理者不加包装地直接送入企业。他们像皇帝一样幻想美丽的新衣，并且还希望所有的员工都可以相信他们，要不然他们就会重新雇用员工。

也许最关键的区别在于，职业道德可以作为一种公共关系的表象存在，让企业只为眼前私利而做的事情看起来合情合理，同时，职业道德还可以超越前者，真正作为企业对员工的积极承诺而存在。在经济生活所需的语用学（pragmatics）背后，深深隐藏着一个问题，即我们应该如何对待他人，这个问题不能被简单地"搁置一旁"，管理者只有想明白了才能更好地进行企业管理。这样看来，我们要在文明社会的中心建立具有社会责任感的企业组织，而管理者要有能力并且也有责任在这件事中发挥关键作用。然而这就需要我之前提到的新多元主义来帮忙，这种主义将长期雇佣关系和员工及其他利益相关者的薪水待遇当作企业组织的重点（Ackers，2001，2012）。在这些情况中，我们都认为社会中的合作关系、忠诚和承诺是很有意义的。管理者可以重新获得他们的专业自主性和完整性，做拥有利益相关者风貌的公仆，而不是民营资本家的佣人（参见Hutton，1995）。

人力资源管理向我们提出了一种悖论，因为它意在培养员工，但其实对象又是人力资源。当我们回到对经济论述和企业福利（参见Jacoby，1997）衰落的讨论上时，就会开始怀疑，每当紧要关头到来，经济计算仍然要优先于人。

案例研究13.1　A&B百货商店的职业道德

PETER ACKERS

引　言

A&B是一家售卖服装、食品和五金器具的连锁百货商店，它在零售、配送和办公职位中总共雇用了10 000名英国员工，其中永久的全职合同工占大多数。而且，其分包公司还雇用了大约1 000名生产工人，但这个数量主要取决于A&B的盈亏和就业政策。本案例分析会对其企业道德的各个发展阶段做出评估（它是否对员工做了"正确的事"），并且会解决当代的普遍难题，即到底是为了企业发展保持竞争力，还是为了做一位有道德的雇主保有声誉？你可探究各种各样的道德理论并参考不同的道德体系来思考这个道德难题。

开　端

A&B成立于1900年，那时它还是一个小商店，坐落于一个由严厉的宗教长老（与一个"匿名合伙人"，他的哥哥）所管理的苏格兰小镇上。在其成立初期，创始人知道所有员工的名字，并且像"父亲般"影响着他们工作内外的生活。这就有好与坏两个方面。公司对患有家族遗传病的人非常宽容，老板有时候还会去看望病人，但员工们有时会怀疑老板真正的目的可能不只是探望。若有员工工作时身上有酒味或者在其他任何时间喝酒被发现，公司就会立刻开除他们。老板非常注重对员工家庭观念的培养，有时会组织工作聚餐（无酒精），会在每年圣诞节和员工孩子（最多三个）的生日时送上礼盒。老板还发起了各种"自助"储蓄和贷款计划，并且自己也投入不少资金。工人们的工资都略高于行业标准，老板总喜欢引用"葡萄园中的工人"这个寓言故事来决定给谁奖励，而那些人一定是老板深思熟虑后认为最值得、最需要得到这笔奖金的。女性雇员一旦结婚就会被辞退，从而让她们去履行家庭使命。所有的管理职位只向已婚男性开放。公司承诺为男性员工提供终生工作保障，并且鼓励孩子们跟随父母来工作。很多年了，很难看到对外招聘职位的广告。

发　展

创始人于1940年去世，于是公司的所有权和管理权完全落到了他的两个儿子的手上。这两个孩子曾在英国的公立学校读书，居住于伦敦附近的郡。从20世纪20年代开始公司先在苏格兰境内设立连锁公司，二战期间便开始在全国范围内建立连锁公司，这期间，创始人的个人管理方法开始逐渐减少。由于创始人向来强烈反对工会的出现，他认为这会破坏公司的大家庭氛围，于是公司在1923年击退了一场由商店工人联合会发起的组织运动，而这个联合会早在苏格兰合作社运动的时候就在公司中建立了。结果20名"罪魁祸首"都被解雇了。在"饥饿的年代"，其他的企业都不得不暂时解雇了很多员工，但A&B却维持着雇佣率，这让他们赢得了很好的声誉。它能挺住，一方面是由于良好的公司业绩，另一方面人们普遍相信是因为领导者愿意以收入微薄的利润来挽留忠诚的员工并投资扩建公司。

这时的员工已经是数以千计了，即使被鼓励去多接触员工，高层管理者也不可能与每个人都面对面接触。因此，公司创立了专业的人事部门来系统地制定一些管理措施和政策。其中，代表公司的非工会委员会每个月要在商店中开展活动，每半年还要在整个公司中开展活动。代表是从每个工作小组中选拔出来的，他们会与管理部门协商薪水问题，也会咨询任何影响员工福利的问题。公司中还有一个福利与运动团体，这个团体为当地的A&B建立了社交俱乐部，同时也被公司大力支持，但是最初还是以严格的禁酒命令为前提。这些团体组织了很多足球、板球、交谊舞等比赛。公司的发展和社交活动都会刊登在一份叫作《A&B之声》的内部报纸上，它由人事部门负责每月发行。公司还开创了很多其他的福利制度，比如针对所有员工的缴费养老金计划，还有"发展自己"的年资晋升制度，也就是说所有的中高层管理者都可能是从门店中提拔上来的。经过一年的供职后，所有员工都能参加公司的利润分享计划，在很多年里，这个计划能够使他们增加10%的收入。

上市公司

1965年，A&B成为上市公司。没过几年，家族持股比率就被养老基金和其他外部投资者所稀释。没有高层管理者来自于原来的那个大家庭，而是通过企业公开招聘而来，不像以前那样通过内部提升。有了应届毕业生招聘计划，以前的资历体制就行不通了，尽管大多数中层管理者是从低层员工中提拔上来的。企业也需要适应外部的社会趋势，比如说关于性别平等和种族平等的立法，还有宽松的社会秩序——首当其冲的就是在A&B俱乐部中提供酒水服务。A&B仍被员工、客户和公众认为是一个承诺道德公平竞争的家族企业。这一点可以从长期服务的员工（非常低的劳动力流失率）和顾客对其的信任和忠诚看出来。这些顾客反复告诉调查者，他们除了买这家的衣服不去别的家买。无论是在它的发源地（也是它的公司总部），还是在更广泛的城区，A&B都一直在高调地做着公益慈善。后来，在20世纪80年代，公司赞助了位于格拉斯哥市中心的城市技术学院，还积极支持"社区商业协会"的活动，同时，它还在英国著名商学院资助了商业道德教授的职位。

从1920年最主要的那次扩建开始，这家公司就与一家大型高品质服装制造公司建立了长期的商业合作关系，这家公司的总部就设在A&B的创始人出生和创建其A&B的镇上，而且 A&B 这个名字也是当地足球队名称的前缀。虽然 Smiths & Co. 是一家独立公司，并且现在有50%的产业都在国外，但它70%的产出都被 A&B 承包了。不仅公司在总部和当地商店雇用了小镇上的750个人，创始人还帮助小镇建了一个公园和一个艺术画廊，并且为长期服务于公司的老人们建造了一排屋舍。两次世界大战期间，创始人的妻子在镇上发挥了突出的慈善作用，她组织了青年俱乐部，还为当地穷人和失业者的子女提供假期。

如 今

从20世纪30年代 A&B 的大部分公司建成伊始，公司的人事政策就一直非常稳定。为了与20世纪60年代、70年代的劳动法律和"最佳实践"相符合，该公司的委员会制度已经被扩建成一个更正式的申诉及纪律程序（但仍为非工会组织）。员工们对工会不再感兴趣，一方面是因为和那些具有可比性的有工会的公司相比，他们的工资和待遇都很好，另一方面是因为他们知道 A&B 的高层领导人都是强烈反对工会的，他们害怕引起问题后会失去现有的利益。公司对妇女平等机会产生新的兴趣，一部分是受到国家政策的鼓舞，同时也是因为第二次世界大战后零售劳动力市场中劳动力短缺，招工困难。因此，开始有一部分女性毕业生涌入管理和监督层，再也没有那种"男人的"和"女人的"老旧的职业区分观念，取而代之的是官方的非歧视性 A-G 职业分级系统。同时，出现一种质疑声，即使是在有大量少数族裔的城市，内部招聘也会导致公司劳动力"全是白人"，这让企业不得不把所有的空缺职位都登在就业中心和当地报纸上，然后进行正式的面试。外部政策再一次与企业的关注点吻合，它们都认为员工可以反映出其潜在客户群。尽管取得了这些进步，但人事政策仍然与直接雇用的劳动力和分包制造商产生了长期的合作关系。后来，A&B 一直坚持在分包商的生产过程中进行大量的"质量管理"，但同时它也为 Smith & Co. 公司员工提供了进入社交俱乐部和享受福利的机会（工资和待遇另说）。公司长期致力于生产高质量、英国制造的产品，这是最吸引老顾客的地方。

直到最近，人力资源管理的新思维浪潮涌现，A&B 把它解释为对现有人事部门实践的拓展。例如，它在现有的沟通、咨询和奖励体系中加入了团队简报、质量管理小组和一定的绩效工资等元素。从某些方面讲，公司在利益共享方面已经做得很突出了。然而现如今，零售市场的巨大改变让公司不得不重新评估这些活动的性质。A&B 多年来都处于市场中的主宰地位，收益稳中有升，但现在它遇到了一些经营难题，尤其是它面对着与新生代时装商店的竞争，因为它们已经威胁到了 A&B 在服装市场的核心地位。这些公司在生产成本低的第三世界国家制造商品，所以它们很乐意随时更换更便宜的制造地。他们还雇用那些有热情却没经验的英国学生和年轻人作为劳动力，并且和他们签署的几乎都是短期的临时合同。他们的工资与国家标准接近，一般比 A&B 的工资少25%，并且他们几乎不花时间去培训他们，更不会给他们福利。A&B 已经对此威胁做出了反应，它通过自然流失、提前退休和自愿离职等办法裁掉了10%的员工，同时还与 Smith & Co. 终止了一份重要合同。

道德困境与商业难题

A&B 任命了一位新的总经理，希望他可以让企业"好转起来"。他让所有在职的主管都来透彻地分析如何恢复企业的市场地位以及股市信心。这些报告被提交后会在"零售2050：未来发展方向"研讨会上进行讨论，研讨结果中会确定将要在下一次公司股东大会上提出的新的经营战略。

最近新任命的市场总管抢得先机，通过循环使用革新计划创造一个崭新的、以市场营销为主导、以顾客为中心的灵活公司，这几乎完全斩断了公司与传统企业形式的联系，包括曾大力鼓吹的道德就业政策。她提出了全新的"创业文化"，避免了现行就业实践的"舒适带"和"趋炎附势"的现象。用板球来打比方，她认为关键是"不占位置线，但是要得分"。这将包括在特许经营的情况下，在商店内建立专门的服饰精品店和其他设施（包括餐馆）；尽可能使用外部承包商；把除了"企业管理者和监督者"这种以后会根据绩效派发薪水的骨干队伍以外，所有剩余的直属员工变为兼职合同工。而且，她建议关闭在苏格兰的总公司，把其撤到英格兰的一个更小但有更多便利设施的小镇。她还建议在公开市场上直接吸纳东南亚的低成本劳动力并从中充分受益。在这位市场主管的眼里，传统的家长式管理在这个快速发展的零售市场中根本站不住脚。

事情进一步复杂化，一个在高级管理层或市场部的告密者向媒体泄露了这些计划。有谣言说 A&B 已经与一个国家商议好要引入他们的劳动力。人们都说 A&B 要抛弃现有员工并且要对第三世界的"廉价劳动力"进行压榨，创始人家族将这些问题提交给公司股东大会希望进行讨论。"公司小镇"的员工在外部工会领导的提议下示威游行，倚仗最近的立法和有效的欧洲工作委员会，工会领导呼吁工会承认 A&B 员工的合法权益。当地的议员和教会领袖向苏格兰议会递交了请愿书，其中描述了 A&B "资本主义的丑恶嘴脸"并且竭力主张消费者抵制其全国门店。

从历史上看，人事管理，现在名为人力资源管理，一直被视为公司的道德就业政策的监护人。正如我们所看到的，这些部门的重点在于要与员工队伍维持长期稳定的合作关系。对于企业产生的负面报道，你作为一位人事主管，常务董事让你制定明确的就业政策，既可以解决你现在遇到的困难，又可以借助企业现有优势。有迹象表明，企业的负面报道会影响到客户并且降低他们对公司的信任度和忠诚度。你可以做出任何选择，但总经理要求你特别考虑以下几个问题。

注意：虽然 A&B 是一个虚构的理想化公司，但它融合了在英国制造业和零售业领先的多家企业所具有的现实元素。这些公司开始都是家长式家族企业，他们都对员工的管理和调整有自己的一套道德理念，并且在发展成为大型现代化企业之前，他们都经历过这些事。

问　题

1.用现代术语来讲，A&B 原始就业政策的"道德"达到了何种程度？它依据哪些道德原则？哪些因素在今天仍能被接受？哪些不能被接受？

2.抵制工会组织这一决定是否合理？现如今这种行为依然合适吗？想一想该用什么理由支持和反对其中牵涉的道德原则。

3.设想一个道德情境，使其支持市场主管提出的灵活解决办法，并说明你所依据的道德原则。

4.设想出一种由人力资源管理理论领导的新型企业，再创造一种道德情境，使这家企业可以维持与员工、客户、分包商现有的长期关系。

5.紧要关头时哪方利益相关者有优先权？如果有的话，在现代自由市场社会中，企业对其员工和股东负有什么责任？

6.设计一套与时俱进且具有现实意义的道德就业守则，可以被人事部门用来管理所有员工，并且也可以用于外部公共关系的维系和发展。你设计的守则要与你上面的答案相符。你可以先提出一般原则，然后再针对企业和员工的权利与责任方面提出重点原则。

案例研究13.2 运用"无知之幕"

PETER ACKERS

1.在Rawls"无知之幕"的思想中，想一想处于他人的社会角色会有怎样的感觉。思考以下角色：

        a.护理员

        b.黑人公务员

        c.医院清洁工

        d.年轻女医生

        e.超市经理

        f.社会工作者

2.什么样的职场问题会让你担心？公平对你来说意味着什么？结合你特定的新处境去考虑，同时，结合大环境对员工和雇佣者的影响去考虑上述两个问题。

第 14 章

工作情绪

Philip Hancock and Melissa Tyler

引　言

考虑一下以下这则摘自近期招聘广告的文本：

你要充满活力，有想为自己的生活增添乐趣的想法……如果你想和一群伟大的人物一起工作，那就快给我们打电话吧……

或许你会认为这是在为被 Robin Leidner（1993）称为"交互式服务条款"的那类工作打广告，这不足为奇。而实际上，它是在为欧洲某分销中心仓库所空缺的员工所做的招聘广告；它是在为那些掌控"货物"，而非管理"人员"的仓库工作人员做的广告。那么，对于申请者而言，为什么想要"增添生活乐趣"是那么重要呢？还有，为什么要把潜在的员工和同事描述为"伟大的人物"呢？嗯，目前看似情绪已经被视为商业成功的核心，无论是在快餐业，还是在箱子分类。正如管理学作家们，如 Robert Cooper（1998：48）所说：

情绪作为男性逻辑和客观性的对立物，已经因其凌乱、柔弱等特性被否定了多年，但是现如今它变成了最为流行的业务术语。

那么问题来了，为什么是情绪，为什么会呈现于当下（Bolton，2004）？当然还有，情绪究竟是什么？它们能够被控制吗？如果可以被控制，要如何去控制？又会有怎样的后果？正如社会学家 Simon Williams（2001：132）所观察到的那样："情绪是一个移动的、狡猾的目标。"他继续指出：

情绪的定义看似尚不能确定（对不同的人而言，情绪意味着不同的东西）；最近随着人们在这一领域兴趣的高涨，这一趋势可能会进一步加剧。考虑到这些不同的观点，公平地讲，人类的情绪是一个复杂的、多维的、多方面的化合物，包含了必不可少的生物和文化成分，能够在各种不同的社会关系环境下引发或出现。（最初强调）

一般来讲，情绪是人类对于一系列社会关系事件的反应，有关于我们如何感知、表达和理解那些感受，无论是从个人角度还是从社会的角度。情绪在很大程度上存在主观性（给别人以经验或意义的参照）和可交际性（用以表达我们的感觉如何，参见 Crossley，1998）。它们通常是复杂的、矛盾的——比如我们或许听人们说过，他们曾经"喜极而泣"或者"流下了喜悦的泪水"。作为喜悦和痛苦的源头（有时同时发生），它们显然是"我们是谁，我们是什么"的核心。情绪可以在许多不同的层面上运行，情绪可以是高度反思性或精心谋划的策略；它们可能是习惯性的或常规性的实践，也可能是潜意识或无意识的反应，因时间、地点和文化的不同而异。

在传统心理学的重点研究领域中，主要把情绪归结为一种受心理影响的反应。近些年，由于情绪的表现、作用以及其在社会中被塑造和历练的方式，社会学总是在对情绪所具有的社会本质的探讨中占有主导地位。从这种观点出发，社会学家们认为，没有哪一种情绪是"完全未经学习的反应"（Elias，1991）。他们还认为，个体的情感经历包括我们思考、感受和表达情感的能力（也就是社会学家所说的"媒介"），而这些能力都与长久以来的权力、地位（也就是社会学家所说的"体系"）等社会制度与管理分配相关。从这层意义上讲，情感类似于一个接合点，连接着社会与我们每个人最隐私的一面，横跨了我们作为人类所存在的身体与精神领域。在这方面，情绪在某种程度上可以说是一个"支点"，在平衡了个体与结构、人与社会、物质与认知等多方面因素后，至少部分地解释了为何管理理论家和实业家近几年都对情绪研究产生了极大的兴趣，并将情绪作为理解与控制组织的核心要素。

因为情绪变化莫测，所以人们经常会用隐喻的方式来思考或者表达情感，好比它们是容器中随时都有可能倾泻而出的液体。这个液体隐喻在组织管理学研究中被经常使用，因为工作场所经常被看作是一口"情绪的大锅"（Albrow，1922），在这口"大锅"的表层之下，这些充满毒性的情绪都被蒸发，化为乌有。Tracy 和 Tracy（1998：390）在对美国 911 急救运营中心的研究中，使用了一种情绪场景隐喻来描述组织的情绪规则以及接线员用来控制情绪的交际工具。其他人把情绪与编织隐喻联系在一起，他们认为情绪被"编织"进企业生活的基本结构中（Fineman，1994）。Fineman 认为，情绪的核心作用可以在一些地方体现出来。例如，像家庭、社区或者社会组织这样的工作组织，情绪可以被唤起；尝试用管理手段融合组织的正式与非正式文化的同时，思想也可以永存。这样的话，"策划好会议和奖励仪式，'业仪式'和'离开的日子'都有着明显的福音，旨在'保持高昂的斗志'"（Fineman，1993：20，再次强调）。

当然，并非所有对于员工精神需求的影射都是隐喻式的。许多组织加大力度支持员工参与心理健康的活动，以此来促进个人幸福和情感的满足（Bell and Taylor，2003）。随着越来越多的企业接受重视员工的精神状态这一观点，随之而产生的情感利益也将为提升职场认同感和工作生产率提供强大的动力，从而促进这种趋势一直持续下去。（Konz and Ryan，1999；Neck and Milliman，1994）

值得注意的是，这种情绪和精神上的问题很多都发生在正常工作时间之外，这就会让工作和非工作之间的界限以及某人是否"属于"一个组织的界限都变得模糊。因此很多人认为，这种模糊让人力资源管理的范围已经超出了工作并且延伸到了生活之中（Fleming and Sturdy，2009）。组织成员有义务参加企业常规时间与空间外的一些社会活动，同时这被视为与听众同伴毫无顾忌地抒发"真实"（其实是乱七八糟、不受控制的）情绪的一个好机会。因此，"除了个人的精神宣泄，对日常隐藏情绪的这一社会分享行为创建了一种亚文化，通过它，组织成员可以建立起情绪纽带并且从感情上成为一个整体"（Fineman，1993：21），这也是人力资源管理的核心主题。从这个意义上讲，"战略谈判"把潜在的反企业情绪作为谈判对象（1993：22）是为了在企业常规的时间与空间管理之下，将在此期间产生情绪泄漏（延用之前"流体"的比喻）的可能性尽量降低。于是 Fineman（1994）认为，通过暗示来有效地管理"坏的"（无益的）情绪，便可以把与"好的"情绪相关联的生产力量引入劳动过程。这是人力资源管理中情绪管理板块的中坚力量。

14.1 情绪转折：关键概念与问题

尽管很久之前管理人员和学者们就已意识到企业里情绪的存在，但直到最近（过去30年左右），他们才特别且持续地关注企业的情感方面及其管理。正如 Sharon Bolton（2000）所说的，情绪似乎在"这里，那里，无处不在"。对于近期的研究转向于企业和管理中的研究这一现象，有几个原因可以印证。

大部分关于情绪的学术想法都源于社会学家 Arlie Russell Hochschild 的著作——1983年出版的《情感整饰》（*The Managed Heart*）。正如 Bolton and Boyd（2003：292）提出的："关注情绪和企业的主题鲜少被写到……并没有将《情感整饰》作为参考。"极其重要的一点是，Hochschild 在 1980 年初介入对服务业和服务管理的研究，为其提供了一个概念性的框架，去理解为顾客提供服务的工作中社会互动的自然和经济价值，"揭穿'真正的工作'只存在于制造业这一真相"（Lewis and Simpson，2009：56）。Hochschild 引入了"情绪化劳动"这一术语来描述情绪与劳动过程相融合的过程，表明了有偿工作是许多工人生活经历的核心，尤其是从事服务业的人。但这一概念被占据主导地位的理论方法所磨蚀，这些理论应用于管理以及管理的研究中。如此概念化工作中特有的方面为调查和分析开启了卓有成效的途径，并促进了正在进行中的学术和管理概念的重组，工作性质的转变必须和经济大体步调一致。

一个类似的转变就是"人们的工作生活越来越多地受到提供服务经验的影响"（Allen and Du Gay，1994：225）。在过去的几十年中，"在前线工作"——与顾客面对面提供服务的服务员的数量有明显的增长。这一增长表明与顾客之间的关系将成为竞争优势的重要因素，需要给予持续的重视，因此，尤其在如 Jan Carlzon 所说的"关键时刻"管理阶段，指的是顾客通过与销售服务人员的交往来和企业沟通的时刻。这一认知提升了情绪和管理它的重要性，特别是对那些需要和客户直接交流的雇员来说。因此，员工工作中有一个重要环节就是代表企业表达一些特定的情绪（Morris and Feldman，1997：987）。Johansson 和 Näslund（2009）在他们涉及管理顾客登船体验的研究中记叙了这一过程。他们的研究重点强调所谓的"体验产业"在多大程度上将这种高层次的情感需求强制于员工。因为乘客享受登船的那种体验是建立在服务人员对表现情绪严格的管控上，特别是在他们与顾客交流以及这些交互作用发生的场所。

当然，在当代的（我们可能称之为"后卓越"）管理论调中，管理主义很大程度上受到了 Peters 和 Waterman 所著的《追求卓越》一书的激励，且尤为关心文化管理与工作中的客观方面——情绪，作为一种重要资源，管理者应该在组织绩效的服务中使用。在 Peter 和 Austin 所著的《追求卓越的激情》（1985：287）中，他们认为组织情感（情绪、感觉和对组织情感上的回应）"必须同时源于市场和灵魂"。

总而言之，向情绪的转变已经被近来各种各样的发展所推动，这些发展包括：

- 观念发展　这体现在我们认识和理解工作组织的情感方面以及组织的管理方面；
- 经验变化　这在我们的工作以及工作环境的变化中发生；
- 理论趋势　这体现在如何定义管理的理想形式，主要是管理的主题以及如何管理。

日积月累地，每一个发展都等同于对管理的理论与实践的理性执着的挑战，对情绪和表达的巨大兴趣是理论与实践的基础。然而，我们现在已经意识到，管理和情绪并不总是理想的商业伙伴。

14.2　管理理论和实践中的情感

14.2.1　情感、官僚主义和科学化的管理

合理的行动可以被定义成人类理性的行动，是为了达成解决问题和实现理想的最佳方案而做的决定。因此，它在很大程度上被认为与我们的感觉和本能是相悖的，而我们的本能后来则被认为是不理性的。现代组织因为它们的开端被誉为合理行为的模型以及合理性的手段。官僚主义——作为典型的现代的（先进的）组织模式——很大程度上是根据自发的、客观的、程序化的、没有情感的理性定义的。Rosabeth Moss Kanter（1977：22）在她经典的批评官僚主义的文章中，把官僚主义称作是"冷淡的组织"，这个组织是没有情感的，是冷酷的，认为效率不应该被个人情感的"不理性"所玷污。

Kanter（1977）在对这个现代官僚组织发展的描述中认为，"公司"在19世纪末开始成为主要的组织形式，即她所称的"行政革命"（继工业革命之后）开始了。她的意思是，组织越来越多的功能被合并成一个单一的公司管理，从而可以加紧对一系列关联性较小的活动进行控制。反之，这些活动就会继续受到高度不确定性的支配。因此，对协调复杂的运作的需要使管理成为一个专门的职业，正如她指出的，与技术能力相比，管理技能可以获得更多的报酬。然而，因为经理既不是公司的拥有者，也不是传统意义上的"统治阶级"，他们必须通过理性的语言和效率来树立他们的合法性。

因此，经理的控制管理被认为是运行一个企业最"理性"的方式。在20世纪早期的管理思想中——比如Taylor（1911）的"科学管理的原则"——因此把理性奉为组织的核心思想，并将其定义为经理特有的职权。正如Kanter（1977：22，重点强调）指出的："组织特有的设计是针对抑制不理性、个性和情绪化而设计的。"

Max Weber的社会学分析主要集中于西方社会的合理化，他认为情感的压抑使得官僚主义胜过其他的组织形式。事实上，Weber写过对这些精神的批判文章——"那种理性而系统化地追求利益的态度"（Weber，1989（1904）：64）。因此，正如当代评论家注意到的那样，享有特权的合理性和被排斥的情感"意味着官僚主义使得一个理念深入人心，那就是理性的态度与情感的把控不仅无法分割，并且对于有效的组织生活来说是必不可少的"（Putnam and Mumby，1933：41）。

我们暂时先回到Weber的理论，他理想的官僚主义类型基于对情绪的绝对排斥这一说法是不正确的。

下面一段话摘自于Weber《经济与社会》一书中，Weber认为在现代组织中是允许存在情绪的，但前提是对于情绪的理性计算是这个组织的一个内在方面。Weber允许进入组织的并非情感本身，而是合理的情感。

首先，每件事都是理智地考量过的，尤其是那些看上去无法估量且不理智的、情绪化的因素。原则上，最起码需要使它如同煤矿和钢铁的储存量那样可以计算与考量。其次，对组织的忠诚度通常是不带个人色彩的，且有目的指向性，它应具有一个共同的动机，并有着理智的预期。（Weber，1978（1921）：1150，再次强调）

概而言之，情绪在泰勒主义和官僚主义中被认为是不理智且不合理的，它被放在了企

业的对立面，并且经理，作为理智的化身，需要杜绝情感或者理智的考虑。

14.2.2 情绪和人际关系

然而，自20世纪30年代起管理学理论家和实践家逐渐开始意识到即使是局限在组织生活方面，情绪也不能被排除或者被人为安排。从管理学角度而言，这意味着一个明显的转变：从认为理想的组织基于对情感和理性计算的情绪的排斥，到后来强调只有工作能为人们提供安全感、成就与自我实现的机遇时才是一份有意义且有动力的工作（Herzberg，1974；Maslow，1943）。在人际关系管理学派中，情绪因此变得"时髦"起来，也就是说，这时情感作用开始被认为是追求组织绩效最重要的因素。工作组织的管理应该基于"清晰地表达和具体阐述情绪的逻辑"这一点被越发强调。（Roethlisberger and Dickson，1939：462，再次强调）

管理学理论家 Chester Barnard（1938：235）对于企业生活中情绪的认知进行了详尽的说明。他主张"感受"、"判断力"、一种"区分轻重缓急的能力"、"平衡"以及"恰当性"都是行政能力重要的属性。下级职员参与决策的管理风格，被认为能够引发忠诚度和献身精神，并增加员工的满意度和生产力，不断把情绪视为组织生活的一个重要方面。

例如，Elton Mayo（1933）强调了员工间初级的、非正式关系生产力的重要性，并且他提出了"非正式企业"的概念来涵盖情感的、非理性化的、感性方面的企业行为。在Mayo看来，员工被他们的思想、情感及社会本能所控制着，他认为这一现象在策划、执行和评估管理战略时需要被考虑到。然而 Kanter（1977）在他的评论中提到，在情绪管理层面上人际关系继续依赖一种相对过于简单的准则，根据这种准则经理们被视为有能力管理自己的以及员工的情绪，而非相反。一份1947年签订的管理培训指南让人想起 Rudyard Kipling 的诗《如果》，例如：

他（经理）知道人类的管理者（原文）有体力、技能和智力，有眼界、正直感并且需要了解最重要的品质是情绪的平衡和管理。一个优秀的领导即使在他人愤怒时也会保持平和的情绪，在他人害怕的时候做出勇敢的决定，在他人兴奋的时候保持冷静，在他人满足的时候维持极高的自控力。（引自 Bendix，1956：332）

然而，人际关系强调非正式的社交因素，这似乎同那些企业特质产生了分歧。在科学管理中，企业特质是重要的。因此，这两种方法都有着一个相似的概念，那就是和情感相对的"英雄主义"。这意味着，在人力资源活动中，管理教育仍被高度认可为一种有效的途径，去学习如何做情绪的主人，而不是如何释放情绪。换句话说，通常在一些高度性别化方面，人际关系可能"改良但保留了理性的味道"（Kanter，1997：22）。正如女权主义作家 Rosemary Pringle 解释的：

人际关系理论家虽然补充了一个非正式维度，但是没有对正式官僚政治结构的理论提出挑战。在某些方面，他们支持管理理性观念：即使员工可能表现出情绪化，管理人员应该保持理性、逻辑性，同时能够控制好员工。当管理者被从其他人之中划分出来，理性与情感之间的矛盾就被放大了。（Pringle，1989：87，最初强调）

14.2.3 人力资源管理：管理变得情绪化

最近，管理从业者和理论家开始强调有效的情绪管理是组织互动成功的先决条件。因此，如上述所说，近来的管理报告认为有效的服务互动相对重视情绪管理的作用及其对组织成功的贡献。很多类似的方法提倡使用这种技巧，同时管理服务者和消费者的情绪。比如，通过运用像公司口号这种比较典型的技巧。例如，麦当劳的广告宣传口号"我就喜欢"。该口号在2003年开始使用，已被翻译成全世界多种语言，该宣传的目的重点关注麦当劳的整体"体验"而不仅仅是其产品范围，以此传播麦当劳的"温情"和"激情"（据当时的麦当劳网站描述）。

这样的例子表明，虽然广义上的现实主义管理方法，包括科学管理、官僚主义管理和人际关系，与组织情绪息息相关，但当代的管理方向更多地着眼于组织情绪；也就是说作为人类，要理解和束缚情绪，即组织的资源。将情绪定义为组织资源产生了正如Vincent（2011）所描述的"一种感情经济"，它强调，虽然我们的情绪是高度个人化的，而且对个体而言居中心地位，但是也受到"被管理的设计和控制系统影响"，"管理的设计和控制系统目的在于为'更大的'组织利益，如更高生产力、收益率和绩效，塑造我们的情绪。"

因此，近几年，管理学作家、顾问及从业者已经开始提倡一种浅"理性主义"的方法来管理情绪，并关注情绪如果得到恰当的管理，多大程度可以产生信任、忠实和承诺，以及许多个人、团队或组织的最大生产力收益、创新能力和成就。（Cooper，1998：48）

根据Cooper（1998：48）"感知、理解、有效应用情绪的力量和敏锐度并把它们作为人类能量、信息、信任、创造力、联系和影响的一种来源的能力"代表着当代组织成功的"真正关键的成分"，或者，正如杰克·韦尔奇（通用电气公司前任总裁）所说："带有硬效果的软内容。"（引自Cooper，1998）这种"有效"的情绪管理，在此背景下，在情绪智商分配方面，经常被误解。

"情绪智力"（即EQ，情商）这个词最常与哈佛大学心理学家Daniel Goleman（1999，2009a，b）的学术研究联系在一起。他认为，对情商的有效管理包括以下几个方面：

- 了解自己的情绪（自我认知）
- 控制自己的情绪（自我管理）
- 识别他人的情绪（社会意识）
- 调控他人的情绪（处理人际关系）
- 自我激励

Goleman（2009a）认为，在做决策和获得成功上，个人情绪的作用远比人们通常认为的大。他在畅销书《情商》中指出，我们的情绪：

经过适当的训练后，是会有智慧的；它们指导我们的思想、价值以及生存，但它们容易并且经常发生错乱……问题不是出在有情绪上，而是出在情绪和表达的度上。我们怎么样才能赋予情绪智慧，让街上的普通人感受到文明和礼仪，让我们的集体生活体现出关怀呢？（Goleman，2009a：xiv）

对于Goleman来说，问题的答案在于有效地管理情绪。他认为，通过正常的训练和发展，情商领导者能够获得高水平的情绪能力，他把其定义为"一种可以通过学习获得的、以情商为基础并能让工作表现出色的能力"（2009b：24）。Goleman认为，对于组织绩效而言，情商比认知能力和专业技能更为重要，尤其是在"领导力金字塔"的顶端，情商的影响更大。

在《最根本的领导力：情商的威力》（*Primal Leadership：Realizing the Power of Emotional Intelligence*）这本书中，Goleman 和他的同事强调："杰出的领导可以通过情绪起作用。"这与 Mayo 早期撰写的有关"管理非正规部门的重要性"的文章相互呼应。在书中，Goleman 区分了两类领导：一类是能传递积极情绪的领导者（使员工获得情感共鸣），另一类是传递消极情绪、会情绪失调的领导者，他们会"破坏情感基础，让人们不那么有魅力"。在这里，管理能力被重新定义为"领导力的情感艺术"（同上，p.13）。同时，专家认为，情绪的智能管理能有效利用前文所述的情商能力。但是，发展自己情商的技能并不是简单地被归类在管理技能的范畴之内。在 Prati 和 Karriker 最新的研究中，他们以一家总部位于美国的大型零售组织作为研究对象，经过研究，他们得出结论：情绪智力这项技能可以有效缓解工作情感环境苛刻和员工辞职之间的矛盾。组织要求员工有某种情绪，这会带来不利影响，Prati 和 Karriker 把情绪智力的技能描述为"无价的应对机制"，它可以对抗这种不利影响。他们认为，情绪智力的技能在对情绪表达有着严格规定的工作中是一个有用的资源。（Prati and Karriker，2010：332）

Kandola 和 Fullerton（1995）是撰写管理学书籍的作家，他们因把当代企业称作"马赛克"而被大家所熟知。与情绪智能的主题相似的是，他们也强调在多样化管理中融入情感能给组织带来利益，包括增加获得人才资源的渠道，增强组织上的灵活性，提高队伍的创造力和变革能力，改进客户服务，培养更加令人满意的工作环境，提升员工在道德上和工作上的成就感、上升的生产率以及有利于组织可持续发展的竞争优势。

但是，并不是这样的策略就完全没有风险。比如说，Peter Frost（2003）就曾警告大家注意"有毒情绪"，他特别强调这种有毒情绪会威胁那些情感上投入很多的管理者，他把这些管理者称为"毒素处理者"。这个概念泛指那些拥有很高情商的管理者（和其他员工），他们能够"在某种情境中辨识出别人情感上的悲痛"，并能吸收或者转移这种悲痛，"而使员工能够重新回去工作"。这些人的努力对企业的成功通常很重要，但这些人也可能缺少支持机制或企业的认可。所以，正如 Frost（2003）的观察研究显示，除非他们能形成自己的应对策略，或是得到企业成员适当的支持，否则他们就极易受职业倦怠之苦。一个企业应该对其员工的幸福负责。

然而，"没有一颗积极投入的心，就不可能达到卓越（Harris，1996：18）。"泛泛而言，就是对情商至上这一理念的关注。在这方面，当代方法与人际关系的早期提倡者所关心的内容有很多共同之处，都将公司和个人之间人为的（同时也是没益处的）界限取消了。或许最值得注意的是，这些方法强调，要获得组织稳定性，就要失去独创性、灵活性和创造性。在和多样的群体斡旋、谈判的过程中，人们可能会想到一些创新的解决方法。官僚主义或科学性管理方法会优先考虑理性而非情感。人们认为，当官僚主义或科学性管理方法盛行时，创新方法会被扼杀在摇篮里。

在非情感企业中，在管理理论及实践中，尤其是推崇工作乐趣的创意产业中，近期的理论对组织目标、同事和组织本身的热情奉献的关注已经消失不见（Barsoux，1993；Stewart and Simmons，2010）。然而，批评崇尚"乐趣"的工作的言论强调，这些管理技术会引发强烈的矛盾情绪（Fleming and Sturdy，2009；Hnter et al.，2010；Warren and Fineman，2007）。举例来说，公司的人力资源实践对于组织内的"享乐文化"的养成起主要作用，Redman 和 Mathews 在 2002 年对 DIY 公司的研究中概述了这一点的成因。DIY 公司的招聘、录用过程强调员工应对公司文化的能力；录用标准更侧重他们的"精神"和"用心"而非他们的经验；客户服务训练"轻松"而且企图变得幽默；工作人员的考核和发展计划与"享乐文化"、定期的店内活动和社交活动有关，这些活动（如主题装扮日）鼓励推崇"工作乐趣"。然而，DIY 公司的很多员工发现，强制"享乐"具有压迫性、压制性。在 Redman 和 Mathews 的研究中，一些参与者表示"有时你就是不想去'享乐'"，"真的不太应该被管理人员要求去'享乐'"，"有时候，'乐趣'是有限的"。因此，尤其鉴于目前大多数西方经济体的经济形势，虽然我们并不难理解"工作乐趣"成为一个管理流行语的原因，但这种情绪管理需求也绝非是毫无问题的。

14.3　对于情绪的批判观点

批评情绪管理的言论越来越多地受马克思主义者对资本主义评论的启发，尤其自 20世纪 80 年代起，受到 Hochschild 的著作《情感整饰》（1983）的极大影响，加上综合劳动过程理论、女权主义和组织社会学原理的尝试。这样的方法倾向于强调以下内容：员工越来越被要求表现出就职组织所规定的气质，而且他们明显注意到要对这样做所产生的后果表现得麻木、轻视又客观。组织会使用一些控制机制和监控技术来规定和监管情绪表达；会使用一些方法，其中情绪劳动表现包含了对相关技能的否定；会使用一些违反工作尊严权利的管理技术（Bolton，2007）。尤其当其后果与上述内容相关时，员工更会被要求那样做。正如 Vincent（2011：1383）最近指出的，高度承诺人力资源管理实践的情绪管理"可能仅仅会强化管理控制，致使工作经历变得更有压迫感、更觉疏远，而不是相反"。

14.3.1　情绪劳动

"情绪劳动"是 Hochschild（1979，1983，1990）首创的，从广义上说，它指的是劳动过程中的情绪商品化。在《情感整饰》中，Hochschild（1983）对"情绪工作"和"情绪劳动"这两个截然不同的概念进行了区分，从二者如何管理情绪的角度而言。情绪工作指试图改变某种情绪，以及这种情绪在日常生活中的表现。在日常的社交互动中，情绪被认为是由 Hochschild 所称的"感觉规则"支配的。"情绪规则"是"一系列可以共享的但又常常是潜在的规则"（Hochschild，1983：268），他们规定了哪些是在任何场合下都合乎情理的（关于组织、商业和专业感觉规则的讨论请详见 Bolton，2004）。为了符合这些规则所做出的努力就是她所说的"情绪工作"。所以，按照 Hochschild 所说的，当我们听了某人不好笑的笑话仍然大笑，或者当我们收到了不想要的礼物仍然表示感谢，这时我们就在做"情绪工作"。然而，当利润动机成为支撑我们在雇佣关系中所进行的情绪工作时，这就是"情绪劳动"。这种雇佣关系相当于某人付钱来管理我们自己和其他人的情绪。正如她所说：

我所指的"情绪工作"是我们在个人生活中所做的情绪管理；而我所指的"情绪劳动"是我们为了得到薪水而做的情绪管理。（Hochschild，1990：118）

根据 Hochschild 所说的（1083：7），情绪劳动"需要以一个人减少或抑制自己的情感以保有能让人产生适当心情状态的外观"。她借鉴社会学家 Erving Goffman（1959）的成果，提出为他人制造"适当心情状态"需要一些技巧，她把这种技巧称为"表面"和"深层"的表演。"表面"表演指假装表现出一些不真实的情绪，换句话说就是"伪装"。"深层工作"需要一些潜移默化的"侵入"——确实改变我们感受到的东西，或者说是我们感觉如何。

Hochschild认为"在一个制造业社会中，我们可能脱离体力劳动；同理，在一个服务业社会中，我们也可能脱离情绪劳动"（1979：571）。这种脱离感可能使情绪激动的劳动者感到不真实，而且感到疏离于他们自己"真实"的感觉，Hochschild（1983：90）把这种情况称为"情绪失调"。

举例

Nicky James对临终关怀护士情绪劳动的观察（1989）概述了进行情绪劳动所需要的多种技能。包括：

- 能理解并解释他人的需求；
- 能对这些需求提供个人的回应；
- 能巧妙地平衡个体和组织的需求；
- 能按部就班地工作，并能顾及其他责任。

还有哪些职业可能格外重视这些技能？尝试列举。为什么这些职业（以及这些职业所需的技能）可能导致Hochschild所称的"情绪失调"？

研究表明，在各种各样的组织环境中，雇员被要求管理自己的情绪，以及为组织效劳的其他人的情绪。近几年，情绪劳动的实证研究已经在大量社会学和管理学期刊中出现。在社会学中，重点记录情绪劳动的内容，而且在很大程度上也在于注意其性别化的方面，比如聚焦于各种护理职业对情绪劳动的极高需求。在她对警察工作的研究中，Susan Martin（1999）也强调了女警官在一定程度上被认为更擅长处理与情绪相关的工作，比如为犯罪分子提供一些帮助，而男警官则被认为更适合做一些真正的警察应该做的事情，比如破案。研究也强调情绪劳动对于工作满意程度的影响，而且注意到工作中管理自我情绪和他人情绪可能产生的负面影响和伦理问题，种种解释趋向于用更明显的情绪劳动内容来检验工作，尤其是那些互动服务工作。对麦当劳快餐厅的员工（Leidner，1993，1999）、飞机乘务员（Hochschild，1983；Tyler and Abbott，1998）、护士（James，1989；O'Brien，1994）、服务员（Hall，1993；Paules，1996）、发型师（Chugh and Hancock，2009；Parkinson，1991）和许多其他职业（详见Fineman，2008）的研究也包含在内。近期印度外包服务公司的消费者服务工作研究同样强调对情绪劳动的强烈需求，同样还有个人管理和工作条件的影响，这些都会导致高度的"情绪倦怠"（Agrawal and Sadhana，2010；Surana and Singh，2009）。

管理学期刊中特别强调情绪管理在有效的招聘、选举、社会化活动和监管中的重要性，这有助于提高产品和服务的质量，以便日后提高利润率。两个著名的案例之一是对超市和便利店收银员的研究（Rafaeli，1989；Sutton and Rafaeli，1988），其二是对迪士尼乐园的设施操控员的研究（Van Maanen and Kunda，1989）。这些研究强调，成功地进行情绪劳动行为包含"面部表情、肢体语言、语言和语气的复杂配合"（Rafaeli and Sutton，1987：33）。想要完成这种配合似乎需要运用大量的人力资源管理技术，包括选择、训练、监督和监视员工的表现和行为。现在我们来具体说明。

14.3.2　管理情绪劳动

近几年，情绪，尤其是情绪劳动的重要性显示出为了控制其感受和表达人们已经做了可观的努力。因此，鉴于Hochschild所说的"情绪工作"主要被一种非正式的网络规则所掌控，这些规则包括社交价值、态度和期待，情绪劳动受复杂而多样的直接间接管理控制技术的影响。人们强调，恰当的情绪处理对于个人的招聘和选举的重要性（Ashforth and Humphrey，1995；Callaghan and Thompson，2002），也强调为了创建情绪表达群体规范（Redman and Mathews，2002），归纳和培训的重要性。在公共活动中，创造机会让大家共同分享彼此的情绪，有助于增强团队的团结性，其重要性也一再被强调（Morris and Feldman，1997；Warren and Fineman，2007）。使用管理方法，在情绪劳动表现中引入少许的程序化和一致性，这时情绪合理性就会被特别强调（Leidner，1993，1999）。

Leidner的研究显示，雇主为了将工作人员和被服务人员的行为标准化，从而想出多种多样的策略以减少不可控的因素。为了克服对大批量生产的服务抵抗，举例来说，雇主经常要求雇员想办法将日常工作个性化，或者要求他们看起来是这样的。而且进一步讲，太多不可控因素可能彻底地抹杀工作人员的灵活性，这时雇主经常会采用Leidner（1993）所称的"通过改革达到的常规化"——把工作人员改变成另外一种人，他们做决定、和消费者互动时，都会按照管理层希望和支持的方式去做。的确，她的研究中的组织（麦当劳与美国联合保险公司）"密切的关注着他们雇员的表情、语言和感受，而非关注员工进行体力劳动时标准的制定。"（Leidner，1993：18）

管理学作家Ashforth和Humphrey（1995：104）确认了四种有所重叠的情绪管理机制。它们包括：情绪中立、情绪缓和、情绪规范化和情绪正常化：

"中和"的作用是防止不被社会接受情绪的突然出现，而其他的方法则用于调节履行职责时那些不可避免的或内在的情绪；"缓和"的作用是密封、隔离当前活动中潜在的破坏性情绪；"规范化"指出什么是被社会接纳的体验方式和情绪表达；"正常化"指的是为了维持现状，传播或重塑可被接纳的情绪。

2001年9月11日美国遭遇恐怖袭击后，Michaela Driver（2003）从美国各类组织的成员那里收集了一些事例，他发现Ashforth和Humphrey的四种方法都被用作管理情绪表达时的行为控制。"缓和"、"规范化"及"正常化"看起来能够鼓舞员工士气；而"缓和"的控制方法似乎有些削减员工的忠诚度。Driver认为，长期地观察人们对组织控制意图的反应范围是很有帮助的（见图14-1）。

在她的研究中，缓和控制方法似乎会带来相当积极的反应，略胜于那些想使情绪正常化的控制方法。规范化控制"把情绪表达的焦点从'恐怖'转移到'关怀'"，它"可能会带来最为积极的反应"（Driver，2003：542），因为很多雇员会由于组织的人性化及家庭化而心生快乐。同样，雇员对于那些力求中和或压制情绪表达的组织有着极为消极的反应，这主要是因为"他们未给予情绪表达的空间，而只一如既往地关注生意"。

Driver（2003）在她的研究中强调了在情绪管理和研究中的几个主题。首先，她强调了员工对于情绪控制和企业文化之间关系看法的重要性。正如她所说的，

如果企业员工视企业的控制行为为其企业文化的指示灯，那么控制行为的筛选过程就可能显得尤为至关重要。（2003：543）

而且，这些措施对于评估员工是否符合企业文化及价值观也是重要的方法。因此，这些措施对于雇员的聘用、选择和保留来说也很重要（这就阐明了之前提到的情绪通常为个体与社会或企业间的"中枢"这一观点）。

第二，员工似乎不仅接受而且期待企业就情绪表达在某种程度上加以控制——"没有一个事例显示当事人因企业欲控制他们的情绪而憎恶企业的"（Driver，2003：544）。最后，她的分析强调形成权变方法的重要性，以便理解不同的员工在不同的情况下并且在企业不同职业等级中，对于各种类型的企业情绪表达控制会有各样的反应。

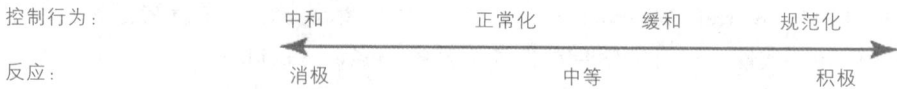

控制行为：	中和	正常化	缓和	规范化
反应：	消极	中等		积极

图 14-1　人们对组织控制意图的反应

Source：Driver 2003：542，图 1.Emerald 集团出版有限公司授权出版（www.emerald.insight.com）.

Sloan（2004）近期强调了职业地位对于那些在工作环境中受到过挫折的人的重要性，以此形成了权变理论，Sloan 还提出拥有高地位职业的人比低地位职业的人能更容易直面愤怒，从而更少有因生气引起的工作压力。最近有一项关于情绪及其管理之间关系的研究得出了相似的结论。此项研究强调个人和企业学习之间是存在冲突的。例如，Vince 和 Saleem（2004）就强调了企业内反复出现的警告和责备现象所引起的紧张情绪。他们的研究展示了这些紧张情绪究竟是如何在抑制思考及沟通的情感过程的同时，阻碍了为企业学习详尽设计的策略的启用和进一步实行的。

这些权变、地位的不平等以及对立在有关情商的高度实用主义文学中都是易被忽略的主题。这进一步强调了情绪的成功管理，毫无疑问会导致认同感、责任感、生产力和管理能力的增加。但是最近一个关于服务工作的研究表明，在管理上努力地通过训练确保员工的认同感、责任感，如使用既定的对话技巧，实际上会有相反的效果。这会产生情感上的不和谐。（Lashley，2002）

许多关于情绪劳动的研究也强调了它被管理的方法——通过系统和惯例的设计（例如，"脚本"，见 Leidner，1993），以及通过特定的监视措施（Johansson and Näslund，2009；Van Maanen and Kunda，1989）。这些监视措施通常包含自我监督和同伴监督（Hall，1993；Tyler and Abbott，1998）。类似的，情绪劳动者往往被要求在客户面前维持适当的情绪，当客户不礼貌或者带有攻击性的时候（Filby，1992；Hochschild，1983），结果导致许多情绪劳动者在履行这方面的工作时面临困难，因此，要设计不同的应对策略。

举例

考虑下列国际航班训练中对飞机乘务员的要求。

在机舱中走动时要轻手轻脚，要与每一位乘客进行眼神交流，并对乘客保持微笑。这能使得服务更加专业，同时也是头等舱旅行和"我们"公司所要求的。它就是我们来这里的原因。（引自 Hancock and Tyler，2001b：31）

为什么会给出这些要求——管理团队和训练师希望达到什么效果？

情绪劳动的表现（通过眼神交流、微笑等）是如何与飞机乘务员工作的其他方面产生矛盾的？飞机乘务员如何处理（或避免）这些潜在的矛盾？

一联系到工作中的各种有关要求，用于管理情绪劳动的技巧会导致面对个人时出现问题。这些要求涉及如长时间保持一个特定情绪表现——例如在整个长途飞行中保持微笑——它们常常要求在工作环境中保持这些完全无益的情绪表现（Bain and Boyd，1988）。类似地，情绪劳动者常常被要求保持一个展现出恰当的情绪以面对粗鲁的或无礼的客户（Filby，1992；Hochschild，1983），以至于许多情绪劳动者想出各种各样的应对策略，以处理他们在工作中碰到的各种困难。

14.3.3 应对策略

最简单地来说，应对策略涉及员工利用"后台"区（该区域无乘客且同事亦可能不在此区域出现）来发泄情绪，或直接"关闭"（Van Maanen and Kunda，1989：67）。不过解决情绪劳动需求的管理方法趋向于强调人力资源管理技术的重要性。比如，通过职业生涯规划和工作系统再设计（详见 Agrawal 和 Sadhana2010 年对印度海外客服中心员工敬业度的研究）提高其在工作中的投入程度；而更多的社会学方法侧重强调 Korczynski（2003）提出的"应对共同体"的发展，它基于情绪工作各种形式的调度。例如，Bolton 和 Boyd（2003：298）所研究的受访者强调服务行业在情绪需求处理的过程中友情的重要性。研究中一位飞机乘务员表示：

这个工作里最好的，也是唯一一给我动力的事，就是乘务组的其他同事们。我们总能在飞行中谈笑，这些快乐使那些冗长的时间、烦人的乘客和糟糕的工作环境都变得可以忍受了。

同样，Åsa Wettergen（2010）的研究发现，在瑞典移民局处理收容申请的过程中，被试通过产生交往礼节处理其工作情绪需求，强调过程中的正确性和职业化的"礼节"维持着某种"情绪状态"。类似的还有对"9·11 恐怖袭击"时美国某城市急救中心的电话接线员所进行的研究，集中研究了一个情绪化的组织体系以不同方式理解情绪、表达情绪和管理情绪。Tracy 和 Tracy（1998）强调了能使同事间互相帮助的沟通的重要性。

"幽默"似乎对于传播情绪劳动中潜在的消极面也是一个尤为重要的机制——例如，警官在处理重大灾难时，幽默可能是他们向自己及同事传播工作情绪影响的一种方式（Alexander and Wells，1991）。她把幽默看作是色情业的一种应对策略，例如，Teela Sanders（2004）认为，性工作者有意识地利用幽默作为一种社交及拉近心理距离的技巧；幽默促使一系列防御机制的形成，这些机制对于保护性工作者个人健康和精神状态是必要的。她提出了在性工作者中所体现的六种"幽默"，它们也可能适用于很多需要大量情绪管理技巧和应对策略的其他互动服务工作中。这六种"幽默"类型分别是：

- 用私密笑话"嘲笑"客户；
- 在客户面前，性工作者之间含沙射影的笑话；
- 以滑稽和搞笑的方式讲故事和笑话；
- 幽默是避免一群捣乱者和抗议者的骚扰及语言攻击的一种策略；
- 幽默是与专业人员（如医疗工作者及警官）沟通的一个起点；
- 幽默是冲突和群体成员的风向标。

另一备用策略就是回归常规。Leidner（1993，1994）提出，从事销售服务的员工依靠其脚本作为一种产生距离的方式，该脚本不会因此使人觉得更有疏远感，因为"常规实际上可能会保护互动服务工作者免受攻击"（Leidner，1993：14）。另一种策略涉及一种更为明显的移情倾向。比如，Hochschild（1983：105-8）报道称，在解决情绪冲突问题时，某些看似棘手的乘客因正在经历一些个人问题或他们对于飞行的恐惧，飞机乘务员被训练以察觉到这些情况并合理地管理那些乘客的情绪。然而，侧重相关方面的培训是服务人员积极应对情绪冲突、合理控制情绪的需要，因为他们需要永远"为销量着想"，因而从本质上要将"不合理的"企业的互动合理化。

14.3.4 情绪劳动：一篇评论文章

Sharon Bolton在一篇评论Hochschild"情绪劳动"这个术语的文章中，认为这一概念已发挥到极致，并提出了一套分类理论（2000），把情绪管理明确地分为了四个不同的类型：

- 代表类型（以总体社会准则为准的情绪管理，Hochschild（1983）"情绪工作"，见Bolton and Boyd，2003）；
- 慈善类型（将情绪管理视为"赠与"）；
- 规范类型（遵循一定企业或专业行为准则的情绪管理，但不一定以营利为目的）；
- 利益类型（追逐商业利益的情绪管理，Hochschild的"情绪劳动"，见Bolton and Boyd，2003）。

Bolton强调，情绪劳动既可以是快乐的源头，也可以是痛苦的根源，并强调Ackroyd和Thompson（1999）所称的"企业中的不端行为"参与其中的可能性。对于Yiannis Gabriel（1995）来说，工作的情感层面是他所谓的"放任式企业"的基本组成部分，其抵抗空间最终超越了管理控制的范畴。正如Bolton宣称的那样，这也暗示了对"利益层面"过度关注的情绪劳动可能导致忽视了企业生活中关键的部分，尤其是对于"企业执行者所拥有的情绪管理技巧"（Bolton and Boyd，2003：289，重点强调）和对于在情绪劳动中所表现的潜在愉悦和工作满意度的忽视。

因此，尽管Hochschild对情绪劳动的定义影响深远持久，Bolton和Boyd（2003）还是指出了其理论的三个主要缺陷。首先，他们认为，Hochschild过于强调公众及私人自我情绪管控表现上的划分，并倾向于在交替使用"公共品"和"商品"两个术语，这成了一种过分简单化的二分法。Bolton和Boyd认为Hochschild在此处（及其他地方）的理论都是基于一种假设，该假设认为在企业生活中的情绪工作没有生存空间。

其次，他们还认为Hochschild错误地将体力劳动过程等同于情绪劳动过程。然而Bolton和Boyd指出，与马克思所分析的工厂不同，如航班机组人员这样的互动型服务人员自己就"占有"了生产资料（他们的肢体与情感），因此，他们最终掌控了展现"真诚"或"愤世嫉俗"的能力。他们俩进一步指出，Hochschild没能认识到劳动力具有不确定性以及试图从管理层面对劳动力加以控制的不确定性，结果导致了情绪劳动过程在竞争领域的进一步恶化。

最后，Bolton和Boyd指出，Hochschild试图通过经营手段引诱员工"爱上"公司及其产品和顾客，这让执行者产生了一种情绪缺失的幻觉（Bolton and Boyd，2003：209）。与此相反，他们推断像航空机组人员这样的情绪劳动力诠释了高水准的情绪应变能力，是因为他们能利用不同的情感准则（商品化的、专业化的、企业化的以及社会化的）以使其情感满足实际情况的需求，并因此使其成为多元化的情绪管理者，他们能够平衡要求与出色表现间的矛盾及冲突（Bolton and Boyd，2003：295）。

尽管Bolton的评论灵验而有效，情绪劳动还是相对报酬低，工作地位也低。导致该状况的一个主要原因就是情绪劳动的主要从业者为女性，而女性似乎被视为从事该行业时应表现出与生俱来的优势；换言之，这是一种天生的技能。以O'Brien对英国护理专业的研究为例，他指出人们常认为护士所拥有的技能"并不是源自作为一名护士的职业素养，而是源于其作为女人的本能"（O'Brien，1994：399）。

14.4 结 论

我们就企业中的情绪进行讨论时已尽力找出了使情绪成为人力资源管理理论与实践中备受关注的诸多因素。总之，从传统上讲，对于企业理性而言情绪更多地被认为是一种不受欢迎的附属物，因此被排除在企业生活之外。在近期的方法理论中，特别是涉及人力资源管理理论的相关方法，情绪本身作为一种企业资源越来越受重视。"情商"理论就是一个典型的相关例子。正如Fineman所指出的，尽管人力资源管理旨在利用积极情绪作为一种"成功"的要素（1994：86），但人们依然认为情绪需要谨慎理性地管理。就像Fineman（1994：545）所说的，主流观点依然是：

烦乱情绪并不会困扰冷静清晰及战略性的思维。理性有效的想法及行为能够平复情绪。因此，好的企业是能够使员工管理、规划及排解情绪的地方。

但在本章的后半部分，我们也概述了一系列较为批判性的理论方法，以将企业理解为要求体现情绪劳动的"情绪竞技场"。其中，我们大力借鉴了那些旨在以其商品化的方式来理解企业情绪之人的工作。这种理论强调了在自我表现和互动服务模式成为劳动过程中一个不可或缺的部分时，何等程度的干涉员工的情绪可作为雇主可据理力争的对象。正如Simon Williams（2001：112）所说的，当代正处于史无前例的"情绪不是被操纵就是被管理、不是被制造就是被营销"的时代。因此，情绪的"（重新）发掘"为管理实践和批判理论提供了重要的杠杆作用。

这就使我们特别关注"情绪劳动"这个概念。尽管该定义由Hochschild初次提出至今已有二十多年，但我们不得不承认，其后续的研究不仅证实了如今人们对情绪劳动概况和生活经历的认知比其当初对它的解释更为复杂，还印证了它在当下企业环境中变得如此广为人知。Steinberg和Figart（1999：23）就这点也认为：

随着我们的经济日益向服务供应性领域发展，同时伴随着"公私"的模糊界定，与情绪劳动相关的技能、努力及责任对于我们理解它对工作的意义将变得更加至关重要。

在本章中，就情绪管理和情绪劳动表现而言，我们还尝试着辩证地思考工作组织中的情绪。

在案例研究14.1（参见Russell and Tyler，2002）中，我们认真思考了此处引用的一些就工作场所中来自生活经历情绪的概念、观点和论点，仔细考虑了它在人力资源管理理论和实践方面引发的某些问题。

案例研究14.1　闪亮少女有限公司的情绪管理

MELISSA TYLER AND PHILIP HANCOCK

闪亮少女有限公司概念与设计

闪亮少女有限公司（Girlie Glitter Co.）是一家总部位于英国的连锁零售专营店，它的产品和服务主要面向3~13岁的女生市场。设计这个概念的团队把"少女能量"的主题作为他们的出发点，并且以创造一个专门满足年轻女生需要的零售形式为目标。这个理念是创办一种零售店，这种零售店里不仅陈列各种各样的（大部分是装扮和聚会）衣服、头发造型产品、化妆品和时尚饰品，也为女生提供在店里"装扮"的机会。正如这家有限公司的一位创建者描述的那样，它的目标是创造"一个适宜女生……愉悦的空间……在这个空间中，年轻的女孩能够一起享受购物，而且……母亲能够和她们的女儿一起享受购物"。总之，正如设计团队说的那样，它的理念就是创办一种"让小女孩活在梦中"的零售体验。

开发模式反映了零售业向商店发展的进一步演变——商店不再仅是购物的场所。坚持这一理念，一个与众不同的设计被创造出来——商店是花哨的、明亮的，并且有一个可辨别的颜色和风格主题，这个主题明显地把它们和同处在一个购物中心的其他零售店区分出来。实际上，颜色被认为是商店美感的一个至关重要的组成部分，而且设计团队决定一切事物应该是"粉色的……闪亮的，有很多心形物的"。它提供了贯穿整个项目的风格主题，形成了产品和服务的出售展示方式应该是一个"魔幻般的体验"的理念。很像其他零售店和主题公园，以孩子和家庭为市场，它的重点在于创造一种"清洁、健全、家庭娱乐"的氛围。

闪亮少女有限公司的体验

顾客很大程度上是被商店所展示的戏剧性引诱到商店中的。这种戏剧性通过结合音乐、大量闪光、明亮的灯光和白色地板来体验，其中还有独特的铬材料的可试穿服饰、粉色的字体和图像（心形和星星状），以及一排排闪亮的服装和化妆品。售货员工于全天固定时段在商店前表演舞蹈，创造"一种兴奋的气氛"，一位商店经理这样说道。这反映了一种贯穿公司的更广义的展示观念，至少在一定程度上，这种观念使闪亮少女有限公司不同于出售类似产品的零售经销店。这对销售员工的招聘、选拔、培训和监督有重要影响。正如该公司的一位创立者说的："员工并不把他们自己看作售货员而是当作演出者。"鼓励商店经理把自己想象为"一场休闲体验的协调者"。

在这方面，营销团队设计了许多使闪亮少女品牌区别于其他零售"体验"的特点。正如商店宣传所说的："闪亮少女不仅有所有女性的和少女的东西，它也给年轻的顾客们提供了一个在商店中变成童话公主的机会。"商店的前面是被称为"公主工作室"的地方。这些地方用来做发型和化妆，顾客们在这里不但可以做头发、美甲，也能完成一系列主题装扮。

因为这一点，售货员（或者"演出者"）不仅是舞者，同时也作为美发师、化妆艺术师和指甲技师。一位售货员说，在商店他们不仅"在娱乐的同时要思考销售"，也被要求"自然地做事"。这意味着售货员"需要看起来是得体的，因为我们在这里是为女孩们（顾客）模仿的"。从这个意义上讲："标准的展示是重要的，因为他们像是榜样模范，他们更像是在儿童卡通片或者电视节目上影响孩子们的角色，真的是这样，"一位地区销售经理这样说道。

虽然意识到标准化和主题重复的潜在陷阱，但是目标仍然是提供定制的服务和招募能够使顾客感受到特别的员工。最重要的是，像闪亮少女有限公司营销经理所说的："这个商店不应被看作是利用儿童：它要展现她们的梦想，光临闪亮少女的每个女孩必须感受到这个商店是为她独家定制的。"他继续指出这是因为：

客户不再愿意接受商店"只是卖东西的地方"。他们需要戏剧性的体验，而且应该从中获得快乐。对他们来说，商店已经变成了目的地——这里不仅是消费的地方，也是娱乐场所、受到鼓舞的地方，闪亮少女有限公司是享乐的地方。这意味着我们挑选的员工，尤其是在购物层的员工，极其重要。

闪亮少女有限公司的招聘、选拔和训练

闪亮少女有限公司的招聘就像是组建一支女子乐团；候选员工要会唱歌和跳舞。招聘过程不像是采访而像是试镜。当许多销售人员应聘新部门时，单独面试结束后，会组织群体面试（或者说是"试镜"）。负责招聘和选拔的人力资源专员表示："群体试镜让你看出谁能脱颖而出……而我们所寻找的正是那些脱颖而出的、拥有特殊才华的人。"申请人，甚至是那些有相关工作经验的人，经常被拒不是因为他们的表情、声音或表演出了差错，很大程度上是因为"个性对于我们来说非常重要。真正相信这个概念对员工来说是很重要的，所以我们聘用的是'个性'，而不仅仅是'个人'"。

对销售人员没有具体的训练，更多的是一种非正式的社交过程，针对那些不擅长发型和化妆技巧的人，主要也是相互学习。根据色号图表和预定好的彩妆盒，像教"画画"那样教化妆。作为"舞蹈编导"的商店管理者负责教授舞蹈动作，员工主要在营业时间前后练习这些动作。公司鼓励全体员工一起参加社交活动；对于新店的员工或者老店的新员工，商店或地区经理经常把他们带到酒吧参加社交活动。这些社交聚会会带来很多的非正式压力，那些被认为不好相处的"无趣"的人，也就不是一个真正的闪亮少女的成员。

闪亮少女有限公司的销售和市场部主管把她的角色比作戏剧导演或舞台经理："负责管理表演者，他们工作起来就像演员。"她也表示自己很像一个剧本作家，参与闪亮少女有限公司类似于演出的工作中。这类隐喻也适用于其他方面——商店管理者被比作"楼层"或"观众区域的"管理者，他们的主要工作是管理商店的"观众（顾客）"可见的地方；可见区域被有经验的员工称作"盒子办公室"，储藏室则被称作"后台"。商店每天开门营业被称作"拉开大幕"，销售人员在开业前会感到"怯场"，"表演"也会受到公众的审视。

闪亮少女有限公司的情绪劳动

尽管员工们会感到紧张，但是他们也被告知在日常舞蹈中"微笑、看起来快乐比舞步完美更为重要"。一位销售人员说："他们告诉我们看起来开心比自己开心更重要。"对很多员工来说，这意味着假装或者像一个人描述的那样"变成机器人"：

有时候，我照镜子，微笑，提醒自己一整天都要保持这个样子。还有时候，当我们听到音乐开始跳舞，我想起前一天晚上和我的同事乱闹，然后不自觉地就笑了起来。所以我经常做白日梦。看起来我那时真的很开心，顾客也察觉不到，所以也没什么坏处。有时你其实根本不必努力，因为这很有趣。你会看到一些非常可爱的小女孩走进来、做头发、化妆，她们看起来特别漂亮、特别可爱，这种感觉真的很棒。我会想如果我像她们那么大，

我会有多喜欢这些打扮。有时我真的很喜欢呆在这儿。有时，如果我们很忙，或者有小孩在这里玩，有大一点的小姑娘在这里闲逛，让你感到讨厌，那你就要假装微笑，因为这是我们的工作……我们出售的就是大大的微笑和无限的欢乐。

一些销售人员通过互相帮助或者"笑一笑"来处理窘境或应对"舞台恐惧"："在外面忙碌一天的表演是挺恐怖的，你可能看到认识的人走过，或者看着人们指指点点、大笑，而你只能看着对方并且傻笑。我自己真的做不到，但是我们一起至少可以有点欢乐，我的意思是，和你的同事一起跳舞还能挣到钱，你不能抱怨这件事吧？"然而，新的应聘者在一群人面前表演会感到特别焦虑，"我在大幕拉开前感到非常紧张。但是我从舞台上下来之后会想'谢天谢地，我做到了'，直到下一次演出。"

许多员工明白他们是年轻顾客的角色模特，也意识到他们的制服在何种程度上帮助他们树立团队意识（所有在店员工都穿着合身的带有闪亮少女商标的粉色T恤——为出售店里的大童衣服和黑色裤子）。员工的制服对闪亮少女公司管理团队来说尤为重要。一个地区销售经理（研究期间该公司聘用的唯一一位男性）也穿着黑色裤子和粉色的公司T恤。他表示"我可以按传统穿西装打领带，但是我选择穿这种粉色衣服，以便融入团队。我的衣服不像她们（女销售员）的那样闪亮而紧身，但是至少我们看起来都一样，而这是很重要的……这样我们就都融入了集体"。

音乐对于闪亮少女有限公司的管理也是尤为重要的，尤其在培养员工和顾客的认同感方面。特殊类型的音乐（主要是女子流行乐团的）甚至是某些特定的歌曲开始和商店有关，这些音乐逐渐作为"前台"区域的配乐，当然，也是商店入口处每天员工跳舞的音乐。某位商店经理总结了这种音乐的一般效果，她说："不管我在哪里、在做什么，每当我听到这些歌，我立刻就想到公司。"

一些销售人员曾遇到过非常粗鲁或者好斗的顾客——不是小孩子在玩耍，就是他们的家长大喊大叫、破口大骂。这时候，

你就想："好吧，我想他们花钱买的就是这个。"今天是他们孩子的生日或什么日子，或者可能他们是单亲爸爸，今天是他们唯一能见孩子的日子，所以你想"就让他们这样吧"。但有时候，这是很难的。有些日子我下班以后，脑海里不断地回荡着那同样的音乐、那种尖叫声、孩子不停嚷嚷着"我要这个，我要这个……"非常感谢，我想我永远都不会要孩子了。我这辈子已经看够这些怒火了！

问 题

1. 在闪亮少女有限公司，性别与情绪劳动的运行和管理有什么关系？

2. "表面工作"和"深层工作"的概念（Hochschild，1983）是如何应用到销售助理的经验中的？

3. 请借鉴 Bolton 和 Boyd（2003）的分类，对闪亮少女有限公司销售助理采用的情绪管理加以分类。

4. 管理团队应用何种技巧鼓励销售助理从事情绪劳动？

5. 员工使用何种应对策略缓解情绪劳动对他们工作产生的消极影响？

6. 给闪亮少女有限公司起草一个销售助理的招聘广告。招聘、甄选、训练新员工时，你可能需要考虑哪些关键问题？

案例研究 14.2　管理主题公园家庭区的乐趣

PHILIP HANCOCK AND MELISSA TYLER

Jason 是主题公园有限公司的一个部门经理。他负责管理 8 名全职、14 名兼职员工，员工大部分属于季节性雇佣，他们在主题公园的家庭区工作。这个特殊区域有专为身高不符合"惊险"游乐设施要求的（过山车等）儿童设计的游乐设施，许多设施基于电视节目、电影和儿童书刊中人们所熟悉的儿童角色。这个区域经常会出现一些问题：高的离谱的人员流动率，以及持续上升的顾客不满意率。顾客的不满意率主要是通过对 Jason 本人和他团队中成员的口头报告，以及在出口处对顾客进行的调查中披露的。这些问题表明无论是大人还是小孩，对于过长的等待时间、游乐设施因故暂停或因设施正在维护或清洁等原因，都会极其不高兴甚至失望。对于 Jason 而言，这项工作最难的问题在于需要平衡"吞吐量"（尽可能有效地安排顾客游玩）与顾客满意度的需求，以及为小孩和他们的家庭提供高质量个性化服务的需求。正如他所说的，"你知道，要面带微笑推着顾客走，所以我们实际上真的需要花一些时间，好让他们再次光临。" 通过其员工的发展机制，Jason 和他的直线经理得出了一个结论，Jason 在处理组织方面的问题非常得心应手，通过处理工作中的情绪问题，他的技能会得到一定的发展，他本人也会因此而受益，尤其是能更好地应对竞争。他们开办了一种培训顾问机制，开设情绪智力课程，概述 Jason 的需求以及他是如何从发展情绪智力中受益的。

问　题

1.阐明"情绪智力"的含义，概述 Jason 可能通过发展"情绪智力"而提高了何种技能和能力。

2.为 Jason 提供发展情绪智力的机会，对 Jason 自己、对主题公园有限公司、对顾客，都会有哪些主要的好处？

3.参考这个特例，这种方法以及"情绪智力"的概念可能会遭受怎样的批评？

案例研究 14.3　酒店公司的改变和情绪

MELISSA TYLER AND PHILIP HANCOCK

酒店有限公司（Hotel Co）是新加坡一个大型酒店，拥有大约 243 名雇员，其高管最近引进了一个计算机系统，全方位整合了客户服务。该旅馆的客户主要是西部商人以及他们的家人，而且他们中的大部分人都会在线预订酒店。尽管面向客户的员工和后勤员工都接受了对于系统登录和操作的培训，但是这一变化在员工身上所产生的影响是管理者始料未及的。首先，之前员工们虽然分属于不同的小组也曾一起共事过，而现在他们没有理由一起共事或者进行互动。这在一些员工之中引发了一定程度上的不和谐和失落感，尤其是那些已经在酒店工作了一段时间的老员工。新员工也发现没有什么机会和同事长期共处了，大部分的互动和交流都变成了线上形式。其次，已经为酒店工作一段时间且对以前的工作方式感到满意的老员工不仅对改变本身不满，也对其引入方式感到不满。引入新系统的前期、中期甚至后期，高管都很少与他们交流，很少征询他们的意见，也没有给出什么解释。最后，电子预订系统意味着酒店的客人们现在可以直接订房、对房间提出具体的要求，比如他们一入住酒店就要客房服务餐或甚至是特殊种类的床头枕。然而，由于这个系统相对较新，而且还在使用初期，酒店的员工发现需要经常干预修正、修改这些特殊安排。客人投诉说他们的房间不完全是他们所期待的那样，尤其是前台接待的员工不得不更加努力去提供高质量的客户服务。认识到他们所面对的一些问题，酒店高管团队严格执行了服装和发型要求，以便持续传达出酒店的专业形象。所有的员工也必须参加一日训练课程，强化学习"3S"的高效顾客互动，即"微笑、真诚、服务"。

问 题

1.引进新的ICT系统后，酒店公司为什么会被称作是一个"情绪大熔炉"？对员工、对高管、对顾客，这意味着什么？

2.旅馆公司的高管会忽略管理改革的哪些重要方面？

3.这对于员工、对于顾客有什么影响？

4.除了他们提供的附加训练课程，为了解决组织当前所面临的困难，还可能会采用怎样的措施？

第 15 章

柔性管理

引 言

近几十年来，"柔性"一词经常被商界和政界所津津乐道。然而，人们已经通过诸多不同但相关的方式，在不同的环境背景下来使用这一术语。这一术语也被用来形容劳动市场的柔性，涉及政府施加给雇主的约束限制程度（Lallement, 2011），并用来指代组织的柔性，即组织能够应对它们所处环境变化的能力（Legge, 2007），以及劳动组织的柔性（Kalleberg, 2003）。甚至在劳动组织背景下，人们已经以不同的方式来使用这一术语，将其大概划分为两种：服务于雇主利益的柔性，以及服务于雇员利益的柔性（Aliset al., 2006；Zeytinoglu et al., 2009）。由于本书涉及人力资源管理的内容，我们在这里讨论的焦点是劳动组织方式的柔性。在本章，我们将研究这些不同形式的柔性。此外，迄今为止，人们在不同组织和管理领域的文献中，普遍将其作为单独的活动，进行讨论。本章将简要探讨在何种程度上，可以实现不同的方法之间可能存在的协同效应。本章从柔性概述入手，探讨了影响柔性做法的因素，以及近几年政府、雇主和雇员要求提升柔性的因素。然后从一些细节讨论了劳动组织和管理柔性的不同手段，探讨了以不同的方式组织劳动的一些替代方法带来的后果。最后，本章将探讨不同利益群体适应柔性管理的潜力。

15.1 背 景

近年来日益严峻的竞争成为组织开始力求提升柔性的主要原因（Olsen and Kalleberg, 2004）。柔性，作为缓解竞争压力的应对措施，主要指一个组织在其外部和内部环境出现变化时做出反应的能力。这可能需要以不同的方式运作，但是在确定一个组织是否能够采取行动把握它们面前的机会时，响应速度可能显得非常重要。例如，在这种情况下，柔性可能涉及这个组织能否通过扩张或改变其产出方式来响应新的市场机会。这种性质的许多变化在劳动管理方式上有着深层次的含义（Kalleberg, 2001）。为了能够应对短期阶段需求的增加，一个组织也可能在短期内需要相应增加人手。如果雇主没有增加雇员数量，当需求水平较低时，他们将需要权衡：响应业务机会的好处，继续聘用额外人员的费用，孰轻孰重。

雇主还可以在劳动管理方式上寻求更大的柔性，在面对更为激烈的竞争环境时，通过更有效的劳动管理来降低成本（Coe et al., 2007）。经历过产品或服务需求水平变化后，组织可能会更频繁地配置劳动力供给和需求以提高效率。这很可能出现在劳动密集型组织，并且存储其产品的机会有限（Korczynski, 2002）。例如，如果其经营业务的需求存在淡季旺季，诸如零售和旅游接待行业，雇主通常会在旺季增加雇员的数量，以确保他们可在旺季应对市场增加的需求，在淡季减少不必要的工作人员。

其中，几年来，导致竞争压力加剧的首要因素就是全球一体化进程的进一步深入（Marquardt，2005）。发达国家的组织面临着来自发展中国家越来越大的竞争压力，因为那里的劳动力成本往往更低。因此，发达国家组织就会寻找控制成本的方法。在发展中国家，工资方面的竞争，对发达国家组织来讲，毫无优势而言，因此，它们需要通过其他手段与之竞争，如创新、管理规范、包括劳动力的利用效率等手段。特别是在那些劳动密集型产业，灵活的工作方式可以通过诸多途径，更加有效地利用劳动力。例如，只在需要的时间、地点聘用一定数量的工人。跨越传统的岗位界限，通过以更灵活的方式，配备劳动力，也可以提升效率，全球一体化进程也需要人们开展工作时寻求更大的柔性，因为许多企业可能需要与在不同时区的同事和客户一起工作。

信息和通信技术（information and communication technology，ICT）的发展也为提供更多的弹性工作方式和在特定或灵活场合工作做出了巨大的贡献（Van Dyne et al.，2007）。英特网的便利性可以方便部分工作在远离工作场所的地方完成。例如，员工能够远程读取电子数据，如同他们在办公室工作一样。另外，工作和非工作的生活中无处不在的ICT也改变了对于通信、可用性和响应速度的期待。特别是移动技术的应用增加了人们对于可用性和响应速度的期待（Matusik and Mickel，2011），因为人们不需要本人到特定的场所（办公场所或家）来接收或反馈信息（Besseyre des Horst et al.，2011；Brannen，2005）。

柔性通常被认为是一个组织的问题，但它与经济发展有着更密切的联系。政府解除对劳动力市场的管制可以促进劳动力的灵活流动。据说，对于更少管制的或更灵活的劳动力市场，雇主只需承担少量法律责任，这对于投资者更具吸引力（Legge，2007）。这时候的柔性概念可能超出了雇佣方式（如固定期或小时工）或者工作方式（多种任务和多种技能）的规定，可能会包括雇主在健康安全、认可度和与工会谈判等方面的责任。近年来，有证据表明欧洲政府为应对经济危机已经采取措施放松对工作条件和权利的管制，来促进劳动力市场的柔性（ETUI，2012；Peck et al.，2005）。

同时，商业环境中的这些发展变化要求组织更加灵活，我们已经见证了社会和人口结构的巨大变化，这些变化导致员工期待在工作方面具有更大的柔性和更多的选择。在很多国家员工寻求更具弹性的工作（Hall and Atkinson，2006；Hooker et al.，2007；Bloom and Van Reenen，2006；Yanadori and Kato，2009）。更多的母亲参加工作、员工在工作和生活两者间保持平衡的担忧，导致人们期望对于工作方式能够拥有更多的控制权。因此，希望在劳动力市场更具竞争力的雇主们乐于支持员工对于弹性的要求，以便能够雇到能力更强的员工（Rau and Hyland，2002；Richardson，2010）。当劳动力和/或人才缺乏时，雇主更愿意提供弹性工作方式，以便增加对新工人的吸引力。请参考Tata公司的案例，它展示了一个公司的经营手段。另外，弹性工作对于吸引Y一代工人是非常重要的，他们更加注重于在工作和生活中保持平衡（Gerdes，2009）。而且，在一些国家（如澳大利亚和英国），政府明令允许员工提出弹性工作的要求。欧盟已经逐步制定了改善工作环境的政策，包括有效协调工作和非工作活动的要求。（Eurofound，2010）

15.2 柔性管理的方法

关于组织内灵活工作方式的研究和讨论可大致分为雇员的柔性以及对雇员的柔性

（Alis et al.，2006）。雇员的柔性能够使企业通过非标准的方式，使用劳动力，来满足它们对柔性的需求。而对雇员的柔性允许雇员在一定程度上选择他们的工作，以帮助他们更加有效地平衡工作与生活之间的关系。我们下面对各类型柔性进行更详细的讨论。

15.2.1 雇员的柔性

雇员的柔性，包括采用临时和兼职合同；倒班制工作；年度工时制合同；通过跨越传统工作界限的一系列任务安排人员。组织通常利用这些手段来帮助他们实现劳动力供需平衡，更好地辅助具有不确定性的管理工作（Bryson，1999）。

早在1985年，John Atkinson就提出了灵活的公司模型，这一模型对今天人们关于实现柔性的争论产生了深远的影响（Atkinson，1985）。该模型提出了不同的劳动力使用策略，其中雇主可能会使用这些策略来实现组织的柔性，这些策略的理念是为了维持核心雇员的稳定性，这些雇员可以通过灵活的外围环境进行增补。在这场争论中，人们发现有诸多类别的柔性，其中最显著的当属数量柔性和职能柔性（Kalleberg，2001）；最近人们将更多的注意力放在空间和时间的柔性上。

数量柔性允许雇主可以在需要的时候利用劳动力，而在不需要的时候解散劳动力，这一方法可能涉及非全日制就业人员，或直接招聘的临时工作人员，或通过一个临时中介机构招聘的临时工作人员。

职能的柔性允许雇主在不同的业务活动中，根据需求层次配备人员，并可能涉及多技能和多任务工作。

时间柔性涉及用工的时间。传统上，这往往涉及倒班工作，这一方法旨在延长劳动投入的时间，使其比标准工作日的时间更长，或为了实现7天24小时的不间断运营，如医院的工作环境。

空间的柔性与工作的位置相关，雇主可以在不同的位置配备劳动力。

尽管上述类型的柔性主要用于区分单独的业务活动，但是在某一工作环境下，它们也可以结合起来。例如，兼职工人也可能是轮班工人，有时可以从事零售或保洁工作。临时聘用可以与空间柔性相结合，如临时招聘的代理药师或代课教师。

雇主在经历对劳动力产生直接影响的市场需求波动时，很可能最大限度地利用这些用工策略。市场需求在人们可以预测的基础上会不断变化，如季节性行业（旅游行业），每周会出现变化（如餐馆和快餐店），每天也会发生变化，甚至在一个工作日之内出现变化，或者由于不可预知的因素，如天气或媒体宣传等。

数量柔性

利用数量柔性，雇主可能会选择聘用兼职工作人员或临时合同工，或根据业务模式改变雇员工作时长。符合市场需求的工作时长变化时，雇主可能会增加或者减少兼职工作人员数量，或者可能涉及全职人员的长期配置，如年度工时制合同。在签订年度工时制合同的情况下，雇主和雇员约定：在一个年度内的工作总时长，并且雇主有权按照双方约定的最大和最小弹性范围，改变每天或每周的工作时间。

选择聘用临时工作人员的雇主可以直接聘用它们，或有可能与临时中介机构建立劳动力供给的合作关系。临时就业机构可以随着市场需求的波动，配备合适的人员，但也可以用来应对不确定性。例如，企业组织开发新产品时，或进入一个新的市场领域时，就可以聘用临时人员，以减少它们的风险，直到它们觉得已经能够更准确地预测需求水平为止。我们对宝马公司的案例研究就是一个例子。

如图 15-1 所示，这是整个经合组织国家的兼职就业比率。在瑞士、澳大利亚、爱尔兰和英国，兼职就业人员占总就业人数的 1/4。荷兰的兼职就业人数占总就业人数的 1/3以上（37.1%）。与此相反，诸如匈牙利、捷克和斯洛伐克，兼职工作很少见，其比例不到就业总数的 5%。该图还显示，在许多国家，自 2000 年以来，兼职就业人数呈现明显上升的趋势。

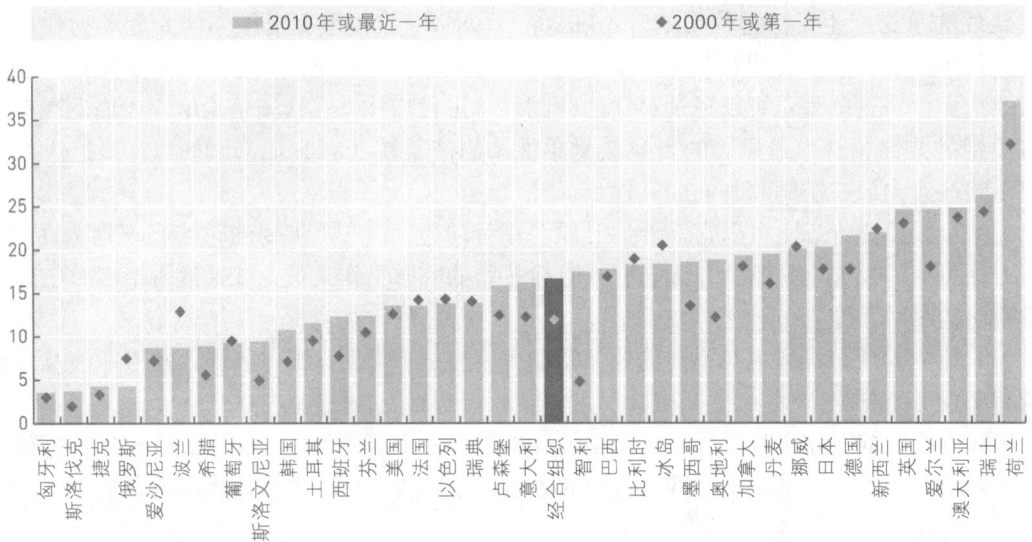

图 15-1 兼职就业比率（占总就业人数的百分比）

Source：OECD Factbook 2011-2012.Economic, Environmental and Social Statistics，OECD Publishing © OECD 2011.

图 15-2 为 2010 年欧盟成员国临时合同工和有限工作时长合同工的比例。波兰、西班牙和葡萄牙更倾向于采用数量柔性手段，该地区劳动力的 1/4 都签订了临时劳动合同。相比之下，在罗马尼亚、立陶宛、爱沙尼亚和保加利亚，这一比例不到 5%。欧盟，作为一个整体，在 2010 年签订有限期合同的就业人数比例为 13.9%。成员国之间采用柔性策略的差异可能反映出一些影响因素，但至少部分是由雇主终止正式雇员合同的难易程度决定的。

职能柔性

职能柔性，是指雇主可根据需求水平，在一系列任务之间进行人员配备。雇主可以跨越现有的工作范围，进行人员配备，这种方法允许雇主采用比传统方式更灵活的方法来管理人力资源，而在传统意义下，一名雇员被安排到固定的工作岗位，工作岗位有固定的工作任务和技能要求。

雇主可以根据临时需要，进行人员调动，也可能根据其业务周期，如出现季节性周期，每周或每日的情况，进行调动。跨岗位配备人员理念的前提是：不同工作任务需求性质的变化（Desombre et al.，2006）。因此，如果工作人员在其工作的正常过程中被完全占

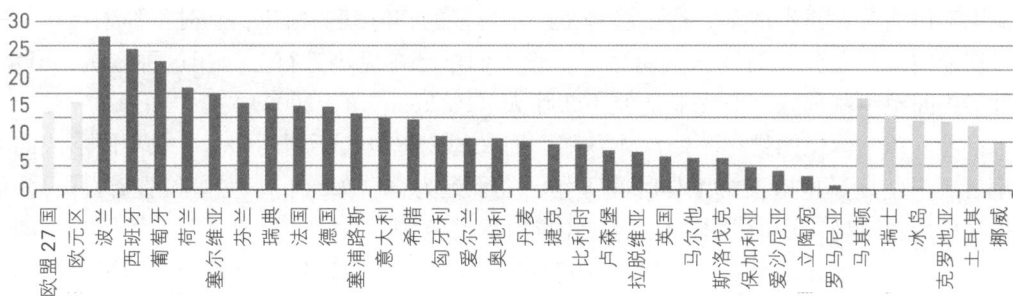

图 15-2 2010 年 15~64 岁年龄组的有限工作时长合同工的比例

用，我们还可以在有限的范围内，安排给他其他任务，以提高效率。然而，当需求水平变化时，也会出现人浮于事以及应接不暇的情况（工作人员有些时候因能力不足无法满足所有的需求。将具备多种技能的雇员从低水平的岗位调至高水平的岗位可以减少雇用更多雇员的需求，也可允许雇主根据短期的和/或不可预测的业务波动，以更快的速度做出反应。这一理论同时认为，使用职能柔性策略可以提高服务的质量。利用训练有素的多技能工作人员，可以减少客服联系人的数量，从而可以采用更全面的方法。例如，对于护士和护理辅助人员，Desombre 等人（2006）研究建议使用安排可以执行多个任务的多技能人员从事这项工作，可以给用户、客户带来更佳的体验，相对于传统的以专家为中心的方法，他们是以用户为中心。

在实践中，人们可以以许多不同的方式来实现职能柔性，并且可以在广度、深度方面进行检验（Kelliher et al.，2002）。广度涉及一名雇员被安排完成额外任务的数量。这个范围可以从与其本职工作密切相关的少量任务，到需要具备各种技能的各类任务。深度涉及调配工作人员胜任额外工作任务的程度。他们被期待着并能够充分胜任这些任务，或只能提供协助，胜任部分岗位要求。

对于组织采用哪一种职能柔性的论据，与某些广泛使用的柔性形式（例如，兼职或临时合同等）相比，相对较少。这是因为我们难以准确地测量各类业务活动的不同性质。工作场所雇佣关系调查（WERS04）结果显示，在英国66%的雇主报告说，他们对一些核心雇员进行培训，来提升职能柔性（Kersley et al.，2006），尽管采用这一做法的都是雇员数量较少的组织，但也足以说明这种做法相当普遍。

时空柔性

虽然在不断变化的世界里，上述区别存在一定的相关性，但是这些区别可能不足以涵盖所有类型（雇主寻找雇员）的柔性，或者雇员也可能自己在探索如何与这类柔性策略进行互动。技术进步在工作方式变革方面，发挥着重要作用（Kelliherand Richardson 2011；Zammuto et al.，2007）。通过信息通信技术，很多雇员可以在工作场所以外的地方开展工作。有人认为，在某些情况下工作和非工作活动之间的界限变得越来越模糊（Tietze and Musson，2005）。虽然一些岗位还要求雇员亲临工作场所或在指定的时间进行工作。例如，医生需要到场进行外科手术，呼叫中心运营商需要在运行时间内保持线路畅通。

但是最近，组织工作方式的进步也促使不同用工方式的出现。虽然从传统意义上看，临时合同已经被用来应对市场的不确定性和/或已知的需求波动，一个组织，以项目的形式安排工作的方式逐步增多，这一趋势将产生更多的临时就业岗位，临时工作人员在某一项目期限内开展工作，而非永久聘用。尽管人们早已在建筑等行业采用这种方法，但是，这种形式的组织在创意产业和制造业不断壮大（Packendorff，2002）。

目前全球一体化的进程不断深入，随之而来的变化也让不同的雇主寻找不同形式的柔性策略。一些雇员超出正常工作时间工作已经不足为奇（如维护、安保和清洁人员），他们往往采用轮班制，在世界不同地区、不同时区经营的雇主可能要求雇员在不同的时间工作，以适应这一需求。例如，在阿拉伯联合酋长国（UAE），星期日是正常的工作日，与阿联酋保持紧密合作关系，但在世界其他地区工作的雇员有时可能需要在周日加班工作，以适应这些不同的工作模式。同样，与亚洲或澳大利亚有合作关系的欧洲同事可能必须改变他们的工作时间，以确保在工作日能够与这些地点的同事保持沟通。例如，这可能会涉及更多的工作时间，或者在短期内与世界其他地区进行实时通信（一对一通话，电话会议）（Kelliher and Anderson，2010）。人们使用信息和通信技术往往意味着可以进行远程加班，或者实现短期工作沟通，而不需要让雇员出现在工作场所。

人们对在地理意义上分散的虚拟团队进行了研究，结果表明：需要妥善对通信进行管理，以避免因过度沟通对双方的业务成果和雇员幸福度方面造成负面影响。Collins 和Kolb（2011）认为，为获取团队创造力等利益，人们需要实现通信和中断通信需求之间的最佳平衡。

值得注意的是，时间的柔性历来受到合同的制约（如轮班工作、年度工时制合同等）。然而，这些较新的柔性形式可能取决于一些非常微妙的劳动安排和工作预期，这可能会有效地提升工作效率（Kelliher and Anderson，2010）。给雇员一个智能手机可能意味着在工作时间之外，远离工作场所的雇员随时听候调遣。例如，雇员在工作时间以外，以及非工作日与客户进行沟通（通过电话、电子邮件、SMS 消息等）。雇员利用智能手机等无线技术保持联络，从而实现随时听候调遣的预期目标（Besseyre des Horts et al.，2011；Matusik and Mickel，2011）。

此外，人们可以利用信息和通信技术进行远程作业，雇主可能因此产生成本上的优势，因为这一方式可以减少所需的工作空间。如果雇员在全部或部分时间内进行远程工作，那么他们可能降低对住宿的需求，因为他们无需办公空间；或者他们可以使用"漫游办公（hotdesking）"之类的系统，进一步提升办公室租用率。然而，我们应当认识到：这一方式可能会在雇员的绩效方面出现很多问题。本章接下来要检验柔性如何满足雇员的需要。

15.2.2 对雇员的柔性

对雇员的柔性具体包括如下情况：该雇员能够在一定程度上决定在哪里工作，何时工作以及工作量多少。通常情况下，这可能涉及减少工时，远离工作场所，在全部或部分工作时间内进行远程工作，或改变工作时间。在此背景下，企业为雇员提供机会帮助他们去平衡自己的工作和生活，这种方式会更令人满意。许多组织都出台了弹性的工作政策，允许雇员改变其工作安排。除了考虑个人的要求外，一些机构出台了标准的政策，如为所有雇员提供弹性上班制。向雇员提供灵活的工作选择往往被视为一种为全职父母和陪护者提供便利的手段。事实上，当英国于2003年第一次引入立法支持弹性工作制时，这种"请求权"仅限于幼童或残疾儿童的父母。但是，用人单位逐渐面向所有雇员提供灵活的工作选择（CBI/Harvey Nash，2011）。英国政府已经提议扩大立法规定覆盖范围，以涵盖所有雇员（BIS，2011）。为所有雇员提供灵活的工作选择超越了渴求与雇主平起平坐的公平方面考虑，而是出于业务考虑（CIPD，2005）。许多研究表明，让雇员有机会获得灵活的工作选择可以调动他们的积极性，为组织带来积极的结果，如更高的工作满意度（Gajendran and Harrison，2007；Hooker，2007）；奉献精神（Chow and Keng-Howe，2006；Harris and Foster，2005）；雇员幸福度（Redman et al.，2009）和绩效的提升（Cranfield School of Management，2008；Gajendran and Harrison，2007）。根据上述政策达成的正式协议，许多证据可以表明，对柔性工作的非正式约定当前在各个企业组织大行其道（Healy，2004；Kelliher and Anderson，2010）。在这些情况下，采用灵活的工作安排，可以让男雇员和女雇员一样兼顾家庭（Cranfield School of Management，2008）。

远程工作通常是指雇员在某一工作时间或全部工作时间内，在不同的地点进行工作。这也常常被称为远程办公。因为在实践中，许多雇员仍然利用某种形式的信息和通信技术，与他们的工作场所保持联络。他们可以经常在家里远程工作，但也可在其他地点完成。

在不同的时间工作，或者是弹性安排工作时间，可以让雇员能够享有某种程度的自由，来自行确定他们的工作时间。这可能是因为个人可以安排工作时间，或者作为弹性工作计划的一部分。当所有雇员都要上班工作时，弹性工作时间方案是围绕一个核心时间框架。因此，虽然一些雇主也允许雇员以休假作为加班工作的补偿，但是本质上，他们可以自行决定工作起止时间。允许雇员自行变更工作起止时间可能让雇员能够适应其非工作生活的需要，让他们的生活更轻松（如陪孩子上学，去医疗机构挂号），也可以帮助雇员避免上下班高峰时段。

当工作完成时，压缩工作时间制也会随之改变。雇员合同规定的工作时间通常比现场正常工作时间更短一些。例如，这可能是四天工作制，或者是两周九天工作制，而不是正常的五天或十天工作制。这种类型的安排可满足工时制企业的需要，这些企业需要在标准八小时工作日以外加班工作。例如，零售店营业时间从上午 10 点工作到晚上 8 点，每天可允许雇员工作 10 小时，但只上 4 天班，而不是工作 8 小时，每周上五天班。

压缩工时代表了工作安排上不同类型的变化，因为在这种情况下，人们可以更改劳动合同，对雇员工资有着深层含义，并可能影响其享有的福利。这种类型的柔性将受到一个正式协议的约束。

在实践中，如何制定灵活的工作安排实际上也有很大的差别（De Menezes and Kelliher，2011）。例如，他们可能需要达成有规律的工作约定，如雇员总是在一周内、某些天内不同的时间开始工作，或者他们可能采取更特别的方式。比如，根据工作任务要求（例如，如果他们需要集中精力来完成一项复杂的任务）或生活要求（想在家接收或递送）而进行远程工作或非工作活动。

此外，兼职工作者本职工作时间的长短也存在相当大的差别，如 50% 或 90% 等。值得注意的是，这些不同的形式并非相互排斥，雇员可能会减少工时，将在正常工作场所未完成的任务的一部分拿到家里完成，以及在不同的时间完成。

15.3 执行和结果

无论是基于雇主还是雇员的要求，工作安排方面的变化会给执行带来很多麻烦。首先，对于给予雇员一定自主权来选择工作地点、工作时间和工作量的安排，仅仅依靠制定政策无法带来改变工作方式并获得相应利益的结果。雇主也需要建立一个政策能够被认可并且没有太大阻力的执行环境（Kossek and Ruderman，2012）。例如，在一个传统的组织中，如果雇员需要按照传统方式进入组织，在指定工作时间正常出勤工作，那么对于不同工作安排的不适应可能导致部分经理拒绝执行变化。此时，雇员也会注意到经理们对于变化产生敌意，因此就不愿意提出这种要求。另外，在一些组织中一部分特殊雇员（例如，为人父母的，工作比较轻松的）要求弹性工作更容易被接受，但这会阻碍更高层的雇员或没有成为父母的雇员进行申请。在这种情况下研究给予雇员的条件很重要，使这个政策对他们的态度或感受没有影响。因此，组织不但需要重新修订政策，而且需要建立一个让雇员能够施展拳脚的环境。

可用性的预测加上实际的执行情况已经证明：获得与弹性工作相关的利益是至关重要的（Eaton，2003）。在实践中，它的潜在作用更大，因为没有接受弹性工作的雇员仍然会体现出价值，他们可能会发现在未来工作中有更多的选择机会。

在通常情况下，传统的工作场所应根据不同的工作要求、时间或地点考虑为保证雇员正常工作提供的必要支持。例如，保证雇员在不同时间进出的安保措施、IT和餐饮设施。还有如何以不同的方式管理外地的雇员和分散式团队（MacDuffie，2007），以及在工作环境中建立有效的沟通机制并维护社会关系，这两者都需要考虑（Mann et al.，2000）。

对于诸如压缩和减少工作时间的安排，人们更加难以执行，聘用雇员是为了履行一系列义务，而不是为了达到特定的工作时间（对于很多专业工作来说），所以问题是压缩哪些时间来减少工作周期？工作时间是雇员每周的实际工作时间还是合同约定时间？

对于给予雇员一定自主权来选择工作地点、工作时间和工作量的结果一直有争论。实际上，人们真正感兴趣的问题在于：是否存在弹性工作的案例。应该基于政策出台的目的来判断案例。如果首要目标是保证这个组织去履行法定义务，那么我们可以通过雇员是否提起诉讼，或者组织作为雇主是否应当支付赔偿，或是否受到名誉伤害而进行判断。但是，如果目的并非如此，而是通过雇员端正良好的态度来提升组织的绩效，那就另当别论。

目前，有一些独立研究，尤其是最近几年展开的调查研究，涉及组织绩效和大量数据分析，给出令人信服的商业案例。这些论据表明：提供清晰的弹性工作政策是无法实现的（De Menezes and Kelliher，2011）。但是，我们很难根据各种各样的证据得出统一的结论。很多研究无法分清弹性工作的不同程度或频次。例如，很有可能合同要求50%的弹性工作时间所需的工作经验与90%的完全不同。类似的情况是，偶尔或临时进行远程工作的雇员与一直进行远程工作的雇员当然经验不同。这些不同的情况毫无疑问会导致不同的问题，所以需要根据不同案例的情况，给出不同的对策。

进一步说，不同于很多其他由经理有效执行并对雇员产生影响的人力资源管理政策（基于绩效的薪酬政策），这种政策只对部分雇员有效，需要人们去制定具体实施的流程。

因此，这种政策和产出绩效的关系将完全不同于人力资源绩效有关文献中介绍的内容（Paauwe，2004）。

另外，由于在组织中这些政策变得越来越普遍，并被视为正常工作状态，对雇员态度的积极影响可能受到不断增长的权利意识的影响（Lewis et al.，2001），雇员将不再对其做出回应。

让我们再重新回顾雇主驱动型的政策，如数量柔性和职能柔性，新政的引入带来了很多新问题。最值得关注的问题是，为了从柔性中获利，雇主需要精确预测对劳动力的要求。如果目的是提高现有雇员的效率，雇主就需要密切关注雇员的工作方式，并把它们转化为对雇员的要求。雇主还应迅速采取必要的措施，来应对在需求方面发生的不可预测的变化。例如，对于兼职雇员，雇主应在很短的时间内确定业务活动所需的工作人数和工作时间。对于直接雇用的临时工，雇主需要考虑恰当的合同期限。如果通过临时劳动中介雇用的，雇主们应与中介保持沟通，确保能够获得需要的人数。

值得一提的是，临时工本质上造成了雇员缺乏安全意识（Legge，2007）。许多临时工希望获得长期稳定的工作，如果遇到合适的机会，他们将放弃临时工作，以便减少工作的不稳定性。因此，有时雇主会提高临时工的待遇。雇主同时雇用合同工和临时工，但是他们与雇主的关系却不相同，一些观察家已经注意到了由此产生的潜在风险。

对于职能柔性，雇主需要考虑如上讨论的工作广度和深度。利用职能柔性需要明确对技能的要求和对调整工作的雇员的培训要求，至少需要部分确定实际工作中如何贯彻职能柔性。很显然，培训会发挥一定作用，其他需要考虑的因素包括：拥有多技能的雇员被重新分配工作后是否需要给予额外的奖励；这些从事多项工作的雇员的日常管理，尤其是在轮班工作过程中。Kelliher 和 Riley（2002）记录了有关调整统一的变更和休息时间的详细过程。

已经有很多的研究试图调查不同形式的数量柔性和职能柔性与人力资源管理的产出结果两者之间的关系，如工作满意度、组织忠诚度和雇员幸福度。数量柔性调查结果显示了工作质量的下降（Green et al.，2010；Kalleberg et al.，2000）。由于这种工作的不稳定性，临时工的工作满意度和福利普遍很低（请参见 Aletraris，2010；De Cuyper and De Witte，2008；Mauno et al.，2005）。临时工和倒班雇员发生工伤和生病的比例较高（Robinson and Smallman，2006）。鉴于工作满意度、组织忠诚度和雇员幸福度等因素对组织绩效的影响力（Boxall and Purcell，2003；Paauwe，2004），虽然数量柔性的实践可以更有效地使用雇员，但是从长期看这些实践会间接地影响组织绩效。

为了识别因为工作稳定性而采取灵活工作的后果，欧盟计划通过一个柔性安全的政策来协调增强竞争力和保持稳定性两者之间的关系。弹性安全试图结合劳动力柔性和流动性的优点，在强大的社会保障体系支持下，包含失业保障、退休金和医疗福利（European Commission，2007）。与此相反的一种人力资源管理方法叫作低成本之路，经常会使用数量柔性方式。职能柔性经常会与高成本之路联系起来，因为它为雇员提供了更广泛的技能发展机会、增加了工作的多样性（Kalleberg，2003），因此可以被视为一种人性化工作（Friedrich et al.，1998）。事实证明：职能柔性可以增加学习的机会（Lopez-Cabrales et al.，2011）、提高组织忠诚度（van der Velde and van den Berg，2003）和雇员稳定性（Kelliher et al.，2002）。但是，职能柔性也会带来工作强度的变化（Kahn，1999；Kelliher and Gore，2006），有时候雇员会抱怨压力太大（Allan，1998；Kelliher and Desombre，2005）。

15.4　匹配雇主与雇员的需求

关于工作柔性的讨论和研究一直是孤立的、分散的（Zeytinoglu et al.，2009），实践中也是如此。在很多组织中，雇员的柔性是关注提升效率的运营经理们需要探讨的话题。雇员的柔性管理一般由人力资源部负责，有时候由负责管理多样性和包容性的部门负责。然而，实践调查发现，如前所述，雇主可以从雇员的合作中获得利益，如提高组织忠诚度（Chow and Keng-Howe，2006；Harris and Foster，2005）、雇员满意度（Gajendran and Harrison，2007；Hooker et al.，2007）以及绩效的直接提升（Kelliher and Anderson，2010）。调查也证明：雇主有时候能够意识到雇主的友好态度所带来的好处。例如，Kirkpatrick and Hoque（2006）对一些社会工作者进行了研究，他们自愿担任临时工以增加收入（比如IT承包工作）、获取更多的技能和经验、丰富生活品质。值得注意的是，这只是一种短期行为，他们仍然希望未来有稳定的工作。Kelliher和Gores（2006）研究了在零售、医疗保健和医院的职能柔性实施情况，发现雇员对此持积极态度，虽然它有工作强度大的缺点，但可以使他们获得新技能和经验。

近来很多对于空间和时间柔性的变化为雇主和雇员都带来了利益。例如，远离工作场所，通过信息和通信技术进行远程工作，意味着雇员更容易平衡工作和生活的关系（Lim and Teo，2000）。远程工作可以减少上下班的时间浪费、避免交通堵塞，因此他们可以投入更多的时间和精力在生活方面。同样，愿意在正常工作时间之外工作的雇员可以体会到正常工作时间的生活。最终，谁控制了柔性，谁就能够决定最终受益者，雇主、雇员还是两者。而且，实践中有些方法是相似的（如减少工作时间），无论出于何种目的。结果是很难从公布的统计数据中确认是雇员驱动还是雇主驱动（Zeytinoglu et al.，2009）。

实践中不同柔性工作的方法是相似的，这就产生了一个问题，如何根据制定的政策来界定雇主和雇员的利益分配（De Menezes and Kelliher，2011）。可以说在一些组织中，雇主和雇员的利益是匹配的，在一些庞大的组织中，可以将雇员对于工作时间的偏好与组织安排的雇员工作时间表相结合。例如，在瑞典Falu脑中风病房有一个电子排班系统，既可以满足组织的需求，又能够允许雇员制定自己的工作日程（Eurofound，2008）。当额外工作产生时，使用工作时间记录系统可以保证雇主和雇员采取必要行动，并记录雇员工作时间。请参见本章最后的案例研究15.3。诸如允许团队自主管理满足组织需求的做法，可以平衡组织与团队成员之间的需求。面对日益增长的竞争压力和社会压力（在一些国家有相关法律规定），组织必须具有柔性，为此，学者和从业者应当找到一种双赢的方法。

案例分析15.1　宝马：灵活性运营，雇用短期员工

CLARE KELLIHER

汽车制造商宝马公司自2001年在英国牛津工厂生产迷你库珀（宝马公司的一种车）开始，就大量地雇用短期员工。进入一个与现有业务范畴不同的市场领域，意味着它们无法确定新车研发的需求量，因此它们希望在劳动力资源方面多一些灵活性。

除了保留核心的永久劳动力，它们决定与短期就业机构合作，寻找合适的劳动力。考

虑到需求量的水平以平衡雇用的员工人数，永久员工和短期员工的比例为70∶30。

2009年，为了应对汽车销售市场行情的不稳定，宝马公司做出决定，将一周7天工作日调整为5天工作日，同时宣布公司将会辞退850名员工。这一决定在当天夜班结束时宣布，第二天工厂因为假期会休息一天。在决定宣布之后，引起了短期雇用员工的愤怒。因为他们当中很多人已经在宝马公司工作了很多年，他们一直认为如果自己努力工作，生产出高质量的汽车产品，他们会得到这份固定的工作。

Sources：Milner，2009；O'Brien，2001.

问　题

1.思考像宝马这样的公司雇用短期员工存在的优点和缺点。

2.工人有理由为在短时间内被解雇而感到悲伤吗？

案例研究15.2　第二职业实习期

项目：Tata集团吸引职业女性回归印度职场

发展中经济体的企业所面临的最大挑战是如何解决技术人员短缺的问题。在快速发展的经济体中，如印度，公司需要大量的高端人才。尽管政府在教育中的投资会为未来储备具有技能的劳动力，但是当下公司所面临的技术人员的缺失只能寻求其他途径来解决。

一个解决办法就是吸引那些当下未工作的劳动力重返职场。印度最大的企业集团之一（业务涉及IT、工程、服务、化工、能源以及消费品）——Tata集团提出一个计划，为职业女性提供可选择的、具有灵活性的、以项目为基础的工作方式，从而劝说她们重返职场。

在印度，尽管具备高学历和专业技能的女性毕业生进入职场的人数在不断增加，但是40%的人在10年内都纷纷离职，主要原因是女性选择履行家庭义务，做全职太太。Tata集团的计划——第二职业实习期项目，于2008年国际妇女日成立。这个项目旨在为那些已经离职1年以上8年以内的职业女性建立一个职业转换管理项目。

这个计划打算为回归职场的职业女性提供灵活的工作机制。女性们所从事的实时商业项目全部基于灵活的工作时间。Tata集团的项目需要员工在6个月的时间内保证达到500小时的工作量。有些项目中部分工作可能需要员工在家里完成。

参与该计划的人员需要参加一个入职培训项目，以帮助她们重新适应工作，更新她们对于该领域的相关知识。同时还为她们配备了项目指导人员。这个计划不是为员工提供全职的固定工作，而是在短期内，为职业女性提供基于项目的多种多样的工作机会。然而，参与人员可能会逐渐发展成为公司的全职、固定的工作人员。在该计划执行2年之后，大概有30%的参与这个项目的女性现在都已成为Tata集团的全职或者兼职工作人员。

Sources：Kazmin，2011；Tata company website http：// www.tatasecondcareer.com/about%20scip.aspx

问　题

1.你认为像这样的计划能在多大程度上帮助像Tata这样的大公司缓解技能短缺的问题？这一计划对所有的公司都能奏效吗？

2.哪些因素是影响这种计划成功实施的重要因素？

3.除了女人以外，还有其他群体会被这一计划所吸引吗？

案例研究15.3　　EngCo公司为满足员工和老板对于灵活性工作的需求：智慧工作的案例

CLARE KELLIHER AND DEIRDRE ANDERSON

EngCo是一家坐落于英国的大型工程公司，其业务覆盖全球。经营范围主要有4个领域，在全球的50多个国家里拥有39 000名员工。超过60%的员工都在英国，并且分布于8个主要的地点。公司员工主要为男性（只有15%的员工为女性），而且大部分都为全职，签订了固定合同。

基于标准工作时间，公司大部分的员工每周工作39小时。很多员工都有长时间的工作记录，而且有相当一部分的员工从未效力于其他公司。在此，我们想检验下英国某处工作地点新政策——弹性、智慧工作——的执行情况。

近些年，公司开始关注员工的多样性情况，并引进一系列的政策从而吸引更多的员工。除此之外，很多人已意识到员工平衡工作与生活关系的重要性。公司对此做出了回应，在几年前推出了一项灵活工作政策，允许员工提出灵活的工作安排（比如减少工作时间、远程工作、不同的上下班时间等），从而能够有效地帮助员工协调工作与非工作生活之间的关系。

公司运营的性质决定了业务活动的起起落落会贯穿于公司经营之中。在以往，公司会采取大量的超负荷工作应对业务活动中的"高峰"（一些评论家认为晚上和周末加班已成为公司运营的一部分，同时这也意味着公司对此付出了巨大代价）。

然而业务活动除了高峰期之外，也存在"低谷期"，低谷期时员工只在正常工作时间上班，额外的加班和产出量都会大幅度减少。为了调节工作量所存在的差异，减少加班时间所带来的额外消耗，公司推出了一项新政策——智慧工作。这样可以让员工更好地掌控自己的工作时间，从而平衡好工作与生活之间的关系。

这一政策的主要目的在于能够获得更多的灵活性和有效性。从传统的以出勤为主导转化为业绩交付，这被看作是公司政策的灵魂所在。同时对这一政策的接受将和未来在英国工作地点的投资紧密相关。这一政策已由代表员工利益的工会所通过，将会在整个英国执行。

该政策旨在让员工在高峰期多完成一些工作量，减少加班所带来的额外消耗，而不是占用员工的业余时间，这样他们可以在相对不忙的时间段对员工进行补偿。

同时公司为员工建立补休机制，每个员工都对自己的工作时间进行记录，而且员工可以选择在后期进行休假。认可正常加班制度的终止意味着部分员工会损失一些收入，该政策执行的同时公司许诺员工报酬有6%的增长。这样就巧妙地将加班时间合理地编入了基本工资中。

从根本上来说，智慧工作可以让管理者更好地将员工的即时工作量与之薪水相匹配。从实践而言，管理者与员工或者某些地区的自主工作小组在短期内可以就工作量成果目标达成一致。这一想法的最终目标是想使现有基于时间的系统向基于业绩的系统转变。员工或者工作小组自己决定需要多长时间才能完成他们的既定目标工作量。如果在高峰期，员工需要工作更长的时间，或者需要在周末加班，这些额外的工作时间可以暂存并在工作量较少的时期进行休假。除此之外，弹性工作时间系统的引入取代了传统的上下班时间。这就象征性地结束了在工厂里提醒工人工作日上下班的铃声。弹性工作系统的建立有一个核心的工作时间（11：30—14：30），在这一时间段所有员工必须认真工作。超出这一时间段，员工可以根据自己的个人工作喜好来自主选择工作时间。

为了贯彻这种新的工作方式，公司对管理者和员工进行了一系列的业务培训，从而帮助他们理解该计划以及具体实施规则。整体而言，员工表示他们了解该计划，并且理解具体的施行细则。该计划的实施较为平稳。当初参与讨论该计划的工会，也一直密切关注计划的实行，以保证其公平性。

实践中的智慧工作

工作时间的灵活性

关于这一计划在实践中的效果，各个工厂众说纷纭，这是不可避免的。许多员工表示错开上下班时间对他们而言非常有帮助。他们很喜欢这种方式，灵活利用工作以外的时间可以让他们在生活中更为从容地安排生活中的活动。从本质上说，这种计划使得员工在核心工作时间以外不工作具有合法性。除此之外，工厂所在地紧邻繁华的交通网络地区，因此那些地区常常交通拥挤。弹性工作制度意味着员工可以选择不同的时间出行，这样就可以避免交通堵塞所带来的烦恼，以及避免无法按时上班。

工厂中的某些工作小组定期和北美以及印度的同事进行业务往来。负责这些地区的管理者们表示他们已经开始鼓励员工采取不同的工作时间，这样他们就可以和不同时区的同事在工作时间上有重叠——比如印度的工作日开始较早，重叠时间较长，北美则开始较晚重叠时间更长。但是，内部会议的时间必须在核心工作时间内，这样可以保证最大程度的出勤率。

然而，有些员工则表示，尽管公司在推行新的政策，但是很多公司的管理者们依然对工作时间保留传统的观念。从理论上而言，智慧工作认为在传统的工作时间内不上班已经合法化。但是一些管理者以及同事们，尤其是那些对朝九晚五这个概念已经根深蒂固的员工们，很难适应这种新的工作方式。这导致一些员工对早下班感到不适应。一名员工称如果可以早下班，他更倾向于在下午三点钟，而不是四点半。因为很多人认为在三点钟他可能会去公司外约见客户而不是回家。朝九晚五的工作模式在招聘年轻人时不具有吸引力，因此这会对他们的去留产生影响。

一些管理者表示尽管员工的工作时间迥异，但是他们更希望自己的员工能够按照正常的工作时间上班。一名管理者解释说由于员工们选择的上班时间迥异，他在制订计划时很难协调。

如果你今天八点半来上班，明天十一点半来上班，你是按照你的工作时间来上班。但是如果想要建立工作小组的话，两个人在上班时间上就存在差异，很难调节。

加班以及储存加班时间

对于一些员工而言智慧工作政策非常有效，他们选择适当的时间休假，可以陪陪家人或者做些与家庭有关的事情。然而，负责某些业务的员工们的最大顾虑在于他们可能没有机会进行休假，因为空闲期在他们的业务范围内从来没有发生过。

一些员工表示在限定的工作时间内不足以完成工作任务，这就会导致员工们几乎没有机会休假去享受生活。还有一些看似很急的工作则意味着弹性工作的安排往往很难实施。

一些员工表示，从长远来看，这会阻碍员工在高峰期大量的加班，因为他们不确定在空闲期是否有休假的机会。管理者承认确实有一些员工储存了大量的加班时间还没有机会去休假。

尽管公司的高级主管表示"在空闲期为员工提供更好的工作与生活间的平衡，以及更高的生产力水平"。但是富有讽刺意味的是，这个计划在实践中是否真的能够帮助员工协调工作与生活之间的平衡。

一般员工会选择极为受欢迎的周五进行休假。很多年前，这个工厂对工作时间进行了调整，允许周五可以提前一个小时结束工作。因此，周五休假如此受欢迎不仅仅是因为它可以和周末一起连休，还因为这样员工们可以较少地使用储存的时间。北美区域的某些业务级别较低的员工如果想在周五提前下班的话可能会有一定的问题。

关于正常工作时间以外的加班时间如何确定这一问题存在一定的争议。很多人认为当有工作压力的时候，或者在工作日完成一项工作任务的时候，这些额外的工作时间应该被认可。但对于员工只是想要对自己的工作进行打磨或者"镀金"的话，这些额外的时间不应算在内。

关于工作时间的记录以及如何秉承智慧工作的精神去记录也引发了争议。一些部门没有正规地记录工作时间，但是如果需要额外的加班时间，他们就会去记录。然后员工会从工厂抽取其他时间来进行补偿。然而，在其他情况下，对员工加班时间的记录和休假都严格地执行。有一位员工这样说，每一分钟都被如实地记录下来，同样每一分钟也都兑换成了假期。让人感觉这不是当初政策制定的意图所在，将员工的工资增加6%与智慧工作政策的实施相结合，更让人感觉这是对弹性工作制度的一种补偿。政策的成功实施主要在于管理者如何执行。在这个工厂推行智慧工作政策已经取得了一定的成效，但是对于政策执行之外仍有其他的担心。公司基于现已取得的成果，认识到平衡工作生活和员工的幸福之间的关系。

问　题

1.你认为雇主和员工对于弹性工作有着怎样的需求程度，才能接受类似这样的计划？

2.有与这种相类似的情况吗？

3.作为经理，在看到这一政策的介绍和实施的相关事宜时，你会提出何种意见从而促进该政策的进一步推行？

第16章

职场霸凌

Sara Branch，Sheryi Ramsay and Michelle Barker

引 言

正是因为经理在维持和发展一个多样的、充满生命力并能高效运作的职场上起到至关重要的作用，故对于一个企业而言，它的经理能理解职场霸凌及其复杂性十分重要。职场霸凌是一个复杂的现象，它带来一系列重大的挑战，包括它的理论构思、如何辨别霸凌行为并能有效阻止或减少霸凌带来的负面效应的策略。这一章提供了一个全面的针对上述问题的认识。

职场霸凌被说成是一个严重的错误，不断有调查研究显示，因为它的高发生率和流行程度，职场霸凌问题对于一个组织而言事关重大（Brown，2007）。在管理领域，职场霸凌还引发了一个"令人忧虑的问题"（De Cieri and Kramar，2008：625），如果想要减少这个问题导致的个人及组织付出的代价，就必须对这个问题有全面的理解和管理。这些代价包括对人们显著的情绪影响和与之相关、呈增长趋势的经济损失（Einarsen et al.，2011b；McCarthy and Mayhew，2004）。这一章旨在展示职场霸凌的大致概念，包括与之相关的行为、影响、风险、先例和管理方法。这一章也会包括用已有调查研究中的案例（以大量的研究为基础）来解释一些特定的观点和对这个领域中已进行了的调查研究进行阐释。

对于职场霸凌的研究从20世纪70年代后期开始，大部分是从斯堪的纳维亚地区的研究中衍生出来并转向校园霸凌的研究（例如，Olweus，1978）。的确，校园霸凌和职场霸凌之间的联系显而易见。例如，一项英国的以5 288个成年人作为研究对象的调查发现，曾经是校园霸凌的受害者或是加害者的儿童，在长大后更有可能成为职场霸凌的受害者（Smith et al.，2003）。此外，欺凌别人的天性，在学校和职场中是相似的。比如说，言语上的羞辱和诋毁是校园霸凌最常见的形式，其次是孤立和社交操纵（Rigby，2001），这与在有关职场霸凌调查中已被证实过的行为模式是相似的（Bjorkqvist et al.，1994；Einarsen et al.，2011a；Keashly and Harvey，2005；O'Moore et al.，1998）。无论如何，霸凌行为的权力来源展现了一个校园霸凌和职场霸凌之间有趣的不同点。在校园中，"儿童大多是被并没有高于他们的权威的同龄人霸凌；而成年人却更容易被经理或是管理者霸凌，而不是与他们一样没什么权力的其他人。"（Rigby，2001：5）有趣的是，一项关于向上霸凌（职员欺凌经理或是管理者的行为）的最新研究支持了"缺少正式权力的人也可以通过各种各样的方式欺凌当权者"的观点，尤其是可以通过加强非正式的权力基础来达到霸凌的目的（Branch et al.，2007a，b）。

在全世界的范围内，一系列术语被用于指代工作中的消极社会行为，包括欺辱、职场霸凌、职场攻击行为、职场不文明行为、职场性骚扰、职场越轨行为、社会阻抑、精神虐待、辱虐管理和反社会行为。这些术语经常可以相互替代使用（Einarsen et al.，2011a；Zapf，2004）。一张来自网站 mobbing.ca 的海报（见图16-1）强调了用来描述工作中消极社会行为的不同术语。"职场霸凌"这个术语经常被描述成一个涵盖性术语，它包含了骚扰、恐吓、攻击和暴力行为（Fox and Stallworth，2005）。在斯堪的纳维亚（相当多的研究从这里发源），术语"欺辱"是由已故的 Heinz Leymann（1990）提出的。他指出，"欺辱"是指一种心理现象，这个现象中包含许多很小的、重复性的事件，并常常给人们抗议的对象带去极为负面的影响。因此，"欺辱"这个术语常常代替"职场霸凌"出现在北欧各国的研究中（Einarsen，2000）。在美国，研究者们经常把霸凌行为归类到"精神虐待"的范畴中（Keashly，1998，2001；Keashly and Jagatic，2011），同时，霸凌行为也具备"职场攻击行为"中持久性的这一行为模式特征（Baron and Neuman，1996，1998；Keashly and Jagatic，2011）。澳大利亚和英国的研究者们（包括 Branch，2008；Hoel and Cooper，2001；Rayner，2007；Sheehan et al.，2004）则更倾向于用"职场霸凌"这个词，这个词也贯穿了本章。

图16-1　海报强调了职场霸凌这个问题

Source：mobbing.ca - http：//www.mobbing.ca.Acknowledgements：Bobbie Osborne（Photographer）and Anton Hout（Designer）.

16.1　职场霸凌是如何定义的呢？

尽管近几十年来对于职场霸凌的调查研究越来越多，但究竟什么是职场霸凌，它和别的不利于生产的行为，如骚扰，又有什么不同或有何相似点？对于这些问题，人们还有很大的困惑。的确，特别是在给出了一系列我们正在用的术语和复杂的职场霸凌事件后，对于职场霸凌的定义还需要继续发展（Saunders et al.，2007）。在霸凌行为的研究领域存在：

一个始终没变的矛盾，两种需求之间的矛盾，即立足于文化背景，从中总结出一个可以包含这一系列现象的混合词的需求以及保留原来概念的关键要素的需求。（Fevre et al.，2010：75）

一些研究者甚至质疑是否能为职场霸凌找到一个统一的定义（Rayner et al.，2002）。尽管有很多不同的角度，在职场霸凌的定义中还是有几个能被研究者们普遍认同的特征（Branch，2008；Nielsen et al.，2008）。

第一，职场霸凌经常被定义为"不正当的、不理智的行为"（Einarsen and Raknes，1997；Einarsen et al.，2011a；Hoel and Cooper，2001；Saunders et al.，2007）。这些行为的例子包括：嘲笑别人，不断地观察别人的工作进度，质疑别人的专业能力，散布毁灭性的谣言以及爆炸性的言论和威胁（Bassman，1992；Rayner and Hoel，1997；Zapf and Einarsen，2001）。无论如何，因为人们的行为和背景因素一样，它有着不同的模式和强度，所以想要在"究竟什么样具体的行为能代表职场霸凌"这个问题上达成一致已经被证明是很困难的（Rayner，1997）。把情况变得更加复杂的是一个人"主观上觉得被欺凌了"，这会使原本的目标转移到另一个目标上（Agervold，2007：163）。鉴别职场霸凌行为的困难将会在这一章的后面部分进行详细论述。

第二，职场霸凌的定义强调了持续不断地、有规律地出现在一段时间内的不正当行为（Einarsen et al.，2011a；Keashly and Jagatic，2011；Leymann，1990）。根据 Hoel 和 Cooper 的研究（2001：4），"该现象长期以来存在的本质是这个问题最显著的特点"。事实上，一些研究者已经解释过，职场霸凌是冲突不断升级的一种模式。在这种模式中，攻击的强度不断增加，同时，在目标身上产生的负面影响也不断升级（Einarsen and Skogstad，1996；Keashly and Jagatic，2011；Leymann and Gustafsson，1996；Zapf and Gross，2001）。举个例子来说，言语攻击可能给一个人造成持续很长时间的恐惧，这种恐惧可能还会重新出现，而这种变化仍在公开讨论中。

第三，两方之间的权力不平衡（Keashly and Jagatic，2011）也经常被认为是一个起着决定作用的因素。因此，当双方所拥有的权力平衡时，一场冲突不会被认定为职场霸凌（Hoel and Cooper，2001；Rayner et al.，2002）。普遍来说，目标任务的依赖性常被提及是造成权力不平衡加剧的首要原因，职场霸凌的受害者们也往往没有能力保护他们自身（举例说，因为其他人在等级划分中拥有更大的、更正式的权力，比如获得信息和影响力的途径和方法）。因此，双方间权力的失衡是在定义职场霸凌时必不可少的一个因素。

总的来说，职场霸凌一个重要且明确的特点是：坚持使用不正当的行为（这些不正当的行为是其经常使用的手段，或可能是一个单独事件所造成的持续不断的威胁），加上受害者们因为不平衡的权力分配而没有捍卫自己的能力（Einarsen et al.，2011a）。在接下来给出的被人们普遍接受的学术定义中，这些特征的元素都有所体现：

在职场中欺凌他人意味着骚扰、冒犯，在社交方面排挤某人，或是用消极的方式影响他人的正常工作。打上标签的霸凌行为（或者说是围攻）是在特定的活动中，一段时间内不断重复并且有规律地出现（比如一个礼拜一次）的互动或过程。霸凌是一个不断升级的过程，在这个过程中，受害者最终会处于劣势并成为一系列已程序化的消极社交行为的目标。仅仅一场独立的冲突并不能被称为霸凌，同样，如果两个有着几乎平等的"力量"的双方发生了冲突，也不能称作霸凌。（Einarsen et al.，2011a：22）

与此同时，在接下来给出的可行的定义中已经囊括了权力的概念以及不正当、持续的行为的概念。然而，就像之前提到过的那样，不同的职场霸凌定义也只是突出了职场霸凌事件的复杂性罢了（Rayner et al.，2002）。

职场霸凌是

持续不断并让人无法接受的"冒犯的、恐吓的、恶意的、羞辱性的或是丢脸的行为，是权力的滥用，或是尝试着去打压一个员工或一组员工的当权者，这种行为可能会让员工承受很大压力"。（UNISON，2003）

你或许会想去探索你所在的大学或是你任职的组织中职场霸凌的定义。仔细考虑这些定义与这里提供的定义有什么相似点或是不同，以及在定义中包含了什么元素。

16.2　职场霸凌中权力和从属关系的重要性

随着职场环境变得越来越复杂和难以预测，组织中的权力关系也变得越来越重要（Asch and Salaman，2002）。在探讨组织中的种种关系时，权力以及权力实施的方法被视为中心概念。的确，权力与有关职场霸凌的讨论尤为相关（Hoel and Salin，2003；Salin and Hoel，2011），这些讨论经常把关注点放在涉及霸凌行为的主体间的权力失衡以及霸凌行为受害者的无助（Keashly and Jagatic，2011）。之前介绍过，与权力紧密相联的一个概念就是从属关系。重要的是，正是受害者与侵害者之间的从属关系造成了霸凌行为中权力失衡的必然出现（Einarsen et al.，2011a；Keashly and Jagatic，2011）。Bassman（1992：2）甚至宣称："所有虐待的关系都有一个共同的线索，那就是从属关系这一元素。施虐者控制了被虐者生命中的某些重要资源，故被虐者从属于施虐者。"例如，职员依赖于经理来获得指令、资源和奖赏，同时，想要达成组织的目标，经理也要依赖具有创造性的职员们（Cook et al.，1997）。但是如果这双方在达成各自目标的过程中刻意否认或阻碍另一方，权力就产生了（Emerson，1962）。

在社会或是职场中，个人或是边缘组织的一些特征也可能会引起受害者面对职场霸凌时变得懦弱（Ramsay et al.，2010）。Einarsen和他的同事举例说：处在一个不被主流文化所接受的群体中可能是人们被霸凌的唯一原因。确实，Zapf（1999）提出，群体决策（比如是某人成为替罪羊）与职场霸凌也有关联。Ramsay和她的同事（2010）最近用社会认同理论（Tajfel and Turner，1986）和社会规则理论（Argyle et al.，1985）来扩大他们在这方面的研究。在这篇文章里，作者提出"如果一个团体以侵略的或是反社会的行为为基础，并有着消极的社交规则，那么这个团体可能容忍甚至发扬霸凌行为，特别是当这个团体有一个鲜明的特性时"（Ramsay et al.，2010：10）。团体的一些特征也被发现与职场霸凌相联系，比如种族（Fox and Stallworth，2005）、性别（Djurkovic et al.，2004）、年龄（Zapf，1999 cited in Zapf and Einarsen，2011）以及组织地位差别（Hoel et al.，2001），如有研究认为职场霸凌同管理人员与工作人员的分工有关。（Jablin，1986）

16.3 辨别职场霸凌行为

许多构成职场霸凌的具体行为已经获得了确认。然而，另一个可以证明职场霸凌复杂性的证据是在不同的工作环境中，职场霸凌有着丰富多样的模式。比如说，Djurkovic 和他的同事们（2004）在进行一项以 150 个本科学生为研究对象的调查中发现：他们经历过的最常见的霸凌行为是不公正的批评，监督表现，不公平的压力、评论或是讽刺。或者在一个学术机构中，Pietersen（2007）发现孤立目标、阻碍他的工作或是阻碍其职业发展是最常见的霸凌行为。也有迹象表明，在管理队伍中，与工作相关的霸凌行为（如隐瞒信息）比与工作无关的行为（如侮辱性的言论）更加常见，因为在管理队伍中可能有着更加激烈的竞争和巨大的工作压力（Salin，2011）。这些霸凌行为的不同可能折射出这些不同工作场所或环境的不同文化背景。

但是，在观察工作场所中不同的职场霸凌行为时也会有许多困难。即使有些行为是可观察的，并能被称作是霸凌（就像不合理的情绪爆发），但是其他的行为可能更难以观察和描述。事实上，尽管有假设称霸凌行为是身体上的天性（Rigby，2001），也有研究称大多数的霸凌行为是由心理上的因素造成的（Bjorkqvist et al.，1994；Einarsen et al.，2011b；O'Moore et al.，1998；Zapf et al.，1996）。比如说，在挪威一项以 460 名男性造船厂工人为研究对象的经典研究中，身体虐待带来的威胁和实质性的身体虐待被报道得很少（占 2.4%），然而，报道更多的是对于重要信息的隐瞒行为（51.7%）和故意无视某人意见的行为（53.6%）（Einarsen and Raknes，1997）。也就是说，结论是职场霸凌的行为并不总是能简单地被鉴别或是辨认，同时也再一次强调了职场霸凌的复杂性。

受害者不能清楚地界定霸凌行为这一事实其实也增加了鉴别职场霸凌的复杂性。受害者常常把霸凌行为当作是攻击行为、羞辱或是恫吓（Hadikin and O'Driscoll，2000）。再者，缺少对于特定霸凌行为的认知可能会造成在某些工作场所中霸凌行为的正常化（Archer，1999；Hadikin and O'Driscoll，2000；Rayner，1997，1999）。这个结论与 Lewis（2004）对英国高等教育的访谈研究有关，在这个研究中他发现，因为在这个情境下，霸凌已经变成了一个行为规范，所以导致霸凌行为有时很难鉴别。此外，随着调查技术的进步，研究者和从业者们也越来越意识到网络霸凌的手段。在一项澳大利亚的调查研究中，10.7% 的回答者表示他们经历过网络霸凌，而很多这些网络霸凌的受害者也经历过面对面的霸凌行为（Privitera and Campbell，2009）。可以料想到，网络霸凌这一领域会需要更多持续的研究。

16.4 霸凌行为的盛行和高风险团体

调查表明，有 10%~15% 的人在工作场所中受到过持续性的不合理对待（Zapf et al.，2011）。然而，因为职场霸凌的不同定义和种类繁多的衡量方法，导致职场霸凌发生频率的数据变化极大。为了阐释这一问题，Hoel 和 Cooper 进行了一项以 5 288 个来自英国 70 个不同组织的问卷调查（2000），10.6% 的受访者表示他们在最近 6 个月受到过霸凌，还有 24.7% 的受访者表示在最近 5 年受到过霸凌。值得注意的是，有 46.5% 的人表示在最近 5 年内看到过霸凌行为的发生。然而，与斯堪的纳维亚地区的调查相一致的是，Mikkelsen 和 Einarsen（2001）也在他们的调查中发现了更低层次的霸凌行为（占 2.7%~8%），可能是因为他们在每 6 个月里的每一周经历这两种负面行为时，采用了一个较为严格的衡量标准。除此之外，他们发现有 17.7% 的回答者表示说，他们在工作场所见过霸凌行为。研究者们还总结道：见过霸凌的人比例这么高，可能也在暗示"现在霸凌行为的盛行程度可能远比数据显示出来的要高"（Mikkelsen and Einarsen，2001：404）。

你可能会想 6 个月中每个礼拜都经历两次霸凌行为的严苛标准，对于一个企业来说是可以被采用的标准吗？

流行的研究也让调查者们有能力去鉴别受害者和加害者身上的特性。因此，Zapf 和 Einarsen（2005）提出，绝大部分研究都表明受害者中绝大部分都是女性。比如说，Lewis 和 Gunn（2007）发现在公共部门，女性（24%）比男性（17%）更容易受到欺凌。Djurkovic 以及其他研究者的一项研究（2004）却与之相反。这项研究调查了 150 名本科学生，发现女性和男性成为职场霸凌加害者的可能性是一样的。有趣的是，他们也发现受害者和加害者的性别往往是一致的，表明"同性别中的霸凌比不同性别间的霸凌更常出现"（Djurkovic et al.，2004：487），比如在看护业（如 Quine，2001）和消防部门（如 Archer，1999）。

职场霸凌可能出现在大部分组织中（Lewis and Gunn，2007），同时也有调查显示，某些特定的团体和行业可能更易受到伤害。比如说，Lewis 和 Gunn（2007）发现，在南威尔士的公共部门，非白种人团体中更容易出现职场霸凌。确实，35% 的非白种人回答者表示有过被欺凌的经历，而只有 9% 的白种人回答者拥有同样的经历。这个调查可能反映出与职场霸凌相关的团体相互影响过程（像之前介绍过的那样）。也就是说，处在一个不被主流文化所接受的团体中可能是有些人被欺凌的唯一原因（Einarsen et al.，2011a；Ramsay et al.，2010）。

很明显，调查研究仔细调查了下行式霸凌（如经理对职员实施霸凌），平行式霸凌（同事之间的霸凌）（Lewis and Sheehan，2003）。但是值得注意的是，感觉自己受到了来自职员霸凌的经理的声音却很少在调查数据中显示出来。直到最近，上行式霸凌的案例也只是极为少见地出现在文献中（Branch et al.，2007a；Rayner and Cooper）或是常被当作是一个趣闻式的、单一的事件（参见 Braverman，1999）。相似的是，斯堪的纳维亚、英国和欧洲的调查也确认了上行式霸凌出现的频率在 2%~27% 之间，平均值是 11%（数据源自表 5.5，Zapf et al.，2003：116）。此外，Salin（2001）还发现，在已自我鉴定过的管理领域的职场霸凌受害者中，有 1/6 的人表示曾被职员欺凌过。这让 Salin（2001）得出了一个结论：权力不平衡作为职场霸凌出现的必要因素，除了正式职位带来的权力差别外，也可以通过别的形式出现，这表明如果有兴趣可以进一步深入调查"优越性是如何在不足以捍卫自身的职位中产生的，以及霸凌行为是如何在权力关系中变动的"（Salin，2001：435）。

在 Branch 的一项有关上行式霸凌的博士研究（2006）中，他发现权力和依赖性在上行式霸凌的出现中起到了重要的作用。一个访谈式研究发现，经理们（在讨论他们的管理环境或是更直接的有关上行式霸凌的经历时）可以鉴别那些能减少经理职权的因素，譬如缺少来自上级管理部门的支持和资源，以及对于职员（们）的过度依赖。比如说，许多接受采访的经理表示，职员在工作场所的运转中起到极重要的作用（比如一些高度发达的信息技术技能），同时也会使经理依赖于职员。而这种依赖性会使经理在面对职员的不正当行为时也不愿意采取一些惩治措施，至少是在一开始的时候。有趣的是，绝大部分讨论了依赖职员的经理也恰恰是那些经历过上行式霸凌的人（Branch，2006）。想要彻底阐明这方面的问题，就需要更加深入的调研，但这也同时再次强调了职场霸凌的复杂性（参见Branch，et al.，2007a，b）。

16.5　职场霸凌对受害者的影响

霸凌行为能对一个人的健康（Mikkelsen and Einarsen，2002，a，b）和处理问题的能力（Leyman，1990）产生负面影响，尤其是当霸凌在一段时间内有规律地反复出现时。对于霸凌行为的受害者而言，霸凌的后果可以从身体上的伤害上升到精神上的压力（Hogh et al.，2011）。在一项阐释霸凌行为能对个体造成严重影响的调查中，Mikkelsen和Einarsen（2002a：98）发现，80.5%的参与者表示"在人生中没有什么比霸凌更能造成负面影响的行为了"。这是在排除如意外事故、离婚、丧亲之痛和严重的疾病后得出的结论。此外，还有一项独特的研究，这项研究以职场霸凌的受害者们用来形容其经历的隐喻为调查内容，Tracy 以及其他研究者（2006）描述了受害者们对于自身脆弱性和退化的感受（如觉得自己像是一个被他人孤立的奴隶或囚犯；退化得与动物无异；或像孩子般被对待）。确实，对于经历了职场霸凌的受害者来说，霸凌的负面影响可以是无处不在的，不仅仅影响他们正常工作的能力，还影响生活中的其他领域（Keashly and Harvey，2006）。

职场霸凌对一个人的生活所能造成的巨大影响在以与压力相关的征兆显示时就有所体现（Mikkelsen and Einarsen，2001），比如抑郁（Niedhammer et al.，2006）和创伤后应激障碍（PTSD）（Bjorkqvist et al.，1994；Matthiesen and Einarsen，2004；Mikkelsen and Einarsen，2002a；Tehrani，2004）。比如说，调查者们发现，随着欺凌行为的增加，抑郁征兆带来的风险也在上升（Niedhammer et al.，2006）。更令人忧虑的是，研究者们发现118 个接受职场霸凌研究的受害者中，有76%的人显示出患有创伤后应激障碍的征兆，还有29%的人符合创伤后应激障碍的诊断标准（Mikkelsen and Einarsen，2002a）。职场霸凌同时也与其他心理症状联系在一起，如更高风险的自杀企图（O'Moore et al.，1998）和临床表现上更严重的焦虑（Quine，1999）。最后，职场霸凌还与更加长期的身体健康相联系，因为职场霸凌的压力可能带来诸如抽烟、喝酒、进食过量等行为的增长（Quine，1999；Savva and Alexandrou，1998）。因此，在工作场所的霸凌行为可能对受害者的生理健康和心理健康带来严重且持续的影响。

16.6　职场霸凌给目击者们造成的影响

职场霸凌的复杂性也能在陷入了霸凌行为的人所组成的网中体现。比如说，经历过职场霸凌的人的同事们就表示职场霸凌也在诸多方面影响了他们。英国的一项对761个公共部门工会会员的调查显示，霸凌行为目击者中有73%的人表示他们的压力增大了，有44%回答者表示他们很担心成为加害者的下一个目标（Rayner，1999）。事实上，调查发现职场霸凌和暴力的目击者受到的影响与实际上的受害者一样严重，这对于组织的忠诚性和生产效率是一个很大的暗示（Mayhew et al.，2004）。可以理解的是，充满恐怖的工作氛围会带来上升的旷工率（Kivimaki et al.，2000），这会给剩下的职工带来额外的工作任务。随着工作士气的下降，工作场所的冲突就进一步升级了，同时，由职场霸凌直接产生的压力也会通过塑造一个充满虐待行为的工作环境和工作文化来影响别人（Hoel et al.，2011；Hogh et al.，2011；Parzefall and Salin，2010）。因此，职场霸凌能对受害者和目击者产生直接或间接的影响，同样也会对那些经历了职场气氛的人产生影响。这些效应在更大的组织中会进一步放大。

　　你可能会去想当你目击了你的同事受到霸凌时，你会做何反应——当霸凌行为出现时充满恐惧的氛围会永远刻在心间。

16.7　职场霸凌对组织的影响

　　正如预期的那样，当职场霸凌的受害者和目击者感受到霸凌带给身心健康的负面影响时，一个人的工作能力也会受到影响（Bowling and Beehr，2006）。总的来说，工作场所的霸凌导致组织的生产效率降低、旷工率和辞职率增加等，从而影响组织的运作，同时，为了干预调停霸凌行为，组织也会付出一定代价（Einarsen，2000；Hoel et al.，2011；McCarthy and Barker，2000；McCarthy et al.，1995）。比如说，一项经典的、以1 100位英国国家卫生服务社区信托基金的职员为调查对象的问卷调查显示，职场霸凌不仅给职工带来更大的工作压力，包括更高水平的抑郁和焦虑，还会带来更少的工作满足感和比起其他工人更强烈的想要离开的意图（Quine，1999）。再者，职场霸凌也与工作场所的旷工行为相关。Kivimaki以及其他研究者（2000）的一项以5 655名医院员工为调查对象的研究显示，职场霸凌与病假率有联系。同样，职场霸凌也带来医院的直接经济损失，经济上的影响包括低工作动力、不合格的病人看护以及离职的潜在意愿。这都显示出职场霸凌给组织带来的负面影响（Kivimaki et al.，2000）。确实，职场霸凌会给组织带来的影响是令人震惊的。很多研究尝试着去计算职场霸凌对组织乃至全国带来的损失。Kivimaki et al.以及其他研究者（2000）估计，职场霸凌给参与调查的医院造成每年12 500英镑的损失。Sheehan和他的同事（2001）估计，职场霸凌对澳大利亚的雇主来说，每年会造成60亿到130亿美元的损失，这还是在用一个保守的、仅有3.5%的估算率下得出的数据；若是估计比率上升到15%，那么损失将达到每年170亿美元到360亿美元之间（参见Hoel et al.，2011，关于职场霸凌带来的经济损失的概述）。总的来说，职场霸凌会给受害者、目击者和作为整体的组织带来严重的影响，这一点可在图16-2中看出。

对目标的影响

生理和心理上的影响
疲倦
肌肉疲劳
自信心下降
睡眠不足
产生被虐待和被伤害的情感
紧张感
精神上的抱怨
创伤后的精神失调
抑郁
焦虑
自杀

长期的健康风险
在以下方面有所增长
吸烟
饮酒
过度进食

工作能力
低工作满足感
高旷工率
更强烈的离职意愿
工作产量下降
工作质量下降
决策受到影响
给剩下的人带来巨大的压力

职场霸凌的影响

对组织的影响
生产力损失
旷工率上升
辞职意愿上升
治疗计划和药物的花销

对生理和心理的
影响几乎和受害
者一样严重。例
如：压力和抑郁
征兆的增加

对目击者的影响

目击者的工作环境
压力和工作场所矛
盾的增加

工作能力
工作满足感低
旷工率高
更强烈的离职意愿
给剩下的人带来巨
大的压力

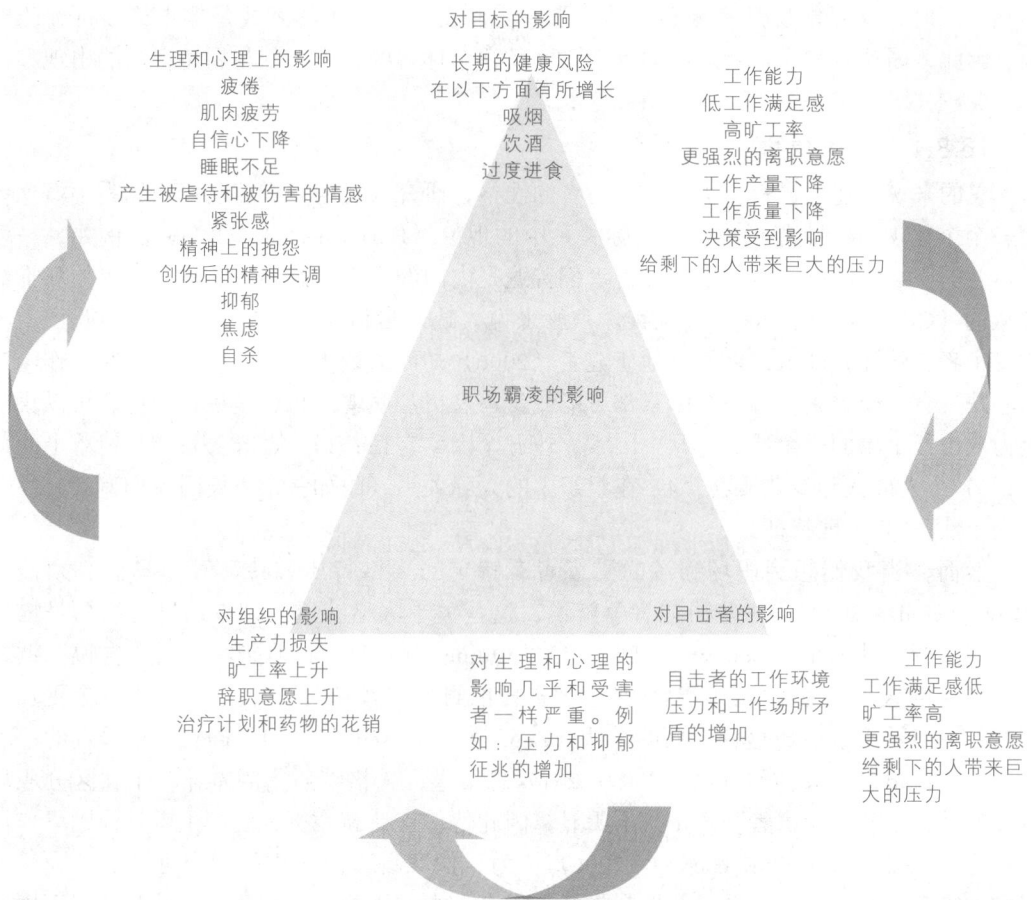

图 16-2　职场霸凌的影响

16.8　职场霸凌的先例

在尝试去观察职场霸凌对个人和组织所产生的影响会如何减轻时，研究者们发现了职场霸凌的先例。研究者仔细研究了个人因素，比如受害者或加害者的个性品质（Ashforth，1997；Coyne et al.，2000；Douglas and Martinko，2001；Zapf，1999）和人际冲突（Einarsen et al.，2011a）。此外，其他研究者也强调霸凌行为是复杂且多方面的现象，因此，应该将多方面的原因与个人原因一起纳入考量之中，如与组织或团体相关的因素（Harvey et al，2006；Heames and Harvey，2006；Salin and Hoel，2011；Zapf，1999）。比如说，Salin 和 Hoel（2011）就曾提出：鉴于职场霸凌的复杂性，必须在具体的背景下，我们才能理解受害者和加害者的行为和反应。

在进一步阐释职场霸凌的复杂性时，Harvey 和他的同事（2006）指出，加害者和受害者的特征以及整个环境的特点都相互印证并支持职场霸凌的过程。也就是说，如果环境不支持职场霸凌的产生或霸凌者无法接触到他的目标，那么霸凌行为就不会出现。Heames 和 Harvey（2006）在他们有关职场霸凌的跨层级评估的提案中，更深入地解释了三个因素之间的相互作用。在他们的构想中，霸凌行为超越了受害者和加害者，对组织产生持久的影响，同时，又可能反过来无意识地对加害者和受害者产生继续或是停止霸凌行为的影响。因此，霸凌者和受害者之间的互动，以及整个环境的特点，都与霸凌行为的出现和持续有关。

16.8.1   个人层面

总的来说，通过调查受害者和加害者的性格，研究人员在调查后已将职场霸凌概念化为一个个体现象，或者说是一个人际关系中的现象（Einarsen et al.，2011a）。例如，一项爱尔兰的职场霸凌研究就发现，受害者们普遍是内向的、勤勤恳恳的、极度焦虑的和唯命是从的（Coyne et al.，2000）。确实，一般来说，缺乏自信心的人更有可能成为职场霸凌的受害者。然而，Harvey 以及其他研究者（2006）却简洁地表示，造成受害者在工作中自信心缺失有五个因素，每一个因素都可能使受害者更加脆弱。也就是说，霸凌者可以集中火力攻击五个中的一个或是好几个因素，这五个因素包括：1）认知能力；2）情感上的成熟；3）个人成就和专业成就；4）在组织中的人际关系（比如一个人被同事们喜欢）以及个人个性；5）生理特征。

然而，当我们想到职场霸凌的受害者有特定的人格特质和特征时，我们必须谨慎（Rayner et al.，2002）。一些研究者争辩说，这些关于人格特质的调查结果可能只是描述了霸凌过程产生后的结果的一个侧面（参见 Quine，1999）。其他研究者则警告说，调查受害者人格这一行为可能会被当作是"把责任推到受害者身上"，而非反思出一个更加平衡的、更能够理解造成这种局面的方法（Zapf and Einarsen，2011）。确实，在最近的一项研究中，Lind 以及其他研究者（2009：231）总结道：人格特质上的差异对于"区分职场霸凌的受害者和非受害者"还是太不明显，因此他们支持霸凌行为的产生有其他因素作用的观点。然而，Keashly 和 Harvey（2006）认为，像职场霸凌这样的冲突可被定义为受害者和加害者之间敌对的关系，而探究包括受害者在内的人的人格特质，在某些情况下则是一种有效方法。

除那些关注职场霸凌受害者的研究以外，加害者的人格特质也在研究之列。因为很少有加害者愿意站出来，所以对加害者人格特质的研究也相对少一些（参见 Zapf and Einarsen，2011年总结）。与普遍的假设相反的是，自信心缺失也会带来攻击行为和暴力，Baumeister 与其同事（1996）在对一项有关攻击行为的研究进行理论综述时提出，过度膨胀的自信心和自我威胁的结合是攻击行为和暴力的主要成因。在一项验证 Baumeister 以及其他研究者所得概念的研究中，Stucke 和 Sporer（2002）发现了自恋（个人过度膨胀且不稳定的自信）、自我概念的清晰性和攻击行为之间的关系。研究者还发现"过度自恋和不能清晰地自我认识的人会表现出愤怒和攻击性"，而相比之下不那么自恋的参与者则显示出了没有攻击性的一面（Stucke and Sporer，2002：509）。尽管研究的主要目的在于分析职场霸凌受害者和加害者的个性特质，Rayner 和她的同事（2002）仍指出审查个性的方法并不能有效地找出潜在的受害者和加害者。这主要是因为很难去鉴别个性特质是导致霸凌的原因还是霸凌造成的影响，以及除了个性特质之外，还有其他因素会影响职场霸凌的出现。

16.8.2   加害者和受害者之间的互动

在对职场霸凌的复杂性进行进一步阐释时，研究发现受害者面对霸凌的反应也会在职场霸凌的出现上起作用（Keashly and Harvey，2006）。比如说，Zapf 和 Gross（2001）则坚持认为受害者的回应可能会使受害者与加害者之间的冲突进一步升级。确实，他们发现那些可以成功地应对职场霸凌行为的受害者能通过相对不直接且主动的策略来识别并避免矛盾升级，缓和紧张的局势（Zapf and Gross，2001）。此外，Tehrani 的研究也支持职场霸凌事件具有复杂性这一论断。Tehrani 认为受害者和加害者之间的关系并不总能被简单地定义，相反的是，指控霸凌行为经常"被一系列受害者长期以来形成的与加害者之间的互动所引发"（Tehrani，2003：280）。事实上，Tehrani（2003）提出，在高压环境下，当一段关系被认为是消极的，一些像是早上不打招呼这样的小问题也会被当作是攻击性行为。或者，Einarsen（1999）提出一些霸凌行为的案例可能是弱肉强食性的行为（与那些由特定争端引发的霸凌不同），在这样的案例中，受害者往往是因为特定的身份特征而被欺凌，比如说受害者属于一个弱势群体等。（Einarsen et al.，2011a；Zapf and Einarsen，2005）

16.8.3　环境水平

也有人呼吁说研究者必须超越个人的和二元水平的分析并考虑团队（之前讨论过）和组织性因素在职场霸凌中起到的作用（Einarsen et al.，2011a；Liefooghe and Davey，2001；Ramsay et al.，2010；Rayner et al.，2002）。确实，诸如破坏性和自由放任性的领导、消极的社交环境、不到位的工作设计、不稳定的工作和组织变革这样的因素会带来工作角色冲突、工作不稳定、高负荷工作、不和谐的工作团队以及对不正当行为越来越高的容忍度，而这些后果也往往与职场霸凌的产生相联系（可查阅 Agervold，2009；Ashforth，1997；Baillien and De Witte，2009；Branch et al.，2007b；De Cuyper et al.，2009；Hauge et al.，2007，2009；Leymann，1996；Rayner et al.，2002；Skogstad et al.，2007；Vartia，1996）。除了这些因素之外，哈维以及其他研究者（2006）认为，许多环境因素的影响力在加强，这些因素的加强也与霸凌行为的增多相关（见表16-1）。

表16-1　　　　　　　　　　**可能与加重职场霸凌相关的组织因素**

变革的频率会造成工作场所的高度不确定
缺乏完成任务的时间
工作场所中出现分歧的概率增加
裁员/瘦身使留任的员工对于未来是否能长期供职产生忧虑
中间管理层的减少造成管理层与员工之间的分歧加大
在现今的组织内缺乏清楚显著的文化规范

Source：Harvey et al.，2006：4.

可能是再次反思了现在的工作环境，研究发现职场霸凌与竞争激烈的职场环境是相关联的（O'Moore et al.，1998；Salin，2003）。比如说，Salin（2003）的一项以芬兰经济及工商管理专业毕业生协会 385 个成员为研究对象的调查发现，可感知的组织战略和职场霸凌之间有强有力的联系。

这种观点认为，在现今压力越来越大的工作环境下，霸凌可能是出于高竞争压力和"生存需要"的合理反映。Salin（2003）总结道，在一些案例中，职场霸凌的出现可能是因为某些人的私心，而这也会相应地得到来自组织的奖励（比如给予升职待遇）。

Branch 和她的同事（2007a）在一项独特的上行式霸凌行为的研究中发现，由高负荷工作造成的工作环境特点、工作团体的不和谐以及对于不正当行为的接纳对上行式霸凌的出现起推动作用。确实，有研究指出，如果工作场所中的压力和人际交往之间的紧张气氛得不到缓解的话，就很有可能导致职场霸凌的出现（Skogstad 以及其他研究者，2007）。此外，Branch 以及其他研究者（2007a）发现变化（如组织内部结构调整）也会增加工作场所的压力。另外有研究显示，如果工作环境是"员工不断的、潜在的将自己的恐惧与怨恨投射到作为霸凌者的管理层中，不管是不是应得的，这种情况出现的概率很高"（McCarthy 以及其他研究者，2002：536）。换句话说，一个"受害者心态"的环境产生了（McCarthy，1999）。有趣的是，也有研究指出，员工真的会利用"霸凌"这个术语来表达他们对组织存在的问题的不满（Liefooghe and Davey，2001）。相似的是，McCarthy（2004：xv）也指出"工作中的霸凌"这个词已经成了代表悲痛的信号并作为怨恨的"太阳能收集器"起作用。或许，以上部分更好地阐释了职场霸凌的复杂性以及这许许多多的因素是如何对职场霸凌的出现起作用的。

16.9　对职场霸凌的预防和管理

就像 De Cieri 和 Kramar（2008）提出的，管理层必须清楚地识别并努力解决与霸凌相关的严重问题。按照霸凌行为带来的"情绪的、生理的、法律的、名誉的、经济的损失"和霸凌对个人、团队和雇主的影响，他们提供了一个综合方案，在方案中要求组织表明自己对于预防和消除职场霸凌现象的立场，并发展和维持一种恰当的做事方法来支持自己的立场（De Cieri and Kramar，2008：625）。然而，解决方法也并不容易得出。确实，由于职场霸凌的复杂性和多维性，没有一个简单的方法能为组织提供解决问题的答案。但是，仍有许多研究者和实践者提出了一系列能预防和管理职场霸凌的相关措施。McCarthy 和他的同事（2002：528）提出，任何回应职场霸凌的有效措施都需要包括"预防、矫正/决心和支持"。然而，直到最近，介入职场霸凌对于制止霸凌行为的有效性才进入正式研究（Saam，2010）。这有可能是因为缺乏合适的、能解释职场霸凌行为的理论模型（Einarsen，2000），或者是因为这个现象的复杂性。虽然如此，这一领域研究的缺失也意味着我们对提出的介入行为的成功性了解极少。请大家记住这个局限性，接下来的部分将会阐释 McCarthy 和他的同事提出的研究框架（2002）。

16.9.1　预　防

政　策

预防职场霸凌的典型方法包括清楚地表达"禁止霸凌行为的政策，进行内容包括宣传员工责任的重要性、强调职员与雇主之间平等的义务的培训，以及有效的风险识别机制和处理抱怨的体系"（McCarthy et al.，2002；Vartia and Leka，2011；Vartia et al.，2003）。在一项以英国特许管理学会 512 名成员为调研对象的问卷调查研究中，当回答者被问到该如何去阻止职场霸凌行为时，有 4 个策略被提及的频率最高，它们是：培训，一个可以提供咨询服务的联系点，提供内部保密的咨询服务和外部调停（Woodman and Cook，2005）。

此外，Woodman 和 Cook（2005）还提供了对阻止职场霸凌政策的应用和重要性的深入分析。当研究人员让接受调查的人去评价组织阻止霸凌行为的能力时，那些有明确政策规定禁止霸凌行为的组织，有 70% 的员工认为他们的组织在制止霸凌行为上很有成效或者非常有成效。而对于没有明确规定禁止霸凌行为的组织，员工对其认可度则大大下降（Woodman and Cook，2005）。Salin（2008）和人力资源从业者的研究也表明了他们对于有正式反霸凌政策的公司的支持。然而，Salin 在后来的研究中（2009）提出，正式反霸凌政策的存在并不能增加或减少人事经理采取措施去制止霸凌行为的可能性（调停、职位调动或惩罚措施）。该领域需要更加深入的研究去阐明反霸凌政策的重要性，包括其对预防霸凌行为的作用以及推动霸凌行为管理的作用。然而在与政策相关的重要指导原则下，Woodman 和 Cook 研究中的参与者（2005）也表示在政策制定和实施过程中，需要将广泛的利益相关者囊括在内，包括生产线管理人员和职员。研究也建议将反职场霸凌行为的政策在组织内广泛应用并要有明确定义的术语（Richards and Daley，2003）。

培 训

就像是 McCarthy 以及其他研究者建议的那样（2002），一个囊括了责任和雇主、职工义务的培训项目是预防职场霸凌的一个方法（见图 16-3 的例子）。提高人们对于职场霸凌的构成、影响和能采取什么样的介入措施是预防职场霸凌的必要步骤，并应该在整个组织内得到落实（McCarthy et al.，2002）。培训人们对于职场霸凌的认知应强调在工作场所内明确的目标、角色和过程的重要性，同样还有霸凌行为的成因、影响以及应对的方法（Vartia et al.，2003）。研究同时建议培训中应包括告诉经理如何解决霸凌行为（McCarthy et al.，2002；Richards and Daley，2003；Vartia and Leka，2011）。

图 16-3 职场干预的海报

容纳能力和应变能力

应对霸凌行为，容纳能力和应变能力的提高也被认为是帮助受害者更好地处理职场霸凌行为经历的必要方法（McCarthy et al.，2002）。在早前的一项研究中，McCarthy以及其他研究者（1995）发现社交技巧的训练、冲突化解和压力管理能帮助职场霸凌的受害者更好地应对加害者的行为。Vartia和Leka（2011）认为这种类型的训练可以指向组织中的每一个人，或者针对经理。旁观者培训又是另一个被采用的方法（见暴力项目的导师，Katz，1995）。通过意识的培养来消除职场霸凌的神秘感可能会提高受害者和潜在的受害者遭遇霸凌后的应变能力（McCarthy et al.，2002）。再者，这种类型的训练可以延伸到更广泛的组织背景下，在这样一个背景下，一个更加积极的、充满正义的气氛可以最终减少职场霸凌的出现。（Parzefall and Salin，2010）

16.9.2　矫正和决心

因为如果不及时处理职场霸凌，霸凌行为很有可能会愈演愈烈，所以早期的干预措施十分必要。早期干预措施的重要性不只体现在对受害者的帮助上，也能传达出一个清楚的信息，即在组织中的不正当的行为都会得到矫正（McCarthy et al.，2002）。矫正包括非正式的（如高级职员在网上提供意见）和正式的（如一个即时的调查过程）方法（Richards and Daley，2003）。相似的是，一个怨言申诉制度也应该包括非正式的和正式的方法，如非正式的调解过程、纪律处分、有关内部和外部的矫正机会的信息和补救措施（McCarthy et al.，2002）。然而，也有证据显示，非正式的商讨也可能使一些受害者的处境更加艰难，因为进一步的报复行动可能会出现（Woodman and Cook，2005），也说明了这些领域需要极度灵敏性和技巧。

根据McCarthy和他的同事的研究（2002），职场霸凌的加害者必须意识到自己行为的不正当性，无论他们的行为是有意的还是无意的。这可能在不正当行为发生或是在之后的业绩审查中体现出来（McCarthy et al.，2002）。更重要的是，有人提出当接近加害者时，经理应采用一个解决问题的方法，而不是一个惩罚性的框架（McCarthy et al.，2002）。

Richards和Daley建议（2003：254），如果一个正式的投诉已经提出，那么与这个投诉有关的信息也必须包含在内，如"日期、时间、事件目击证人的直接证词；事件的真实描述；表明每个事件会对申诉人造成怎么样的影响；书面证明；申诉人或其他人已采取的行动的细节"。职场霸凌的申诉应该被严肃对待并在保密的情况下进行及时的调查（Victorian WorkCover Authority，被McCarthy et al.引用，2002）。然而，因为职场霸凌的微妙性，如果时机合适，也可以在第一次干预时采取不责备加害者的解决方法（McCarthy et al.，2002）。

如果正式的调查必须进行，那必须是公平且不偏不倚的（Richards and Daley，2003）。在某些案例中，如果申诉人已经做出了严肃的指控并且表示不愿意和加害者一起工作，或者压力已经对目击者造成影响，则建议被指控的加害者（或是受害者）带薪停职（Merchant and Hoel，2003；Rayner et al.，2002）。此外，组织必须保护这些控诉人不被报复（Richards and Daley，2003）。而在组织没有能力去查证职场霸凌的申诉，或这个被控诉的加害者是高级经理时，则建议聘用一个外部的调查员（Merchant and Hoel，2003）。调查的整个过程必须是保密的，然而，研究也发现很难去阻止非正式的"谣言制造厂"。

一旦调查终结，对员工进行最后处理结果的原因和成果的讨论可能是很有必要的
（Richards and Daley，2003）。

在调查的最后，应向各方提供一份调查报告，并有权上诉任何一方（Richards and
Daley，2003）。有些恶意的申诉可能与复仇相关，在整个处理过程中也要做好处理这些怨
言的准备（Richards and Daley，2003）。在已经察觉到恶意控诉的案例中，必须指出动机
（Merchant and Hoel，2003）。在提到地方议会的一项政策时，Richards 和 Daley（2003）表
示，如果调查者认为这些申诉是恶意的，则应该采取纪律处分的方法。相似的是，纪律处
分的方法也应用在申诉持续不断出现的案例中（McCarthy et al.，2002）。在已证实过的霸
凌案例中不论对加害者进行转职是否适当，由于受害者往往都有转职的意愿，所以对受害
者进行转职是很正常的处理方法（Richards and Daley，2003）。

16.9.3 支 持

研究建议在员工援助计划和人际关系系统中向霸凌牵扯的双方提供支持，如来自专家
的建议（McCarthy et al.，2002；Richards and Daley，2003；Tehrani，2011）。确实，"工
作中的支持就像压力的缓冲器一样，可以通过向受害者提供资源而帮助他们更好地应对霸
凌行为"（Quine，1999：231）。越来越多的调查结果显示，如果让员工感受到高度的来自
组织的支持，则能"抵消职场霸凌所造成的员工离职倾向"（Djurkovic et al.，2008：
415）。另一方面，研究还认为缺少来自外界的支持是造成受害者有能力或没有能力处理霸
凌问题的中心所在（Lewis and Orford，2005；Leymann and Gustafsson，1996；Matthiesen
et al.，2003）。然而，寻求帮助是一种积极主动的行为，而这种行为对一个绝望并觉得自
己被欺辱了的人来说是不怎么可能实施的，特别是当他们还在担心这样的行为会影响到他
们的晋升之路（Lee，1997）。比如说，有些人可能会觉得寻求帮助会使他们看起来很无能
（Lee，1997），这一点可能在那些被下级欺凌的经理身上表现得最为明显（Branch et al.，
2007b）。在一项采访了经历过职场霸凌的专科院校或是综合性大学的 15 名讲师的研究
中，Lewis（2004）发现受害者经常会产生深刻的羞耻感。此外，尽管研究已确认对受害
者提供支持能帮助他们更好地应对霸凌行为（Djurkovic et al.，2008；Lewis and Orford，
2005；Leymann and Gustafsson，1996；Matthiesen et al.，2003；Quine，1999），但也有研
究表明受害者并不情愿去寻求组织上的帮助，因为他们认为这些帮助对于解决职场霸凌问
题毫无帮助。（Ferris，2004；Hoel and Cooper，2000）

16.10 结 论

职场霸凌是一个复杂的现象，并正逐渐变成全球研究的焦点。有一项研究主要采用数
量研究方法（现在有越来越多的研究运用了数量研究的方法），发现了在工作场所中最脆
弱的行为、流行趋势和团体，还发现了促成职场霸凌出现的因素。不断有研究发现，职场
霸凌会对霸凌受害人、职场霸凌目击者以及发生职场霸凌的组织带来负面影响。职场霸凌
的管理程序是清楚表达并有效管理霸凌问题最重要的方法。常见的方法如"反霸凌"政
策，培训和支持也被认为能有效地制止和管理工作场所的霸凌。显然，这是一个急需研究
者和实践者关注的领域。

案例研究16.1   在GBD进行短期管理和长期管理：公共服务的一部分

SARA BRANCH, SHERYL RAMSAY AND MICHELLE BARKER

两年前，GBD经历了一次重要的人事调整。然而在客户关系部门，这次变革却陷入窘境，并难以分派一个固定的经理来管理部门事务。所以这个部门只能将就着聘用只打算待几个月的临时经理人。然而，在过去的4个月，Chris（他已经在GBD公共服务的客户关系部门工作了30年）担当起了临时经理的工作。假设一下，你在公共部门的招聘和选拔中都获得了成功，于是你被指派为经理并被要求"清理这个部门"。你从未在GBD工作过，但你有政府工作之外的丰富经验。你的上级已经告诉你这个部门缺乏透明的程序，尤其是在处理客户关系上，组织的相关政策往往无法落实。你意识到你的任务很重，但是你确信自己丰富的经验能指导你。

你首先去找了每一个职员，并了解了他们的工作内容以及他们对于自己的职位、工作任务和管理工作的预期。每个人都愿意在更加公开透明的工作环境中工作。甚至是你认为会有些抗拒的Chris（因为你已经知道Chris之前也申请了这个长期性的职位）也对此表现出了支持。然而，在实践具体措施的几周后，作为客户关系主任的Lee却在会议中越来越沉默。这个行为已经升级到时不时的恶意评论，你也听到有小道消息说Lee同部门里的其他人评判你的工作能力。这个情况让你很困扰，因为Lee是部门中很重要的核心职员，尤其是他还了解客户关系特定领域中的专业知识。你要求和Lee开个会讨论一下他最近明显的消极行为；可是Lee却表示一切都很好。你也尝试着提出Lee是否担心你的能力难以胜任管理工作，Lee还是表示一切都没有问题。

又一个月过去了，你正在向你的上级Robin汇报工作的最新进展：

你：我和所有人都会面了，每个人都很高兴有这个改革。所有人都提交了对新职位的描述，我们在协商之后敲定了最终方案。所有人的职位变动策划都出来了，除了Lee，他仍然拒绝写一份新职位的设想。我跟他就这个问题讨论过了，但他坚持他的旧职位描述已经够好了。我跟他解释说，部门重组后他的旧职位不会再存在了，但他依然坚持他的旧职位还很有价值，他应该被允许继续他之前的工作（只做一些极微小的变动）。我觉得他对于我正在做的改变并不怎么高兴。

罗宾：Lee啊，他在这里工作了那么长的时间，是那么擅长他做的事，我猜让他改做别的事对他来说是很困难的。

你：我同意，他确实是一个很棒的专业知识提供者，并且几乎熟知这里的每一个员工。但这仍然不能抵消他拒绝完成任务的事实。他还拒绝去做一些别的小事。

罗宾：比如说？

你：哦，最近确实发生了一些事。最常见的就是当他去进行实地考察时，他总是不让我知道他去了哪儿……不仅如此，他还经常关机。当我问他时，他就说他不在服务区……但这样的情况发生得实在太频繁了。他还对我表现出了攻击性……没有什么我不能处理的，但是当我问他问题时，他就会提高嗓门。

罗宾：那确实有点反常。

你：而且开会时，他姗姗来迟，会上要么什么也不说，要么就扰乱会议进程，并对我或是我说的话做出恶意评价。我试着跟他说起这件事，但他总是说他很好，而且对我管理他的方式没有意见。你觉得我该怎么做呢？

罗宾：就目前来看，我不会做什么，他会慢慢改变看法的。

你：好吧，你一定比我了解他。那就先这样吧。

又有几个月过去了，在这段时间里，Robin 不顾你的忧虑，为 Lee 设了一个新的职位。这个职位本不在计划中，但能感受到因为公司不能失去 Lee 的专业技能，所以在面对 Lee 的辞职威胁时选择为 Lee 做出调整。

几周过后，Lee 看起来更加投入到会议之中。然而，一段时间后，之前出现过的诸如在会议上对你表现出攻击性并对你做出恶意评价的行为再次出现了。你甚至觉得他在散布有关你的谣言，包括你"濒于破裂"的婚姻状况，这已经影响了你的经理工作。你之所以会意识到这一点，还是因为来自别的部门的朋友询问了你的婚姻状况。

这时，你开始警惕 Lee 以及他的行为。你相信 Lee 越来越多地向 Robin 寻求意见。你也同样相信 Robin 并没有严肃地对待 Lee 的（反对你的）行为。在一次你与 Robin 的常规会谈中，他不小心透露说 Lee 会定期与他见面，而这就是为什么 Lee 会获得新职位的原因。你开始觉得 Lee 正在逐步削弱你的权威，而且 Robin 不会做任何事来阻止。而这就是你不告诉 Robin 关于 Lee 对你的攻击性行为的主要原因。现在你最不需要的就是让 Robin 觉得你没有能力去处理这件事。

你开始谨慎地对待你对 Lee 说的话。你也开始记录发生的事情和与 Lee 互动的细节。每次你与 Lee 会面时，你都会确保有别的人在场或是把门开着。但这也妨碍了你高效工作的能力。你也注意到有一些员工在会议上和 Lee 坐在一起并做出同样的恶意评价。与此同时，还有另一组员工拒绝与 Lee 共事。重要的是，对你自己而言，当 Lee 在场时，你变得不那么自信了；而且，在回应 Lee 的评论时，你会觉得自己表达得不够清楚或是犯了错误。公司再也不是让你觉得愉悦的地方了。

当两件大事在同一周出现的时候，事情终于发展到了白热化的地步。首先，有一份重要的报告到了上交的期限，Lee 的知识是报告中大部分内容所必不可少的，而 Lee 却无法给你任何草案，所以你要在最后关头收拾残局。除此之外，你还注意到 Lee 并没有遵循与客户沟通的新程序。当 Lee 的一个客户直接跟你联系并表达了他的一些忧虑时，你才意识到这个问题。这个客户还告诉你，Lee 一直用很不专业的方式与他们组织中的人谈论你的事情。你决定与 Lee 好好谈谈他没有交出对报告至关重要的信息的事和他没有遵守新的制度的事，以及他向客户所做的不正当评论。

Lee 和 Chris 一起参加了会议（之前的代理经理），Chris 是作为一个支持者出现的。你同意了 Chris 的出席，因为你觉得没有别的选择，况且你的私人助理也在场做会议记录。正当你表达了对于 Lee 的忧虑之后，Lee 打断了你并开始罗列你作为经理所做的不当的地方。你感受到了 Chris 对 Lee 的支持，因为他看着 Lee 并不断地点头；而且他并没有打断 Lee 的打算。你声明这并不是这次会议的目的，如果他们愿意，这些问题可以在下次会议提出。而 Chris 却说"这不能让人满意"，并且是你在找 Lee 的茬儿。如果你不现在就处理好这些问题，那么他们将"提出一份关于职场霸凌的申诉"。但你却觉得，是你在 Chris 的帮助下，被 Lee 欺凌了。

问　题

1.描述在 Lee 表现出来的行为中，哪些可以被认为是霸凌的行为。

2.你认为权力在这个情境下起作用吗？通过什么方式？你可能需要考虑除了经理所拥有的传统意义上的权力之外，还有什么来源于别处的权力。

3.高级经理Robin做了什么导致局势变得更加紧张？

4.Lee的行为是怎么影响你的经理工作和你的工作能力的？

5.你认为Lee的行为会对（或可能对）组织中的成员造成什么样的影响？

6.作为一个经理，你觉得你会怎么处理这个问题来使局面变得不同？

7.你觉得高级经理Robin应该怎么做才能使局面变得不同？

8.从长远的角度考虑，在未来，这一类的情况应怎样被减少或是避免呢？

后　记

已经过去8个月了，尽管发生了很多事但是你仍在努力想让Lee听从你的命令和要求。

自从Lee和Chris在那次会议上说要举报你欺凌Lee，一场针对此事的调查就开始了。这场调查花了7个月才结束！Lee的不满有很多——概述了许多从细节上来说不准确的事情。当然在这些陈述中也没有提到Lee在会议上对你的恶意评论。这事本身花了你一个礼拜去回应，让你浪费了更多时间不在做真正的工作！

你接受了至少三次来自独立调查员的调查，每次都有两个小时。团队和工作中的其他七个人也接受了这次调查，这造成了工作场所的混乱，使其他人不能坚守在自己的工作岗位上，特别是那些接受了调查的人。在你看来，这场申诉过程将员工们分裂成支持Lee和支持你的两派。

而这段时间里，你始终觉得自己并不被你的经理所支持。你理解他们必须是公正的，但是你实在是没有一个人可以倾诉。你觉得自己在工作上被孤立了。你感受到的唯一的支持还是来自你的家人。

最后，所有Lee对你的指控都得到了澄清，但是由于时间已经过去了太久，你对于Lee的行为的忧虑并没有得到组织的处理。调查的结果是你和Lee必须一起接受调解。你认为这是个好主意，并觉得能找到让你们俩都能高效工作的方法。然而，尽管你已经参加了三次调解会，但是Lee只参加了第一次会议。Lee在会上说得很清楚，你才是那个需要帮助的人。所以，看起来Lee仍觉得问题出在你身上，并还是缺乏对你的职位和权威的尊重。

关于这次申诉调查最疯狂的就是要求你在调查过程中去管理Lee！这里的问题是，每个涉及申诉调查的人都应该受到保护。如果Lee的申诉是真实的，那么你就能十分轻易地报复Lee。或者在这次案件中，申诉要么是恶意的，要么是毫无意义的，这就把你放在了一个没有什么权力来管理Lee的受限的位置上，尤其是当调查结束后。为了所有卷入这次申诉调查的团队的安全，很有必要把你和Lee分开，甚至如果需要的话，在调查结束之前应该实施保障措施。

问　题

1.申诉在职场造成了什么混乱？

2.面对你的高级经理对调查的忽视，你会采取什么不同的行动？

3.调查解决了Lee和你之间的矛盾吗？

案例研究16.2 这是来自地位相同的人的霸凌吗？

SARA BRANCH, SHERYL RAMSAY AND MICHELLE BARKER

Ingrid：我简直不敢相信已经在美国汽车协会请了一个月的病假。我现在感觉好多了，但是只要一想到要回去和Carmel一起工作，我就很害怕。唉，前两天我去向人力资源部递交我的心理医生的诊断书时，当我一靠近工作的地方，我就开始颤抖和不能自已地哭泣，并且必须下车回家。最后我只能将医生诊断书寄过去。当我去看医生时，她对我的健康很是忧虑。头痛、失眠和恐慌的症状似乎越来越糟糕，没有好转！

我真的不懂哪里出问题了。工作场所曾经是个好地方，充满有趣的人和具有挑战性的任务。但是，当Carmel出现并对所有人颐指气使，尤其是对我之后，一切都改变了。

刚开始的时候，我真的很喜欢Carmel，我觉得她也喜欢我。我当时想，来吧，她一定能很快地适应这里并给这里增添乐趣。我错得多么离谱！她和我的职位一样高，但是她似乎觉得自己什么都知道，而我什么也不知道。大约三个月后，她开始把我支使得团团转，几乎是把我当成她的私人奴仆一样使用。这一切都开始于："你能帮我得到那个信息吗？"用她才来汽车协会作为借口，并逐步升级到："我要的那个资料呢？你为什么这么没用？"

我做的一切都是错的，甚至是我穿去上班的衣服她也不喜欢。使情况变得白热化的一件事是她毁了我做的一份报告，这让我在经理和客户面前看起来又蠢又丢人。她假装把报告再编辑了一下，并对内容做了并不准确的改变。我为什么会傻到去相信她！！在这之后，我真的觉得自己自始至终被陷害了，而且奇怪的事开始发生。我什么也做不了。比如，消息常常不会传递给我，我桌子上的东西莫名其妙地失踪并在第二天再次出现。如果我的同事支持我的话，或许一切都不会这么糟糕。但是，不幸的是，他们大部分都与Carmel交流过并且都觉得我是个废物。在Carmel还没来之前，他们从来没有这么想过。我真的觉得被欺凌了。

问 题

1. 你了解发生了什么了吗？
2. 还有什么能帮助你更好地了解这个案例？

职场的其他人怎么想

Jen：好吧，Carmel确实定下了很高的要求，可是那有什么错呢？Ingrid只需要加把劲儿重新回来工作，并且不要再担心有关Carmel的事了。我真的不觉得Carmel在欺凌Ingrid，我没见过Carmel冲她嚷嚷或是类似的事，那算是欺凌吗？

Ross：Ingrid真的只是太敏感了。Carmel工作得很出色，帮了这里很多忙。她看起来真的在这里适应得很好。如果Ingrid觉得有什么问题的话，或许她不该再回汽车协会工作了。

Kate：Ingrid最近遇到了困难。我知道这里的人都觉得Carmel很好，甚至只要她喜欢你，她就是好的。幸运的是，她看起来是喜欢我的，但是我也注意到她把Ingrid耍得团团转。我私下问她发生了什么，可是她却说一切都很好而且问题都是可以解决的。好吧，问题并没有解决。因为我并不清楚到底发生了什么，所以我不能确定地说Carmel一直在欺凌Ingrid，但是我和Ingrid一起工作了很多年，她并不是一个老犯错的人，比如最近报告中的那些错误。

Paul：作为 Ingrid 的老板，我很严肃地处理了她的申诉。但是，Ingrid 并不愿意进行调解，也不想尝试着恢复正常的工作关系。当我跟 Carmel 沟通时，她看起来并不清楚 Ingrid 在说什么，也不知道该怎么处理这种事。在某种意义上，你采取了一定措施也无法控制事态的发展；如果什么也不做，你也控制不了。

问 题

假设你是被这个组织雇用的人力资源专家。你需要为员工制订一个培训发展计划（与上述的情节概要相关）

a.你会怎么开始？

b.在你开始之前，你需要澄清的主要问题是什么？

c.表明这样一个培训计划的目标是什么，并概述在这次培训中需要解决的重要因素是什么？

d.你会怎么评估这样的一个培训计划？

案例研究 16.3　反思练习

SARA BRANCH，SHERYL RAMSAY AND MICHELLE BARKER

练习1

两个人一组，反思你所经历过、看见过或是听说过的职场人际交往中的冲突，并画个表格把在职场中出现过的反社会行为写下来。

思考一下，性别是不是冲突发生的推动因素之一呢？

思考一下，权力有没有在冲突中发挥作用呢？如果有，考虑是源自于哪里的权力被利用了。

对于目击者会有什么潜在的影响？他们会说什么？会做什么？

练习2

思考在规模较小的团队中，什么会导致职场霸凌的发生，并集体研讨在面对职场霸凌行为时，三个层面（个人、团队和组织）分别能采用什么方式去解决、尽可能地减少或防止职场霸凌的发生。

练习3

Judy 接到了大学老朋友 Jan 的来电，Jan 现在是一名护工。Jan 哭着向你控诉她老板对她做的刻薄事情。当她去年刚刚上任时，老板对她很好，但是现在，他变得让人难以忍受。Jan 向你列举了一些这周他所做的事："周一时，他来上班，当着所有人的面说我很迟钝，并且拖了整个公司的后腿。这周剩下几天里，每次在走廊见到我，他都会瞪我一眼。在报告应该上交的两天前，如果我还不交报告，他就会大发雷霆。我后来发现所有的护工都聚在一起开了个会，但是他却没有告诉我要开会的事。我甚至听到有谣言说我和一个客户上床了，我很确定是他散布了这个谣言。我真的不知道该怎么做，也不知道该找谁帮忙，我身边的人看起来都不愿插手这件事。Judy，你怎么想？"

讨论在这个情形中发生的问题，如何用练习2中提到的策略来解决。